外国人
技能実習生の受入れ

Q & A

JN084211

公益財団法人　国際人材協力機構　編

はしがき

　本書は、技能実習法その他の関係法令を基に、外国人技能実習制度と外国人技能実習生の受入れについて、「Ｑ＆Ａ方式」により、体系的に、かつ、分かりやすく説明した本格的解説書で、専門家及び実務者にとって必携の書といえます。

　2017年11月に施行された技能実習法（「外国人の技能実習の適正な実施及び技能実習生の保護に関する法律」）では、新たに、外国人技能実習計画の認定制度及び団体監理型技能実習における監理団体の許可制度が導入され、また、技能実習の適正化と技能実習生の保護等の業務を担う「外国人技能実習機構」を設けるなどの措置が講じられています。

　この第3版は、技能実習法の施行から3年が経過し、この間に改正された省令や告示等の詳細な解説を追加し、内容の一層の充実を図り発刊するものです。

　外国人技能実習生の適正な受入れを行うためには、技能実習法その他の関係法令の正しい理解が何よりも重要となります。
　そうした観点に立ち、本書では、図と表を用いて多岐にわたる規定を整理し、実務上の留意点も含めて分かりやすく解説してあります。さらに、説明文の後には、その記載の根拠を示す【　】を設けて、法令等の名称・該当条項が付記されています。

　本書が、皆様の技能実習制度のご理解、また、適正、かつ、円滑な外国人技能実習生の受入れに役立つことを希望いたします。
　なお、外国人技能実習機構へ提出する技能実習計画の認定申請書類及び地方出入国在留管理局へ提出する入国・在留諸申請書類の作成に当たっては、当機構が刊行する「申請書類の記載例集」を活用されることをお勧めします。

公益財団法人　国際人材協力機構

2021年5月

法令等の略称

1　技能実習法関係
 ①「技能実習法」 → 外国人の技能実習の適正な実施及び技能実習生の保護に関する法律
     （平成28年法律第89号）

 ②「技能実習法施行期日政令」 → 外国人の技能実習の適正な実施及び技能実習生の保護に関する法律の施行期日を定める政令（平成29年政令第135号）

 ③「技能実習法施行令」 → 外国人の技能実習の適正な実施及び技能実習生の保護に関する法律施行令
     （平成29年政令第136号）

 ④「技能実習法施行規則」 → 外国人の技能実習の適正な実施及び技能実習生の保護に関する法律施行規則
     （平成28年法務省・厚生労働省令第3号）

 ⑤「基本方針」 → 技能実習の適正な実施及び技能実習生の保護に関する基本方針
     （平成29年法務省・厚生労働省告示第1号）

 ⑥「運用要領」 → 技能実習制度運用要領
     （令和3年4月出入国在留管理庁・厚生労働省編）

2　入管法関係
 ①「入管法」 → 出入国管理及び難民認定法
     （昭和26年政令第319号）

 ②「入管法施行規則」 → 出入国管理及び難民認定法施行規則
     （昭和56年法務省令第54号）

 ③「上陸基準省令」 → 出入国管理及び難民認定法第7条第1項第2号の基準を定める省令
     （平成2年法務省令第16号）

《本書の読み方・使い方》

　本書では、読者の皆様が、外国人技能実習生の受入れに関する制度及び手続について、正確かつ効率的にご理解いただけるよう、次のような工夫をしています。

○「＜本書の構成＞」
　　・冒頭において、本書の全体構成と項目を紹介
○図と表の活用
　　・技能実習法、技能実習法施行規則その他の関係法令の規定を、図と表を用いて一覧化
○正確な内容
　　・法令等の規定に関する説明は、解説を含め正確性に留意
　　・規定の相互関係、また、実務上の重要なポイントを明示
○根拠規定
　　・Ｑ＆Ａの説明文の後に、その根拠法令名及び根拠規定の条項を【　】内に明示
○参考資料
　　・巻末に、技能実習法その他の主要関係法令（抄）を掲載、また、外国人技能実習機構、出入国在留管理官署、JITCO（本部・地方駐在事務所）の所在地・連絡先を記載

＜　本書の構成　＞

※本書は以下の構成となっています。具体的なＱ＆Ａは目次を参照願います。

第１編　外国人技能実習制度　Q1-1-1 ～ Q1-3-2

1　外国人技能実習制度
2　技能実習法の制定
3　技能実習制度見直しの経緯と技能実習制度拡充措置

第２編　技能実習生の受入れに関わる諸規定と受入れの手続　Q2-1-1 ～ Q2-2-2

1　技能実習生の受入れに関し規定されている法令
2　技能実習生の受入れの手続

第３編　技能実習に関する用語の定義　Q3-1-1 ～ Q3-3-3

1　技能実習に関する用語と相互の関係
2　「技能実習」及び「技能実習生」の定義
3　「実習実施者」及び「監理団体」その他の定義

第４編　国及び地方公共団体並びに実習実施者、監理団体及び技能実習生の責務　Q4-1-1 ～ Q4-2-1

1　国及び地方公共団体の責務
2　実習実施者、監理団体及び技能実習生の責務

第５編　技能実習計画　Q5-1-1 ～ Q5-11-1

1　技能実習計画及び計画の認定事務の流れ
2　技能実習計画の認定申請
3　技能実習計画の認定基準
4　技能実習計画の認定の欠格事由
5　技能実習計画の変更
6　技能実習計画に係る主務大臣による報告徴収等の実施
7　機構による事務の実施
8　改善命令等
9　認定の取消し
10　実施の届出
11　技能実習を行わせることが困難となった場合の届出等

参考資料

目　　次

第3編　技能実習に関する用語の定義

1　技能実習に関する用語と相互の関係

2　「技能実習」及び「技能実習生」の定義

3　「実習実施者」及び「監理団体」その他の定義

第4編　国及び地方公共団体並びに実習実施者、監理団体及び技能実習生の責務

1　国及び地方公共団体の責務

2　実習実施者、監理団体及び技能実習生の責務

第5編　技能実習計画

1　技能実習計画及び計画の認定事務の流れ

2　技能実習計画の認定申請

3　技能実習計画の認定基準

第6編　監理団体

5 監理団体の許可の欠格事由

6 職業安定法の特例

7 監 理 費

8 許可証の交付等

9 許可の有効期間及び有効期間の更新

10 事業区分変更の許可

11 監理事業の休廃止

12 主務大臣による報告徴収等の実施

13 改善命令等

14 監理許可の取消し

15 実習監理等

第7編　技能実習生の保護

1　禁止行為

2　技能実習活動継続のための連絡調整

第8編　外国人技能実習機構

1　外国人技能実習機構の目的

2 外国人技能実習機構の業務

第9編 「介護」の移行対象職種追加及び 「特定の職種・作業に係る基準」等

1 移行対象職種・作業への「介護」の追加

2 法務大臣及び厚生労働大臣が告示する「特定職種・作業」及び事業所管大臣が告示する「特定職種・作業に係る基準」

第10編 「介護」職種に係る技能実習計画認定及び監理団体許可の基準

1 「介護」職種に係る技能実習計画の認定基準及び監理団体許可の基準

2 「介護」職種に係る技能実習計画の認定基準

3 「介護」職種に係る監理団体の許可の基準

第11編 「漁船漁業・養殖業」、「自動車整備」、「建設関係」の特定職種・作業基準

1 「漁船漁業」・「養殖業」職種に属する作業に係る技能実習計画の認定及び監理団体の許可の基準等

2 「自動車整備」職種・作業に係る技能実習計画の認定及び監理団体の許可の基準

3 「建設関係」職種等に属する作業に係る技能実習計画の認定の基準等

第12編　外国人技能実習生の入国手続

1　外国人技能実習生の入国・在留に関する基礎知識

2　上陸が許可されるための要件

第13編　外国人技能実習生の在留手続

1　在留資格変更が許可されるための要件等

2　在留資格変更・在留期間更新の許可処分

第14編　在留・出国に伴う手続等

1　「在留管理制度」

2　「中長期在留者」に交付される「在留カード」

3　みなし再入国許可

4　活動機関の変動が生じた場合に必要となる地方出入国在留管理局に対する届出

第15編　罰則

1　罰則規定

2　両罰規定

第16編　技能実習法附則

1　施行期日

2　検　　討

3　「技能実習」に関する経過措置

第17編　その他

1 JITCO が行う申請書類の点検・提出及び点検・取次

2 「外国人技能実習生総合保険」

参考資料

目次

第1編 外国人技能実習制度

1 外国人技能実習制度

Q-1-1-1 外国人技能実習制度とは何ですか。

外国人技能実習制度とは、開発途上国等の青壮年を、一定期間日本の公私の機関に受け入れ、技能、技術又は知識（以下「技能等」といいます。）を修得させることにより、当該開発途上国等への技能等の移転を図り、かつ、「人づくり」に寄与することを目的とするものです。

したがって、技能実習生は、いずれも、本人等が帰国した後に、修得した技能等を活かし、その国の経済発展と産業振興の担い手となることが期待されており、国際協力及び国際貢献の一翼を担っています。

Q1-1-2 外国人技能実習制度の成立ちについて説明してください。

外国人技能実習制度をめぐる最近の大きな動きは、技能実習法の制定です。

「技能実習法案」は2015年3月6日に国会に提出され、翌2016年11月18日に成立し、同月28日に技能実習法（平成28年法律第89号）が公布されました。

技能実習法では、技能実習計画の認定及び監理団体の許可制度を導入し、また、技能実習制度の適正化と技能実習生の保護等の業務を担う「外国人技能実習機構（以下「機構」といいます。）」を設けることなどの措置が講じられています。

今後は、技能実習法の施行を通じて、制度の適正化と充実が図られることとなるところ、研修生の受入れを基に導入された技能実習制度の成立ちとこれまでの主な動きは次のとおりです。

(1)　1982年1月施行の改正入管法（昭和56年法律第85号）により、海外に支店や関連会社のある本邦の企業による研修生の受入れ開始

(2)　1990年6月施行の改正入管法（平成元年法律第79号）により、在留資格「研修」を新設

(3)　1990年8月、従来の企業単独型研修に加えて団体監理型研修の導入

(4)　1993年4月、技能実習制度（研修を修了し所定の要件に適合する外国人が、研修活動を行った機関と同一の機関との雇用契約の下で、より実践的な技能等の修得活動を行うもの。）の導入

(5)　2010年7月施行の改正入管法（平成21年法律第79号）により、在留資格「技能実習」を新設、技能実習生が入国後講習を修了して技能等の修得活動に移行した時点から労働関係法令が適用されることなどの措置が講じられた。

Q1-1-3 技能実習生の受入れは、労働関係法令が適用となることなどから、労働力の受入れと理解してよいのですか。

A　外国人技能実習制度が、日本の産業に関する技能等を諸外国の青壮年に修得等をしてもらい、その技能等の開発途上国等への移転を通じて当該国の経済・社会の発展に寄与する国際的な人材育成（能力開発）事業であることは、今回技能実習法が制定された後も何ら変更はありません。

　技能実習制度は、その国の産業発展に寄与する人材育成を目的として技能実習生の受入れが認められるものであり、技能実習法第3条第2項に「技能実習は、労働力の需給の調整の手段として行われてはならない。」と規定されているとおり、労働力の受入れを目的とするものではありません。

2 技能実習法の制定

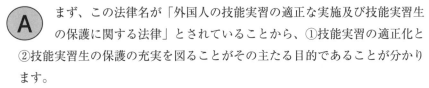

Q1-2-1 技能実習法が制定された目的は何ですか。

A まず、この法律名が「外国人の技能実習の適正な実施及び技能実習生の保護に関する法律」とされていることから、①技能実習の適正化と②技能実習生の保護の充実を図ることがその主たる目的であることが分かります。

ちなみに、技能実習法（案）が国会に提出された際の政府による提案理由説明では、次のとおり述べられています。

> 「外国人の技能実習における技能等の適正な修得等の確保及び技能実習生の保護を図るため、技能実習を実施する者及び実施を監理する者並びに技能実習計画について許可等の制度を設け、これらに関する事務を行う外国人技能実習機構を設ける等の所要の措置を講じる必要がある。」

また、技能実習法第1条（目的）には、人材育成を通じた開発途上地域等への技能等の移転による国際協力を推進することが目的として掲げられており、この法律の施行を通じて、①技能実習の適正化と②技能実習生の保護の充実を図ることに加えて、③技能実習制度の拡充
（優良な実習実施者・監理団体に限定した第3号技能実習生の受入れ）を図ることも同時に意図されているものです。

Q1-2-2 技能実習法に定められている基本理念とは何ですか。

A 技能実習法第3条には、基本理念として次の規定が設けられています。

第1項

> 技能実習は、技能等の適正な修得、習熟又は熟達（以下「修得等」という。）のために整備され、かつ、技能実習生が技能実習に専念できるようにその保護を図る体制が確立された環境で行われなければならない。

第2項

　　　技能実習は、労働力の需給の調整の手段として行われてはならない。

　ここでは、まず、技能実習を実施する上での基本的な考え方として、技能
実習を実施する側において、技能実習生がその行う技能実習活動を通じて、
段階的に技能等を向上させ修得等できるように整備されたものとすること、
また、技能実習生が技能実習に専念できるための保護体制を確立することが
求められています。

　また、技能実習を実施するに当たっては、技能実習生の受入れが、労働力
の需給の調整手段として利用されてはならないこと、すなわち、技能実習制
度の目的に沿った人材育成を通じた開発途上地域等への技能等の移転による
国際協力として行われるものでなければならないことが明示されています。

3　技能実習制度見直しの経緯と技能実習制度拡充措置

Q1-3-1　技能実習法が制定されるまでに、技能実習制度の見直しはどの
ように行われたのですか。

　　　技能実習法の制定までの間には、技能実習制度見直に係る各種の検
　　　討がなされました。それらのうち主なものとして以下の①から③が挙
げられます。

　なお、2010年7月1日施行された技能実習に係る改正措置を盛り込んだ
「出入国管理及び難民認定法の一部を改正する法律（平成21年法律第79号）」
の国会審議過程で、衆・参法務委員会の附帯決議の中に、制度見直しに関し
て次の内容が盛り込まれた経緯があります。

　　「（法律第79号に係る）法律改正が技能実習生等の保護強化等のために講
　　ずべき必要なものにとどまるものであり、技能実習制度の在り方の抜本
　　的な見直しについて、できるだけ速やかに結論を得るよう、技能実習生
　　等の保護、我が国の産業構造等の観点から、総合的な検討を行うこと」

①　2014年6月10日

　第6次出入国管理政策懇談会の「外国人受入れ制度検討分科会」から法務
大臣に対し「技能実習制度の見直しの方向性に関する検討結果（報告）」が
提出され、制度の適正化及び技能実習制度の拡充に関する意見が示された。

② 2014年6月24日

閣議決定「日本再興戦略－改訂2014－」において、新たに講ずべき具体的施策の一つとして外国人技能実習制度の見直しが取り上げられ、「国際貢献を目的とするという趣旨を徹底するため、制度の適正化を図るとともに、対象職種の拡大、技能実習期間の延長、受入れ枠の拡大など外国人技能実習制度の抜本的な見直しを行い、所要の法案を提出する。」として、次の施策を進めることとされた。

　ア　外国人技能実習制度の管理監督体制の抜本的強化

　イ　対象職種の拡大

　ウ　実習期間の延長（3年→5年）

　エ　受入れ枠の拡大

③ 2015年1月30日

「技能実習制度の見直しに関する法務省・厚生労働省合同有識者懇談会」の報告書が公表された。

報告書には、上記②を基として、具体的な方策が検討され、制度の適正化方策と制度の拡充方策に関する提言が盛り込まれた。

Q1-3-2 技能実習制度の拡充を図るため技能実習期間の延長措置（最長3年間を5年間に延長）が講じられましたが、最長5年間技能実習を行わせるための要件は何ですか。

Ⓐ 技能実習法では、第3号技能実習（第3号企業単独型技能実習及び第3号団体監理型技能実習をいう。）が設けられ、技能実習を行わせることができる最長期間が従来の3年から5年に延長されています。【技能実習法第2条第2項第3号、第2条第4項第3号及び第9条第3号】

第2号技能実習を修了した外国人に第3号技能実習を行わせるための主な要件は、以下のとおりです。

　1　技能実習生関係

　　①　当該技能実習に係る第2号技能実習計画で定めた技能検定又は技能評価試験に合格していること。（Q5-3-4）

　　②　第2号技能実習の終了後又は第3号技能実習を開始してから1年以

　　内に技能実習を休止し、本国に1月以上帰国すること。(Q13-1-2)

　2　実習実施者関係

　　①　実習実施者が優良であること。(Q5-3-9)

　　②　第3号技能実習計画の認定申請を行い、その計画認定を受けていること。(Q5-1-1からQ5-3-11まで)

　3　監理団体関係

　　○　監理団体が優良であること。(Q6-4-5)

第2編 技能実習生の受入れに関わる諸規定と受入れの手続

1 技能実習生の受入れに関し規定されている法令

Q2-1-1 技能実習生の受入れに関係する主要な法律にはどのようなものがあるのですか。

 技能実習制度に関係する主要な法律としては、技能実習制度の基本法と位置付けられる

「外国人の技能実習の適正な実施及び技能実習生の保護に関する法律（平成28年法律第89号）」（「技能実習法」と略称）

があります。

また、外国人の入国・在留管理、法違反者の退去強制などを定めた

「出入国管理及び難民認定法（昭和26年政令第319号）」（「入管法」と略称）

があります。

これらのうち、技能実習法には、技能実習の基本理念を定め【第3条】、主務大臣による技能実習の適正な実施及び技能実習生の保護に関する基本方針を定めることが義務付けられ【第7条】、また、技能実習の適正化を図るため以下のような規定が設けられています。

1　技能実習計画を認定制として、認定の基準及び欠格事由を定め、報告徴収制度を導入し、問題が認められた場合には主務大臣が改善命令・認定取消し等を行うこと。

2　監理団体を許可制として、許可の基準及び欠格事由を定め、遵守事項を定めて適正な実習監理の履行を義務付け、問題が認められた場合には主務大臣が改善命令・許可取消し等を行うこと。

3　技能実習生の保護充実の観点から、技能実習生に対する人権侵害等の禁止行為を定め、人権侵害行為等が行われた場合の罰則規定を設け、また、技能実習生からの主務大臣に対する申告制度を導入すること。

4　「外国人技能実習機構」の設置を定め、同機構に、技能実習計画の認定事務、監理団体及び実習実施者からの届出・報告の受理、事実の調査、実地検査、技能実習生の相談対応及び援助などを行わせること。

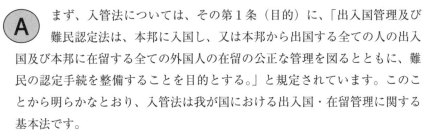

Q2-1-2　技能実習法と入管法の関係はどのようになっているのですか。

A　まず、入管法については、その第1条（目的）に、「出入国管理及び難民認定法は、本邦に入国し、又は本邦から出国する全ての人の出入国及び本邦に在留する全ての外国人の在留の公正な管理を図るとともに、難民の認定手続を整備することを目的とする。」と規定されています。このことから明らかなとおり、入管法は我が国における出入国・在留管理に関する基本法です。

　一方、技能実習法は、技能実習制度の適正化と技能実習生の保護を目的として新たに制定され、それまで入管法に規定されていた監理団体、また、実習実施機関（新制度における「実習実施者」）に係る要件及び義務などを含めて「技能実習制度」に関する規定が総合的にまとめて定められています。そのことから、技能実習法は技能実習制度に係る基本法と位置付けることができます。

　また、技能実習法附則第12条で入管法の一部が改正され、在留資格「技能実習」に新たに第3号イ及び第3号ロが加えられ、その技能実習1号、2号及び3号について、本邦において行うことができる活動がいずれも認定技能実習計画に基づくものであることが明記されています。このように、時系列的に、まず技能実習法に基づく諸手続が先行し、その後に入管法上の手続が行われる関係にあることが認められます。

Q2-1-3　技能実習法における主務大臣について説明してください。

A　技能実習法における主務大臣は、法務大臣及び厚生労働大臣とされています。【技能実習法第103条】

　技能実習法では、基本理念の規定が第3条に、また、第4条には国及び地方公共団体の責務に関する規定が設けられており、第4条第1項で、「国は、この法律の目的を達成するため、前条の基本理念に従って、技能実習の適正な実施及び技能実習生の保護を図るために必要な施策を総合的かつ効果的に推進しなければならない。」と規定されています。

　また、主務大臣は、技能実習の適正な実施及び技能実習生の保護に関する基本方針を定めることとされています。

　さらに、技能実習法上、主務大臣は、技能実習計画の認定をすること、問題が認められた場合に改善命令・認定取消し等を行うこと、また、監理団体の許可をすること、問題が認められた場合に改善命令・許可取消し等を行うことが定められています。

　主務大臣は、機構に委任して技能実習計画の認定その他の事務を行わせ、同機構を監督するなどし、技能実習法の施行について中心的な役割を担っています。

　なお、法務大臣の権限については、基本方針の制定など一部の権限を除き、出入国在留管理庁長官に委任されています。【技能実習法第104条第5項】

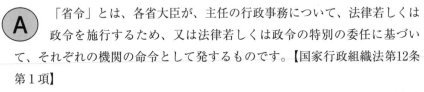

Q2-1-4　主務省令とは何ですか。

　A　「省令」とは、各省大臣が、主任の行政事務について、法律若しくは政令を施行するため、又は法律若しくは政令の特別の委任に基づいて、それぞれの機関の命令として発するものです。【国家行政組織法第12条第1項】

　技能実習法においては、主務大臣は、同法第103条で法務大臣及び厚生労働大臣とされており、主務省令は、法務大臣及び厚生労働大臣により制定されます。

第2編

Q2-1-5　技能実習法上で規定することとされている主務省令にはどのようなものがあるのですか。

 次の表「主要主務省令一覧」は、技能実習法上で定めることとされている主務省令の中で技能実習生の受入れに関係する主要なものを整理して掲げたものです。

　この表で取り上げた主務省令の規定は、いずれも技能実習法施行規則（注）上で定められているものです。

　（注）技能実習法施行規則とは、

　　　①「外国人の技能実習の適正な実施及び技能実習生の保護に関する法律施行規則（平成28年法務省・厚生労働省令第3号）」

　　　のことであり、

　　　②「外国人の技能実習の適正な実施及び技能実習生の保護に関する法律施行規則の一部を改正する省令（平成29年法務省・厚生労働省令第1号）」

　　　をもって、大幅な改正措置が講じられています。

　これらの規定（主務省令）には、基準その他の要件を定めるもの、主務大臣への届出事項などを定めるもの、また、手続の方式を定めるもの、手数料の額を定めるものといった種類があります。

　次の表「主要主務省令一覧」には、左から右に以下の欄を設けてあります。

　「技能実習法（根拠規定）」：その主務省令の根拠である技能実習法上の規定条項（法）＝技能実習法

　「主務省令で定める事項」：主務省令の内容を踏まえて付した略称

　「主務省令の内容」：省令に規定されている内容の要約

　「技能実習法施行規則」：技能実習法施行規則上の規定条項

　この表を活用することで、技能実習法上で規定されている多岐にわたる主務省令が、技能実習法施行規則上のどこに規定されており、また、それらの内容が何であるかを一覧表の中で容易に探し出すことができます。

主要主務省令一覧

No.	技能実習法（根拠規定）	主務省令で定める事項	主務省令の内容	技能実習法施行規則
1	法第2条第2項第1号	外国の所属機関	・企業単独型技能実習における本邦の公私の機関と密接な関係を有する外国の公私の機関の範囲	第2条第1号
2	法第8条第1項	密接関係の複数法人	・技能実習を共同で行わせることができる密接な関係を有する法人の範囲	第3条
3	法第8条第1項	技能実習計画の作成	・技能実習計画の作成に関する事項	第4条
4	法第8条第2項第6号	評価試験	・技能実習の目標となる技能実習評価試験の指定	第6条
5	法第8条第2項第10号	計画記載事項	・法第8条第2項第1号〜第9号以外の事項で、技能実習計画に記載すべき事項	第7条
6	法第8条第3項	認定申請添付書類	・計画認定申請に際し、計画書に添付する書類	第8条
7	法第8条第5項	認定申請手数料	・認定申請に係る手数料の額	第9条
8	法第9条第2号	目標・内容基準	・技能実習の目標及び内容の基準	第10条
9	法第9条第5号	修得技能等の評価方法	・技能検定及び技能実習評価試験を除く、修得技能等の評価方法	第11条
10	法第9条第6号	体制基準	・技能実習を行わせる体制及び事業所の設備の基準	第12条
11	法第9条第7号	実習責任者	・技能実習実施責任者の要件	第13条
12	法第9条第9号	報酬基準	・技能実習生の報酬額基準	第14条
13	法第9条第10号	第3号技能実習（高水準実習能力）基準	・申請者が技能を修得させる能力につき高い水準にあるかの基準（第3号〔企業単独型／団体監理型〕技能実習の申請の場合）	第15条
14	法第9条第11号	受入人数枠	・技能実習生の受入人数枠	第16条
15	法第11条第1項	軽微な変更	・認定計画の事項の変更のうち、主務大臣の認定を必要としない軽微な変更の範囲	第17条
16	法第17条第1項	実習開始届出	・実習を開始したときに実習実施者が主務大臣に届け出る事項	第20条

No.	技能実習法（根拠規定）	主務省令で定める事項	主務省令の内容	技能実習法施行規則
17	法第19条第1項	企業単独型技能実習の継続困難届出	・技能実習を行わせることが困難となったときに企業単独型技能実習実施者が主務大臣に対して届け出る事項	第21条第1項
18	法第19条第2項	団体監理型技能実習の継続困難通知	・技能実習を行わせることが困難となったときに団体監理型技能実習実施者が監理団体に対して通知する事項	第21条第2項
19	法第20条	帳簿書類	・実習実施者が作成し、備え付ける帳簿書類	第22条
20	法第21条第1項	実施状況報告	・実習実施状況報告書の作成及び提出	第23条
21	法第22条	実習計画認定手続等	・法第8～21条で定めるもののほか、技能実習計画の認定手続その他同計画に関する規定の実施に関し必要な事項	
22	法第23条第2項	監理団体許可申請手続	・監理団体の許可の申請書の提出に関する事項	第24条
23	法第23条第2項第6号	外国送出機関	・外国の送出機関	第25条
24	法第23条第2項第7号	監理団体許可申請書記載事項	・法第23条第2項第1号～第6号以外の監理団体の許可申請の際に申請書に記載すべき事項	第26条
25	法第23条第3項	監理団体許可申請添付書類	・監理団体の許可の申請の際に申請書に添付すべき書類	第27条第1項
26	法第23条第4項	監理事業計画書	・事業計画書に記載すべき事項	第27条第2項
27	法第23条第7項	許可申請手数料	・許可申請に係る手数料の額	第28条第1項
28	法第24条第5項	調査手数料	・機構が実施する監理団体許可申請者に対する調査に係る手数料の額	第28条第2項
29	法第25条第1項第1号	監理団体要件	・本邦の営利を目的としない法人であって主務省令で定めるもの	第29条
30	法第25条第1項第5号イ	監理団体役員	・監理団体許可基準の消極要件「役員が団体監理型技能実習実施者と密接な関係を有する」に該当する範囲	第30条第1項
31	法第25条第1項第5号ロ	非接接関係	・「監理団体役員による監理事業の職務執行状況」を監査する者が「実習実施者」と非密接関係にあるとみなされる範囲	第30条第4項
32	法第25条第1項第5号ロ	監理事業監査者要件	・監理団体の役員の監理事業に係る監査する者を監査する者の要件	第30条第5項
33	法第25条第1項第5号ロ	監理事業監査監査実施方法	・監理団体の役員の監査事業に係る職務執行状況の監査実施方法	第30条第6項

No.	技能実習法（根拠規定）	主務省令で定める事項	主務省令の内容	技能実習法施行規則
34	法第25条第1項第7号	一般監理事業許可（監理能力高水準）基準	・一般監理事業に係る許可申請に係るものである場合の監査その他の業務を遂行する能力について高い水準にあるかについての基準に関して必要な事項	第31条
35	法第27条第4項	技能実習職業紹介事業	・法第27条第1〜3項で定めるもののほか、技能実習職業紹介事業に関して必要な事項	
36	法第28条第2項	監理費	・徴収が認められる監理費の種類及び額	第37条
37	法第31条第4項	許可更新手数料	・監理団体の許可の有効期間更新に係る手数料の額	第40条
38	法第32条第3項	変更事項のうち変更届の対象外	・監理団体許可申請記載事項の変更届出のうち、主務大臣への届出を必要としない変更事項の範囲	第46条
39	法第32条第3項	新設監理事業対象事業所届出の添付書類	・届出の変更内容が監理事業を行う事業所の新設に係るものである場合に必要となる添付書類	第47条第3項
40	法第33条第1項	団体監理型技能実習の継続困難届出事項	・団体監理型実習実施者が技能実習を行わせることが困難となったと認めるときに、監理団体が主務大臣に対して届け出る事項	第48条第2項
41	法第34条第1項	監理事業休廃止届出	・監理団体が監理事業を廃止又は休止するときに主務大臣に対して届け出る事項	第49条第2項
42	法第39条第3項	実習監理基準	・監理団体が行う監査その他の実習監理に関する基準	第52条
43	法第40条第1項	監理責任者基準	・監理責任者の選任に関する基準	第53条
44	法第41条	監理事業帳簿書類	・監理団体が作成し、備え付ける帳簿書類	第54条
45	法第42条第2項	監理事業報告書	・監理団体が作成し、主務大臣に提出する事業報告書	第55条第2項
46	法第45条	監理団体許可手続等	・法第23〜44条で定めるもののほか、監理団体の許可手続等に関する必要な事項	
47	法第52条第2項	評価試験基準	・技能実習評価試験の基準	第56条
48	法第104条第6項	権限委任	・主務大臣の権限を地方支分部局の長へ委任する規定	第67条
49	法第107条	法の規定の実施に必要な事項	・この法律に定めるもののほか、この法律の規定の実施に必要な事項を規定	

2　技能実習生受入れの手続

Q2-2-1　企業単独型技能実習生の受入れ手続の流れについて説明してください。

 企業単独型における技能実習生の受入れまでの流れと一連の手続の例を示したものが次頁の図です。

　企業単独型による技能実習生の受入れ手続は、

　　1　技能実習計画の認定申請

　　2　在留資格認定証明書交付申請

の大きく2段階で行うことになります。

　この図では、国外と日本国内とに区分して、どのような順序で手続を進めればよいか、手続に番号を付して時系列で示してあります。

1 号企業単独型技能実習生の受入れの流れ

① 派遣・受入の合意
② 雇用契約の締結
③ 技能実習計画認定申請（認定）
④ 在留資格認定証明書交付申請（交付）
⑤ 査証発給申請（発給）
⑥ 出国・上陸申請・上陸許可・活動開始

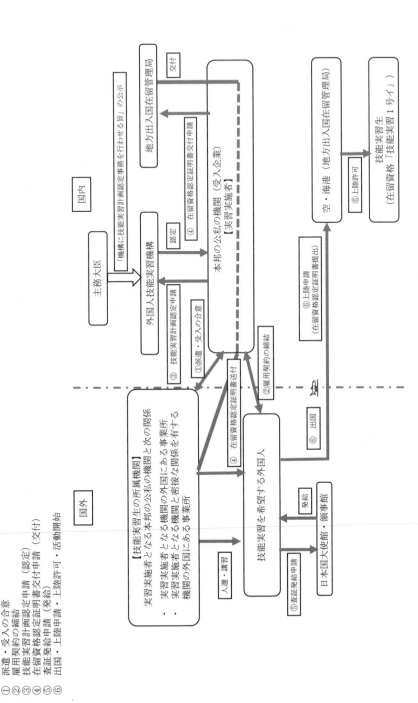

第2編

15

Q2-2-2 団体監理型技能実習生の受入れ手続の流れについて説明してください。

 団体監理型における技能実習生の受入れまでの流れと一連の手続の例を示したものが次頁の図です。

団体監理型による技能実習生の受入れ手続は、

1　監理団体の許可申請

2　技能実習計画の認定申請

3　在留資格認定証明書交付申請

の大きく3段階で行うことになります。

この図では、国外と日本国内とに区分して、どのような順序で手続を進めればよいか、手続に番号を付して時系列で示してあります。

1号団体監理型技能実習生の受入れの流れ

① 監理団体許可申請（許可）
② 技能実習事業協定締結
③ 技能実習実施契約締結
④ 雇用契約の締結
⑤ 技能実習計画認定申請（認定）
⑥ 在留資格認定証明書交付申請（交付）
⑦ 査証発給申請（発給）
⑧ 出国・上陸申請・上陸許可・活動開始

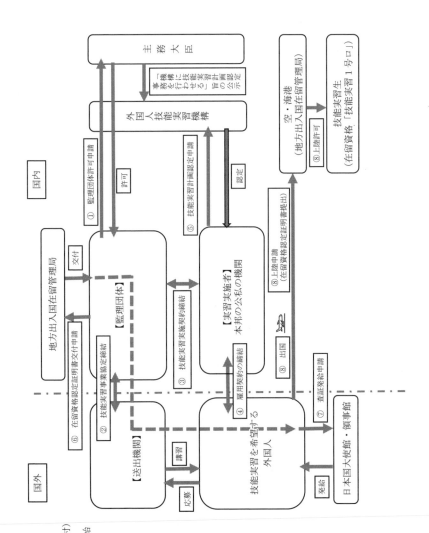

第3編 技能実習に関する用語の定義

1 技能実習に関する用語と相互の関係

Q 3-1-1 技能実習法上で定義されている用語とそれらの相互関係について説明してください。

 技能実習法第2条には、同法で用いる用語についての定義規定が置かれています。

それらの定義された用語と相互の関係を示したものが次の図「技能実習に関する用語と相互の関係」です。図には、用語の定義された「条項」をそれぞれ【 】に記載してあります。

また、この図は、左から右へ順に、「技能実習」、「実習実施者」、「監理団体」及び「技能実習生」の項目別に表してあります。

さらに、それらの4つの項目の下欄には、「企業単独型」と「団体監理型」の2つの技能実習の方式別に第1号から第3号までの技能実習の区分が記載してあります。

このように、この図では、技能実習法の規定に沿って、定義されている用語を段階的に整理し、用語の内容と用語の相互関係を容易に理解できるようにしてあります。

なお、中央下欄の「監理事業【法第2条第10項】」の項目の下には「監理団体の許可【法第23条第1項】」として、監理事業を行おうとする者は主務大臣による「一般監理事業」又は「特定監理事業」の許可を受けることが義務付けられていることを参考に記載してあります。

第3編

技能実習に関する用語と相互の関係

＜技能実習生＞

技能実習生【法第2条第3項及び第5項】

・「企業単独型技能実習生」を、第1号から第3号企業単独型技能実習生まで定義。【法第2条第3項】
・「団体監理型技能実習生」を、第1号から第3号団体監理型技能実習生まで定義。【法第2条第5項】

企業単独型技能実習生の区分		
第1号企業単独型技能実習生【法第2条第3項第1号】	第2号企業単独型技能実習生【法第2条第3項第2号】	第3号企業単独型技能実習生【法第2条第3項第3号】
・「第1号企業単独型技能実習生」を、1号企業単独型技能実習を行う外国人と定義。	・「第2号企業単独型技能実習生」を、2号企業単独型技能実習を行う外国人と定義。	・「第3号企業単独型技能実習生」を、3号企業単独型技能実習を行う外国人と定義。

＜実習実施者＞

実習実施者【法第2条第6項】

・「実習実施者」を、企業単独型実習実施者及び団体監理型実習実施者と定義。

方式別の区分
企業単独型実習実施者【法第2条第7項】
・「企業単独型実習実施者」を、実習認定を受けた技能実習計画に基づき、企業単独型技能実習を行わせる者と定義。

＜技能実習＞

技能実習【法第2条第1項】

・「技能実習」を、企業単独型技能実習及び団体監理型技能実習と定義。

方式	企業単独型技能実習の区分		
企業単独型技能実習【法第2条第2項】	第1号企業単独型技能実習【法第2条第2項第1号】	第2号企業単独型技能実習【法第2条第2項第2号】	第3号企業単独型技能実習【法第2条第2項第3号】
・「企業単独型技能実習」を、第1号企業単独型技能実習から第3号企業単独型技能実習までと定義。	(Q.3-2-1を参照。)		

（企業単独型）

<監理団体>

方式	団体監理型技能実習の区分			方式別の区分	監理団体	監理事業	実習監理	団体監理型技能実習生の区分		
団体監理型技能実習【法第2条第4項】	第1号団体監理型技能実習【法第2条第4項第1号】	第2号団体監理型技能実習【法第2条第4項第2号】	第3号団体監理型技能実習【法第2条第4項第3号】	団体監理型技能実習実施者【法第2条第8項】	監理団体【法第2条第10項】	監理事業【法第2条第10項】	実習監理【法第2条第9項】	第1号団体監理型技能実習生【法第2条第5項第1号】	第2号団体監理型技能実習生【法第2条第5項第2号】	第3号団体監理型技能実習生【法第2条第5項第3号】
・「団体監理型技能実習」を、第1号団体監理型技能実習から第3号団体監理型技能実習までと定義。	(Q3-2-1を参照。)			・「団体監理型技能実習実施者」を、実習認定を受けた技能実習計画に基づき団体監理型技能実習を行わせる者と定義。	・「監理団体」を、監理許可（変更後の監理の許可を含む。）を受けて監理事業を行う本邦の営利を目的としない法人と定義。	・「監理事業」を、実習監理を行う事業と規定。 ・監理団体の許可【法第23条第1項】 ・監理事業を行おうとする者は、「一般監理事業」又は「特定監理事業」の許可を受けなければならない。	・「実習監理」を、団体監理型実習実施者等と団体監理型技能実習生等との間における雇用関係の成立のあっせん及び団体監理型技能実習の実施に関する監理を行うことと定義。	・「第1号団体監理型技能実習生」を、第1号団体監理型技能実習を行う外国人と定義。	・「第2号団体監理型技能実習生」を、第2号団体監理型技能実習を行う外国人と定義。	・「第3号団体監理型技能実習生」を、第3号団体監理型技能実習を行う外国人と定義。

（注）【 】内には、「技能実習法」上の根拠規定を示しております。

2　「技能実習」及び「技能実習生」の定義

<table>
<tr><td>Q3-2-1</td><td>「技能実習」及び「技能実習生」について技能実習法上ではどのように定義されているのですか。</td></tr>
</table>

　技能実習法では、「技能実習」とは企業単独型技能実習及び団体監理型技能実習をいう、と定義されています。【技能実習法第2条第1項】。

　また、「企業単独型技能実習」は、第1号企業単独型技能実習、第2号企業単独型技能実習及び第3号企業単独型技能実習の3区分となっています。【技能実習法第2条第2項第1号から第3号まで】

　さらに、団体監理型技能実習も、第1号団体監理型技能実習、第2号団体監理型技能実習及び第3号団体監理型技能実習の3区分となっています。【技能実習法第2条第4項第1号から第3号まで】

　このように、「技能実習」には、企業単独型と団体監理型の2方式があり、各々が3つに区分されており、その結果、次の表のように6つの異なる形態が定義されています。

　また、「技能実習生」については、「第1号企業単独型技能実習生」を「第1号企業単独型技能実習を行う外国人」、また、「第1号団体監理型技能実習生」を「第1号団体監理型技能実習を行う外国人」のようにそれぞれ定義されています。

「技能実習」の方式と区分

方式	区分	
企業単独型技能実習 【法第2条第2項】	第1号企業単独型技能実習 【法第2条第2項第1号】	・本邦の公私の機関の外国にある事業所の職員である外国人（入管法第2条第2号に規定する外国人をいう。以下同じ。）又は本邦の公私の機関と主務省令で定める密接な関係を有する外国の公私の機関の外国にある事業所の職員である外国人が、技能等を修得するため、在留資格（入管法別表第1の2の表の技能実習の項の下欄第1号イに係るものに限る。）をもって、これらの本邦の公私の機関により受け入れられて必要な講習を受けること及び当該機関との雇用契約に基づいて当該機関の本邦にある事業所において当該技能等に係る業務に従事することをいう。
	第2号企業単独型技能実習 【法第2条第2項第2号】	・第1号企業単独型技能実習を修了した者が、技能等に習熟するため、在留資格（入管法別表第1の2の表の技能実習の項の下欄第2号イに係るものに限る。）をもって、本邦の公私の機関との雇用契約に基づいて当該機関の本邦にある事業所において当該技能等を要する業務に従事することをいう。
	第3号企業単独型技能実習 【法第2条第2項第3号】	・第2号企業単独型技能実習を修了した者が、技能等に熟達するため、在留資格（入管法別表第1の2の表の技能実習の項の下欄第3号イに係るものに限る。）をもって、本邦の公私の機関との雇用契約基づいて当該機関の本邦にある事業所において当該技能等を要する業務に従事することをいう。
団体監理型技能実習 【法第2条第4項】	第1号団体監理型技能実習 【法第2条第4項第1号】	・外国人が、技能等を修得するため、在留資格（入管法別表第1の2の表の技能実習の項の下欄第1号ロに係るものに限る。）をもって、本邦の営利を目的としない法人により受け入れられて必要な講習を受けること及び当該法人による実習監理を受ける本邦の公私の機関との雇用契約に基づいて当該機関の本邦にある事業所において当該技能等に係る業務に従事することをいう。

第3編

23

	第2号団体監理型技能実習 【法第2条第4項第2号】	・第1号団体監理型技能実習を修了した者が、技能等に習熟するため、在留資格（入管法別表第1の2の表の技能実習の項の下欄第2号ロに係るものに限る。）をもって、本邦の営利を目的としない法人による実習監理を受ける本邦の公私の機関との雇用契約に基づいて当該機関の本邦にある事業所において当該技能等を要する業務に従事することをいう。
	第3号団体監理型技能実習 【法第2条第4項第3号】	・第2号団体監理型技能実習を修了した者が、技能等に熟達するため、在留資格（入管法別表第1の2の表の技能実習の項の下欄第3号ロに係るものに限る。）をもって、本邦の営利を目的としない法人による実習監理を受ける本邦の公私の機関との雇用契約に基づいて当該機関の本邦にある事業所において当該技能等を要する業務に従事することをいう。

Q3-2-2　「企業単独型技能実習」の3つの区分とそれらの関係について説明してください。

　企業単独型技能実習を構成する「第1号企業単独型技能実習」、「第2号企業単独型技能実習」及び「第3号企業単独型技能実習」は、第1号から第2号へ、さらに第2号から第3号へと移行する関係にあります。

　そのため、第2号又は第3号技能実習に係る技能実習計画の認定基準において、直前の技能実習計画で定めた技能実習の目標を技能実習生が達成していることが求められ、技能検定又はこれに相当する技能実習評価試験（実技・学科試験別）の合格が要件とされています（団体監理型技能実習においても同じ。）。(Q5-3-4)

　次に、企業単独型技能実習の各区分に該当するためには、次に掲げる要件をすべて満たしていることが求められます。

　「第1号企業単独型技能実習」

　　①　活動に従事する者が、

　　　・本邦の公私の機関の外国にある事業所の職員である外国人

　　又は

　　　・本邦の公私の機関と主務省令で定める密接な関係を有する外国の公私の機関の外国にある事業所の職員である外国人

のいずれかであること。

② 本邦における活動の目的が技能等を修得するものであること。

③ 入管法に規定される在留資格「技能実習1号イ」による許可がなされていること。

④ その行う活動が、これらの本邦の公私の機関により受け入れられて

・必要な講習を受けること

及び

・当該機関（実習実施者）との雇用契約に基づいて当該機関の本邦にある事業所において当該技能等に係る業務に従事すること

であること。

「第2号企業単独型技能実習」

① 活動に従事する者が、第1号企業単独型技能実習を修了していること。

② その行う活動の目的が、技能等に習熟するものであること。

③ 入管法に規定される在留資格「技能実習2号イ」による許可がなされていること。

④ 本邦の公私の機関との雇用契約に基づいて当該機関の本邦にある事業所において当該技能等を要する業務に従事すること。

「第3号企業単独型技能実習」

① 活動に従事する者が、第2号企業単独型技能実習を修了していること。

② その行う活動の目的が、技能等に熟達するものであること。

③ 入管法に規定される在留資格「技能実習3号イ」による許可がなされていること。

④ 本邦の公私の機関との雇用契約に基づいて当該機関の本邦にある事業所において当該技能等を要する業務に従事すること。

Q3-2-3　「団体監理型技能実習」の3つの区分とそれらの関係について説明してください。

A　団体監理型技能実習を構成する「第1号団体監理型技能実習」、「第2号団体監理型技能実習」及び「第3号団体監理型技能実習」は、第1号から第2号へ、さらに第2号から第3号へと移行する関係にあります。また、第1号においては技能等を修得すること、第2号においては技能等に習熟すること、さらに、第3号においては技能等に熟達することが活動の目的とされています。

次に、団体監理型技能実習の各区分に該当するためには、次に掲げる要件をすべて満たしていることが求められます。

「第1号団体監理型技能実習」

① 外国人の本邦における活動の目的が技能等を<u>修得するもの</u>であること。

② 入管法に規定される在留資格「技能実習1号ロ」による許可がなされていること。

③ 本邦の営利を目的としない法人（監理団体）により受け入れられて必要な講習を受けること。

④ 当該監理団体による実習監理を受ける本邦の公私の機関との雇用契約に基づいて当該機関の本邦にある事業所において当該技能等に係る業務に従事すること。

「第2号団体監理型技能実習」

① 活動に従事する者が、第1号団体監理型技能実習を修了していること。

② その行う活動の目的が、技能等に<u>習熟するもの</u>であること。

③ 入管法に規定される在留資格「技能実習2号ロ」による許可がなされていること。

④ 当該監理団体による実習監理を受ける本邦の公私の機関との雇用契約に基づいて当該機関の本邦にある事業所において当該技能等を要する業務に従事すること。

「第3号団体監理型技能実習」

① 活動に従事する者が、第2号団体監理型技能実習を修了していること。

② その行う活動の目的が、技能等に熟達するものであること。

③ 入管法に規定される在留資格「技能実習3号ロ」による許可がなされていること。

④ 当該監理団体による実習監理を受ける本邦の公私の機関との雇用契約に基づいて当該機関の本邦にある事業所において当該技能等を要する業務に従事すること。

3 「実習実施者」及び「監理団体」その他の定義

Q3-3-1 「実習実施者」とは何ですか。

 まず、技能実習法では、「実習実施者」とは、企業単独型実習実施者及び団体監理型実習実施者をいうと定義されており、実習実施者は二つに区分されています。【技能実習法第2条第6項】

また、

・「企業単独型実習実施者」は、実習認定を受けた技能実習計画に基づき、企業単独型技能実習を行わせる者

・「団体監理型実習実施者」は、実習認定を受けた技能実習計画に基づき、団体監理型技能実習を行わせる者

とそれぞれ定義されています。【技能実習法第2条第7項及び同条第8項】

このように、「企業単独型実習実施者」と「団体監理型実習実施者」は共に、次に掲げる要件をいずれも満たしていなければならないことになります。

① 主務大臣又は技能実習機構により、技能実習計画について適当である旨の認定（「実習認定」）を受けていること。

② その実習認定を受けた技能実習計画に基づき、企業単独型技能実習又は団体監理型技能実習を行わせる者であること。

したがって、技能実習を行わせようとする本邦の個人又は法人が、技能実習計画を作成して主務大臣又は技能実習機構に提出したものの未だ認定され

ていない時点では「実習実施者」には当たらず、認定を受けてはじめて実習実施者になることになります。

　また、実習実施者が、実習認定を受けた技能実習計画（「認定計画」【技能実習法第11条第1項】）に基づいて技能実習を行わせていたものの、主務大臣によりその実習認定が取り消された場合【技能実習法第16条第1項】には、取消しの時点で実習実施者ではなくなり、「実習実施者であった者」【技能実習法第13条第1項】となります。

Q3-3-2　「監理団体」とは何ですか。

Ⓐ　技能実習法第2条第10項には、「監理団体」について、
　「監理許可（第23条第1項の許可（第32条第1項の規定による変更の許可があったとき、又は第37条第2項の規定による第23条第1項第2号に規定する特定監理事業に係る許可への変更があったときは、これらの変更後のもの）をいう。）を受けて実習監理を行う事業（以下「監理事業」という。）を行う本邦の営利を目的としない法人をいう。」
と規定されています。

　このことから、技能実習法にいう「監理団体」とは、本邦の営利を目的としない法人であって、次の①及び②の要件に適合するものということになります。
　①　主務大臣による監理許可（注）を受けていること。
　　（注）監理許可とは、主務大臣によりなされる次の二つをいいます。
　ⅰ　監理団体の許可の申請に対する許可【技能実習法第23条第1項】
　ⅱ　(ⅰ)　特定監理事業に係る監理許可を受けた監理団体からなされた一般監理団体への事業区分変更許可申請に対する許可
　　　(ⅱ)　一般監理事業に係る監理許可を受けた監理団体からなされた特定監理団体への事業区分変更許可申請に対する許可
　　　　　　　　　　　　　　　　　　　　【技能実習法第32条第1項】
　②　技能実習法第2条第9項に規定される「実習監理」を行う事業を行うものであること。

また、監理団体となることができる団体については、技能実習法第25条第1項第1号で「本邦の営利を目的としない法人であって主務省令で定めるもの」とされ、技能実習法施行規則第29条第1項にそれが列挙されています。(Q6-4-3)

Q3-3-3　監理団体が行う「実習監理」とは何ですか。

技能実習法第2条第9項には、「実習監理」について、

①　「団体監理型実習実施者等(団体監理型実習実施者又は団体監理型技能実習を行わせようとする者をいう。)と団体監理型技能実習生等(団体監理型技能実習生又は団体監理型技能実習生になろうとする者をいう。)との間における雇用関係の成立のあっせん

及び

②　団体監理型実習実施者に対する団体監理型技能実習の実施に関する監理

を行うことと規定されています。

このことから、監理団体が行う「実習監理」とは、次の行為ということになります。

①　雇用関係の成立のあっせん

②　団体監理型実習実施者に対する団体監理型技能実習の実施に関する監理

また、「実習監理」については、技能実習法第39条第3項において、「団体監理型技能実習の実施状況の監査その他の業務の実施に関し主務省令で定める基準」を定めることとされており、技能実習法施行規則第52条に監理団体の許可の基準が規定されています。(Q6-4-1)

第4編 | 国及び地方公共団体並びに実習実施者、監理団体及び技能実習生の責務

1 国及び地方公共団体の責務

Q4-1-1 技能実習法には、国及び地方公共団体の責務についてどのように定められているのですか。

A 技能実習に係る基本理念を定めた技能実習法第3条では、その第1項において「技能実習は、技能等の適正な修得、習熟又は熟達のために整備され、かつ、技能実習生が技能実習に専念できるようにその保護を図る体制が確立された環境で行わなければならない。」と規定し、さらに、同条第2項で「技能実習は、労働力の需給の調整の手段として行われてはならない。」と定められています。

その上で、技能実習法第4条第1項で「国は、この法律の目的を達成するため、前条（第3条）の基本理念に従って、技能実習の適正な実施及び技能実習生の保護を図るために必要な施策を総合的かつ効果的に推進しなければならない。」と国の責務について規定されています。

ここでいう国の責務に関し、主務大臣が行うものとして以下のものを挙げることができます。

1. 基本方針（技能実習の適正な実施及び技能実習生の保護に関する基本方針）の策定公表【技能実習法第7条】

2. 技能実習法「第2章 技能実習」の施行に関し必要があると認めるときの、実習実施者及び監理団体に対する、技能実習の適正な実施及び技能実習生の保護のために必要な指導及び助言【技能実習法第50条第1項】

3. 技能実習の適正な実施及び技能実習生の保護のため、技能実習生からの相談への対応と必要な情報の提供、助言その他の援助【技能実習法第50条第2項】

4. 技能実習評価試験の振興【技能実習法第52条第1項】

また、技能実習法第51条（連絡調整等）第1項に規定される実習実施者及

び監理団体による技能実習活動継続支援措置に関し、主務大臣は、その円滑な実施のためその他必要があると認めるときは、実習実施者、監理団体その他関係者に対する必要な指導及び助言を行うことができる旨の規定（同条第２項）も設けられています。

　一方、地方公共団体については、技能実習法第４条第２項に、「地方公共団体は、前項の国の施策と相まって、地域の実情に応じ、技能実習の適正な実施及び技能実習生の保護を図るために必要な施策を推進するように努めなければならない。」と定められています。

２　実習実施者、監理団体及び技能実習生の責務

Q4-2-1 実習実施者、監理団体及び技能実習生の責務についてどのように定められているのですか。

A 技能実習法第５条第１項には、<u>実習実施者の責務</u>について、「実習実施者は、技能実習の適正な実施及び技能実習生の保護について技能実習を行わせる者としての責任を自覚し、第３条の基本理念にのっとり、技能実習を行わせる環境の整備に努めるとともに、国及び地方公共団体が講ずる施策に協力しなければならない。」と定め、その責任の自覚を促し、環境整備と国・地方公共団体が講じる施策への協力義務が規定されています。

　また、同条第２項では<u>監理団体の責務</u>について、「監理団体は、技能実習の適正な実施及び技能実習生の保護について重要な役割を果たすものであることを自覚し、実習監理の責任を適切に果たすとともに、国及び地方公共団体が講ずる施策に協力しなければならない。」と定め、監理団体としての役割の自覚を促し、責任の履行と国・地方公共団体が講じる施策への協力義務が規定されています。

　さらに、技能実習法第６条では<u>技能実習生の責務</u>について、「技能実習生は、技能実習に専念することにより、技能等の修得等をし、本国への技能等の移転に努めなければならない。」と定め、その技能実習活動に専念すべき旨が定められています。

　このように、技能実習法では、国・地方公共団体、実習実施者、監理団体及び技能実習生の責務について定め、各々がその責務を果たすことを通じて

技能実習の適正な実施と技能実習生の保護の実現を図ることとされています。

第5編 | 技能実習計画

1 技能実習計画及び計画の認定事務の流れ

Q5-1-1 「技能実習計画」とは何ですか。また、誰が作成するのですか。

A 「技能実習計画」とは、技能実習の実施に関する計画のことで、主務省令で定めるところにより技能実習を行わせようとする本邦の個人又は法人（実習実施者になろうとする者）が技能実習生ごとに作成するものです。【技能実習法第8条第1項】

また、技能実習を行わせようとする者が、親会社とその子会社の関係その他主務省令で定める密接な関係を有する複数の法人が技能実習を共同で行わせる場合は、これらの複数の法人が技能実習計画を作成することとされています。【同上】

すなわち、親会社とその子会社が技能実習を共同で行わせる場合は親会社とその子会社が技能実習計画を作成することとなり、また、親会社・子会社の関係にはないものの、それら複数の法人が、主務省令で規定される「共同して技能実習を行わせることが認められる密接な関係を有する複数の法人」に該当する場合には、それらの複数の法人が技能実習計画の作成者となります。

また、団体監理型技能実習を行わせようとする場合、実習実施者になろうとする者は、実習監理を受ける監理団体の指導に基づいて技能実習計画を作成しなければなりません。さらに、技能実習計画が第3号団体監理型技能実習に係るものである場合には、その監理団体が一般監理事業の許可を受けている必要があります。【技能実習法第8条第4項及び第23条第1項】

第5編

35

Q5-1-2 技能実習計画の認定を受けるまでの事務の流れについて説明してください。

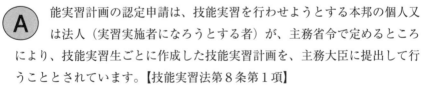 次頁の図「技能実習計画の認定」は、技能実習計画の認定申請から計画の認定を受けるまでの事務の流れを示したものです。

　まず、実習実施者になろうとする者が①技能実習計画を作成し、それを②機構に提出することにより申請を行います。【技能実習法第8条第1項】【技能実習法第12条第1項及び第3項】（Q5-2-1）

　また、技能実習の方式が団体監理型である場合は、その実習実施者になろうとする者は実習監理を受ける監理団体の指導に基づいて技能実習計画を作成しなければなりません。【技能実習法第8条第4項】

　次に、この提出された技能実習計画について、「認定基準への適合性」と「欠格事由への非該当性」について審査が行われ、③その技能実習計画が適当であるか否かの判断がなされることになります。【技能実習法第9条】

　ちなみに、④技能実習計画の認定がなされると、実習実施者になろうとする者はその時点で「実習実施者」へとその地位が移ることになります。

2　技能実習計画の認定申請

Q5-2-1 技能実習計画の認定申請はどこに対して行うのですか。

A 能実習計画の認定申請は、技能実習を行わせようとする本邦の個人又は法人（実習実施者になろうとする者）が、主務省令で定めるところにより、技能実習生ごとに作成した技能実習計画を、主務大臣に提出して行うこととされています。【技能実習法第8条第1項】

　一方、技能実習法第12条第7項には、主務大臣は、第8条第1項の認定に関する事務（「認定事務」）の全部又は一部を機構に行わせることができる旨が規定されています。

　この技能実習法第12条第7項の規定に関して、平成29年4月7日法務省・厚生労働省告示第3号の中で技能実習計画の認定事務を機構に全部行わせることとした旨が公示されています。

技能実習計画の認定

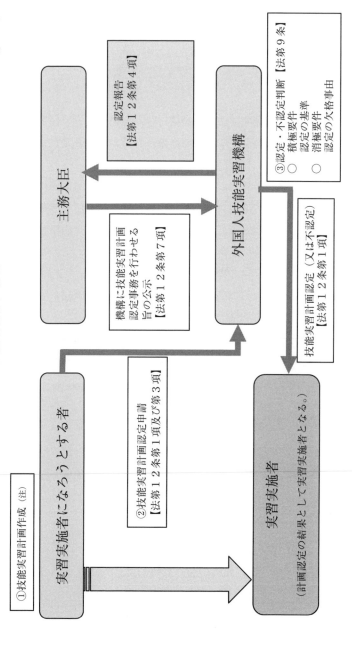

①技能実習計画作成 (注)

実習実施者になろうとする者

②技能実習計画認定申請
【法第１２条第１項及び第３項】

主務大臣

認定報告
【法第１２条第４項】

機構に技能実習計画
認定事務を行わせる
旨の公示
【法第１２条第７項】

外国人技能実習機構

③認定・不認定判断【法第９条】
○ 積極要件
　認定の基準
○ 消極要件
　認定の欠格事由

技能実習計画認定（又は不認定）
【法第１２条第１項】

実習実施者
(計画認定の結果として実習実施者となる。)

第５編

(注) 団体監理型技能実習を行わせようとする場合は、実習監理を受ける監理団体の指導に基づいて技能実習計画を
作成する。【法第８条第４項】

37

　したがって、技能実習計画の認定申請は、主務大臣に対してではなく機構に対して行うことになります。

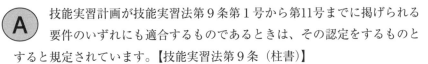

Q5-2-2　技能実習計画の認定は誰により行われるのですか。

　　技能実習計画が技能実習法第９条第１号から第11号までに掲げられる
　　要件のいずれにも適合するものであるときは、その認定をするものとすると規定されています。【技能実習法第９条（柱書）】
　一方、技能実習法第12条において、主務大臣は、技能実習計画の認定（技能実習計画の変更の認定を含む。）に関する事務の全部又は一部を機構に行わせることができると規定されており、主務大臣が機構にその事務を行わせるときは、その事務は機構が行い、主務大臣は行わないことになります。【技能実習法第12条第１項及び第２項】
　また、技能実習法には、第12条第３項として次の読替え規定が設けられています。
　「３　機構が認定事務の全部又は一部を行う場合における第８条から前条
　　　までの規定の適用については、第８条第１項、第９条及び前条第１項
　　　の規定中「主務大臣」とあるのは、「機構」とする。」
　そのため、主務大臣が機構に認定事務を行わせることとした技能実習計画の認定申請については、機構がその審査を行い、認定の判断がなされることになります。

A 技能実習法第8条第5項には、技能実習計画認定申請者は、実費を勘案して主務省令で定める額の手数料を納付しなければならないと規定されています。

また、その額は1件につき、3,900円とするとされています。【技能実習法施行規則第9条】

次に、技能実習計画は、技能実習生ごとに作成することとされ【技能実習法第8条第1項】、また、技能実習の区分（団体監理型の場合は、①第1号団体監理型技能実習、②第2号団体監理型技能実習及び③第3号団体監理型技能実習）ごとに作成しなければなりません。【技能実習法第8条第2項第5号】

さらに、その納付は、機構指定の「金融機関口座」に振り込む方法によります。【技能実習法施行規則第66条第2項】

加えて、この技能実習計画の認定申請に際して納付する手数料は、機構の収入とされています。【技能実習法第12条第6項】

以上の技能実習計画認定申請に伴う手数料については、次頁の表「技能実習計画と監理団体許可に係る手数料・登録免許税」の表1の上欄に記載したとおりとなっています。

なお、技能実習計画の変更認定申請についても、認定申請と同様、手数料を納付しなければなりません。【技能実習法第11条第2項（技能実習法第8条第5項を準用）】

ちなみに、次頁の表1の下欄の手数料は監理団体の許可申請に係るものであり、さらに、表2は新規に監理団体の許可申請を行う際に国に納付する登録免許税について記載したものです。（Q6-2-1）

技能実習計画認定と監理団体許可に係る

1　手数料

区　分		根拠規定	
		技能実習法	法施行規則
技能実習計画	1　認定申請	法第8条第5項	規則第9条
	2　変更申請	法第11条第2項	
監理団体許可申請	1　新規許可申請	法第23条第7項	規則第28条第1項
	監理団体許可申請に係る事実の調査	法第24条第5項	規則第28条第2項
	2　許可更新申請	法第31条第4項	規則第40条第1項
	監理団体許可の更新申請に係る事実の調査	法第31条第5項	規則第40条第2項
	3　許可区分の変更申請（特定監理事業から一般監理事業への区分変更申請の場合のみ）	法第32条第2項（法第23条第7項の準用）	規則第45条第1項
	許可区分の変更申請に係る事実の調査	法第32条第2項（法第24条第5項の準用）	規則第45条第2項

2　登録免許税（新規の監理団体許可、特定監理事業から一般監理事業への区分変更許可に係る登

区分	根拠規定
①新規監理団体許可 ②一般監理事業への区分変更許可	登録免許税法第9条 （同法「別表第一」第63号として規定）

金額（計算方法）		納付方法	備　考
3,900円×申請する技能実習計画の件数（注） （注）技能実習計画は「1技能実習生」について「技能実習の区分（技能実習1号、2号又は3号）」別に作成し、認定・変更申請を行う。		機構指定の「金融機関口座」振込	機構の収入【法第12条第6項】
①監理事業を行う事業所が1つのみ	2,500円	収入印紙	
②監理事業を行う事業所が2つ以上	2,500円 +900円×（監理事業所数－1）		
①監理事業を行う事業所が1つのみ	47,500円	機構指定の「金融機関口座」振込	機構の収入【法第24条第6項】
②監理事業を行う事業所が2つ以上	47,500円 +17,100円×（監理事業所数－1）		
	900円×監理事業所数	収入印紙	
	17,100円×監理事業所数	機構指定の「金融機関口座」振込	機構の収入【法第31条第5項】
①監理事業を行う事業所が1つのみ	2,500円	収入印紙	
②監理事業を行う事業所が2つ以上	2,500円 +900円×（監理事業所数－1）		
①監理事業を行う事業所が1つのみ	47,500円	機構指定の「金融機関口座」振込	機構の収入【法第24条第6項】
②監理事業を行う事業所が2つ以上	47,500円 +17,100円×（監理事業所数－1）		

第5編

録免許税の納付）

金額	納付方法	納付期限
許可の件数1件につき15,000円	現金納付【登録免許税法第21条】	監理団体の許可等については、主務大臣により、申請前に納付し、申請時にその領収証書（原本）を提出する旨定められている。

3　技能実習計画の認定基準

Q5-3-1　「技能実習計画の認定基準」にはどのような要件が定められているのですか。

　技能実習法第9条には、技能実習計画の認定基準が規定されており、第1号から第11号までに掲げられている要件のいずれにも適合する場合にその技能実習計画が適当である旨の認定がなされることになります。

　また、技能実習法第9条には、それらの要件に関して主務省令上で「基準」、「評価」、「選任要件」及び「技能実習生の受入人数枠」を定めることとする規定が設けられているものがあります。【第9条第2号、第5号、第6号、第7号、第9号、第10号及び第11号】

　これらの「基準」、「評価」、「選任要件」及び「技能実習生の受入人数枠」は、技能実習法施行規則第10条から第16条までにそれぞれ規定されています。

　このように、「技能実習計画の認定基準」は、①技能実習法第9条に掲げられる要件、さらに、②技能実習法施行規則第10条から第16条までの規定が組み合わさってできています。

　45頁の表「技能実習計画の認定基準」はそれらの規定を要約し整理したものです。

　この表には、まず、技能実習法第9条第1号から第11号までに掲げられている要件が順に記載してあります。

　続いて、表には、技能実習法施行規則第10条から第16条までに規定される要件（「基準」、「評価」、「選任要件」及び「技能実習生の受入人数枠」など）が項目名を付して記載してあります。

　さらに、技能実習法施行規則上の要件の中に複数の事項が掲げられているときは、適宜「見出し」を付しています。

　また、表の左に「技能実習法上の根拠規定」欄を、表の右に「施行規則上の根拠規定」欄を設け、認定基準の要件がどこに規定されているかを示してあります。

以上のとおり、この表を用いることにより、技能実習計画の認定基準の構成、内容及び各々の要件が技能実習法及び技能実習法施行規則のどこに規定されているのかを容易に理解することがでます。

　なお、技能実習法施行規則で規定されているもののうち「技能実習生の受入れ人数枠」及び「優良実習実施者要件」については、この表の中では規定が設けられている旨を記載するに留め、別に「Q」を設けてそこで詳しく説明してあります。

　ちなみに、「技能実習計画の認定基準」のうち、技能実習法第9条第1号から第11号として定められる要件は以下のとおりとなっています。

　　　第1号：修得等をさせる技能等が、技能実習生の本国において修得等が困難なものであること。

　　　第2号：実習の目標及び内容が、技能実習の区分に応じて<u>主務省令で定める基準</u>に適合していること。

　　　第3号：技能実習の期間が、

　　　　　　・第1号企業単独型技能実習又は第1号団体監理型技能実習に係るものである場合は1年以内

　　　　　　・第2号企業単独型技能実習又は第3号企業単独型技能実習に係るものである場合は2年以内

　　　　　　・第2号団体監理型技能実習又は第3号団体監理型技能実習に係るものである場合は2年以内

　　　　　　であること。

　　　第4号：次の表の左欄の技能実習計画にあっては、右欄の技能実習計画で定めた技能検定又は技能実習評価試験の合格に係る目標が達成されていること。

認定申請の対象技能実習計画	直前の技能実習に係る技能実習計画
第2号企業単独型技能実習	第1号企業単独型技能実習
第2号団体監理型技能実習	第1号団体監理型技能実習
第3号企業単独型技能実習	第2号企業単独型技能実習
第3号団体監理型技能実習	第2号団体監理型技能実習

第5編

第5号：技能実習を修了するまでに、技能実習生が修得等をした技能等の評価を

　　　　・技能検定又は技能実習評価試験
　　　　・主務省令で定める評価

　　　　のいずれかにより行うこと。

第6号：技能実習を行わせる体制及び事業所の設備が主務省令で定める基準に適合していること。

第7号：技能実習を行わせる事業所ごとに、主務省令で定めるところにより技能実習の実施に関する責任者が選任されていること。

第8号：団体監理型技能実習に係るものである場合は、申請者が、技能実習計画の作成について指導を受けた監理団体による実習監理を受けること（第3号団体監理型技能実習に係るものである場合は、その監理団体が一般監理事業の許可を受けていること。）。

第9号：技能実習生に対する報酬の額が日本人が従事する場合の額と同等以上であることその他技能実習生の待遇が主務省令で定める基準に適合していること。

第10号：第3号企業単独型技能実習又は第3号団体監理型技能実習である場合は、申請者が技能等の修得等をさせる能力につき高い水準を満たすものとして主務省令で定める基準に適合していること。

第11号：申請者が技能実習の期間において同時に複数の技能実習生に技能実習を行わせる場合は、その数が主務省令で定める数を超えないこと。

技能実習計画の認定基準

技能実習法	技能実習計画認定基準に規定される事項及び要件		技能実習法施行規則
第9条第1号	**1. 技能等（技能、技術及び知識）の水準** ・修得等させる技能等が本国において習得等（修得、習熟又は熟達）が困難なものであること。		
第9条第2号	**2. 技能実習の目標と内容** ・技能実習の目標及び内容が技能実習の区分に応じて主務省令（施行規則）で定める次の基準に適合していること。		
	【技能実習の目標】 (1) 技能実習の区分に応じた目標が次のとおりであること。	① 第1号技能実習【修得】 次のいずれかに掲げるものであること。 イ 修得をさせる技能等に係る技能検定又はこれに相当する技能実習評価試験の実技及び学科試験の合格 ロ 修得をさせる技能等に係る具体的な業務ができるようになること及び当該技能等に関する知識の修得を内容とするもの（技能実習の期間に照らし適切なものに限る。）	規則第10条第1項 第1号
		② 第2号技能実習【習熟】 習熟をさせる技能等に係る3級の技能検定又はこれに相当する技能実習評価試験の実技試験の合格	第2号
		③ 第3号技能実習【熟達】 熟達をさせる技能等に係る2級の技能検定又はこれに相当する技能実習評価試験の実技試験の合格	第3号
	【技能実習の内容】 <技能等の水準> <移行対象職種・作業> <技能実習の適当性>	(2) 技能実習の内容が次の基準に適合していること。 ① 修得等をさせる技能等が次のいずれかに該当するものであること。 イ 同一の作業の反復のみで修得できるものではないこと。 ロ 第2号・第3号技能実習にあっては、「移行対象職種・作業」（施行規則別表第二に掲げる職種・作業）に係るものであること。	規則第10条第2項 第1号イ 第1号ロ
		② 従事させる業務の性質及び業務を行わせる際の実習環境その他の実習環境に照らし、技能実習を行わせることが適当でないと認められるものでないこと。	規則第10条第2項 第2号イ

項目	内容	規則
<通常業務等との合致>	ロ 技能実習を行う事業所で通常行われている業務を用いるものであり、当該事業所に備えられている修得等に必要な素材や材料等を用いるものであること。	第2号ロ
<従事する業務区分別時間数>	ハ 移行対象職種・作業の技能実習の場合は、それぞれ次の条件に適合していること。・必須業務が業務従事時間全体の2分の1以上・関連業務が業務従事時間全体の2分の1以下・周辺業務が業務従事時間全体の3分の1以下	第2号ハ
<安全衛生業務の従事時間>	ニ 移行対象職種・作業の技能実習の場合は、必須業務、関連業務及び周辺業務について、それぞれ、従事させる時間のうち10分の1以上を当該各業務に関する安全衛生に係る業務に充てていること。	第2号ニ
<移行対象職種・作業以外の場合の安全衛生業務>	ホ 移行対象職種・作業以外の技能実習の場合は、従事させる業務に関する安全衛生に係る業務を行わせること。	第2号ホ
<業務の構成>	ヘ イからホまでのほか、技能実習期間を通じた業務の構成が、技能実習の目標に照らして適切なものであること。	第2号ヘ
【技能実習生】	③ 技能実習生が次のいずれにも該当する者であること。	規則第10条第2項
<年齢>	イ 18歳以上であること。	第3号イ
<制度趣旨の理解>	ロ 制度の趣旨を理解して技能実習を行おうとする者であること。	第3号ロ
<帰国後の活用>	ハ 本国に帰国後本邦において修得等をした技能等を要する業務に従事することが予定されていること。	第3号ハ
<企業単独型技能実習生の所属先等>	ニ 企業単独型技能実習に係るものである場合は、申請者の外国にある事業所又は本施行規則第2条の外国の公私の機関の外国にある事業所の常勤の職員であり、かつ、当該事業所から転勤し、又は出向する者であること。	第3号ニ
<団体監理型技能実習生の外国での同種業務従事経験>	ホ 団体監理型技能実習に係るものである場合は、本邦において従事しようとする業務と同種の業務に外国で従事した経験がある者であること。	第3号ホ
<外国の公的機関推薦>	ヘ 団体監理型技能実習に係るものである場合は、本人が国籍又は住所を有する国又は地域の公的機関(政府機関、地方政府機関又はこれらに準ずる機関)から推薦を受けていること。	第3号ヘ
<本国一時帰国>	ト 第3号技能実習に係るものである場合には、第2号技能実習の終了後又は第3号技能実習を開始後1月以内に技能実習を休止して、本国に1月以上帰国すること。	第3号ト

区分		内容	根拠
<同一技能実習の制限>	チ	同一に技能実習の段階（第1号、第2号又は第3号）に係る技能実習を過去に行ったことがないこと（やむを得ない事情がある場合を除く。）。	第3号チ
【計画認定申請者】	④	技能実習計画の認定申請して制度の趣旨を理解して技能実習を行おうとする者が次のいずれにも該当すること。	規則第10条第2項
<制度の趣旨の理解>	イ	制度の趣旨を理解して技能実習を行おうとする者であること。	第4号イ
<第1号実施者による継続実施>	ロ	第2号技能実習に係るものである場合には、当該技能実習計画に係る第2号技能実習を行わせた者が第1号技能実習を行わせた者であること（第1号技能実習を行わせることができない場合や第2号技能実習を行わせることが適当でない場合その他のやむを得ない事情がある場合を除く。）。	第4号ロ
【外国準備機関・その役員の欠格事由非該当性】	⑤	外国の準備機関又はその役員が、過去5年以内に次のいずれかの行為を行っていないこと。 ・技能実習を行わせようとする者に不正に技能実習計画の認定・計画変更の認定を受けさせる目的 ・監理事業を行おうとする者に不正に監理団体の許可・変更許可、期間更新を受けさせる目的 ・出入国・労働に関する法令の規定に違反する事実を隠蔽する目的 ・その事業活動に関し、外国人に不正に在留資格認定証明書の交付、上陸許可の証印又は許可、特例上陸許可、在留許可、在留資格変更許可等の許可及び在留特別許可を受けさせる目的 で、偽造若しくは変造された文書（偽造若しくは変造された図画・虚偽の文書・虚偽の図画を行使し、又は提供すること。	規則第10条第2項 第5号
【保証金・違約金等の禁止】 <技能実習生等の保証金等> <保証金等契約>	⑥	技能実習の実施に関し次のいずれにも該当すること。 イ 技能実習生等（技能実習生又は技能実習生になろうとする者）又はその配偶者、直系若しくは同居の親族その他技能実習生と密接な関係を有する者が、当該技能実習の保証金の徴収その他名目のいかんを問わず、金銭その他の財産を管理されず、かつ、技能実習に係る契約の不履行について違約金を定める契約その他の不当に金銭その他の財産の移転を予定する契約をしないこと。	規則第10条第2項 第6号イ

第5論

47

根拠条文	内容	区分
第６号ロ	ロ　申請者又は外国の準備機関（団体監理型技能実習に係るものにあっては、申請者、監理団体、取次送出機関又は外国の準備機関）が、他のこれらの者との間で、本邦において行う技能実習の準備に関連して、技能実習に係る契約の不履行について違約金を定める契約その他の不当に金銭その他の財産の移転を予定する契約をしていないこと。	＜申請者その他の者相互間における不当な契約＞
第６号ハ	ハ　（・：企業単独型技能実習に係るものである場合にあっては申請者、団体監理型技能実習に係るものである場合にあっては申請者及び監理団体）が、技能実習に関連して、技能実習生に対する暴行、脅迫、自由の制限その他人権を侵害する行為が行われていないことを定期的に確認すること。	＜暴行その他の人権侵害行為＞
第６号ニ	ニ　団体監理型技能実習に係るものである場合にあっては、技能実習生等が技能実習の準備に関し外国の取次又は外国の準備機関に支払う費用について、その額及び内訳を十分に理解してこれらの機関との間で合意していること。	＜技能実習生等により取次送出機関等に支払う経費の理解＞
規則第10条第２項	⑦　第１号技能実習にあっては、入国後講習が次のいずれにも該当すること。	【入国後講習】
第７号イ	イ　（・：第１号企業単独型技能実習である場合にあっては申請者が、第１号団体監理型技能実習である場合にあっては監理団体が）、自ら又は他の適切な者に委託して、座学（見学を含む。）により実施するものであること。	＜講習実施者＞
第７号ロ	ロ　科目が次に掲げるものであること。 （1）日本語 （2）本邦での生活一般に関する知識 （3）【法的保護情報講習】出入国又は労働に関する法令の規定に違反している事実を知ったときの対応方法その他技能実習生の法的保護に必要な情報（専門的な知識を有する者が講義を行うものに限る。第１号団体監理型技能実習に係るものにあっては、申請者又は監理団体に所属する者を除く。） （4）（1）から（3）までに掲げるもののほか、本邦での円滑な技能等の修得等に資する知識	＜講習科目＞
第７号ハ	ハ　i　入国後講習の総時間数（実施時間が８時間を超える日については、８時間として計算する。）が、技能実習生が本邦において行う第１号技能実習の予定時間全体の６分の１以上であること。	＜入国後講習の時間数＞

		法令根拠
	ii 上記iにかかわらず、当該技能実習生が過去6月以内に、本邦外において、本邦での生活一般に関する知識（「日本語」、「本邦での生活一般に関する知識」の科目につき、座学により実施されるいずれかの講習（「入国前講習」）を受けた場合は技能実習の総時間数の12分の1以上であること。	第7号ハ（括弧書）
<入国前講習の実施者>	(1) 第1号企業単独型技能実習に係るものである場合は申請者が、団体監理型である場合には監理団体自ら行うもの又は他の適切な者に委託して実施するもの	
<入国前講習の該当要件>	(2) 外国の公的機関又は教育機関（企業単独型の場合は、これらの機関又は施行規則第2条の外国の公私の認定申請計画の認定申請者が行うものであって、企業単独型又は団体監理型の場合には監理団体において、その内容が入国後講習に相当すると認めたもの	
<入国後講習の実施時期>	二 （第1号企業単独型技能実習である場合は上記ロ（2）の法的保護情報講習 第1号団体監理型技能実習である場合は上記ロ（1）から（4）までの全ての 科目 について、修得させようとする技能等に係る業務に従事する前に行われ、かつ、当該科目に係る入国後講習期間中は技能実習に係る業務に従事させないこと。	第7号二
<特定の職種・作業に係る基準>	⑧ 前各号に掲げるもののほか、法務大臣及び厚生労働大臣が告示で定める特定の職種・作業に係るものにあっては、当該特定の職種・作業に係る事業所管大臣が当該特定の事情に鑑みて告示で定める基準に適合すること。	規則第10条第2項第8号
【複数職種・作業】	(3) 複数の職種・作業（複数の技能実習計画の場合、主たる職種・作業。以外の職種・作業についても、施行規則第10条第1項【技能実習の目標】の規定が次のいずれかを掲げるものであること。	規則第10条第3項
	① 修得等をしようとする技能等に係る基礎級の技能検定又はこれに相当する技能実習評価試験の実技試験及び学科試験の合格	
	② 修得等をしようとする技能等に係る3級若しくは2級の技能検定又はこれに相当する技能実習評価試験の実技試験の合格	
	③ 修得等をすべき技能等を要する具体的な業務ができるようになること及び当該技能等に関する知識の修得等を内容とするもの（目標が次のいずれかを掲げるもの当該技能等に係る業務に従事する時間に照らし適切なものに限る。）	
	(4) 複数の職種・作業の内容は、主たる職種・作業であること。	規則第10条第4項
	① いずれの職種・作業も移行対象職種・作業であること。	

第5編

49

条番号	内容	規則
第9条第3号	② それぞれの職種・作業に係る技能等が相互に関連しており、複数の職種・作業に係る技能実習を行うことに合理的な理由があること。 3. 技能実習の期間 ・技能実習の期間が、次のとおりであること。 　第1号技能実習：1年以内 　第2号技能実習：2年以内 　第3号技能実習：2年以内	
第9条第4号	4. 技能実習の目標の達成 ・第2号又は第4号の技能実習の場合には、次のそれぞれの段階における技能実習計画の目標が達成されていること。 (1) 第2号技能実習計画の場合、当該技能等に係る第1号技能実習計画で定めた技能検定又は技能評価試験の合格。 (2) 第3号技能実習計画の場合、当該技能等に係る第2号技能実習計画で定めた技能検定又は技能評価試験の合格。	
第9条第5号	5. 修得等した技能等の評価方法 ・技能実習生が修得等した技能等の評価を、技能実習等を行う修了するまでに次の(1)又は(2)により行うこと。 (1) 技能検定試験又は技能評価試験 (2) ①法第9条第2号の規定に基づく同第1号ロ及び同第3号に定める「技能実習の目標の基準」のうち施行規則第10条第1項第1号及び第3号に定める当該技能等の修得等を要する具体的な業務ができるようになること及びその目標が全て達成されているかどうかを技能実習指導員が確認すること。 ②技能実習指導員は、上記①の評価を行うに当たっては、技能実習責任者の確認の場に立ち会わせるとともその他の方法により、評価の公正な実施の確保に努めなければならない。	規則第11条
第9条第6号	6. 技能実習を行わせる体制及び事業所の設備 【技能実習の体制】 <技能実習責任者による監督・監理及び統括> (1) 技能実習を行わせる体制に係るものは次のとおりとする。 ① 技能実習責任者が、自己以外の技能実習指導員、生活指導員その他の技能実習に関与する職員を監督し、技能実習の進捗状況を管理するほか、次に掲げる事項を統括管理すること。	規則第12条第1項第1号

イ 技能実習計画の作成
ロ 技能実習生が修得等をした技能等の評価
ハ 法務大臣及び厚生労働大臣若しくは機構又は団体監理型における監理団体に対する届出、報告、通知その他の手続
ニ 法第20条に規定する帳簿書類の作成及び保管並びに法第21条に規定する実習実施状況報告書の作成
ホ 技能実習生の受入れ準備
ヘ 団体監理型技能実習に係るものである場合にあっては、監理団体との連絡調整
ト 技能実習生の保護
チ 技能実習生の労働条件、産業安全及び労働衛生
リ 技能実習に関する事務を所管する国及び地方公共団体の機関、機構その他の関係機関との連絡調整

② 技能実習の指導を担当する者として、下記イ、ロ、ハのいずれにも該当しない者の中から、次のi及びiiのいずれの要件も満たす「技能実習指導員」1名以上を選任していること。

○要件
i 申請者又はその常勤の役員若しくは職員で、技能実習を行わせる事業所に所属する者
ii 修得等をさせようとする技能等について5年以上の経験を有する者

○欠格事由
イ 法第10条に規定する計画認定の欠格事由（第1号から第8号まで又は第10号のいずれか）に該当する者
ロ 過去5年以内に出入国又は労働に関する法令に関し不正又は著しく不当な行為をした者
ハ 未成年者

③ 技能実習生の生活の指導を担当する者として、上記②のイ、ロ、ハのいずれにも該当しない者であって、申請者又はその常勤の役員若しくは職員で技能実習を行わせる事業所に所属する者の中から「生活指導員」を1名以上を選任していること。

④ 企業単独型の申請者、団体監理型の監理団体が、入国後講習を実施する施設を確保していること。

<技能実習指導員>

<生活指導員>

<入国後講習施設>

規則第12条第1項第2号

第3号

第4号

第5論

51

号	項目	内容
第５号	<労災保険等の補償措置>	⑤ 企業単独型の申請者、団体監理型の申請者又は監理団体が、申請者の事業に関する労働者災害補償保険法による労働者災害補償保険に係る保険関係の成立の届出その他これに類する措置を講じていること。
第６号	<帰国旅費の負担等>	⑥ 企業単独型の申請者、団体監理型の申請者、監理団体が円滑に帰国できるよう必要な措置を講ずることとしていること（第3号技能実習終了後の一時帰国を含む。）。 ⅰ 技能実習終了後の第2号技能実習生の帰国旅費（第3号技能実習開始前の第2号技能実習生としての来日渡航旅費 ⅱ 第2号技能実習中に第3号技能実習計画認定申請がなされた場合にあっては、第3号技能実習生としての来日渡航旅費
第７号	<団体監理型の外国送出機関>	⑦ 監理団体が技能実習の申込みを受けようとする場合は、外国の送出機関（法施行規則第25条規定の要件に合致する者であること。
第８号	<人権侵害行為の禁止>	⑧ 申請者又はその役員（業務を執行する社員、取締役、執行役又はこれに準ずる者をいい、相談役、顧問その他いかなる名称を有する者であるかを問わず、法人に対し業務を執行する社員、取締役、執行役又はこれらに準ずる者と同等以上の支配力を有するものと認められる者を含む。次の⑨において同じ。）若しくは職員が、過去5年以内に技能実習生の人権を著しく侵害する行為を行っていないこと。
第９号	<偽造・変造文書等の行使等>	⑨ 申請者又はその役員若しくは職員が、次のいずれかの行為を行っていない目的 ・不正に技能実習計画の認定・計画変更の認定を受ける目的 ・監理事業を行おうとする者に不正に監理団体の許可・変更許可、期間更新を受けさせる目的 ・出入国・労働に関する法令の規定に違反する事実を隠ぺいする目的 ・その事業活動に関し、外国人に不正に在留資格認定証明書の交付、上陸許可の証印又は許可、特例上陸許可、在留資格の変更許可等を受けさせる目的で 行使する文書等 ・偽造若しくは変造された文書 ・偽造若しくは変造された図画 ・虚偽の文書 ・虚偽の図画 を行使し、又は提供すること。
第10号	<取消事由該当の報告>	⑩ 法第16条第1項各号の技能実習計画認定の取消し事由に該当し事由に該当することに至ったときは、直ちに、企業単独型実習実施者にあっては機構に、団体監理型実習実施者にあっては監理団体に、当該事実を報告することとしていること。

第9条第7号			
	<実習計画と反する契約の禁止>	⑪ 申請者又は監理団体との間で、実習計画と反する内容の取決めをしていないこと。	第11号
	<監理団体の改善措置>	⑫ 監理団体が法第36条第1項の改善命令を受けたことがある場合にあっては、当該監理団体が改善に必要な措置をとっていること。	第12号
	<継続的実施体制>	⑬ 技能実習生に対する指導体制その他の技能実習を継続して行わせる体制が適切に整備されていること。	第13号
	<特定の職種・作業に係る基準>	⑭ 前各号に掲げるもののほか、法務大臣及び厚生労働大臣が告示で定める特定の職種・作業に係るものにあっては、当該特定の職種・作業に係る事業所管大臣が、両大臣と協議の上、当該職種・作業に特有の事情に鑑みて告示で定める基準に適合すること。	第14号
	【事業所の設備】	(2) 技能実習を行わせる事業所の設備を次のとおりとする。	規則第12条第2項
	<設備>	① 技能等の修得に必要な機械、器具その他の設備を備えていること。	第1号
	<特定の職種・作業に係る基準>	② 法務大臣及び厚生労働大臣が告示で定める特定の職種・作業に係るものにあっては、当該特定の職種・作業に係る事業所管大臣が、両大臣と協議の上、当該職種・作業に特有の事情に鑑みて告示で定める基準に適合すること。	第2号
	7．技能実習責任者の選任	・技能実習を行わせる事業所ごとに、技能実習の実施に関する責任者として、下記イ、ロ、ハのいずれにも該当しない者の中から、次のi、ⅱ及びⅲのいずれの要件も満たす「技能実習責任者」が選任されていること。 ○要件 ⅰ　申請者又はその常勤の役員若しくは職員である者 ⅱ　自己以外の技能実習指導員、生活指導員その他の技能実習に関与する職員を監督することができる立場にある者 ⅲ　過去3年以内に法務大臣及び厚生労働大臣が告示で定める技能実習責任者講習を修了した者 ○欠格事由 イ　法第10条に規定する計画認定の欠格事由（第1号から第8号まで又は第10号のいずれか）に該当する者 ロ　過去5年以内に出入国又は労働に関する法令に関し不正又は著しく不当な行為をした者 ハ　未成年者	規則第13条

53

条項	内容	規則	号
第９条第８号	**8. 団体監理型技能実習である場合における監理団体による実習監理** ・団体監理型技能実習の申請者が、技能実習計画の作成について指導を受けた監理団体による実習監理（実習監理）を受けること。 ・申請者と技能実習生等との間における雇用関係の成立をあっせん及び団体監理型技能実習の実施に関する監理）を受けること。		
第９条第９号	**9. 技能実習生の報酬及び待遇** ・技能実習生に対する報酬の額が日本人が従事する場合の報酬の額と同等額以上であることその他の技能実習生の待遇が次の基準に適合していること。	規則第14条	
	＜宿泊施設の確保＞ ① 企業単独型の申請者、団体監理型の申請者又は監理団体が、適切な宿泊施設を確保していること。		第１号
	＜入国後講習に専念するための措置＞ ② 企業単独型の申請者、団体監理型の申請者又は監理団体が入国後講習に専念するための宿泊施設等の措置を講じていること。		第２号
	＜監理費の徴収禁止＞ ③ 法28条第2項の規定により、監理団体が技能実習者等から監理費として徴収できることとされる費用を、直接又は間接に技能実習生に負担させないこととしていること。		第３号
	＜技能実習生の定期に負担する費用＞ ④ 食費、居住費その他の名目のいかんを問わず技能実習生が定期に負担する費用について、技能実習生が、当該費用の対価として供与される食事、宿泊施設その他の利益の内容を十分に理解した上で申請者との間で合意しており、かつ、当該費用の額が実費に相当する額その他の適正な額であること。		第４号
	＜特定の職種・作業に係る基準＞ ⑤ 前各号に掲げるもののほか、法務大臣及び厚生労働大臣が告示で定める特定の職種・作業に係るものにあっては、当該特定の職種・作業に係る事業所管大臣が、両大臣と協議の上、当該職種・作業に特有の事情に鑑みて告示で定める基準に適合すること。		第５号
第９条第10号	**10. 第３号技能実習に係る「優良実習実施者の基準」** ・第３号技能実習に係る技能実習計画である場合には、申請者が「優良実習実施者の基準」に適合していること。 ・優良実習実施者の基準（申請者が技能等の修得等をさせる能力につき高い水準を満たすものとして主務省令で定める基準）は、次に掲げる事項を総合的に評価して、技能等の修得をさせる能力につき高い水準を満たすと認められるものであることとする。	規則第15条	
	① 技能等の修得等に係る実績		第１号
	② 技能実習を行わせる体制		第２号
	③ 技能実習生の待遇		第３号
	④ 出入国又は労働に関する法令への違反、技能実習生の行方不明者の発生その他の問題の発生状況		第４号

		第5号
	⑤ 技能実習生からの相談に応じることその他の技能実習生に対する保護及び支援の体制及び実施状況	第6号
	⑥ 技能実習生と地域社会との共生に向けた取組の状況	
	・施行規則第15条で規定される①から⑥までの事項に関し、「技能実習制度運用要領」上に[判断要素]と[配点]が定められており、獲得点数の60パーセント以上である場合に、[優良]と判断されることとされている。(「技能実習制度運用要領」に規定されている[判断要素]と[配点]については、Q5－3－9を参照。)	
第9条第11号	**11. 技能実習生の受入れ人数枠**	規則第16条
	・申請者が技能実習の期間において同時に複数の技能実習生に技能実習を行わせる場合は、その技能実習生の人数が施行規則第16条に定める人数を超えないこと。	
	・技能実習法施行規則第16条第1項から第4項までに、技能実習生の受入れ人数枠が企業単独型と団体監理型に区分して規定されている。(Q5-3-10、Q5-3-11を参照。)	

Q5-3-2 企業単独型の技能実習生を受け入れる場合には、その外国人が海外のどのような機関の職員であることが要件とされているのですか。

 企業単独型技能実習を受けようとする外国人は、次の1又は2のいずれかであることが要件とされています。【技能実習法第2条第2項第1号】

1　本邦の公私の機関（技能実習計画の認定申請者）の外国にある事業所の常勤職員

　　・この「本邦の公私の機関の外国にある事業所」としては、

　　　　①本店・支店の関係にある事業所

　　　　②親会社・子会社の関係にある事業所

　　　　③本邦の公私の機関の子会社同士の関係にある事業所

　　　　④本邦の公私の機関の関連会社の事業所

　　　が挙げられます。

2　本邦の公私の機関と「主務省令で定める密接な関係を有する外国の公私の機関」の外国にある事業所の常勤職員

　また、上記2の「密接な関係を有する外国の公私の機関」については、技能実習法施行規則第2条（主務省令）に次の二つが規定されています。

　　一　本邦の公私の機関と引き続き1年以上の国際取引の実績又は過去1年間に10億円以上の国際取引の実績を有する機関

　　二　本邦の公私の機関と国際的な業務上の提携を行っていることその他の密接な関係を有する機関として法務大臣及び厚生労働大臣が認めるもの

　したがって、上記2に該当するためには、これら二つのいずれかの要件に適合していなければならないことになります。

　さらに、企業単独型技能実習生については、実習実施者との雇用契約に基づいて本邦にある事業所において当該技能等に係る業務に従事するものであって【技能実習法第2条第2項第1号】、かつ、海外の当該所属事業所から本邦の公私の機関に転勤し、又は出向するものでなければなりません。【技

Q5-3-3　「修得等をさせる技能等の要件」については、基準上でどのように定められているのですか。

　「技能実習計画の認定基準」の一つとして「修得等をさせる技能等が、技能実習生の本国において修得等が困難なものであること。」が定められています。【技能実習法第9条第1号】

　この「技能等」の語は、技能、技術又は知識の三つを総称したものです。【技能実習法第1条】

　また、「修得等をさせる」については、「①修得」、「②習熟」又は「③熟達」の三つを総称し「修得等」と規定されています。【技能実習法第3条第1項】

　以上から、「修得等をさせる技能等」とは、「技能実習生にその一連の活動を通じて修得、習熟又は熟達させることとされる技能、技術又は知識」と言い換えることができます。

　また、「修得等をさせる技能等」が、技能実習生の本国において修得等することが困難なものであることが要件とされたのは、外国人技能実習制度が、開発途上国等の青壮年を人材育成の観点から一定期間我が国に受け入れ、技能等を修得等させるものであり、また、技能実習生が帰国した後に、その修得等した技能等を活かし、その国の経済発展と産業振興の担い手となることが期待されており、このことから技能実習の対象を限定する本規定が設けられたと解されます。

Q5-3-4　技能実習計画の認定基準に規定されている要件のうち、①技能実習の目標、②技能実習の内容（職種・作業）、③計画の目標の達成（検定・試験合格）及び④修得等した技能等の評価方法の内容と相互関係について説明してください。

　60頁の表は、技能実習計画の認定基準のうち、

①　技能実習の目標

②　技能実習の内容（職種・作業）

第5編

③　計画の目標の達成（検定・試験合格）

④　修得等した技能等の評価方法

の４つについて、それらの規定の内容を整理して一覧表にしたものです。

また、①から④までの規定の相互関係についても本表で容易に理解することができます。

では、表の構成及び見方、さらにポイントについて順に説明します。

1　表の構成及び見方

（1）　左欄の上から下方向

・第１号技能実習【修得】、第２号技能実習【習熟】及び第３号技能実習【熟達】の順に３区分が設けてあります。

・これらの技能実習の３区分について、上記①から④までの要件をそれぞれ当てはめます。

（2）　左から右方向

・上欄の左から右方向に並んだ上記①から④までの要件それぞれについて、技能実習法・技能実習法施行規則上の根拠条項、また、それらの規定内容を記載してあります。

（3）　相互関係

・「③計画の目標の達成」では、「①技能実習の目標」で掲げられた目標（A・B）を引用し、それらの合格が要件とされています。

2　ポイント

（1）　「①技能実習の目標」の規定関係

・第１号技能実習計画で掲げる目標には、技能実習法施行規則第10条第１項第１号として定められる

イ又はロ

の二つがあり、そのいずれかを選択しなければなりません。

・しかし、技能実習生が第２号技能実習に移行する場合には、必ず「イ」を選択し、かつ、「イ」合格が要件となります（「③計画の目標の達成のA」）。

（2）　第２号へ移行せず第１号技能実習を修了し帰国する場合

・第1号技能実習のみ（第2号へは移行しない。）の場合にお
　ける、
　　　「①技能実習の目標」と「④修得等した技能等の評価方
　　法」の関係は、次のとおりです。
　　　◎「イ」を目標に選択⇒「イ」の技能検定・技能実習評価
　　　　　　　　　　　　　　試験を受検
　　　◎「ロ」を目標に選択⇒技能実習法施行規則第11条第1項
　　　　　　　　　　　　　　及び第2項の規定に基づく評価を
　　　　　　　　　　　　　　実施
（3）　第2号又は第3号技能実習の修了前における「④修得等した技
　　能等の評価方法」
　　　第2号技能実習及び第3号技能実習の修了前における「修得
　　等した技能等の評価方法」は、次のとおりです。
　　　◎第2号技能実習⇒修了前に「3級の技能検定」又は「こ
　　　　　　　　　　　　れに相当する技能実習評価試験」の実
　　　　　　　　　　　　技試験を受検。
　　　◎第3号技能実習⇒修了前に、「2級の技能検定」又は
　　　　　　　　　　　　「これに相当する技能実習評価試験」
　　　　　　　　　　　　の実技試験を受検。
（4）　移行対象職種・作業
　　　「②技能実習の内容（職種・作業)」のうち第2号・第3号技
　　能実習にあっては、「移行対象職種・作業（施行規則別表第
　　二）」に係るものであることが要件とされています。【技能実習
　　法施行規則第10条第2項第1号ロ】

技能実習計画の「①技能実習の目標」、「②内容（職種・作業関係）」、「③目

区　分	①技能実習の目標				②技能実習の内容（職種・作業）			
	技能実習法	規定内容	施行規則	規定内容	技能実習法	規定内容	施行規則	規定内容
第１号技能実習【修得】	第９条第２号	・技能実習の目標が、技能実習の区分に応じて主務省令（施行規則第10条）で定める基準に適合していること。	第10条第1項第1号　　　イ　　　　　　　　　　　　　　　　　　ロ	・次のいずれかを掲げるものであること。　・基礎級の技能検定又はこれに相当する技能実習評価試験の実技及び学科試験の合格　・修得をさせる技能等を要する具体的な業務ができるようになること及び当該技能等に関する知識の修得を内容とするもの（技能実習の期間に照らし適切なものに限る。）	第９条第２号	・技能実習の内容が、技能実習の区分に応じて主務省令（施行規則第10条）で定める基準に適合していること。	第10条第2項　　　イ	同一の作業の反復のみによって修得等できるものではないこと。

区　分	①技能実習の目標				②技能実習の内容（職種・作業）			
	技能実習法	規定内容	施行規則	規定内容	技能実習法	規定内容	施行規則	規定内容
第２号技能実習【習熟】	第９条第２号	・技能実習の目標が、技能実習の区分に応じて主務省令（施行規則第10条）で定める基準に適合していること。	第10条第1項第2号	・3級の技能検定又はこれに相当する技能実習評価試験の実技試験の合格を掲げるものであること。	第９条第２号	・技能実習の内容が、技能実習の区分に応じて主務省令（施行規則第10条）で定める基準に適合していること。	第10条第2項　　　イ　　　　　　　　　　　　　　　　　　ロ	同一の作業の反復のみによって修得等できるものではないこと。　第2号・第3号技能実習にあっては、「移行対象職種・作業（施行規則別表第二）」に係るものであること。
第３号技能実習【熟達】			第10条第1項第3号	・2級の技能検定又はこれに相当する技能実習評価試験の実技試験の合格を掲げるものであること。				

(JITCO)

③計画の目標の達成				④修得等した技能等の評価方法			
技能実習法	規定内容	施行規則	規定内容	技能実習法	規定内容	施行規則	規定内容
				第9条第5号	技能実習を修了するまでに、技能実習生が修得等をした技能等の評価を下記のいずれかにより行うこと。		
					i 技能検定 ii 技能実習評価試験		・基礎級の技能検定又はこれに相当する技能実習評価試験の実技及び学科試験の受検
					iii 主務省令施行規則第11条)で定める評価	第11条第1項	・本表の左欄「①技能実習の目標」の施行規則第10条第1項第1号ロ『修得をさせる技能等を要する具体的な業務ができるようになること及び当該技能等に関する知識の修得を内容とするもの(技能実習の期間に照らし適切なものに限る。)』の目標が、全て達成されているかどうかを技能実習指導員が確認すること。
						第2項	技能実習指導員は第1項の評価を行うに当たっては、技能実習責任者を確認の場に立ち会わせることその他の方法により、評価の公正な実施の確保に努めなければならない。

③計画の目標の達成		④修得等した技能等の評価方法	
技能実習法	規定内容	技能実習法	規定内容
法第9条第4号	・第2号又は第3号技能実習の場合には、それぞれの段階(右欄)における技能実習計画の目標が達成されていること。 ・第1号技能実習で定めた A 基礎級の技能検定又はこれに相当する技能実習評価試験の実技及び学科試験の合格 ・第2号技能実習で定めた B 3級の技能検定又はこれに相当する技能実習評価試験の実技試験の合格	第9条第5号	技能実習を修了するまでに、技能実習生が修得等をした技能等の評価を次のいずれかにより行うこと。 ①技能検定 ②技能実習評価試験
			・第2号技能実習を修了するまでに、3級の技能検定又はこれに相当する技能実習評価試験の実技試験の受検 ・第3号技能実習を修了するまでに、2級の技能検定又はこれに相当する技能実習評価試験の実技試験の受検

第5編

61

Q5-3-5 「技能検定」及び「技能実習評価試験」とは何ですか。

 技能実習法第8条第2項第6号には、「技能検定」及び「技能実習評価試験」について、各々次のとおり規定されています。

1　技能検定
・職業能力開発促進法（昭和44年法律第64号）第44条第1項の技能検定
2　技能実習評価試験
・主務省令で指定する試験＝「技能実習評価試験」

　また、上記2の技能実習評価試験については、技能実習法施行規則第6条で、同施行規則「別表の第一」のとおりとすると定められています。
　さらに、技能実習法施行規則第56条において、技能実習評価試験の基準が次のとおり規定されています。
　　第1号　技能実習生が修得した技能等について公正に評価すること。
　　第2号　技能実習の区分に応じて、等級に区分して行うこと。
　　第3号　実技試験及び学科試験によって行うこと。
　　第4号　職員、設備、業務の実施方法その他の試験実施者の体制を、技能実習評価試験を適正かつ確実に実施するために適切なものとすること。
　　第5号　前各号に掲げるもののほか、公正な技能実習評価試験の実施のために必要な措置を講じること。

　「技能検定」及び「技能実習評価試験」について、技能実習制度運用要領ではそれぞれ次のとおり説明されています。【技能実習制度運用要領第4章第2節第2】
　○技能検定
　　　職業能力開発法（昭和44年法律第64号）に基づき、厚生労働大臣が省令で定める職種ごとに、厚生労働省令で定める等級に区分して、実技試

験及び学科試験を行うこととされているもの。【職業能力開発促進法第44条第1項及び第3項】

○技能実習評価試験

技能実習評価試験の整備等に関する専門家会議による確認の上、技能検定に相当する検定試験として、厚生労働省人材開発統括官が認定したもの。

また、この技能検定と技能実習評価試験の関係は、次の「技能検定と技能実習評価試験の対比表」のとおりとされています。【「技能実習制度における移行対象職種・作業の追加等に係る事務取扱要領（厚生労働省人材開発統括官公表）」の第2】

技能検定と技能実習評価試験の対比表

技能検定	技能実習評価試験	要求される技能・知識の水準
特級		管理者又は監督者が通常有すべき技能・水準
1級		上級の技能労働者が通常有すべき技能・水準
（随時）2級	上級	中級の技能労働者が通常有すべき技能・水準
（随時）3級	専門級	初級の技能労働者が通常有すべき技能・知識
（旧基礎1級）	中級	基本的な業務を遂行するために必要な技能・知識
基礎級	初級	基本的な業務を遂行するために必要な基礎的な技能・知識

第5編

Q5-3-6 「移行対象職種・作業」とは何ですか。

技能実習計画の認定基準のうち「技能実習の内容」については、技能実習法第9条第2号でそれを主務省令で定めることとされ、技能実習法施行規則第10条第2項に要件が規定されています。

その基準では、第2号・第3号技能実習にあっては、修得等をさせる技能等が「移行対象職種・作業」でなければならないと定められています。【技能実習法施行規則第10条第2項第1号ロ】

また、この「移行対象職種・作業」とは技能実習法施行規則の「別表第二」に掲げられている職種・作業のことをいいます。

Q5-3-7　技能実習の期間はどのように定められているのですか。

 技能実習法第９条第３号には、技能実習計画の認定基準の一つとして技能実習の期間が区分別に次のとおり規定されています。

「第１号企業単独型技能実習」又は「第１号団体監理型技能実習」
　　　：１年以内
「第２号企業単独型技能実習」又は「第２号団体監理型技能実習」
　　　：２年以内
「第３号企業単独型技能実習」又は「第３号団体監理型技能実習」
　　　：２年以内

　したがって、技能実習の期間は、第１号及び第２号の期間を合わせて最長３年以内、また、第３号を加え合計すると最長５年以内ということになります。

Q5-3-8　技能実習責任者、技能実習指導員及び生活指導員について、各々の要件及び職務について説明してください。

　技能実習法上には、技能実習計画の認定基準として、技能実習を行わせる体制（及び事業所の設備）が主務省令で定める基準に適合していることが要件として規定され【技能実習法第９条第６号】、さらに、技能実習責任者について、技能実習を行わせる事業所ごとに、主務省令で定めるところにより技能実習の実施に関する責任者を選任することが規定されています。【技能実習法第９条第７号】
　また、技能実習法施行規則では、技能実習を行わせる体制に関して、技能実習責任者、技能実習指導員及び生活指導員について、次の表「実習実施者（技能実習計画認定申請者）に求められる人的体制と職務」の内容が定められています。
　この表には、左側から右側に、「区分」、「根拠」、「要件」及び「職務」の

欄を設け、技能実習責任者、技能実習指導員及び生活指導員について、選任の根拠（技能実習法と技能実習法施行規則の別）、選任要件、さらに、職務について記載してあります。

　なお、この技能実習責任者、技能実習指導員及び生活指導員については、各々に求められる要件を備えた上であれば、兼務することは可能とされています。（技能実習制度運用要領第4章第2節第7（1）【留意事項】）

実習実施者（技能実習計画認定申請者）に求められる人的体制と職務

区　分	根　拠		要　件	職　務
	技能実習法	法施行規則		
○技能実習責任者（技能実習を行わせる事業所ごと）	第9条第6号及び第7号	第12条第1項第1号及び第13条	次のいずれにも該当する者 ・申請者（実習実施者）又はその常勤の役員若しくは職員であること。 ・自己以外の技能実習指導員、生活指導員その他の技能実習に関与する職員を監督することができる立場にあること。 ・過去3年以内に技能実習責任者講習を受講していること（注）。 （注）技能実習責任者講習が整備されるまでの一定期間、経過措置が設けられていた。【技能実習法施行規則附則第6条】この経過措置は2020年3月31日に終了した。	・自己以外の技能実習指導員、生活指導員その他の技能実習に関与する職員を監督し、技能実習の進捗状況を管理するほか、次に掲げる事項に関することを統括管理する。 ①技能実習計画の作成 ②技能実習生が修得等をした技能等の評価 ③技能実習法又は同法に基づく命令の規定による法務大臣、厚生労働大臣、機構、又は監理団体に対する届出（団体監理型技能実習の場合）、報告、通知その他の手続 ④帳簿書類の作成・保管、報告書の作成 ⑤技能実習生の受入準備 ⑥監理団体との連絡調整（団体監理型技能実習の場合） ⑦技能実習生の保護 ⑧技能実習生の労働条件、産業安全及び労働衛生 ⑨技能実習に関する事務を所掌する国及び地方公共団体の機関、機構その他関係機関との連絡調整

第5編

65

○技能実習指導員（技能実習を行わせる事業所について1名以上）	第9条第6号	第12条第1項第2号	次のいずれにも該当する者 ・申請者（実習実施者）又はその常勤の役員若しくは職員であること（技能実習を行わせる事業所に所属して勤務する者の中から選任する。）。 ・修得等をさせようとする技能等について5年以上の経験を有していること。 （複数の職種・作業に係る技能実習を行わせる場合：その全ての職種・作業に係る修得等をする技能等について5年以上の経験を有することが必要とされる。 【技能実習制度運用要領第4章第2節第7（2）】	・技能実習生に対する技能等の指導
○生活指導員（技能実習を行わせる事業所について1名以上）	第9条第6号	第12条第1項第3号	次のいずれにも該当する者 ・申請者（実習実施者）又はその常勤の役員若しくは職員であること。 ・技能実習を行わせる事業所に所属して勤務する者の中から選任する。	・技能実習生の生活の指導

　なお、技能実習責任者、技能実習指導員及び生活指導員については、次の欠格事由が規定されており、それらのいずれにも該当しない者であることが求められます。（技能実習責任者【技能実習法施行規則第13条】。技能実習指導員【同第12条第1項第2項】。生活指導員【同第12条第1項第3号】)

　　イ　技能実習法第10条に規定する計画認定の欠格事由（第1号から第8号まで又は第10号のいずれか）に該当する者
　　ロ　過去5年以内に出入国又は労働に関する法令に関し不正又は著しく不当な行為をした者
　　ハ　未成年者

A 第3号企業単独型技能実習又は第3号団体監理型技能実習を行わせる
ための要件として、技能実習計画認定申請者が「優良（技能等の修得
等をさせる能力につき高い水準を満たすものとして主務省令で定める基準に
適当していること）」であることが求められています。【技能実習法第9条第
10号】

この規定を受けて、技能実習法施行規則第15条には、次に掲げる事項を総
合的に評価して、「優良」であるかどうかを判断することが定められていま
す。

1 技能等の修得等に係る実績

2 技能実習を行わせる体制

3 技能実習生の待遇

4 出入国又は労働に関する法令への違反、技能実習生の行方不明者の発
生その他の問題の発生状況

5 技能実習生からの相談に応じることその他の技能実習生に対する保護
及び支援の体制及び実施状況

6 技能実習生と地域社会との共生に向けた取組の状況

これら6つの事項について、技能実習制度運用要領に優良実習実施者の要
件が定められており、区分別最大点数の合計の6割以上の点数を獲得できた
場合に「優良」と判断されることとされています。【技能実習制度運用要領
第4章第2節第11】

70頁の表「優良実習実施者基準」の見方は次のとおりです。

なお、実際にこの表に当てはめて計算をするときは、技能実習制度運用要
領に記載されている留意事項をしっかり確認するようにしてください。

1 表の構成

左から右方向に、次の欄を設けてあります。

「区分」：技能実習法施行規則第15条に規定される6つの評価対象事
項です。

第5編

「項目」：各評価対象事項について定められた評価要素です。

「点数」：「項目」に照らして、「ａ　加点」欄又は「ｂ　減点」欄の
うちから該当する点数を記載します。

「区分別最大点数」：各「区分」で評定される最大得点です。

「各区分の点数」：それぞれの「区分」について「ａ　加点」、「ｂ
減点」した点数です。

2　「優良実習実施者要件」への適合判断

上記１による「各区分の点数」の合計（「Ｂ」）が「区分別最大点
数」の合計（「Ａ」）の60パーセント以上であれば要件に適合している
ことになります。

3　使用されている用語等

また、この表で用いられている用語等に関し留意すべき点は次のと
おりです。

（１）　対象期間

・「過去３技能実習事業年度」：過去３年の技能実習事業年度（４月１
日から翌年３月31日まで）当該技能実
習計画認定申請年度を含まず。

・「直近過去３年間の」：当該技能実習計画認定申請の時点から遡るこ
と３年間

・「直近過去３年以内」：当該技能実習計画認定申請の時点から遡って
３年以内

（２）　技能検定等

・合格実績の対象となる技能検定等の試験には、次の３種類があります。
す。

　　ⅰ　学科試験

　　ⅱ　実技試験

　　ⅲ　学科試験及び実技試験

（３）　やむを得ない不受検者

・分母の（第１号・第２号・第３号別）修了技能実習生数から、「や
むを得ない不受検者数」が除かれます。

・「やむを得ない不受検者」とは、実習実施者の責めによらない理由

での失踪や技能実習生の事情による途中帰国などにより、不受検と
なった者をいい、不受検となった原因が実習実施者の責任とはいえ
ないものを指します。

　なお、技能実習計画の認定申請者が第3号団体監理型技能実習を行わせよ
うとする場合には、その申請者がこの「優良実習実施者要件」に適合するこ
とに加えて、実習監理を行う監理団体の区分が「一般監理団体」であること
が求められます。（Q6-4-5）

第５編

「優良実習実施者基準」（第３号技能実習計画の実習実施者に

「技能実習制度運用要領」第４章

優良実習実施者の要件：B/A≧60/100

区　分		項　目		
①	技能等の修得等に係る実績	Ⅰ	過去３技能実習事業年度の基礎級程度の技能検定等の学科試験及び実技試験の合格率（旧制度の基礎２級程度の合格率を含む。）	
		Ⅱ	過去３技能実習事業年度の２級・３級程度の技能検定等の実技試験の合格率 ＜計算方法＞ $$\frac{(3級合格者数＋2級合格者数×1.5)×1.2}{「新制度の技能実習生の2号・3号修了者数（やむを得ない不受検者数を除く。）」＋「旧制度の技能実習生の受検者数」}$$	
			(上記計算に当たっての留意点) 旧制度の技能実習生の受検実績の取扱いは、次による。 ・施行日以後の受検実績は必ず算入 ・施行日前については、施行日前の基準日以前の受検実績は算入しないこととすることも可	
		Ⅱ ※	上記の計算式の分母算入対象となる技能実習生がいない場合（過去３技能実習事業年度には２号未修了者であった者の申請日時点の右合格者の合格実績で加点）	項目	過去３技能実習事業年度の３級程度の技能検定等の実技試験の合格実績
		Ⅲ	直近過去３年間の２級・３級程度の技能検定等の学科試験の合格実績（２級・３級で分けず、合格人数の合計で評価）	
		Ⅳ	技能検定等の実施への協力の有無 ・技能検定委員（①技能検定における学科試験及び実技試験の問題の作成、②採点、③実施要領の作成、④検定試験会場での指導監督などを職務として行う者）又は技能実習評価試において技能検定委員に相当する者を社員等の中から排出している場合 ・実技試験の実施に必要な機材・設備等の貸与等を行っている場合	
			計	
②	技能実習を行わせる体制	Ⅰ	直近過去３年以内の技能実習指導員の「技能実習指導員講習」受講歴	
		Ⅱ	直近過去３年以内の生活指導員の「生活指導員講習」受講歴	
			計	
③	技能実習生の待遇	Ⅰ	第１号技能実習生の賃金（基本給）のうち最低のものと最低賃金の比較	
		Ⅱ	技能実習生の賃金に係る技能実習の各段階ごとの昇給率	
			計	

（72頁④へ続く。）

求められる高水準の技能等の修得等をさせる能力）

第2節第11に基づいて作成

a　加　点		b　減　点		点　数	区分別最大点数	各区分の点数
95％以上 80％以上95％未満 75％以上80％未満	20点 10点 0点	75％未満	▲20点	点	(①：最大70点)	①：_____点
80％以上 70％以上80％未満 60％以上70％未満 50％以上60％未満	40点 30点 20点 0点	50％未満	▲40点	点		
・合格者3人以上 ・合格者2人 ・合格者1人 ・合格者0人	20点 10点 5点 0点		点	点		
・合格者2人以上 ・合格者1人	5点 3点		点	点		
有	5点		点	点		
	点		点	点		
全員有	5点		点	点	(②：最大10点)	②：_____点
全員有	5点		点	点		
	点		0点	点		
115％以上 105％以上115％未満	5点 3点		点	点	(③：最大10点)	③：_____点
5％以上 3％以上5％未満	5点 3点		点	点		
	点		0点	点		

第5編

71

区　分		項　目
④ 法令違反・問題の発生状況	Ⅰ	直近過去3年以内に改善命令を受けたことがあること（旧制度の改善命令相当の行政指導を含む。）
	Ⅱ	直近過去3年以内における失踪がゼロ又は失踪の割合が低いこと（旧制度を含む。） <計算方法> $$\frac{直近過去3年以内の失踪者数}{直近過去3年以内において新たに受け入れを開始した技能実習生の総数}$$
	Ⅲ	直近過去3年以内に責めによるべき失踪があること（旧制度を含む。）
		計
⑤ 相談・支援体制	Ⅰ	母国語相談・支援の実施方法・手順を定めたマニュアル等を策定し、関係職員に周知していること
	Ⅱ	受け入れた技能実習生について、全ての母国語で相談できる相談員を確保していること（旧制度を含む。）
	Ⅲ	直近過去3年以内に技能実習の継続が困難となった技能実習生に引き続き技能実習を行う機会を与えるために当該技能実習生の受入を行ったこと（旧制度下における受入を含む。）
	Ⅳ	監理団体を通じた実習先変更支援のポータルサイトへの登録
		計
⑥ 地域社会との共生	Ⅰ	受け入れた技能実習生に対し、日本語の学習の支援を行っていること
	Ⅱ	地域社会との交流を行う機会をアレンジしていること
	Ⅲ	日本の文化を学ぶ機会をアレンジしていること
		計
合		

a 加点		b 減点		点　数	区分別最大点数	各区分の点数
	点	・有で改善未実施 ・有で改善実施	▲50点 ▲30点	点		
ゼロ 10%未満又は1人以下	5点 0点	20%以上又は3人以上 20%未満又は2人以下	▲10点 ▲5点	点	(④：最大5点)	④：＿＿＿点
		有	▲50点	点		
	点		点	点		
有	5点		点	点		
有	5点		点	点		
基本人数枠以上 基本人数枠未満	25点 15点		点	点	(⑤：最大45点)	⑤：＿＿＿点
該当	10点		点	点		
	点		0点	点		
有	4点		点	点		
有	3点		点	点	(⑥：最大10点)	⑥：＿＿＿点
有	3点		点	点		
	点		0点	点		
計					A：　　150点	B：　　点

優良実習実施者の要件：B／A≧60/100

第5編

73

Q5-3-10 企業単独型技能実習の受入人数枠について説明してください。

技能実習生の受入人数枠は技能実習法施行規則第16条に規定されており、企業単独型技能実習については76頁の表「企業単独型技能実習における受入人数枠一覧」のとおりです。

重要なポイントは、以下の1から4までです。

1　企業単独型の受入人数枠は、次の四つに区分されていること。

> **（1）　企業単独Ａ型**
>
> 　技能実習法第9条の技能実習計画認定基準への適合（技能実習法第10条に規定される計画認定の欠格事由に該当するものは除く。以下同じ。）
>
> **（2）　企業単独Ｂ型**
>
> 　技能実習法施行規則第16条第1項第2号において、技能実習法施行規則第16条第1項第2号で定める数の企業単独型技能実習生を受け入れた場合においても<u>継続的かつ安定的に企業単独型技能実習を行わせることができる体制を有するもの</u>と法務大臣及び厚生労働大臣が認めたもの
>
> **（3）　企業単独Ｃ型（企業単独Ａ型で、かつ、優良実習実施者）**
>
> 　上記（1）企業単独Ａ型に当該し、かつ、優良実習実施者基準に適合するもの
>
> **（4）　企業単独Ｄ型（企業単独Ｂ型で、かつ、優良実習実施者）**
>
> 　上記（2）企業単独Ｂ型に当該し、かつ、優良実習実施者基準に適合するもの

2　技能実習計画認定申請者の「常勤の職員の総数」には、外国にある事業所に所属する常勤の職員及び技能実習生は含まれないこと。【技能実習法施行規則第16条第1項第1号】

3　法務大臣及び厚生労働大臣が告示で定める特定の職種及び作業に係る技能実習である場合には、事業所管大臣が法務大臣及び厚生労働大

臣と協議の上、当該職種及び作業に特有の事情に鑑みて当該事業所管大臣が告示で定める人数とされること。（「特定職種・作業の事業所管大臣告示人数枠」）【技能実習法施行規則第16条第3項】

4 実習実施者が技能実習を行わせることが困難となった場合等において、当該技能実習生に引き続き技能実習を実施できるようにするための措置として「技能実習継続支援特例」の規定が設けられていること。【技能実習法施行規則第16条第4項第1号から第4号まで】

また、技能実習計画認定申請を行う場合又は技能実習計画の変更認定申請を行う場合には、上記の人数枠の範囲内でなければ認定を受けることはできません。【技能実習法第9条第11号】

さらに、「常勤の職員」に関しては、次のとおり説明されています。【技能実習制度運用要領第4章第2節第12（1）の【留意事項】】

○「常勤」の職員について

常勤の職員には、技能実習生を受け入れている実習実施者に継続的に雇用されている職員（いわゆる正社員をいいますが、正社員と同様の就業時間で継続的に勤務している日給月給者を含む。）が該当します。

外国にある事業所に所属する常勤の職員及び技能実習生は、常勤の職員に該当しません。これは、技能実習生は、技能等を修得等する立場にあるため、実習実施者の指導体制の目安として設けている受入人数枠の算出根拠となる常勤の職員には含まないとするものです。

なお、法人の理事、監事、取締役、代表社員及び無限責任社員等の代表者は、法人の役員であり、職員として取り扱うことはできませんが、法人から労働の対価として報酬を受けている場合であって、法人に使用される者（例：取締役部長）については、役員が職員を兼ねるものとして、職員として取り扱うことが可能です。

これに加え、「企業単独B型」における該当要件である

（78頁の中程へ続く。）

企業単独型技能実習における

区分		受入
		第1号技能実習生の人数
企業単独A型	・企業単独型基本型	第1号技能実習生数≦申請者の常勤職員（注）の総数の1/20（5％） <「基本人数枠」> （注）次の者は常勤職員には含まれない。（以下規則第16条において同じ。） ○外国にある事業所に所属する職員 ○技能実習生 【規則第16条第1項第1号前段】
企業単独B型	・法務・厚生労働大臣による継続的・安定的実施体制認定型 「右欄の「特定人数枠」により企業単独型技能実習生を受け入れた場合においても継続的かつ安定的に企業単独型技能実習を行わせることができる体制を有する者と法務大臣及び厚生労働大臣が認めたもの。」	・次の「特定人数枠」の人数 ただし、第1号技能実習生数≦申請者の常勤職員の総数 <「特定人数枠」>
企業単独C型	・企業単独A型で、かつ、優良実習実施者 「規則第15条の優良実習実施者基準に適合」	第1号技能実習生数≦申請者の常勤職員の総数の1/10（10％） 【規則第16条第2項第1号前段】
企業単独D型	企業単独B型で、かつ、優良実習実施者	・「特定人数枠」×2の人数 ただし、第1号技能実習生数≦申請者の常勤職員の総数

企業単独B型欄内の表：

申請者の常勤職員総数	第1号技能実習生数
301人以上	申請者の常勤職員総数の1/20
201人以上300人以下	15人
101人以上200人以下	10人
51人以上100人以下	6人
41人以上50人以下	5人
31人以上40人以下	4人
30人以下	3人

【規則第16条第1項第2号前段】

企業単独D型欄内の表：

申請者の常勤職員総数	第1号技能実習生数
301人以上	申請者の常勤職員総数の1/20
201人以上300人以下	15人
101人以上200人以下	10人
51人以上100人以下	6人
41人以上50人以下	5人
31人以上40人以下	4人
30人以下	3人

【規則第16条第2項第2号前段】

人数枠

第2号技能実習生の人数	第3号技能実習生の人数	事業所管大臣告示人数枠
第2号技能実習生数≦申請者の常勤職員の総数の1/10（10%） 【規則第16条第1項第1号後段】		法務大臣及び厚生労働大臣が告示で定める特定の職種及び作業に係る技能実習：当該事業所管大臣が法務大臣及び厚生労働大臣と協議の上、当該職種及び作業に特有の事情に鑑みて当該事業所管大臣が告示で定める人数。【規則第16条第3項】
・「特定人数枠」×2の人数　ただし、第2号技能実習生数≦申請者の常勤職員の総数×2		
第2号技能実習生数≦申請者の常勤職員の総数の1/5（20%） 【規則第16条第2項第1号中段】	第3号技能実習生数≦申請者の常勤職員の総数の3/10（30%） 【規則第16条第2項第1号後段】	
・「特定人数枠」×4 ただし、第2号技能実習生数≦申請者の常勤職員の総数×2	・「特定人数枠」×6 ただし、第3号技能実習生数≦申請者の常勤職員の総数×3	

「特定人数枠」×2の人数表：

申請者の常勤職員総数	第2号技能実習生数
301人以上	申請者の常勤職員総数の1/10
201人以上300人以下	30人
101人以上200人以下	20人
51人以上100人以下	12人
41人以上50人以下	10人
31人以上40人以下	8人
30人以下	6人

【規則第16条第1項第2号後段】

「特定人数枠」×4の人数表：

申請者の常勤職員総数	第2号技能実習生数
301人以上	申請者の常勤職員総数の1/5
201人以上300人以下	60人
101人以上200人以下	40人
51人以上100人以下	24人
41人以上50人以下	20人
31人以上40人以下	16人
30人以下	12人

【規則第16条第1項第2号後段】

「特定人数枠」×6の人数表：

申請者の常勤職員総数	第3号技能実習生数
301人以上	申請者の常勤職員総数の3/10
201人以上300人以下	90人
101人以上200人以下	60人
51人以上100人以下	36人
41人以上50人以下	30人
31人以上40人以下	24人
30人以下	18人

【規則第16条第2項第2号後段】

第5編

（この表は、78頁の上欄へ続く。）

技能実習継続支援特例	・上段（2重横罫線の上部）の受入人数枠の規定（規則第16条第1項から第3号まで）にかかわらず、右欄のiからⅳまでのいずれかに該当する場合の人数枠はiからⅳまでの当該特例対象技能実習生の数を付加した数。 ・ただし、優良実習実施者であって規則第16条第1項の人数枠を超えて技能実習生を受け入れているときは、①第16条第2項で定める数又は②現に受け入れている実習生数のいずれか少ない数に本特例対象技能実習生を付加した数。	i　他の実習実施者が技能実習を行わせることが困難となった第1号技能実習生に対し、移転先となる申請者が第1号技能実習を実施【規則第16条第4項第1号】

「法務大臣及び厚生労働大臣が、継続的かつ安定的に企業単独型技能実習を行わせることができると認める体制」

については、以下の要件を満たすことが必要とされています。【技能実習制度運用要領第4章第2節第12（1）の【留意事項】】

①　中小企業の事業活動の機会の確保のための大企業者の事業活動の調整に関する法律第2条第2項第1号に該当する場合

　　ア　中小企業の事業活動の機会確保のための大企業者の事業活動の調整に関する法律第2条第2項第1号に該当すること

　　　　A　製造業、建設業、運輸業、その他の業種の場合：資本金3億円以上又は常勤職員301人以上

　　　　B　卸売業の場合：資本金1億円以上又は常勤職員101人以上

　　　　C　サービス業の場合：資本金5,000万円以上又は常勤職員101人以上

　　　　D　小売業の場合：資本金5,000万円以上又は常勤職員51人以上

　　イ　帰国した技能実習生が技能実習の成果を発揮していること又は成果が期待できること

②　中小企業の事業活動の機会の確保のための大企業者の事業活動の調整に関する法律第2条第2項第1号に該当しない場合

i 他の実習実施者が技能実習を行わせることが困難となった第1号技能実習生に対し、移転先となる申請者が第2号技能実習を実施【規則第16条第4項第1号】	
ii 他の実習実施者が技能実習を行わせることが困難となった第2号技能実習生に対し、移転先となる申請者が第2号技能実習を実施【規則第16条第4項第2号】	
	iii 他の実習実施者が技能実習を行わせることが困難となった第3号技能実習生に対し、移転先となる申請者が第3号技能実習を実施【規則第16条第4項第3号】
iv 申請者が技能実習を行わせている第1号技能実習生であって第1号技能実習の開始後に特別な事情が生じたにもかかわらず当該申請者が引き続いて第2号技能実習を実施【規則第16条第4項第4号】	

　　ア　技能実習生の受入れ実績を有すること

　　イ　技能実習生の過去1年間の受入れにおいて改善命令を受けたことがないこと

　　ウ　帰国した技能実習生が技能実習の成果を発揮していること

　　エ　実習実施者になろうとする者について相応の常勤の職員が在籍していることその他の十分な体制を有していること（常勤の職員数が60名以上であることが原則）

第5編

Q5-3-11 団体監理型技能実習の受入人数枠について説明してください。

技能実習生の受入人数枠は技能実習法施行規則第16条に規定されており、団体監理型技能実習については82頁の表「団体監理型技能実習における受入人数枠一覧」のとおりです。

重要なポイントは、以下の1から7までです。

1　受入人数枠の区分として、次の二つが設けられていること。

（1）団体監理Ⅰ型（団体監理型基本形）

　　団体監理型での受入れで、次の「（2）団体監理型Ⅱ型」以外は全てこの「（1）団体監理型Ⅰ型」の受入人数枠によることとなります。

　　また、その組合せは、①、②又は③で、技能実習1号及び2号が対象です。【技能実習法施行規則第16条第1項第2号中段及び後段】

①　「特定監理団体」＋「実習実施者（通常）」

②　「特定監理団体」＋「実習実施者（優良）」

③　「一般監理団体」＋「実習実施者（通常）」

（2）団体監理Ⅱ型

　　次の組合せにより団体監理型技能実習生を受け入れる場合の受入人数枠で、技能実習1号、2号及び3号が対象です。

【技能実習法施行規則第16条第2項第2号】

○「一般監理団体」＋「実習実施者（優良）」

2　技能実習法施行規則第16条第1項第2号において表形式による「基本人数枠（技能実習計画認定申請者の常勤職員の総数に応じて受入れ可能な技能実習生の数を示した基本形）」が設けられていること。

3　上記1で示した区分に対応し、「基本人数枠」を基に、第1号、第2号及び第3号団体監理型技能実習計画についてそれぞれ受入れが可能な技能実習生の人数が定められていること。

4　団体監理Ⅰ型と団体監理Ⅱ型を比較すると、団体監理型Ⅱ型の1号及び2号団体監理型技能実習では、団体監理型Ⅰ型のそれぞれ2倍の

人数の受入れが可能となっていること。また、団体監理Ⅱ型のみ第3号団体監理型技能実習生の受入が可能で、その受入人数枠は「基本人数枠」の6倍（対象2年間）であること。

5　技能実習計画認定申請者の「常勤の職員の総数」には、外国にある事業所に所属する常勤の職員及び技能実習生は含まれないこと。【技能実習法施行規則第16条第1項第1号】

6　法務大臣及び厚生労働大臣が告示で定める特定の職種及び作業に係る技能実習である場合には、当該事業所管大臣が法務大臣及び厚生労働大臣と協議の上、当該職種及び作業に特有の事情に鑑みて当該事業所管大臣が告示で定める人数とされること。（「事業所管大臣告示人数枠」）【技能実習法施行規則第16条第3項】

7　実習実施者技能実習を行わせることが困難となった場合等において、当該技能実習生に引き続き技能実習を実施できるようにするための措置として「技能実習継続支援特例」の規定が設けられていること。【技能実習法施行規則第16条第4項第1号から第4号まで。】

また、技能実習計画認定申請を行う場合又は技能実習計画の変更認定申請を行う場合には、上記の人数枠の範囲内でなければ認定を受けることはできません。【技能実習法第9条第11号】

団体監理型技能実習における

区分	第1号技能実習生の人数 受入

<table>
<tr><td rowspan="2">団体監理Ⅰ型</td><td>・団体監理型基本型</td><td>・次の「特定人数枠」の人数
ただし、第1号技能実習生数≦申請者の常勤職員の総数
＜「特定人数枠」＞</td></tr>
</table>

団体監理Ⅰ型

・団体監理型基本型

・次の「特定人数枠」の人数
ただし、第1号技能実習生数≦申請者の常勤職員の総数
＜「特定人数枠」＞

申請者の 常勤職員総数	第1号 技能実習生数
301人以上	申請者の常勤職員 総数の1/20
201人以上300人以下	15人
101人以上200人以下	10人
51人以上100人以下	6人
41人以上50人以下	5人
31人以上40人以下	4人
30人以下	3人

【規則第16条第1項第2号中段】

団体監理Ⅱ型

・一般監理団体でかつ優良実習実施者型

・「特定人数枠」×2の人数
ただし、第1号技能実習生数≦申請者の常勤職員の総数

申請者の 常勤職員総数	第1号 技能実習生数
301人以上	申請者の常勤職員 総数の1/10
201人以上300人以下	30人
101人以上200人以下	20人
51人以上100人以下	12人
41人以上50人以下	10人
31人以上40人以下	8人
30人以下	6人

【規則第16条第2項第2号前段】

技能実習継続支援特例

・上段（2重横罫線の上部）の受入人数枠の規定（規則第16条第1項から第3号まで）にかかわらず、右欄のⅰからⅳまでのいずれかに該当する場合の人数枠はⅰからⅳまでの当該特例対象技能実習生の数を付加した数。

・ただし、優良実習実施者であって規則第16条第1項の人数枠を超えて技能実習生を受け入れているときは、①第16条第2項で定める数又は②現に受け入れている実習生数のいずれか少ない数に本特例対象技能実習生を付加した数。

ⅰ　他の実習実施者が技能実習を行わせることが困難となった第1号技能実習生に対し、移転先となる申請者が第1号技能実習を実施【規則第16条第4項第1号】

人数枠

第２号技能実習生の人数		第３号技能実習生の人数		事業所管大臣告示人数枠
・「特定人数枠」の人数×2 ただし、第２号技能実習生数≦申請者の常勤職員の総数×2				法務大臣及び厚生労働大臣が告示で定める特定の職種及び作業に係る技能実習：当該事業所管大臣が法務大臣及び厚生労働大臣と協議の上、当該職種及び作業に特有の事情に鑑みて当該事業所管大臣が告示で定める人数。【規則第16条第3項】
申請者の常勤職員総数	第２号技能実習生数			
301人以上	申請者の常勤職員総数の1/10			
201人以上300人以下	30人			
101人以上200人以下	20人			
51人以上100人以下	12人			
41人以上50人以下	10人			
31人以上40人以下	8人			
30人以下	6人			
【規則第16条第1項第2号後段】				
・「特定人数枠」×4 ただし、第２号技能実習生数≦申請者の常勤職員の総数×2		・「特定人数枠」×6 ただし、第３号技能実習生数≦申請者の常勤職員の総数×3		
申請者の常勤職員総数	第２号技能実習生数	申請者の常勤職員総数	第３号技能実習生数	
301人以上	申請者の常勤職員総数の1/5	301人以上	申請者の常勤職員総数の3/10	
201人以上300人以下	60人	201人以上300人以下	90人	
101人以上200人以下	40人	101人以上200人以下	60人	
51人以上100人以下	24人	51人以上100人以下	36人	
41人以上50人以下	20人	41人以上50人以下	30人	
31人以上40人以下	16人	31人以上40人以下	24人	
30人以下	12人	30人以下	18人	
【規則第16条第2項第2号中段】		【規則第16条第2項第2号後段】		
i　他の実習実施者が技能実習を行わせることが困難となった第１号技能実習生に対し、移転先となる申請者が第２号技能実習を実施【規則第16条第4項第1号】				
ii　他の実習実施者が技能実習を行わせることが困難となった第２号技能実習生に対し、移転先となる申請者が第２号技能実習を実施【規則第16条第4項第2号】				
		iii　他の実習実施者が技能実習を行わせることが困難となった第３号技能実習生に対し、移転先となる申請者が第３号技能実習を実施【規則第16条第4項第3号】		
iv　申請者が技能実習を行わせている第１号技能実習生であって第１号技能実習の開始後に特別な事情が生じたにもかかわらず当該申請者が引き続いて第２号技能実習を実施【規則第16条第4項第4号】				

第5編

83

Q5-3-12 1号技能実習生に対し実施が義務付けられている入国後講習の科目、また、実施しなければならない総時間数について説明してください。

A 企業単独型にあっては実習実施者が、また、団体監理型にあっては監理団体が、自ら又は他の適切な者に委託して、技能実習生に対し、次の科目を内容とする「入国後講習」を座学（見学を含む。）により実施しなければなりません。【技能実習法施行規則第10条第2項第7号】

(1) 日本語

(2) 日本での生活一般に関する知識

(3) 出入国又は労働に関する法令の規定に違反していることを知ったときの対応方法その他技能実習生の法的保護に必要な情報

(4) (1) から (3) までに掲げるもののほか、日本での円滑な技能実習等の修得等に資する知識

また、科目（3）については、専門的な知識を有する者が講義を行う必要があり、さらに、団体監理型技能実習である場合には、技能実習計画の認定申請者（実習実施者）又は監理団体に所属しない者により行わなければなりません。

「監理団体に所属しない」とは、技能実習計画の認定申請についてその実習監理を行う監理団体に限らず、監理団体に所属している者全てをいうため、その者がいずれかの監理団体に所属していれば、仮に専門的な知識を有していても（3）の科目の講師となることは認められません。ただし、講師を外部の者とする科目は（3）に限られているため、それ以外の科目（例：（1）日本語）については、実習監理を行う当該監理団体所属する者が講師となることは可能です。

さらに、講習は、その総時間数が第1号技能実習の予定時間全体の6分の1以上でなければなりません（技能実習生が日本に入国する前に海外で入国前講習を受けた場合の入国後講習の時間短縮については、Q5-3-14を参照。）。

また、講習時間を計算する場合は、その実施時間が8時間を超える日については、8時間として計算します。

Q5-3-13	団体監理型と企業単独型では入国後講習の実施方法が異なると聞きましたが、どのような違いがあるのですか。

 まず、団体監理型技能実習の入国後講習については、

（1）　日本語

（2）　日本での生活一般に関する知識

（3）　出入国又は労働に関する法令の規定に違反していることを知ったときの対応方法その他技能実習生の法的保護に必要な情報

（4）　（1）から（3）までに掲げるもののほか、日本での円滑な技能実習等の修得等に資する知識

の全ての科目を、技能実習生が雇用契約の下で行われる技能等の修得活動に従事する前に行い、修了させなければなりません。

　一方、企業単独型技能実習の入国後講習については、（3）の科目について技能等の修得活動をさせる前に行い、それ以外の（1）、（2）及び（4）の科目については、技能実習生が技能等の修得活動に移行した後に行うことができます。【技能実習法施行規則第10条第2項第7号】

Q5-3-14	技能実習生が日本に入国する前に海外で入国前講習を受けると、入国後講習の時間が短縮されるそうですが、この入国前講習について教えてください。

 当該技能実習生が、過去6か月以内に、日本以外の国・地域において、

（1）　日本語

（2）　日本での生活一般に関する知識

（3）　出入国又は労働に関する法令の規定に違反していることを知ったときの対応方法その他技能実習生の法的保護に必要な情報

（4）　（1）から（3）までに掲げるもののほか、日本での円滑な技能実習等の修得等に資する知識

の科目のうち、（1）、（2）又は（4）の科目につき、1月以上の期間で、

かつ、160時間以上の課程を有し、座学により実施される次のⅰ又はⅱの講習を受けた場合には、入国後講習の総時間数が第1号技能実習の予定時間全体の12分の1以上に短縮されます。【技能実習法施行規則第10条第2項第7号ハ】

ⅰ　① 企業単独型である場合には、当該申請者（実習実施者）が、
　　② 団体監理型である場合には、当該監理団体が、
　それぞれ、自ら又は他の適切な者に委託して実施するもの

ⅱ　次の①、②のいずれか。

　　① 企業単独型である場合には、外国の公的機関（注-1）若しくは外国の教育機関（注-2）又は外国の公私の機関（技能実習法施行規則第2条に規定される密接な関係を有する外国の公私の機関）が行うものであって、当該申請者（実習実施者）が、その入国前講習の内容が入国後講習に相当すると認めたもの

　　② 団体監理型である場合には、外国の公的機関（注-1）又は外国の教育機関（注-2）が行うものであって、当該監理団体が、その入国前講習の内容が入国後講習に相当すると認めたもの

　　（注-1）外国の公的機関とは、外国の国又は外国の地方公共団体の機関をいい、日本における独立行政法人や公益法人に相当する機関は該当しないこととされています。（技能実習制度運用要領第4章第2節第3（7）【用語の解説】参照）

　　（注-2）外国の教育機関とは、原則として、その国又は地域における学校教育制度に照らして正規の教育機関として認定されているものであり、かつ、義務教育終了後に入学する機関をいうとされています。（技能実習制度運用要領第4章第2節第3（7）【用語の解説】参照）

団体監理型における「法的保護情報講習」の科目の講義を行う者は、実習実施者又は監理団体に所属していてもかまいませんか。

A 入国後講習の科目のうち「法的保護情報講習（出入国又は労働に関する法令の規定に違反していることを知ったときの対応方法その他技能実習生の法的保護に必要な情報）」の講義を行う者については、次の要件が課されています。【技能実習法施行規則第10条第2項第7号ロ（3）】

① 専門的な知識を有する者が講義を行うものに限ること。

② 第1号団体監理型技能実習である場合は、申請者（実習実施者）又は監理団体に所属する者以外であること。

この②の規定から、第1号団体監理型における法的保護情報講習の講義を行う者が実習実施者又は監理団体に所属していていることは認められないことになります。

なお、この②の要件は団体監理型技能実習についてのものであり、第1号企業単独型において、法的保護講習の講義を、申請者（実習実施者）に所属する者で、法的保護情報に関する専門的な知識を有する者（技能実習法、入管法、労働関係法令等の技能実習生の法的保護に必要な情報について十分な知識を有すると認められる者）が担当することは差し支えありません。

第5編

4　技能実習計画の認定の欠格事由

Q5-4-1 技能実習計画の認定の欠格事由について説明してください。

 技能実習法第10条には、認定の欠格事由が第1号から第13号までに掲げられており、それらのいずれかに該当する場合には、同法第8条第1項に規定される技能実習計画が適当である旨の認定はなされないことになります。

　この認定の欠格事由を整理したものが次の表「技能実習計画認定の欠格事由」です。

　この表には、上欄の左から右方向に、「区分」、「規定」、「事項」、「欠格事由」、さらに「欠格の期間」の順で欄が設けてあります。

　次に、縦の方向には同法第10条第1号から第13号までを順に並べ、各欠格事由の内容を理解できるようにしてあります。

技能実習計画認定の欠格事由

区　分	規　定	事　項	欠　格　事　由	欠　格　の　期　間
刑罰法令違反	法第10条第1号	禁錮以上の刑	・禁錮以上の刑に処せられた者	・その刑の執行を終わり、又は執行を受けることがなくなった日から5年間
	第2号	技能実習法等の法律違反による罰金刑	・次のいずれかにより、罰金の刑に処せられた者 ① 技能実習に関する法律の規定 ② 出入国又は労働に関する法律の規定（①又は②の規定に基づく命令の規定を含む。）であって政令で定めるもの	・その刑の執行を終わり、又は執行を受けることがなくなった日から5年間
	第3号	暴力団対策法、刑法等違反による罰金刑	・次のいずれかにより、罰金の刑に処せられた者 ①「暴力団員による不当な行為の防止等に関する法律」の規定（同法第50条（第2号に係る部分に限る。）及び第52条の規定を除く。） ② 刑法・・・第204条（傷害）、第206条（現場助勢）、第208条（暴行）、第208条の2（凶器準備集合及び結集）、第222条（脅迫）又は第247条（背任）の罪 ③「暴力行為等処罰に関する法律」の罪	・その刑の執行を終わり、又は執行を受けることがなくなった日から5年間
	第4号	行政刑罰法令違反（保険）による罰金刑	・次のいずれかにより、罰金の刑に処せられた者 ①「健康保険法」 ②「船員保険法」 ③「労働者災害補償保険法」第51条前段又は第54条第1項（同法第51条前段の規定に係る部分に限る。） ④「厚生年金保険法」第102条、第103条又は第104条第1項（同法第102条又は第103条の2の規定に係る部分に限る。） ⑤「労働保険の保険料の徴収等に関する法律」第46条前段又は第48条第1項（同法第46条前段の規定に係る部分に限る。） ⑥「雇用保険法」第83条又は第86条（同法第83条の規定に係る部分に限る。）	・その刑の執行を終わり、又は執行を受けることがなくなった日から5年間
心身の故障	第5号	心身の故障により技能実習に係る業務を適正に実施できない者	・精神機能の障害により技能実習に関する業務を適正に行うに当たって必要な判断及び意思疎通が適切にできない者	
破産手続開始	第6号	破産手続開始決定	・破産手続開始の決定を受けて復権を得ない者	・復権を得るまで

第5編

実習認定の取消し	第7号	実習認定の取消し	・法第16条第1項の規定により実習認定を取り消された者	・当該取消しの日から5年間
	第8号	実習認定の取消し時の役員（法人）	・法第16条第1項の規定により実習認定を取り消された者が法人である場合、当該取消し事由が法第16条第1項第3号であるときは、 （その取消し事由が法第16条第1項第2号（技能実習法他の法律違反による罰金）i 法又は法第10条第4号（行政刑罰罰金令違反（保険料）ii 法による罰金）に規定する者に該当することとなったことによる場合に限る。） において、当該取消しの処分を受ける原因となった事項が発生した当時現に当該法人の「役員」（注）（法第10条第12号において同じ。）であった者 （注）業務を執行する社員、取締役、執行役又はこれらに準ずる者をいい、相談役、顧問その他いかなる名称を有する者であるかを問わず、法人に対し業務を執行する社員、取締役、執行役又はこれらに準ずる者と同等以上の支配力を有するものと認められる者を含む。	・当該取消しの日から5年間
	第9号	出入国・労働関係法令の不正又は著しく不当な行為	・出入国又は労働関係法令の不正又は著しく不当な行為をした者	・当該行為をした日から技能実習計画の認定（法第8条第1項）の申請日までの期間が5年を経過するまで
	第10号	「暴力団員等」	・「暴力団員等」（法第10条第12号において同じ。）：「暴力団員等」（「暴力団員による不当な行為の防止等に関する法律」第2条第6号に現に該当する者又は暴力団員でなくなった日から5年を経過しない者）	・暴力団員等でなくなった日から5年間
	第11号	未成年者の法定代理人の欠格事由該当	・営業に関し成年者と同一の行為能力を有しない未成年者で、その法定代理人が法第10条第1号から第10号まで、又は第12号のいずれかに該当するもの	・各欠格期間
	第12号	欠格事由該当法人役員	・法人であって、その役員のうちに法第10条第1号から第11号までのいずれかに該当する者があるもの	・各欠格期間
	第13号	「暴力団員等」による事業活動支配	・「暴力団員等」がその事業活動を支配する者	・「暴力団員等」により事業活動が支配されている期間

（注）表中の「法」は、技能実習法のことをいいます。

Q5-4-2	認定の欠格事由を定めた技能実習法第10条第2号に規定される「この法律の規定その他出入国若しくは労働に関する法律の規定であって政令で定めるもの又はこれらの規定に基づく命令の規定」について説明してください。

 まず、技能実習法第10条第2号に規定される違反とは、次のいずれかによる罰金刑が対象とされています。

① 技能実習法の規定

② 出入国又は労働に関する法律の規定（法第10条第4号で規定されているものを除く。）であって政令で定めるもの。

③ ①又は②の規定に基づく命令の規定

また、②にいう政令で定めるものについては、技能実習法施行令（平成29年政令第136号第）第1条として、労働基準法、入管法その他の対象となる法律名及び対象条項が具体的に掲げられています。

Q5-4-3	認定欠格事由の一つである「出入国又は労働に関する法令に関し不正又は著しく不当な行為」に該当するものとは何ですか。

技能実習法第10条第8号には、技能実習計画の認定申請の日前5年以内に出入国又は労働に関する法令に関し不正又は著しく不当な行為をした者があるときは、それが理由となり、技能実習計画の認定を受けることができないと規定されています。

この欠格事由に該当するかどうかについては、個別具体的な事案の重大性に応じて該当性が判断される旨説明されています。【技能実習制度運用要領第4章第3節第2】

また、地方出入国在留管理局から、技能実習生の受入れを一定期間認めない旨の「不正行為」の通知を受けている者については、当該受入停止期間中は欠格事由に該当し、技能実習計画の認定を受けることができないことも記載されています。

第5編

5　技能実習計画の変更

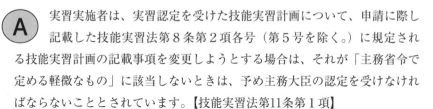

Q5-5-1　認定を受けた技能実習計画について、その記載した事項を変更しようとするときはどのような手続が必要ですか。

A　実習実施者は、実習認定を受けた技能実習計画について、申請に際し記載した技能実習法第8条第2項各号（第5号を除く。）に規定される技能実習計画の記載事項を変更しようとする場合は、それが「主務省令で定める軽微なもの」に該当しないときは、予め主務大臣の認定を受けなければならないこととされています。【技能実習法第11条第1項】

　また、この「主務省令で定める軽微なもの」とは、次の第1号から第3号までに掲げる変更以外の変更であって、所定の方式により法務大臣及び厚生労働大臣に届け出たものとされています。【技能実習法施行規則第17条】

　　　第1号　技能実習の目標
　　　第2号　技能実習の内容のうち職種及び作業に係るもの
　　　第3号　上記第1及び第2号に掲げるもののほか、認定計画に従った技能実習の実施に実質的な影響を与えるもの

　以上から、認定を受けた技能実習計画について、その記載事項を変更しようとするとき又は変更に係る事由が発生したときは、実習実施者は、それぞれ次により対応することとなります。

区　分（程度）	必要な手続	規　定
①　重要な事項の変更	技能実習計画変更認定申請	技能実習法第11条
②　①以外の事項の変更	軽微な変更の届出	法施行規則第17条
③　些細な事項の変更	届出不要	

　技能実習計画の記載内容を変更しようとするとき、軽微な変更が生じたときについて、技能実習制度運用要領には、具体的な事例を挙げて、上記①、②及び③のいずれに該当するか、また、変更認定申請又は変更届出を行う際の添付書を整理した表「技能実習計画の変更認定と届出の区分」が示されています。その表に具体的な事例を当てはめることにより判断することができ

ます。

　さらに、団体監理型技能実習に係る軽微な変更の届出を行おうとする実習実施者は、実習監理を受ける監理団体の指導に基づき、その届出をしなければならないとされています。【技能実習法施行規則第17条第２項】

6　技能実習計画に係る主務大臣による報告徴収等の実施

Q5-6-1　「報告徴収等」とは何ですか。

　「報告徴収等」は、技能実習法第13条第１項及び第35条第１項に規定されており、主務大臣が、

①　それらの各条に定められた報告命令、帳簿書類の提出・提示命令及び出頭要求を、その対象者（例：実習実施者、監理団体）に対して行うこと

②　当該主務大臣の職員に、関係者への質問、その対象者に係る事業所その他技能実習に関係のある場所へ立ち入ること及び設備・帳簿書類その他の物件の検査を行わせること

ができる制度をいいます。

　報告の命令を拒否し、又は虚偽の帳簿書類を提出するなどした場合には、それが、

ⅰ　技能実習計画の認定の取消し事由【技能実習法第16条第１項第４号】

ⅱ　監理団体の許可の取消し事由【技能実習法第37条第１項第４号】

となり、また、違反に対する罰則規定も設けられています。【技能実習法第112条第１号】

　この「報告徴収等」は、技能実習法の「第２章　技能実習」の規定を施行するために必要な限度において、主務大臣又は当該主務大臣の職員が、職権により事実関係等を明らかにすることができるようにするために設けられた制度です。

　なお、「報告徴収等」に似たものとして、技能実習法第14条の「機構による事務の実施」規定が設けられています。（Q5-7-1）

第
５
編

| Q5-6-2 | 「報告徴収等」の内容、また、その命令等に違反した場合の取扱いについて説明してください。 |

A 技能実習法第13条に規定される「報告徴収等」の内容とその命令等に違反した場合の取扱いを示したのが、98頁の上段の＜表1＞「『**報告徴収等**』の行為者と種類別対象者（物）及び違反した場合の認定取消しと罰則」です。

表には、技能実習法第13条第1項の報告徴収等の内容に加えて、「技能実習計画の認定取消し事由」【技能実習法第16条第1項第4号】、さらに、「罰則」【技能実習法第112条第1号】が記載してあります。

また、同じ98頁の下段には、＜表2＞「『**機構による事務の実施**』の行為者と種類別対象者（物）及び違反した場合の認定取消し」を載せ、「機構による事務の実施」【技能実習法第14条第1項】の内容と取消し事由を示しています。

98頁の上段の表1と下段の表2とを比較すると、「報告徴収等」と「機構による事務の実施」との間には多くの共通的な事項が定められていますが、異なる点もあります。

規定の「適用の範囲」が異なるほか、「報告徴収等」では当該主務大臣の職員による「立入検査」の規定があり、一方、「機構による事務の実施」には機構の職員による「実地に検査する事務」が設けられています。また、技能実習計画の取消し事由も両者には違いがあります。

ちなみに、「報告徴収等」に係る違反については罰則規定が設けられています。

なお、Q6-12-1に、表「監理団体に係る『報告徴収等』の行為者と種類別対象者（物）及び違反した場合の監理許可取消しと罰則」がありますが、その表は監理団体に係る「報告徴収等」【技能実習法第35条第1項】です。

では次に、

　・＜表1＞「『**報告徴収等**』の行為者と種類別対象者（物）及び違反した場合の認定取消しと罰則」（98頁）

と

・図「**法第13条に規定される『報告徴収等』の対象者**」（100頁）

を使って「報告徴収等」の一つである「報告命令」について見てみることに
します。

ついては、それに先立ち、ここで使用する表と図の内容を確認します。

　まず、表の構成は、上部の左から右方向に、「規定区分」、「適用の範囲」、
「行為者」、「『報告徴収等』の種類」、「『報告徴収等』の対象者（物）」、さら
に「違反等に関する規定」の順で欄が設けてあります。

　また、「行為者」欄は、上下に区分して「主務大臣」、「当該主務大臣の職
員」のいずれが行為者であるかを示しています。

　次に、「『報告徴収等』の種類」欄は、行為者別に、主務大臣が行う①報告
命令から④出頭要求までと、当該主務大臣の職員が行う⑤質問及び⑥立入検
査を列挙してあります。

　続いて、「『報告徴収等』の対象者（物）」欄は、ローマ数字のⅠからⅤま
でにその対象者を示し、それらの数字で示した対象者（物）について表の欄
外下部で説明してあります。

　さらに、「違反等に関する規定」欄は、左側の「取消し事由（法第16条第
１項第４号）」と右側の「罰則（法第112条第１号）」の二つに区分してあり
ます。

　「取消し事由（法第16条第１項第４号）」欄には、「『報告徴収等』の種類」
欄記載の命令等に対し、それを拒否するなどした場合の「認定取消し事由」
を挙げてあります。

　また、「罰則（法第112条第１号）」欄には、罰則の適用がある対象行為と
罰則を示してあります。

　このように、＜表１＞では、技能実習法第13条第１項に規定される「報告
徴収等」について、盛り込まれている複数の項目を関係付けて整理すること
により、技能実習計画の認定取消しと罰則の規定を含め、内容を即座に理解
することができるよう工夫し、作成してあります。

　次に、100頁の図「**法第13条に規定される『報告徴収等』の対象者**」の構
成等について説明します。

　この図は、技能実習法第13条第１項で規定される報告徴収等の６つの対象
者（物）のうち、

  Ⅰ　実習実施者等

  Ⅱ　監理団体等

  Ⅲ　役職員等

の3つを取り上げて、それらが何であるかを示しています。

　図を見る際には、この図に記載されている用語、特に上記のⅠからⅢまでの用語がいかなる者の総称であるのか、それを把握することがポイントとなります。

　具体的には次のとおりです。

　　ア　「Ⅰ　実習実施者等」とは、「A　実習実施者」と「B　実習実施者であった者」の総称。

　　イ　「Ⅱ　監理団体等」とは、「C　監理団体」と「D　監理団体であった者」の総称。

　　ウ　「Ⅲ　役職員等」とは、「a『実習実施者等』の役職員」、「b『実習実施者等』の役職員であった者」及び「c『監理団体等』の役職員」、「d『監理団体等』の役職員であった者」の総称。

　　(注)「役職員」とは、「a　『実習実施者等』の役職員」と「c『監理団体等』の役職員」の総称。

　また、図の「第1　実習実施者関係」の左部分には、「A　実習実施者」と「B　実習実施者であった者」の違いを、「○実習実施者と実習実施者であった者の関係」の題名を付して説明してあります。

　同様に、図の「第2　監理団体関係」の左部分に、「C　監理団体」と「D　監理団体であった者」の違いについても、「○監理団体と監理団体であった者との関係」の題名を付して説明してあります。

　なお、「Ⅰ　実習実施者等」は、「A　実習実施者」と「B　実習実施者であった者」の総称ですが、AとBに該当する者は「機関又は個人」ということになります。

　これに対し、「a　『実習実施者等』の役職員」、「b『実習実施者等』の役職員であった者」に該当する者は自然人です。

　もう一方の「Ⅱ　監理団体等」に関しても同様の規定となっています。

　加えて、図には、「a　『実習実施者等』の役職員」、「b『実習実施者等』の役職員であった者」に該当する4パターンの自然人について、囲みの中に

「○対象となる『自然人』の類型」の題名を付して記載してあります。

　もう一方の「ｃ『監理団体等』の役職員」、「ｄ『監理団体等』の役職員であった者」についても、４パターンとして説明してあります。

　以上の説明を基に、主務大臣が行為者となる「①報告命令」について見てみることにします。

　「①報告命令」の対象者は、

　　Ⅰ　実習実施者等
　　Ⅱ　監理団体等
　　Ⅲ　役職員等

の３つです。このⅠからⅢまでにどのような者が含まれるかは図で確認できます。

　「①報告命令」に関する取消し事由に該当するものとしては、

　　　・報告命令の拒否
　　　・報告命令の虚偽報告

があります。

　また、

　　　・報告命令の拒否
　　　・報告命令の虚偽報告

に対する罰則が規定されており、該当する者は、30万円以下の罰金に処すると定められています。

<表1>　「報告徴収等」の行為者と

規定区分	適用の範囲	行為者	「報告徴収等」の種類	「報告徴収等」の対象者(物)				
				Ⅰ	Ⅱ	Ⅲ	Ⅳ	Ⅴ
法第13条	「第２章　技能実習（「第２節監理団体」を除く。）」の規定を施行するために必要な限度内	主務大臣	① 報告命令	○	○	○		
			② 帳簿書類の提出命令	○	○	○		
			③ 帳簿書類の提示命令	○	○	○		
			④ 出頭要求	○		○		
		当該主務大臣の職員	⑤ 質問				○	
			⑥ 立入検査					○

Ⅰ　実習実施者等
Ⅱ　監理団体等
Ⅲ　役職員等
Ⅳ　関係者
Ⅴ　Ⅰ又はⅡに係る事務所その他技能実習に関係のある場所の設備又は帳簿書類その他の物件

<表2>　「機構による事務の実施」の行為者と

規定区分	適用の範囲	行為者	「機構による事務の実施」の種類	「報告徴収等」の対象者(物)				
				Ⅰ	Ⅱ	Ⅲ	Ⅳ	Ⅵ
法第14条	「第２章第１節技能実習計画」の規定を施行するために必要な限度内	外国人技能実習機構	①′報告を求める事務	○	○	○		
			②′帳簿書類の提出を求める事務	○	○	○		
			③′帳簿書類の提示を求める事務	○	○	○		
			（④′出頭を要求する事務）＜無＞					
		機構の職員	⑤′質問をする事務				○	
			⑥′実地に検査する事務					○

Ⅰ　実習実施者等
Ⅱ　監理団体等
Ⅲ　役職員等
Ⅳ　関係者
Ⅵ　Ⅰ又はⅡの設備若しくは帳簿書類その他の物件

種類別対象者（物）及び違反した場合の認定取消しと罰則

違反等に関する規定		
取消し事由（法第16条第1項第4号）	罰則（法第112条第1号）	
①、②又は③の拒否	①、②又は③の拒否	左のいずれかに該当：30万円以下の罰金
①の虚偽報告	①の虚偽報告	
②の虚偽帳簿書類提出	②の虚偽帳簿書類提出	
③の虚偽帳簿書類提示	③の虚偽帳簿書類提示	
⑤の質問の答弁拒否	⑤の質問の答弁拒否	
⑤の質問の虚偽答弁	⑤の質問の虚偽答弁	
⑥の検査の拒否、妨げ又は忌避	⑥の検査の拒否、妨げ又は忌避	

種類別対象者（物）及び違反した場合の認定取消し

違反等に関する規定	
取消し事由（法第16条第1項第5号）	罰　則
①'の虚偽報告	
②'の虚偽帳簿書類提出	
③'の虚偽帳簿書類提示	
⑤'の質問の虚偽答弁	

第5編

〈図〉 法第13条に規定される「報告徴収等」の対象者

[JITCO]

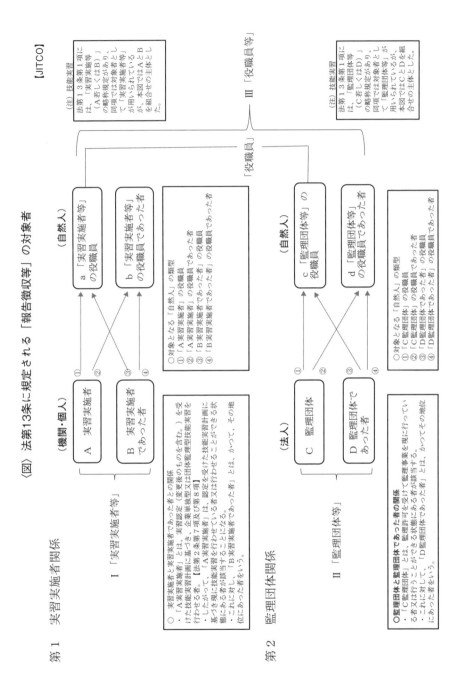

第１　実習実施者関係

第２　監理団体関係

7 機構による事務の実施

「機構による事務の実施」とは何ですか。

A 「機構による事務の実施」は、技能実習法第14条として規定されており、主務大臣が、機構に、実習実施者等若しくは監理団体等又は役員等（以下「対象者」といいます。）に対して必要な報告及び帳簿書類の提出・提示を求める事務を行わせること、また、機構の職員をして、関係者に対して質問させ、又は実地に実習実施者等・監理団体等の設備若しくは帳簿書類その他の物件を検査させる事務を行わせることができる制度です。

また、その事務の対象者が、報告を求められた場合に虚偽報告をしたとき、また、帳簿書類の提出・提示を求められた場合に虚偽の帳簿書類を提出・提示し、又は虚偽の答弁をすると、それが技能実習計画の認定（「実習認定」）の取消事由となります。【技能実習法第16条第1項第5号】

「機構による事務の実施」は、技能実習法の「第2章第1節　技能実習計画」の規定を施行するために必要な限度において、事実関係等を明らかにするために、主務大臣が機構又は機構の職員にその事務を行わせるものです。

この「機構による事務の実施」については、主務大臣が機構に報告若しくは帳簿書類の提出・提示を求めさせ、又は機構の職員に質問若しくは実地に検査を行わせる場合には、主務大臣から機構に対し、必要な事項を示してこれを実施すべきことを指示することとされています。【技能実習法第14条第2項】

さらに、技能実習法第14条第2項の指示に従って、機構が同条第1項に規定する報告、帳簿書類の提出・提示を求め、又は機構の職員が質問若しくは検査を行ったときは、その結果を主務大臣に報告しなければならないことが定められています。【技能実習法第14条第3項】

Q5-7-2 「機構による事務の実施」の内容、また、虚偽の報告等をした場合の取扱いについて説明してください。

 技能実習法第14条第1項に規定される「機構による事務の実施」の内容とその事務に関し違反等をした場合の取扱いを示したのが、98頁の下段の＜表２＞「『**機構による事務の実施**』の行為者と種類別対象者（物）及び違反した場合の認定取消し」です。

この表には、「機構による事務の実施」及び「技能実習計画の認定取消し事由」【技能実習法第16条第1項第5号】を記載してあります。

まず、表の構成は、上欄の左から右方向に、「規定区分」、「適用の範囲」、「行為者」、「『機構による事務の実施』の種類」、「『事務』の対象者（物）」、さらに「違反等に関する規定」の順で欄が設けてあります。

また、「行為者」欄は、上下に区分して「機構」、「機構の職員」のいずれが行為者であるかを示しています。

次に、「『機構による事務の実施』の種類」欄は、行為者別に、機構が行う①'報告を求める事務から③'帳簿書類の提示を求める事務までと、機構の職員が行う⑤'質問をする事務及び⑥'実地に検査する事務を列挙してあります。

続いて、「『事務』の対象者（物）」欄は、ローマ数字のⅠからⅣ及びⅥにその対象者を示し、それらの数字で示した対象者（物）について表の欄外下部で説明してあります。

「違反等に関する規定」欄は、左側の「取消し事由（法第16条第1項第5号）」が対象となります。

「取消し事由（法第16条第1項第5号）」欄には、「『機構による事務の実施』の種類」欄に記載した事務の実施に対して、虚偽報告するなどした場合の「実習認定の取消し事由」を挙げてあります。

このように、＜表２＞では、技能実習法第14条第1項に規定される「機構による事務の実施」について、盛り込まれている複数の項目を関係付けて整理することにより、技能実習計画の認定取消しの規定を含めて内容を即座に理解することができるよう工夫し、作成してあります。

8 改善命令等

主務大臣による改善命令とは何ですか。

Ⓐ　主務大臣は、実習実施者が次のいずれかに該当する場合であって、技能実習の適正な実施を確保するために必要があると認めるときは、当該実習実施者に対し、期限を定めて、その改善に必要な措置をとるべきことを命ずることができるとされています。【技能実習法第15条第1項】

1　認定計画に従って技能実習を行わせていないと認めるとき

2　技能実習法その他出入国又は労働に関する法律の規定に違反した場合

3　技能実習法その他出入国又は労働に関する法律に基づく命令の規定に違反した場合

ちなみに、3の「技能実習法その他出入国又は労働に関する法律に基づく命令の規定に違反したとき」とは、それらの法律に基づき制定された省令上の義務規定に違反した場合などが該当します。

なお、「省令」とは、各省大臣が、その所管する行政事務に関して、法律若しくは政令を施行するため、又は法律若しくは政令の特別の委任に基づいて発する命令をいいます。【国家行政組織法第12条第1項】

また、主務大臣がこの改善命令をした場合には、その旨が公示されます。【技能実習法第15条第2項】

改善命令には改善措置に関する期限が付されており、改善命令を受けた実習実施者は、その期限内に改善措置を講じなければならず、その改善結果を主務大臣に報告する必要があります。

さらに、この改善命令に違反したときは、それが実習認定の取消し事由に該当するほか、6月以下の懲役又は30万円以上の罰金の罰則の適用があります。【技能実習法第16条第1項第6号・第111条第1号】

第5編

9　認定の取消し

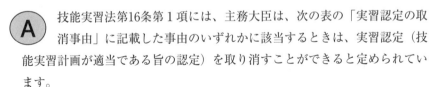

技能実習法第16条第1項には、主務大臣は、次の表の「実習認定の取消事由」に記載した事由のいずれかに該当するときは、実習認定（技能実習計画が適当である旨の認定）を取り消すことができると定められています。

　この実習認定の取消しは、取消事由として掲げられているものがいずれも技能実習の適正な実施の妨げとなるものであることから、主務大臣において、技能実習を引き続いて行わせることが適当でないと判断した場合に、先になされた実習認定を取り消すものと解することができます。

　実習認定の取消しがなされると、当該実習実施者は技能実習を行わせる前提要件を欠き、その技能実習を行わせることができなくなります。

　ちなみに、改正後の入管法の別表第1の2の表に規定される在留資格「技能実習」の下欄「本邦において行うことができる活動」では、技能実習生はいずれも実習認定を受けた技能実習計画に基づいて活動するものとされており、仮に実習認定が取り消された場合には、そもそも在留資格「技能実習」への該当性を欠き、技能実習の活動ができなくなります。

　なお、主務大臣による実習認定の取消しがなされた場合には、その旨が主務大臣から公示されます。【技能実習法第16条第2項】

実習認定の取消事由

規　定	事　項	規定内容	参照箇所
法第16条第1項第1号	認定計画に従った技能実習の不実施	・実習実施者が認定計画に従って技能実習を行わせていないと認めるとき。	
第2号	認定基準への不適合	・認定計画が法第9条各号のいずれかに適合しなくなったと認めるとき。	Q5-3-1
第3号	認定欠格事由該当	・実習実施者が法第10条各号のいずれかに該当することとなったとき。	Q5-4-1
第4号	「報告徴収等」違反等	・法第13条第1項に規定される「報告徴収等」に違反等したとき。	Q5-6-2

第 5 号	「機構による事務」違反等	・法第14条第 1 項に規定される「機構による事務」に違反等したとき。	Q5-7-2
第 6 号	改善命令違反	・法第15条第 1 項による命令に違反したとき。	Q5-8-1
第 7 号	出入国・労働法令に関する不正・著しく不当な行為	・出入国又は労働に関する法令に関し不正又は著しく不当な行為をしたとき。	Q5-4-3

（注）表中の「法」は、技能実習法のことをいいます。

10　実施の届出

Q5-10-1 実習実施者が技能実習を開始したときの届出について説明してください。

 実習実施者は、技能実習を開始したときは、遅滞なく、開始した日その他主務省令で定める事項を主務大臣に届け出なければなりません。【技能実習法第17条】

　また、主務大臣は、この届出の受理に係る事務を機構に行わせることができると定められており【技能実習法第18条第 1 項】、平成29年 4 月 7 日法務省・厚生労働省告示第 3 号の規定に基づき、届出は主務大臣に対してではなく機構に書類を提出して行わなければなりません。【技能実習法第18条第 2 項】

　さらに、届出事項については技能実習法施行規則第20条第 2 項に次の事項が掲げられています。

　　1　届出者の氏名又は名称及び住所
　　2　技能実習計画の認定番号及び認定年月日

11　技能実習を行わせることが困難となった場合の届出等

Q5-11-1 技能実習を行わせることが困難となった場合の届出等について説明してください。

 次の図「技能実習を行わせることが困難となった場合の届出等」は、技能実習を行わせることが困難となったときの手続を企業単独型と団体監理型の別に示したものです。

また、それらの届出先は、平成29年４月７日法務省及び厚生労働省告示第３号の規定に基づき機構あてに行うことになります。【技能実習法第19条第３項】

まず、企業単独型実習実施者がその技能実習を行わせることが困難となったときは、遅滞なく、以下の事項を届け出なければなりません。【技能実習法第19条第１項】

　①　技能実習生の氏名

　②　企業単独型技能実習の継続のための措置

　③　その他主務省令（技能実習法施行規則第21条第１項）で定める事項

　一方、団体監理型実習実施者については、団体監理型技能実習を行わせることが困難となったときは、遅滞なく、

　①　技能実習生の氏名

　②　団体監理型技能実習継続のための措置

　③　その他主務省令（技能実習法施行規則第21条第２項）で定める事項
を実習監理を受ける監理団体に通知しなければなりません。【技能実習法第19条第２項】

　また、監理団体にあっては、

　・団体監理型実習実施者から通知を受けた場合

　・実習監理を行う団体監理型実習実施者が団体監理型技能実習を行わせることが困難となったと認めるとき
は、遅滞なく、当該通知に係る事項その他の主務省令（技能実習法施行規則第48条第２項）で定める事項を機構に届け出なければなりません。【技能実

習法第33条第1項及び第2項】

技能実習を行わせることが困難となった場合の届出等

【JITCO】

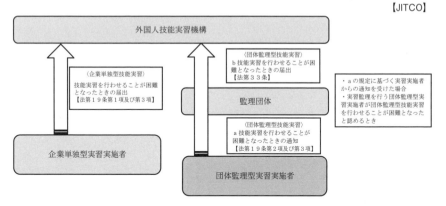

第6編 監理団体

1 監理団体の許可

Q6-1-1 一般監理事業と特定監理事業の区分について説明してください。

監理事業を行おうとする者は次に掲げる事業の区分に従い、主務大臣による監理団体の許可を受けなければならないこととされています。
【技能実習法第2条第10項、第23条第1項】

　これらのうち一般監理事業とは、「第1号団体監理型技能実習、第2号団体監理型技能実習及び第3号団体監理型技能実習」に係る実習監理を行うものです。

　一方、特定監理事業は、「第1号団体監理型技能実習及び第2号団体監理型技能実習」又は「第1号団体監理型技能実習」に係る実習監理を行うもので、第3号団体監理型技能実習に係る実習監理は行わないものが該当します。

　監理事業を行おうとする者は、それら二つの監理事業のいずれかの許可を受ける必要があります。

　1　一般監理事業：「第1号・第2号及び第3号団体監理型技能実習」
　　　　　　　　　　に係る実習監理を行うもの

　2　特定監理事業：

　　　　　　　　　　第1号・第2号団体監理型技能実習　又は
　　　　　　　　　　第1号団体監理型技能実習
　　　　　　　　　　に係る実習監理を行うもの

第6編

Q6-1-2　監理団体の許可を受けるまでの事務の流れを教えてください。

 次の図「監理団体の許可手続の流れ」は、監理団体の許可申請から許可を受けるまでの事務の流れを示したものです。

　監理事業を行おうとする者は①技能実習機構に対して許可申請を行います。

　これは、主務大臣が技能実習機構に申請書及び申請書添付書類に係る事実関係の調査の全部を行わせることとしてその旨が公示されていることによります。【技能実習法第24条第3項及び第7項。平成29年4月7日法務省及び厚生労働省告示第3号】

　なお、監理団体の許可申請に際しては、手数料を納付しなければなりません。【技能実習法第24条第5項】

　次に、申請を受理した技能実習機構は、②申請書及び申請書添付書類に係る事実関係の調査を行います。【技能実習法第24条第1項】

　また、技能実習機構が事実関係の調査を行ったときは、③同機構から主務大臣に対し申請の受理及び調査結果について報告がなされます。【技能実習法第24条第4項】

　事実関係の調査が終了すると、④主務大臣による許可申請に対する許可・不許可の判断がなされます。

　この許否判断に当たっては、積極要件の「許可基準への適合性」【技能実習法第25条第1項】と消極要件の「欠格事由の非該当性」【技能実習法第26条】についての審査が行われることになります。

　さらに、厚生労働大臣は、監理団体の許可をしようとするときは、あらかじめ、労働政策審議会の意見を聴かなければならないこととされています。【技能実習法第23条第6項】

　以上の手続を経て、監理団体の許可が⑤技能実習機構により許可証を交付することにより行われます。【技能実習法第29条第4項、第5項】

監理団体の許可手続の流れ

[JITCO]

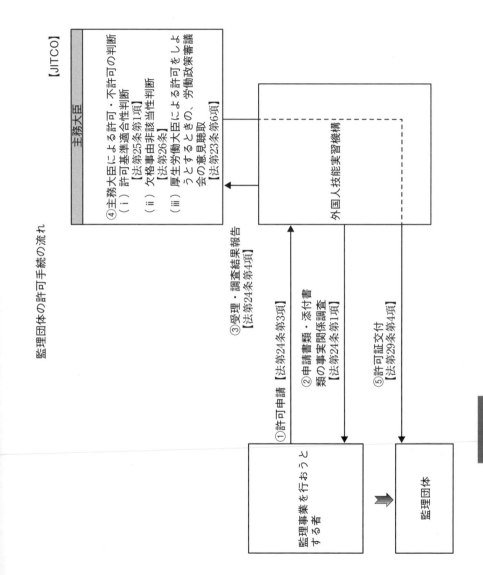

主務大臣

④主務大臣による許可・不許可の判断
　（ⅰ）許可基準適合性判断
　　　　【法第25条第1項】
　（ⅱ）欠格事由非該当性判断
　　　　【法第26条】
　（ⅲ）厚生労働大臣による許可をしよ
　　　　うとするときの、労働政策審議
　　　　会の意見聴取
　　　　【法第23条第6項】

外国人技能実習機構

③受理・調査結果報告
【法第24条第4項】

①許可申請【法第24条第3項】

②申請書類・添付書
　類の事実関係調査
　【法第24条第1項】

⑤許可証交付
　【法第29条第4項】

監理事業を行おうと
する者

監理団体

2　監理団体の許可申請

監理団体の許可申請に際し納付する手数料、登録免許税について説明してください。

監理団体の許可申請に際しては、

1　手数料

2　登録免許税

をいずれも予め納付しなければなりません。

　また、その金額及び納付方法は40頁の表「技能実習計画と監理団体許可に係る手数料・登録免許税」のとおりとなっています。

　それらのうち、上記1の手数料の取扱いは次のとおりです。

　（1）　監理事業を行おうとする者は、監理団体の許可申請を行うときは、実費を勘案して主務省令で定める額の手数料を収入印紙により国に納付する。【技能実習法第23条第7項】

　（2）　また、監理団体の許可申請書及び提出書類に係る事実関係の調査を行う技能実習機構に対し、機構指定の「金融機関口座」に振り込んでその手数料を納付する。【技能実習法第24条第5項及び第7項】

3　主務大臣及び外国人技能実習機構による事実関係の調査

Q6-3-1　主務大臣及び外国人技能実習機構による申請書及び提出書類に係る事実関係の調査とは何ですか。

A　申請者から監理団体の許可申請が行われた場合、主務大臣は、申請書及び提出書類に係る事実関係につき調査を行うとされています。【技能実習法第23条第5項】

　この調査は、主務大臣が、技能実習法第23条第1項に規定される監理団体の許可を行うか否かの判断を行う前に、申請書及び提出書類に係るその事実関係を明らかにする目的で実施されるものです。

　また、主務大臣は、機構に、事実関係の調査の全部又は一部を行わせることができるとされており【技能実習法第24条第1項】、同機構がその調査を行ったときは、遅滞なく、その調査結果を主務大臣に報告しなければならないことが定められています。【技能実習法第24条第4項後段】

　なお、主務大臣が、監理団体の許可をするときは、機構が主務大臣に対し報告する調査の結果を考慮しなければならないとの規定が設けられています。【技能実習法第24条第2項】

4　監理団体の許可の基準

Q6-4-1　監理団体の許可の基準にはどのような要件が定められているのですか。

A　技能実習法第25条第1項には、監理団体の許可の基準が規定されており、その第1号から第8号までに掲げられている要件のいずれにも適合する場合に、監理団体の許可がなされることになります。

　また、技能実習法第25条第1項においては、「監理団体になることができる法人の範囲」、「監理業務実施基準」その他の要件が主務省令上で定められるものであるとされています。【技能実習法第25条第1項第1号、第2号、第5号イ・ロ及び第7号】

　これらの主務省令は、技能実習法施行規則第29条から第31条までにそれぞ

れ規定されています。

　このように、「監理団体の許可の基準」は、「①技能実習法第25条第1項に掲げられる規定」、「②技能実習法施行規則第29条から第31条までの規定」が組み合わさってできています。

　116頁の表「監理団体の許可の基準」がそれらの規定を要約し整理したものです。

　この表の左欄に、技能実習法第25条第1項第1号から第8号までの条項が順に記載してあります。

　続いて、中央の「監理団体の許可基準に規定される事項及び要件」欄に、技能実習法第25条第1項第1号から第8号までに規定されている要件と、技能実習法施行規則第29条から第31条までに規定される要件（技能実習法第25条第1項第1号、第2号、第5号イ・ロ及び第7号の規定に基づく）が記載してあります。

　また、表の右の「技能実習法施行規則」欄には、技能実習法施行規則の該当条項を記載してあります。

　以上のとおり、この表を用いることにより、監理団体許可基準の構成、内容及び各々の要件が技能実習法及び技能実習法施行規則のどこに規定されているのかを容易に理解することができます。

　ちなみに、「監理団体許可基準」のうち、技能実習法第25条第1号から第8号として定められている要件とは以下のとおりです。

　第1号：本邦の営利を目的としない法人であって主務省令で定めるものであること。

　第2号：監理事業を技能実習法第39条第3項の主務省令で定める基準に従って適正に行うに足りる能力を有するものであること。

　第3号：監理事業を健全に遂行するに足りる財産的基礎を有するものであること。

　第4号：個人情報（注）を適正に管理し、並びに団体監理型実習実施者等及び団体監理型技能実習生等の秘密を守るために必要な措置を講じていること。

（注）「個人情報」とは、個人に関する情報であって、特定の個人を識別することができるもの（他の情報と照合することにより特定の個人を識別することができることとなるものを含む。）をいいます。

第5号：監理事業を適切に運営するための次のいずれかの措置を講じていること。

イ　役員が団体監理型実習実施者と<u>主務省令で定める密接な関係を有する者</u>のみにより構成されていないことその他役員の構成が監理事業の適切な運営の確保に支障を及ぼすおそれがないものとすること。

ロ　監事その他の法人の業務を監査する者による監査のほか、団体監理型実習実施者と<u>主務省令で定める密接な関係を有しない者であって主務省令で定める要件に適合するもの</u>に、<u>主務省令で定めるところにより</u>、役員の監理事業に係る職務の執行の監査を行わせるものとすること。

第6号：外国の送出機関から団体監理型技能実習生になろうとする者からの団体監理型技能実習に係る求職の申込みの取次ぎを受けようとする場合にあっては、外国の送出機関との間で当該取次ぎに係る契約を締結していること。

第7号：監理団体の許可の申請が一般監理事業に係るものである場合は、申請者が団体監理型技能実習の実施状況の監査その他の業務を遂行する能力につき高い水準を満たすものとして主務省令で定める基準に適合していること。

第8号：前各号に定めるもののほか、申請者が、監理事業を適正に遂行することができる能力を有するものであること。

（JITCO）

監理団体の許可の基準

（注）本表では、団体監理型実習実施者を「実習実施者」と表記しています。

技能実習法	監理団体の許可基準に規定される事項及び要件	技能実習法施行規則
第25条第1項第1号	**1. 監理団体となることができる法人** **【法人類型】** ・本邦の営利を目的としない法人であって主務省令で定めるものであること。 （1）主務省令で定める法人は、次のとおりである。 ① 商工会議所（団体監理型実習実施者が当該商工会議所の会員である場合に限る。） ② 商工会（団体監理型実習実施者が当該商工会の会員である場合に限る。） ③ 中小企業団体（団体監理型実習実施者が当該中小企業団体の組合員又は会員である場合に限る。） ④ 職業訓練法人 ⑤ 農業協同組合（団体監理型実習実施者が当該農業協同組合の組合員であって農業を営む場合に限る。） ⑥ 漁業協同組合（団体監理型実習実施者が当該漁業協同組合の組合員であって漁業を営む場合に限る。） ⑦ 公益社団法人 ⑧ 公益財団法人 ⑨ 前各号に掲げる法人以外の法人であって、監理事業を行うことについて特別の理由があり、かつ、重要事項の決定及び業務の監査を行う適切な機関を置いているもの （2）法務大臣及び厚生労働大臣が示す特定の職種・作業に係る団体監理型技能実習を実習監理する場合、当該特定の職種・作業に係る事業所管大臣が、法務大臣及び厚生労働大臣と協議の上、当該職種・作業に係る特有の事情に鑑みて告示で定める法人	規則第29条第1項 第1号 第2号 第3号 第4号 第5号 第6号 第7号 第8号 第9号 規則第29条第2項
第25条第1項第2号	**2. 監理事業を適正に行うに足りる能力** ・監理事業を法第39条第3項の主務省令で定める基準に従って適正に行うに足りる能力を有するものであること。 （技能実習法第39条第3項の主務省令で定める基準は、同法施行規則第52条において規定されている。（「監理団体が行う監査その他の業務の実施に関する基準」）されている。本表ではその要件を下欄に記載。） **【監査】** （1）監理団体において、認定計画に従って技能実習を行わせているか、出入国・労働に関する法令に違反していないかその他の技能実習の適正な実施及び実習生の保護に関する事項について、監理責任者の指導の下に、次に掲げる方法により、実習実施者に対し3月に1回以上の頻度で監査を適切に行う監査及びその実施方法	規則第52条

116

実施すること。(法務大臣及び厚生労働大臣が示す特定の職種・作業に係るものである場合にあっては、当該特定の職種・作業・作業に係る事業所管大臣が、両大臣に協議の上、当該職種・作業に特有の事情に鑑みて当該特定の定める方法、その他団体監理型技能実習生が従事する業務の性質上次に掲げる方法のいずれかによるものが困難である場合にあっては、これに代えて適切な他の方法による方法による。)

＜実地確認＞
イ 技能実習の実施状況について実地による確認を行うこと。 …… 第1号イ

＜報告の聴取＞
ロ 技能実習責任者及び技能実習指導員から報告を受けること。 …… 第1号ロ

＜実習生との面談＞
ハ 技能実習生の4分の1以上(技能実習生が2人以下の場合には1人以上、技能実習生が4人以下の場合には2人以上)と面談すること。 …… 第1号ハ

＜設備等の確認＞
ニ 実地により事業所の設備を確認し、及び帳簿その他の物件を閲覧すること。 …… 第1号ニ

＜生活環境の確認＞
ホ 宿泊施設その他の生活環境を確認すること。 …… 第1号ホ

【特別監査】
(2) 実習実施者が法第16条第1項各号(認定取消事由)のいずれかに該当する疑いがあると認めたときは、直ちに、前号に規定する監査を適切に行うこと。 …… 第2号

【訪問指導】
(3) 第1号技能実習の指揮の場合、監理責任者の指揮の下に、について技能実習を行わせている実習実施者に対し、1月に1回以上の頻度で、実習実施者に対し必要な指導を行うとともに、実習実施者について実地による確認その他の適切な方法により確認を行う。 …… 第3号

【不適切な勧誘の禁止】
(4) 技能実習生を劣悪な労働力の需給の手段と誤認させるような方法で、実習実施等の勧誘又は監理事業の紹介をしないこと。 …… 第4号

【違約金契約等の禁止】
(5) 外国の送出機関との間で技能実習の申込みの取次ぎに係る契約を締結するときは、当該送出外国機関(技能実習生等又は技能実習生になろうとする者をいう。以下同じ。)の本邦への送出において社会生活において密接な関係を有する者の金銭その他の財産を管理せず、かつ、技能実習に係る契約の不履行について違約金を定める契約その他の不当に金銭その他の財産の移転を予定する契約をしないことを確認し、その旨を契約書に記載すること。 …… 第5号

【外国の送出機関による取次ぎ】
(6) 外国の送出機関との間で技能実習の申込みの取次ぎに係る契約を受ける場合には、当該取次ぎを行う外国の送出機関が、施行規則第25条規定の要件に適合するもの。)からのものであること。 …… 第6号

【講習期間中の業務への従事禁止】
(7) 第1号団体監理型技能実習にあっては、認定計画に従って入国後講習を実施し、かつ、入国後講習の期間中は、技能実習生を業務に従事させないこと。 …… 第7号

【技能実習計画作成上の指導】
(8) 技能実習計画の作成指導【技能実習法第8条第4項】次により実施すること。 …… 第8号(前段)
① 技能実習を行わせる事業所及び技能実習生の宿泊施設を実地に確認するほか、次の観点から指導を行うこと。

（後段）	イ　技能実習計画を法第９条各号の計画認定基準及び出入国又は労働に関する法令に適合するものとする観点。 ロ　適切かつ効果的に技能等の修得等をさせる観点。 ハ　技能実習を行わせる環境を適切に整備する観点。 ②　上記①ロ及びハの観点からは、修得等をさせようとする技能等について一定の経験又は知識を有する役員又は職員に実習計画作成の指導等を担当させること。
第９号	【帰国担保措置】 （９）監理団体が、技能実習生に、技能実習終了後の帰国が円滑になされるよう必要な措置を講ずることとしていること。 ⅰ　技能実習終了後の帰国旅費（第３号技能実習開始前の第２号技能実習終了後の一時帰国の帰国旅費を含む。）を負担するとともに、 ⅱ　第２号技能実習生の第３号技能実習としての来日渡航旅費
第10号	【人権侵害等行為の禁止】 （10）技能実習生の人権を著しく侵害する行為を行わないこと。
第11号	【偽造変造文書等の行使等の禁止】 （11）・技能実習を行わせようとする者に不正に技能実習計画の認定・計画変更の認定を受けさせる目的 ・監理事業を行おうとする者に不正に監理団体の許可・変更許可、有効期間の更新を受けさせる目的 ・出入国・労働に関する法令に違反する事実を隠蔽する目的 ・その事業活動に関し、外国人に不正に在留資格認定証明書の交付、上陸許可の証印又は許可、特例上陸許可、在留カードの交付、在留資格変更等の許可及び在留期間許可を受けさせる目的 で ・偽造若しくは変造された文書 ・偽造若しくは変造された図画 ・虚偽の文書 ・虚偽の図画 を行使し、又は提供すること。
第12号	【二重契約の禁止】 （12）技能実習生との間で認定計画と反する内容の取決めをしないこと。
第13号	【許可取消事由等の該当報告】 （13）法第37条第１項各号（監理許可の取消し事由）のいずれかに該当するに至ったときは、直ちに該当事実を機構に報告すること。
第14号	【相談体制等の構築】 （14）実習監理に係る技能実習生からの相談に適切に応じるとともに、実習実施者及び技能実習生への助言、指導その他の必要な措置を講ずること。
第15号	【業務運営規程の掲示】 （15）事業所内の一般の閲覧に便利な場所に、監理団体の業務の運営（監理費の徴収を含む。）に係る規程を掲示すること。
第16号	【特定職種・作業に係る基準】 （16）前各号に掲げるもののほか、法務大臣及び厚生労働大臣が告示で定める特定の職種・作業に係るものの職種・作業にあっては、当該特定職種・作業に係る事業所管大臣が両大臣と協議の上、当該職種・作業について特有の事情に鑑みて告示で定める基準に適合すること。

根拠条文	基準の内容	規則
第25条第1項第3号	**3. 健全な財産的基礎** ・監理事業を健全に遂行するに足りる財産的基礎を有するものであること。	
第25条第1項第4号	**4. 個人情報の適正な管理及び実習実施者等の技能実習生等の秘密保護** ・個人情報（個人に関する情報であって、特定の個人を識別することができるもの（他の情報と照合することにより特定の個人を識別することができることとなるものを含む。））を適正に管理し、並びに実習実施者等及び実習生等の秘密を守るために必要な措置を講じていること。	
第25条第1項第5号（本文）	**5. 監理事業を適切に運営するための措置（外部役員を置く又は外部監査による監査を実施する措置）** ・監理事業を適切に運営するための次のいずれか「（1）指定外部役員による確認」又は「（2）外部監査人による監査」のいずれかの措置を講じていること。（Q6-4）	
第25条第1項第5号イ	**【指定外部役員】** < 役員の構成 > **(1) 指定外部役員による監理事業の運営の適切性の確認** ① 役員の構成が監理事業の適切な運営の確保に支障を及ぼすおそれがないものとする措置 役員が、実習実施者と主務省令で定める密接な関係を有する者のみにより構成されていないこと及びその他の役員が監理団体の適切な運営の確保に支障を及ぼすおそれがないものとする者のみにより構成されていないこと。 ◎ 役員が、次に掲げる「実習実施者と主務省令で定める密接な関係を有する者」のみにより構成されていないこと。	規則第30条第1項
	(1) 申請者が実習監理を行う実習実施者若しくはその役員若しくは職員であり、又は過去5年以内にこれらの者であった者	第1号
	(2) 過去5年以内に申請者若しくは当該実習監理を行った実習実施者の役員若しくは職員であり、又は過去5年以内にこれらの者であった者	第2号
	(3) 上記(1)又は(2)の配偶者又は2親等以内の親族	第3号
	(4) 社会生活において密接な関係を有する者であって、指定外部役員による監理団体の実習実施者その他の申請者の業務が適正に実施されているかの確認の公正が害されるおそれがあると認められるもの	第4号
	② 実習実施者その他の監査その他の申請者の業務の適切な運営の確認を行う外部役員の指定 外部監査（法第25条第1項第5号ロに規定される外部監査）の措置を講じないときは、上記の実習実施者（責任役員及び指定外部役員を除く。）であって上記(1)、(2)のいずれにも該当する者以外の者の中から、当該実習実施者その他の監査その他の申請者の業務が適正に実施されているかの確認を担当する役員を指定しなければならない。	規則第30条第2項
	(1) 過去3年以内に法務大臣及び厚生労働大臣が告示で定める研修を修了した者であること。	第1号

119

（2）外部役員に指定しようとする者が、次のいずれにも該当しない者であること。

第2号

イ　申請者である監理団体の役員（監理業務に係る業務の適正な執行の指導監督に関する専門的な知識と経験を有する者及び指定外部役員を除く。）若しくは職員又は過去5年以内にこれらの者であった者

ロ　申請者の構成員（申請者が実習監理する団体監理型技能実習の職種の職員、又はその役員若しくは職員を除く。）若しくはその役員若しくは職員

ハ　実習実施者（申請者が実習監理を行う実習実施者を除く。）又はその役員若しくは職員

ニ　申請者以外の監理団体の役員（監理業務に係る業務の適正な執行の指導監督に関する専門的な知識と経験を有する者及び指定外部役員に指定されている者を除く。）又は職員

ホ　申請者が技能実習の申込みの取次ぎを受ける外国の送出機関若しくはその役員若しくは職員又は過去5年以内にこれらの者であった者

ヘ　上記イからホまでに掲げる者のほか、申請者又はその役員、職員若しくは構成員と社会生活において密接な関係を有する者のこと、過去に実習実施者に関し不正又は著しく不当な行為を行った者であることその他の事情により「実習実施者その他の者の申請者の業務が適正に実施されるおそれがあると認められる者

③　指定外部役員による、監理事業の確認の方法

規則第30条第3項

指定外部役員は、前項に規定する「実習実施者その他の申請者に対する監査その他の監理業務が適正に実施されているかどうかの確認」を、次に掲げる方法により、監理事業を行う各事業所につき3月に1回以上の頻度で行い、その結果を記載した書類を作成するものとする。

第1号

第2号

（1）責任役員及び監理責任者から報告を受けること。
（2）申請者の事業所において、その設備を確認し、及び帳簿書類その他の物件を閲覧すること。

（2）外部監査人による監査

【外部監査人】

監事その他の法人の業務を監査する者による監査のほか、実習実施者と主務省令で定める密接な関係を有しない者（次の（1）、（2）のいずれにも該当しない者）であって、下記②の要件に適合するものに、監理事業の執行に係る職務の執行を行わせるものとする。（上記参照）
（1）施行規則第30条第1項から第3号まで（上記参照）に掲げる者
（2）社会生活において実習実施者と密接な関係を有する者であって、外部監査の公正が害されるおそれがあると認められる者

規則第30条第4項

①　外部監査人は次のいずれかの要件にも適合し、外部監査を適切に行う能力を有すること。
ⅰ　過去3年以内に法務大臣及び厚生労働大臣が告示で定める外部監査人に対する講習を修了した者であること。

規則第30条第5項
第1号

＜指定外部役員による確認の方法＞

【外部監査人】
＜外部監査人による監査＞

＜外部監査人の要件＞

第25条第1項第5号ロ

ⅱ 次のいずれにも該当しない者であること。

イ 申請者の役員若しくは過去5年以内にこれらの者であった者

ロ 申請者の構成員(申請者が実習監理する技能実習の職種に係る事業を営む者に限る。)若しくはその役員又は過去5年以内にこれらの者であった者

ハ 実習実施者(申請者が実習監理を行う実習実施者に限る。)又はその役員若しくは職員

ニ 監理団体(申請者を除く。)又はその役員若しくは職員

ホ 申請者が団体監理型技能実習の取次ぎを受ける外国の送出機関、その役員若しくは職員又は過去5年以内にこれらの者であった者

ヘ 法第26条第5号から二までに(監理団体の役員の欠格事由)のいずれかに該当する者

ト 法人であって、法第26条各号(監理団体許可の欠格事由)のいずれかに該当する役員があるもの又はその役員

チ 上記のトまでに掲げる者のほか、申請者若しくは申請者の役員、職員若しくは構成員又は社会生活において密接な関係を有する者と、過去に技能実習に関して不正又は著しく不当な行為を行った者であることその他の事情により外部監査の公正さが害される恐れがあると認められる者

② 外部監査は、次に定めるところにより行うこと。

< 外部監査の方法 >

(1) 実習実施者に対する監査その他の申請者(監理団体)の業務が適正に実施されているかどうかについて指定外部役員が行う確認と同じ方法により、監理団体が、監理事業を行う事業所につき3月に1回以上の頻度で確認し、その結果を記載した書類を申請者(監理団体)に提出すること。

(2) 実習実施者に対する監査が適正に実施されているかどうかについて実習監理を行う各事業所につき1年に1回以上同行する等により確認し、その結果を記載した書類を監理事業を行う各事業所につき1年に1回以上同行する等により確認し、その結果を記載した書類を申請者(監理団体)に提出すること。

6. 外国送出機関との取次契約の締結

・外国の送出機関から団体監理型技能実習生になろうとする者からの求職の申込みの取次ぎを受けようとする場合にあっては、外国の送出機関との間で当該取次ぎに係る契約を締結するものであること。

7. 一般監理事業の許可

・許可の申請が一般監理事業に係るものである場合は、申請者が技能実習の実施状況の監査その他の業務を遂行する能力につき高い水準を満たすものとして主務省令(施行規則第31条)に定める基準に適合すること。【技能実習法第23条第2項 法施行規則第31条】

8. その他の能力

・第25条第1項第1号から第7号までに定める上記の要件に適合するほか、申請者が監理事業を適正に遂行する能力を有するものであること。

右側条文参照: 第2号 イ ロ ハ ニ ホ ヘ ト チ／規則第30条第6項第1号／第2号

左側条文参照: 第25条第1項第6号／第25条第1項第7号／第25条第1項第8号

第6編

121

Q6-4-2 団体監理型技能実習における「外国の送出機関」の要件について説明してください。

A 技能実習法第23条第2項柱書には、監理団体の許可を受けようとする者は、申請に当たり、主務省令（法施行規則第24条）で定めるところにより、第1号から第7号とまでに掲げられる事項を記載した監理団体許可申請書を主務大臣に提出しなければならないと規定されています。

　また、外国の送出機関から団体監理型技能実習生になろうとする者からの求職の申込みの取次ぎを受けようとする場合には、その送出機関との間で取次ぎ契約を締結していることが求められています。【技能実習法施行規則第23条第6号】

　この「外国の送出機関」については、技能実習法施行規則第25条にその要件が規定されています。第25条に規定される要件を整理したものが次の表「外国送出機関の要件」です。

　表には左に「積極要件」欄を、また、右には「欠格事由（該当する場合は基準不適合）」欄を設けてあります。

　「積極要件」欄記載の要件を満たし、「欠格事由（該当する場合は基準不適合）」欄に記載した事由に該当しないことが求められます。なお、この技能実習法施行規則第25条の送出機関要件の適用については、次により運用することとされています。【技能実習制度運用要領第5章第2節第6】

　「（我が国政府と）送出国政府との間に二国間取決めがされている場合には、送出国政府が外国の送出機関の適格性を個別に審査することとなりますので、送出国政府から認定を受けている送出機関（外国政府認定送出機関）であれば、規則第25条において定められている要件に適合しているものとみなします。取決めに基づく制度に移行次第、順次、機構のHP等でも公表していくこととしています。」

外国送出機関の要件

【JITCO】

(注)「号」欄は、技能実習法施行規則第25条の何号に規定されているかを示す。

積極要件			欠格事由 （該当する場合は基準不適合）		
号	事 項	内 容	号	事 項	内 容
1号	所在国公的機関の推薦	・事業所所在国の公的機関から、技能実習の申込みを適切に日本の監理団体に取り次ぐことができる旨の推薦を受けていること。	6号	禁錮以上の刑	・当該機関又はその役員が、禁錮以上の刑に処せられ、その刑の執行の終了等から5年を経過しない者（日本・所在国を含む外国のいずれであるかは問わない。）
2号	制度を理解した上での人選・送出し	・制度の趣旨を理解た上で技能実習生候補者を適切に選定し、送出しを行うこと。			
3号	手数料等の算出基準の公表・明示と本人理解	・技能実習生等から徴収する手数料その他の費用の算出基準を明確に定めて公表し、技能実習生等に明示し、十分に理解させること。	8号	保証金の徴収等・人権侵害行為又は不正に許可等を受けさせる目的による偽変造文書等の行使・提供	・送出機関又はその役員が、過去5年以内の次に掲げる行為をした場合 イ　技能実習に関連した保証金の徴収・財産の管理 ロ　労働契約の不履行に係る違約金等の契約 ハ　技能実習生等に対する暴行、脅迫、自由の制限などの人権侵害 ニ　技能実習を行わせようとする者に不正に ①　技能実習計画認定、監理団体許可を受けさせる目的 ②　出入国・労働関係法令違反事実を隠ぺいする目的 ③　その事業活動に関し外国人に不正に在留資格認定証明書の交付、上陸許可又は在留許可を受けさせる目的で、 i 偽造又は変造された文書・図画 ii 虚偽の文書・図画を行使又は提供。
4号	実習修了帰国者の技能活用支援	・技能実習修了帰国者の修得技能活用ができるよう、就職先あっせん等の必要な支援を行うこと。			
5号	技能等の移転状況調査適正実施・保護要請への対応措置	・法務大臣・厚生労働大臣・機構が行う修了帰国者の技能等の移転状況等に関する調査に協力することとしていること、また、それらの機関からの技能実習の適正な実施及び技能実習生の保護に関する要請に応じることとしていること。			
7号	法令の遵守	・事業所が所在する国又は地域の法令にしたがって事業を行うこととしていること。			
9号	保証金の徴収・財産管理、違約金等契約をしていないことの本人確認	・団体監理型技能実習の（監理団体あて）申込取次を行うに当たり、技能実習生になろうとする者に、「本人その他の関係者が技能実習に関連して、技能実習に関連した			

第6編

123

		保証金の徴収・財産の管理又は労働契約の不履行に係る違約金等の契約をしていないこと」について、確認することとしていること。
10号	技能実習申込みを適切に監理団体へ取り次ぐ能力	・団体監理型技能実習の申込みを適切に監理団体に取り次ぐために必要な能力を有していること。

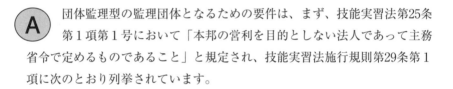

Q6-4-3 団体監理型技能実習の監理団体となることができるのはどのような団体ですか。

Ａ　団体監理型の監理団体となるための要件は、まず、技能実習法第25条第1項第1号において「本邦の営利を目的としない法人であって主務省令で定めるものであること」と規定され、技能実習法施行規則第29条第1項に次のとおり列挙されています。

一　商工会議所（その実習監理を受ける団体監理型実習実施者が当該商工会議所の会員である場合に限る。）

二　商工会（その実習監理を受ける団体監理型実習実施者が当該商工会の会員である場合に限る。）

三　中小企業団体（中小企業団体の組織に関する法律（昭和32年法律第185号）第3条第1項に規定する中小企業団体をいう。）（その実習監理を受ける団体監理型実習実施者が当該中小企業団体の組合員又は会員である場合に限る。）

四　職業訓練法人

五　農業協同組合（その実習監理を受ける団体監理型実習実施者が当該農業協同組合の組合員であって農業を営む場合に限る。）

六　漁業協同組合（その実習監理を受ける団体監理型実習実施者が当該漁業協同組合の組合員であって漁業を営む場合に限る。）

七　公益社団法人

八　公益財団法人

九　前各号に掲げる法人以外の法人であって、監理事業を行うことについて
　　特別の理由があり、かつ、重要事項の決定及び業務の監査を行う適切な
　　機関を置いているもの

　また、技能実習法施行規則第29条第２項には、上記第１項の規定にかかわ
らず、法務大臣及び厚生労働大臣が告示で定める特定の職種及び作業に係る
団体監理型技能実習を実習監理をする場合における法第25条第１項第１号で
定める法人は、当該特定の職種及び作業に係る事業所管大臣が、法務大臣及
び厚生労働大臣と協議の上、当該職種及び作業に特有の事情に鑑みてその事
業所管大臣が告示で定める法人とすると規定されています。

Q6-4-4	監理事業を適切に運営するために求められる「外部役員の指定」又は「外部監査」の措置について説明してください。

　団体監理型技能実習においては、監理団体による監理事業を適切に運
　　営するため、次の①又は②のいずれかの措置を講じることが監理団体
許可基準上で要件とされています。

①　外部役員を指定する措置【技能実習法第25条第１項第５号イ】
　　＜監理事業の運営の適切性の確認を、法人自体が指定した外部役員に
　　より行わせる措置＞
　　　ⅰ　監理団体の役員の構成を、「団体監理型実習実施者と主務省
　　　　令で定める密接な関係を有する者」のみとせず、役員の中に１
　　　　名以上の「団体監理型実習実施者と主務省令で定める密接な関
　　　　係を有する者」以外の者を含めること。

　　＋

　　　ⅱ　その他役員の構成が監理事業の適切な運営の確保に支障がな
　　　　いものとすること。

②　外部監査を実施する措置【技能実習法第25条第１項第５号ロ】

　　＜外部監査人に監理事業の運営の適切性の監査を実施させる措置＞

（監事その他法人の業務を監査する者による監査のほか、）「団体監理型実習実施者と主務省令で定める密接な関係を有しない者」であって「主務省令で定める要件に適合するもの」に、「主務省令で定めるところにより」外部監査等を行わせること。

　さらに、「①外部役員の指定」と「②外部監査の措置（外部監査人の選任）」については、技能実習法施行規則上に、それぞれ以下のことが定められています。

１　「①外部役員の指定」に係る要件

（１）「団体監理型実習実施者と密接な関係にある者」

　　　　上記①のⅰに関し、「団体監理型実習実施者と密接な関係にある者」に該当する者が、技能実習法施行規則第30条第１項第１号から第４号までに掲げられています。

　　　　この実習法施行規則第30条第１項第１号から第４号までに掲げられる者とは、128頁の表「『指定外部役員』及び『外部監査人』に関する消極事由規定」の左上欄に記載した者です。

　　　　監理団体の許可申請を行う団体の役員が、表の左上欄に記載する者のみにより構成されているときは、そのことが消極事由となり許可を受けることはできません。

　　　　言い換えると、表の左上欄のいずれにも該当しない者が、団体の役員の中に少なくとも１名は含まれていなければならないことになります。

　　　　この技能実習法施行規則第30条第１項の規定は、適切な監理事業の運営を確保するため、１名以上の役員を表の左上欄のいずれにも該当しない者とすることが要件として規定されているものです。

（２）「外部役員本人」の要件

　　　　次に、技能実習法施行規則第30条第２項には、外部役員（団体監理型実習実施者に対する監査その他の申請者の業務が適正に実施さ

れているかの確認を担当する役員。責任役員を除く。常勤・非常勤を問わない。）に指定される者に関して、以下の要件が規定されています。

　一　過去３年以内の外部役員講習の受講

　　　法務大臣及び厚生労働大臣が告示で定める指定外部役員講習を過去３年以内に修了していること。【技能実習法施行規則第30条第２項第１号】

　二　指定外部役員の欠格事由

　　　外部役員に指定される者について、表の左上欄のいずれにも該当しない者であって、かつ、表の左下欄のいずれにも該当しないことが要件とされています。【技能実習法施行規則第30条第２項第２号】

　　　この技能実習法施行規則第30条第２項第２号の規定は、外部役員に指定される者が、監理団体許可申請の申請者である団体の役員若しくは職員又は過去５年以内に役員若しくは職員であった場合等であるときは、監理団体許可申請を行う団体と密接な関係を有することから、監理事業の確認の公正が損なわれるおそれがあるため、消極事由として規定されているものです。

　　　ただし、技能実習法施行規則第30条第２項第２号イには、「申請者の役員」に関してかっこ書「（監理事業に係る業務の適正な執行の指導監督に関する専門的な知識と経験を有する者及び指定外部役員に指定されている者を除く。）」が付されており、その結果、監理団体許可申請を行う団体の役員である場合であっても、その者が「監理事業に係る業務の適正な執行の指導監督に関する専門的な知識と経験を有する者」に該当するときは、外部役員に指定することが可能とされています。（技能実習制度運用要領第５章第２節第５【留意事項】。）

2　「外部監査の措置（外部監査人の選任）」に係る要件
（1）「団体監理型実習実施者と主務省令で定める密接な関係を有しな
（130頁に続く。）

「指定外部役員」及び「外部監査人」に関する消

規定	「指定外部役員」関係
施行規則第30条第1項第1号	・監理団体許可の申請者（以下「申請者」）が実習監理を「行う」次の者
	① 団体監理型実習実施者
	② 団体監理型実習実施者の役員
	③ 団体監理型実習実施者の職員
	④ 過去5年以内に上記①～③の者であった者
第2号	・過去5年以内に申請者が実習監理を「行った」次の者
	①' 団体監理型実習実施者
	②' 団体監理型実習実施者の役員
	③' 団体監理型実習実施者の職員
	④' 過去5年以内に上記①'～③'の者であった者
第3号	上記①～④までと配偶者又は二親等以内の親族の関係にある者
	上記①'～④'までと配偶者又は二親等以内の親族の関係にある者
第4号	・社会生活において密接な関係を有する者であって、指定外部役員による「申請者の監理業務（団体監理型実習実施者に対する監査等）が適正に行われているかの確認」の公正が害されるおそれがあると認められる者
施行規則第30条第2項第2号イ	・指定外部役員（責任役員を除く。）としての適格性を欠く次に掲げる者
	① 申請者の役員（監理事業に係る業務の適正な執行の指導監督に関する専門的な知識と経験を有する者及び指定外部役員に指定されている役員を除く。）
	② 申請者の職員
	③ 過去5年以内に①又は②の者であった者
第2号ロ	④ 申請者の構成員（申請者が実習監理する団体監理型技能実習の職種に係る事業を営む者に限る。）
	⑤ 上記④の役員
	⑥ 上記④の職員
	⑦ 過去5年以内に④～⑥の者であった者
第2号ハ	⑧ 実習実施者（申請者が実習監理を行う団体監理型実習実施者を除く。）
	⑨ 上記⑧の役員
	⑩ 上記⑧の職員
第2号ニ	⑪ 監理団体（申請者を除く。）の役員（監理事業に係る業務の適正な執行の指導監督に関する専門的な知識と経験を有する者及び指定外部役員に指定されている者を除く。）
	⑫ 監理団体（申請者を除く。）の職員
第2号ホ	⑬ 申請者が団体監理型実習の申込みの取次ぎを受ける外国の送出機関
	⑭ ⑬の役員
	⑮ ⑬の職員
	⑯ 過去5年以内に⑬～⑮の者であった者
第2号ヘ	⑰ 上記①～⑯までに掲げる者のほか、申請者又はその役員、職員若しくは構成員と社会生活において密接な関係を有すること、過去に技能実習に関して不正又は著しく不当な行為を行った者であることその他の事情によりこの法施行規則第30条第2項に規定する確認の公正が害されるおそれがあると認められる者

極事由規定（技能実習法第25条第1項第5号関係）

規定	「指定外部役員」関係
施行規則第30条第4項第1号	・監理団体許可の申請者（以下「申請者」）が実習監理を「行う」次の者
	① 団体監理型実習実施者
	② 団体監理型実習実施者の役員
	③ 団体監理型実習実施者の職員
	④ 過去5年以内に上記①～③の者であった者
	・過去5年以内に申請者が実習監理を「行った」次の者
	①' 団体監理型実習実施者
	②' 団体監理型実習実施者の役員
	③' 団体監理型実習実施者の職員
	④' 過去5年以内に上記①'～③'の者であった者
	上記①～④までと配偶者又は二親等以内の親族の関係にある者
	上記①'～④'までと配偶者又は二親等以内の親族の関係にある者
第2号	・社会生活において密接な関係を有する者であって、外部監査の公正が害されるおそれがあると認められる者
施行規則第30条第5項第2号イ	・外部監査人としての適格性を欠く次に掲げる者
	① 申請者の役員
	② 申請者の職員
	③ 過去5年以内に上記①又は②の者であった者
第2号ロ	④ 申請者の構成員（申請者が実習監理する団体監理型技能実習の職種に係る事業を営む者に限る。）
	⑤ 上記④の役員
	⑥ 上記⑤の役員
	⑦ 過去5年以内に上記④～⑥の者であった者
第2号ハ	⑧ 実習実施者（申請者が実習監理を行う団体監理型実習実施者を除く。）
	⑨ 上記⑧の役員
	⑩ 上記⑧の職員
第2号ニ	⑪ 監理団体（申請者を除く。）
	⑫ 上記⑪の役員
	⑬ 上記⑪の職員
第2号ホ	⑭ 申請者が団体監理型実習の申込みの取次ぎを受ける外国の送出機関
	⑮ ⑭の役員
	⑯ ⑭の職員
	⑰ 過去5年以内に上記⑭～⑯の者であった者
第2号ヘ	⑱ 法第26条第5号イ～ニまで（申請者の役員に係る監理団体許可の欠格事由）のいずれかに該当する者
第2号ト	⑲ 法人であって、技能実習法第26条各号（監理団体許可の欠格事由）のいずれかに該当するもの又はその役員のうちにこの法施行規則第30条第5項第2号イ～ホ（上記①～⑰）までのいずれかに該当する者があるもの
第2号チ	⑳ 上記5①～⑲までに掲げる者のほか、申請者又はその役員、職員若しくは構成員と社会生活において密接な関係を有すること、過去に技能実習に関して不正又は著しく不当な行為を行った者であることその他の事情により外部監査の公正が害されるおそれがあると認められる者

い者」

　上記「②外部監査の措置」に関し、「団体監理型実習実施者と主務省令で定める密接な関係を有しない者」が、技能実習法施行規則第30条第4項に、表の右上欄のいずれにも該当しない者と規定されています。したがって、監理団体の許可申請を行う者が外部監査人を選任しようとするときは、その者が表の右上欄のいずれにも該当しない者（「団体監理型実習実施者と主務省令で定める密接な関係を有しない者」）であることを確認する必要があります。

（2）　外部監査人の要件

　次に、技能実習法施行規則第30条第5項には、外部監査人に選任される者に関して、以下の要件が規定されています。

　一　過去3年以内の外部監査人講習の受講

　　法務大臣及び厚生労働大臣が告示で定める外部監査人講習を過去3年以内に修了していること。【技能実習法施行規則第30条第5項第1号】

　二　外部監査人の欠格事由

　　外部監査人に選任される者については、更に、表の右上欄のいずれにも該当しない者であって、かつ、表の右下欄のいずれにも該当しないことが要件とされています。【技能実習法施行規則第30条第5項第2号】

　　この技能実習法施行規則第30条第5項第2号の規定は、外部監査人に選任される者が、監理団体許可申請の申請者である団体の役員若しくは職員又は過去5年以内に役員若しくは職員であった場合等であるときは、監理団体許可申請を行う団体と密接な関係を有することから、外部監査人による監査の公正性を確保するため、消極事由として規定されているものです。

Q6-4-5　「優良監理団体基準」について説明してください。

Ⓐ　一般監理事業を行うことのできる監理団体許可の要件として、申請者が団体監理型技能実習の実施状況の監査その他の業務を遂行する能力につき高い水準を満たすものとして主務省令で定める基準に適合していることが規定されています。【技能実習法第25条第1項第7号】

　この規定を受けて、技能実習法施行規則第31条には、次の各号に掲げる事項を総合的に評価して、「優良」であるかどうかを判断することが定められています。

　（1）　団体監理型技能実習の実施状況の監査その他の業務を行う体制及び実施状況

　（2）　実習監理する団体監理型技能実習における技能等の修得等に係る実績

　（3）　出入国又は労働に関する法令への違反、団体監理型技能実習生の行方不明者の発生その他の問題の発生状況

　（4）　団体監理型技能実習生からの相談に応じることその他の団体監理型技能実習生に対する保護及び支援の体制及び実施状況

　（5）　団体監理型技能実習生と地域社会との共生に向けた取組の状況

　さらに、これら5つの事項について、技能実習制度運用要領に優良監理団体の要件が定められており、区分別最大点数の合計の6割以上の点数を獲得できた場合に「優良」と判断されることとされています。【技能実習制度運用要領第5章第2節第7】

　134頁の表「優良監理団体基準」の見方は次のとおりです。

　なお、実際にこの表に当てはめて計算をするときは、技能実習制度運用要領に記載されている留意事項をしっかり確認するようにしてください。

　　1　表の構成

　　　左から右方向に、次の欄を設けてあります。

　　　「区分」：技能実習法施行規則第31条に規定される5つの評価対象事項です。

第6編

「項目」：各評価対象事項について定められた評価要素です。

「点数」：「項目」に照らして、「ａ　加点」欄又は「ｂ　減点」欄の
うちから該当する点数を記載します。

「区分別最大点数」：各「区分」で評定される最大得点です。

「各区分の点数」：それぞれの「区分」について「ａ　加点」、「ｂ
減点」した点数です。

2　「優良監理団体要件」への適合判断

　上記1による「各区分の点数」の合計（「Ｂ」）が「区分別最大点
数」の合計（「Ａ」）の60パーセント以上であれば要件に適合している
ことになります。

3　使用されている用語等

　また、この表で用いられている用語等に関し留意すべき点は次のと
おりです。

（1）　対象期間

　　　・「過去3技能実習事業年度」：過去3年の技能実習事業年度
　　　　　　　　　　　　　　　　　　（4月1日から翌年3月31日ま
　　　　　　　　　　　　　　　　　　で）

　　　・「直近過去3年間の」：当該技能実習計画認定申請の時点から
　　　　　　　　　　　　　　　遡ること3年間

　　　・「直近過去3年以内」：当該技能実習計画認定申請の時点から
　　　　　　　　　　　　　　　遡って3年以内

（2）　技能検定等

　　　・合格実績の対象となる技能検定等の試験には、次の3種類が
　　　　あります。

　　　　　ⅰ　学科試験

　　　　　ⅱ　実技試験

　　　　　ⅲ　学科試験及び実技試験

（3）　やむを得ない不受検者

　　　・分母の（第1号・第2号・第3号別）修了技能実習生数か
　　　　ら、「やむを得ない不受検者数」が除かれます。

　　　・「やむを得ない不受検者」とは、実習実施者の責めによらな

い理由での失踪や技能実習生の事情による途中帰国などにより、不受検となった者をいい、不受検となった原因が実習実施者の責任とはいえないものを指します。

　なお、実習監理を行う監理団体の区分が「一般監理団体」である場合であって、その優良監理団体が第3号団体監理型技能実習の実習監理を行うためには、監理対象の実習実施者が「優良実習実施者要件」に適合するものとして技能実習計画の認定を受けていなければなりません。（Q5-3-8）

「優良監理団体基準」（一般監理団体の許可で

「技能実習制度運用要領」

優良監理団体の要件：B／A≧60/100

区　分		項　目
① 団体監理型技能実習の実施状況の監査その他の業務を行う体制	Ⅰ	監理団体が行う定期の監査について、その実施方法・手順を定めたマニュアル等を策定し、監査を担当する職員に周知していること。
	Ⅱ	監理事業に関与する常勤の役職員の人数／実習監理を行う実習実施者数
	Ⅲ	直近過去3年以内の監理責任者以外の監理団体の職員（監査を担当する者に限る。）の講習受講歴
	Ⅳ	実習実施者の技能実習責任者、技能実習指導員、生活指導員等に対し、毎年、研修の実施、マニュアルの配布などの支援を行っていること。
	Ⅴ	帰国後の技能実習生のフォローアップ調査に協力すること。
	Ⅵ	技能実習生のあっせんに関し、監理団体の役職員が送出国での事前面接をしていること。
	Ⅶ	帰国後の技能実習生に関し、送出機関と連携して、就職先の把握を行っていること。
	計	
② 技能等の修得等に係る実績	Ⅰ	過去3技能実習事業年度の基礎級程度の技能検定等の学科試験及び実技試験の合格率（旧制度の基礎2級程度の合格率を含む。）
	Ⅱ	過去3技能実習事業年度の2級・3級程度の技能検定等の実技試験の合格率 <計算方法> （3級合格者数＋2級合格者数×1.5）×1.2 ／「新制度の技能実習生の2号・3号修了者数（やむを得ない不受検者数を除く。）」＋「旧制度の技能実習生の受検者数」 （上記計算に当たっての留意点） 旧制度の技能実習生の受検実績の取扱いは、次による。 ・施行日以後の受検実績は必ず算入 ・施行前については、施行日前の基準日以前の受検実績は算入しないこととすることも可
	Ⅲ	直近過去3年間の2級・3級程度の技能検定等の学科試験の合格実績（2級・3級で分けず、合格人数の合計で評価）
	Ⅳ	技能検定等の実施への協力 ・傘下の実習実施者が、 ・技能検定委員（①技能検定における学科試験及び実技試験の問題の作成、②採点、③実施要領の作成、④検定試験会場での指導監督などを職務として行う者）又は技能実習評価試験において技能検定委員に相当する者を社員等の中から排出している場合や、実技試験の実施に必要とされる機材・設備等の貸与等を行っている場合を想定
	計	

（136頁③へ続く。）

134

求められる高水準の業務遂行能力）
第5章第2節第7に基づいて作成

a　加　点		b　減　点		点　数	区分別最大点数	各区分の点数
有	5 点		点	点		
1／5未満 1／10未満	15 点 7 点		点	点 点		①：＿＿＿＿点
60%以上 50%以上60%未満	10 点 5 点		点	点 点		
有	5 点		点	点	（①：最大50点）	
有	5 点		点	点		
有	5 点		点	点		
	点		0 点	点		
95%以上 80%以上95%未満 75%以上80%未満	10 点 5 点 0 点	75%未満	▲10 点	点		
80%以上	20 点					
70%以上80%未満	15 点	50%未満	▲20 点	点	（②：最大40点）	②：＿＿＿＿点
60%以上70%未満	10 点					
50%以上60%未満	0 点					
・2以上の実習実施者から合格者を輩出 ・1の実習実施者から合格者を輩出	5 点 3 点			点		
1以上の実習実施者から協力有	5 点			点		
	点		0 点	点		

135

③	法令違反・問題の発生状況	Ⅰ	直近過去3年以内に改善命令を受けたことがあること（旧制度の改善命令相当の行政指導を含む。）。
		Ⅱ	直近過去3年以内における失踪がゼロ又は失踪の割合が低いこと（旧制度を含む。）。
		Ⅲ	直近過去3年以内に責めによるべき失踪があること（旧制度を含む。）。
		Ⅳ	・直近過去3年以内に傘下の実習実施者に不正行為があること（監理団体が不正を発見して機構（旧制度では地方入国管理局）に報告した場合を除く。）。 ① 実習認定の取消しを受けた割合 〈計算方法〉 直近過去3年以内に計画認定の取消しを受けた実習実施者数（監理団体が不正を発見し機構に報告したものを除く。） （注）旧制度で認定取消し相当の行政指導「受入れが認められない不正行為該当の通知」を受けたものを含む。 $\dfrac{}{\text{直近過去3年間の実習監理を行った実習実施者の総数}} \times 100$ ② 改善命令を受けた割合 〈計算方法〉 直近過去3年以内に改善命令を受けた実習実施機関数（監理団体が不正を発見し機構に報告したものを除く。） $\dfrac{}{\text{直近過去3年間の実習監理を行った実習実施者の総数}} \times 100$
			計
④	相談・支援体制	Ⅰ	機構・監理団体が実施する母国語相談・支援の実施方法・手順を定めたマニュアル等を策定し、関係職員に周知していること。
		Ⅱ	技能実習の継続が困難となった技能実習生（他の監理団体傘下の実習実施者で技能実習を行っていた者に限る。）に引き続き技能実習を行う機会を与えるための受入に協力する旨の機構への登録を行っていること。
		Ⅲ	直近過去3年以内に技能実習の継続が困難となった技能実習生（他の監理団体傘下の実習実施者で技能実習を行っていた者に限る。）に引き続き技能実習を行う機会を与えるために、当該技能実習生の受入れを行ったこと（旧制度下における受入れを含む。）。
			計
⑤	地域社会との共生	Ⅰ	受け入れた技能実習生に対し、日本語の学習の支援を行っている実習実施者を支援していること。
		Ⅱ	地域社会との交流を行う機会をアレンジしている実習実施者を支援していること。
		Ⅲ	日本の文化を学ぶ機会をアレンジしている実習実施者を支援していること。
			計
			合　計

	点	・有で改善未実施 ・有で改善実施	▲50 点 ▲30 点	点			
ゼロ 10%未満又は1人以下	5 点 0 点	20%以上又は3人以上 20%未満又は2人以下	▲10 点 ▲5 点	点			
		該当	▲50 点	点			
						(③:最大5点)	③:＿＿＿点
	点	15%以上	▲10 点	点			
		10%以上15%未満	▲7 点				
		5％以上10％未満	▲5 点				
		0％超5％未満	▲3 点				
	点	15%以上	▲5 点	点			
		10%以上15%未満	▲4 点				
		5％以上10％未満	▲3 点				
		0％超5％未満	▲2 点				
	点		点	点			
有	5 点			点	点		
登録実施実施者 50%以上 50%未満 なし	15 点 10 点 0 点			点	点	(④:最大45点)	④:＿＿＿点
受入実施実施者 50%以上 50%未満 なし	25 点 15 点 0 点			点	点		
	点			点	点		
有	4 点			点	点		
有	3 点			点	点	(⑤:最大10点)	⑤:＿＿＿点
有	3 点			点	点		
	点		0 点	点			
						A：150点	B:＿＿＿点

優良監理団体の要件：B ／ A≧60/100

Q6-4-6 団体監理型技能実習における、監理団体による技能実習生の帰国旅費の負担その他の帰国担保措置について説明してください。

 団体監理型技能実習の場合、監理団体が、技能実習の終了後の帰国に要する旅費を負担するとともに、技能実習の終了後の帰国が円滑になされるよう必要な措置を講ずることが要件とされています。

また、この帰国に要する旅費には、第2号技能実習の終了後に行う第3号技能実習の開始前の一時帰国が含まれ、さらに、第2号技能実習生の第2号技能実習中に第3号認定申請がなされた場合にあっては、第3号技能実習生としてのその来日渡航旅費も負担しなければなりません。【技能実習法施行規則第12条第1項第6号及び第52条第9号】

この帰国旅費等の負担は、技能等を移転するという技能実習制度の趣旨に鑑みて、技能実習生の帰国に支障を来さないようにするための措置であり、その全額を負担するものです。【技能実習制度運用要領第4章第2節第7（6）】

ちなみに、第2号技能実習と第3号技能実習の実習実施者が異なる場合にあっては、第3号技能実習開始前の来日渡航旅費は当該第3号団体監理型技能実習に係る監理団体が負担することとなります。

さらに、帰国理由が技能実習生の自己都合である場合の旅費の負担については、技能実習法施行規則第12条第1項第6号及び第52条第9号の規定上で帰国事由が限定されておらず、技能実習生の自己都合による帰国の場合であっても、監理団体が負担しなければならないとされています。（技能実習制度運用要領第4章第2節第7（6）の【留意事項】）

技能実習法第28条（監理費）の規定に基づいて、技能実習法施行規則第37条には、「団体監理型実習実施者等から徴収することができる監理費」の種類、額及び徴収方法が表に示されており、「その他の諸経費」欄に該当するものの例として「技能実習生の渡航及び帰国に要する費用」が挙げられています。【技能実習制度運用要領第5章第5節】

5 監理団体の許可の欠格事由

A 技能実習法第26条には、監理団体の許可の欠格事由が、第1号から第6号までに掲げられており、これらの欠格事由のいずれかに該当している場合は、同法第23条第1項の許可（主務大臣による一般監理事業又は特定監理事業の許可）を受けることができず、したがって、監理団体【技能実習法第2条第10項】として認められないことになります。

なお、主務大臣は、監理団体の許可をしないときは、遅滞なく、理由を示してその旨を申請者に通知しなければならないこととされています。【技能実習法第25条第2項】

監理団体の欠格事由を整理したものが次の表「監理団体の許可の欠格事由」です。

この表には、上欄の左から右方向に、「区分」、「規定」、「事項」、「欠格事由」、さらに「欠格の期間」の順で欄が設けてあります。

次に、縦方向には技能実習法第26条第1号から第6号までを順に並べ、各号に規定されている欠格事由とその内容を理解できるようにしてあります。

第6編

監理団体の許可の欠格事由

[JITCO]

区　分	規　定	事　項	欠　格　事　由	欠格の期間
刑罰法令違反	法第26条第1号	法第10条第2号該当者	技能実習法他の法律違反による罰金刑	・次のいずれかにより、罰金の刑に処せられた者 ① 技能実習法の規定 ② 出入国又は労働に関する法律の規定（法第10条第4号で規定されるものを除く。）であって政令で定めるもの ③ ①又は②の規定に基づく命令の規定	・その刑の執行を終わり、又は執行を受けることがなくなった日から5年間
		法第10条第4号該当者	行政刑罰法令違反（保険）による罰金刑	・次のいずれかにより、罰金の刑に処せられた者 ① 「健康保険法」第208条、第213条の2又は第214条第1項 ② 「船員保険法」第156条、第159条又は第160条第1項 ③ 「労働者災害補償保険法第51条前段又は第54条第1項（同法第51条前段に係る部分に限る。） ④ 「厚生年金保険法」第102条、第103条の2又は第104条第1項（同法第102条又は第103条の2の規定に係る部分に限る。） ⑤ 「労働保険の保険料の徴収等に関する法律」第46条前段又は第48条第1項（同法第46条前段の規定に係る部分に限る。） ⑥ 「雇用保険法」第83条又は第86条（同法第83条の規定に係る部分に限る。）	・その刑の執行を終わり、又は執行を受けることがなくなった日から5年間
		法第10条第13号該当者	「暴力団員等」による事業活動支配	・「暴力団員等」がその事業活動を支配する者	・「暴力団員等」により事業活動が支配されている期間
監理許可の取消又は聴聞期間中における監理事業の廃止の届出	第2号	監理許可の取消し		・法第37条第1項の規定により監理許可を取り消された者	・当該取消しの日から5年間
	第3号	聴聞の通知期間中における監理事業の廃止の届出		・監理許可の取消しに係る聴聞の通知【行政手続法第15条】があった日から	・当該届出の日から5年間

140

号	区分		該当条文	内容	欠格期間
第4号	出入国・労働関係法令の不正又は著しく不当な行為			・出入国・労働関係法令に関する不当な行為をした者 ① 当該処分をする日又は ② 処分をしないことを決定する日までの間に、監理事業の廃止の届出【法第34条第1項】をした者（当該事業の廃止について相当の理由がある場合を除く。）	・当該行為をした日から監理団体の許可【法第23条第1項】の申請日までの期間が5年を経過するまで
第5号	役員の不適正行為等			・役員（注）のうちに次のいずれかに該当する者があるもの （注）業務を執行する社員、取締役、執行役又はこれらに準ずる者をいい、相談役、顧問その他いかなる名称を有する者であるかを問わず、法人に対し業務を執行する社員、取締役、執行役又はこれらと同等以上の支配力を有するものと認められる者を含む。	
		イ	法第10条第1号該当 禁錮以上の科刑	・禁錮以上の刑に処せられた者	・その刑の執行を終わり、又は執行を受けることがなくなった日から5年間
			法第10条第3号該当 暴力団対策法、刑法等による罰金刑	・次のいずれかにより、罰金の刑に処せられた者 ① 「暴力団員による不当な行為の防止等に関する法律」の規定（同法第50条（第2号に係る部分に限る。）及び第52条の規定を除く。） ② 「刑法」第204条（傷害）、第206条（現場助勢）、第208条（暴行）、第208条の2（凶器準備集合及び結集）、第222条（脅迫）又は第247条（背任）の罪 ③ 「暴力行為等処罰に関する法律」の罪	・その刑の執行を終わり、又は執行を受けることがなくなった日から5年間
			法第10条第5号該当 心身の故障	・心身の故障により技能実習に関する業務を適正に行うことができない者	
			法第10条第6号該当 破産手続開始決定	・破産手続開始決定を受けて復権を得ていない者	・復権を得るまで

	法条該当	区分	内容	期間
	法第10条第10号該当	「暴力団員等」	・「暴力団員等」(法第26条第6号において同じ。):暴力団員による不当な行為の防止等に関する法律(「暴力団員」(法第2条第6号に規定する暴力団員)又は暴力団員でなくなった日から5年を経過しない者	・暴力団員の期間 ・暴力団員でなくなった日から5年間 ・法第10条第1号から第10号まで、又は第12号の各欠格期間
	法第10条第11号該当	未成年者の法定代理人の欠格事由該当者	・営業に関し成年者と同一の行為能力を有しない未成年者の法定代理人が法第10条第1号から第10号まで、又は第12号のいずれかに該当するもの	・法第10条第1号から第10号まで、又は第12号の各欠格期間
	法第26条第1号該当(第10条第13号に係る部分を除く。)	技能実習法他の法律違反による罰金刑	・次のいずれかにより、罰金の刑に処せられた者 ① 技能実習法の規定 ② 出入国又は労働に関する法律の規定(法第10条第4号で規定されるものを除く。)であって政令で定めるもの ③ ①又は②の規定に基づく命令の規定	・その刑の執行を終わり、又は執行を受けることがなくなった日から5年間
ロ	法第10条第4号該当者	行政刑罰法令違反(保険)による罰金刑	・次のいずれかにより、罰金の刑に処せられた者 ① 「健康保険法」第208条、第213条の2又は第214条第1項 ② 「船員保険法」第156条、第159条又は第160条第1項 ③ 「労働者災害補償保険法」第51条前段又は第54条第1項(同法第51条前段の規定に係る部分に限る。) ④ 「厚生年金保険法」第102条、第103条、第103条の2又は第104条第1項(同法第102条又は第103条の2の規定に係る部分に限る。) ⑤ 「労働保険の保険料の徴収等に関する法律」第46条前段又は第48条第1項(同法第46条前段の規定に係る部分に限る。) ⑥ 「雇用保険法」第83条又は第86条(同法第83条の規定に係る部分に限る。)	・その刑の執行を終わり、又は執行を受けることがなくなった日から5年間

法第26条第4号該当		出入国・労働関係法令の不正又は著しく不当な行為	・出入国又は労働に関する法令に関し不正又は著しく不当な行為をした者	・当該行為をした日から監理団体の許可【法第23条第1項】の申請日までの期間が5年を経過するまで
	ハ	監理許可の取消し処分原因の発生当時の役員	・法第37条第1項の規定により監理許可が取り消された場合（注）において、当該取消しの処分を受ける原因となった事項が発生した当時現に当該処分を受けた者（「監理団体」）の役員であった者） （注）取消し理由が法第37条第1項第1号（監理許可基準不適合）によるものであるときは、法第10条第2号（行政刑罰）又は第4号（技能実習法他の法律違反、法令違反（保険）による罰金刑）に該当することとなったことによる場合に限る。	・当該取消しの日から起算して5年間
	ニ	聴聞の通知期間中における監理事業の廃止の届出をした者で役員であった者	・法第26条第3号に規定する期間内に監理事業の廃止の通知を行った場合において、監理許可を取消しに係る聴聞の通知前60日以内に当該事業の廃止の届出をした者（当該事業の廃止について相当の理由がある者を除く。）の役員であった者	・当該届出の日から起算して5年間
暴力団員等の業務従事等	第6号	暴力団員等の業務従事等	・暴力団員等をその業務に従事させ、又はその補助者として使用するおそれのある者	・暴力団員等をその業務に従事させ、又はその補助者として使用するおそれが存在する期間

（注）表中の「法」は、技能実習法のことをいいます。

6　職業安定法の特例

Q6-6-1　監理団体が、その監理団体の実習監理の下で団体監理型技能実習生を受け入れる実習実施者等を求人者として、求人及び求職の申込みを受け、雇用関係の成立のあっせんを業として行うときは、職業安定法に規定される職業紹介に係る許可を受ける必要がありますか。

A　技能実習法第２条第10項に定義される団体監理型技能実習における監理団体が、その監理団体の実習監理を受ける実習実施者等のみを求人者とし、当該監理団体の実習監理に係る団体監理型実習生等のみを求職者とし、求人及び求職の申込みを受け、当該求人者と求職者との間における技能実習に係る雇用関係の成立をあっせんすることを業として行う場合には、職業安定法第30条（有料職業紹介事業の許可）第１項及び第33条（無料職業紹介事業）第１項の規定にかかわらず、「技能実習生職業紹介事業」として、それらの許可を受ける必要はありません。【技能実習法第27条第１項】

7　監理費

Q6-7-1　監理団体が監理事業に関して、団体監理型実習実施者等から監理費を徴収することは可能ですか。

A　まず、監理団体は、監理事業に関し、団体監理型実習実施者等、団体監理型技能実習生等その他の関係者から、いかなる名義でも、手数料又は報酬を受けてはならないとされています。【技能実習法第28条第１項】

　言い換えると、監理団体は、その監理事業に関して、団体監理型技能実習実施者等・団体監理型技能実習生等はもとよりそれ以外のいかなる関係者からも手数料又は報酬を受けてはならず、また、受け取るものの実態が手数料又は報酬であれば、その名義に関係なく受取が認められないことになります。

　また、この技能実習法第28条第１項の規定に違反した場合におけるその違反行為をした監理団体の役員又は職員に対しては、６月以下の懲役又は30万円以下の罰金に処するとの罰則規定が設けられています。【技能実習法第111条第２号】

ただし、この監理費について、技能実習法第28条第２項では、同条第１項の規定にかかわらず、次の二つの要件のいずれにも適合する場合には監理団体が徴収することができることとされています。

　　１　監理事業に通常必要となる経費等を勘案して主務省令で定める適正な種類及び額であること。

　　２　団体監理型実習実施者等へあらかじめ用途及び金額を明示した上で徴収すること。

　これらのうち、１の要件に関し、技能実習法施行規則第37条には、表形式により「種類」、「額」及び「徴収方法」が定められています。

　したがって、監理費を徴収するときは、この規則第37条の表に記載された３要件のいずれにも適合していなければなりません。

　それらの要件のうち、監理費の種類としては、

　　①　職業紹介費

　　②　講習費（第１号団体監理型技能実習に限る。）

　　③　監査指導費

　　④　その他諸経費

が掲げられています。

　なお、「技能実習生の渡航及び帰国に要する費用」の負担と監理費の関係についてはQ6-4-6の㋐の末尾の記載を参照してください。

8　許可証の交付等

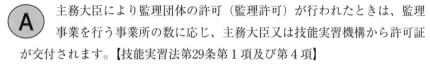

Q6-8-1　監理団体の許可を受けた者が許可証その他について留意しなければならない事項は何ですか。

Ⓐ　主務大臣により監理団体の許可（監理許可）が行われたときは、監理事業を行う事業所の数に応じ、主務大臣又は技能実習機構から許可証が交付されます。【技能実習法第29条第１項及び第４項】

　また、監理団体には、交付を受けた許可証に関して、次のことが義務付けられています。

　　１　監理事業を行う事業所ごとに許可証を備え付け、関係者から請求があったときは提示すること。【同条第２項】

2　許可証を亡失し、又は滅失したときは、速やかにその旨を主務大臣に届け出て、許可証の再交付を受けること。【同条第3項及び第4項】

なお、許可証の交付又は再交付に係る事務については、平成29年4月7日法務省及び厚生労働省告示第3号でそれらの事務の全部を機構に行わせることが公示されており、許可証を亡失し、又は滅失したときの届出は機構に行います。【同条第5項】

9　許可の有効期間及び有効期間の更新

Q6-9-1　監理団体許可の有効期間はどのように定められているのですか。

A　監理団体の許可の有効期間は、その許可の日（更新許可を受けた場合にあっては更新前の許可の有効期間が満了する日の翌日）から起算して3年を下らない期間であって、かつ、監理事業の実施に関する能力及び実績を勘案して政令で定める期間とされています。【技能実習法第31条第1項】

また、この政令で定める期間は、技能実習法施行令（平成29年政令第136号）第2条において、監理事業の実施に関する能力及び実績に応じた期間として、次の表「監理団体の許可の有効期間」のとおり規定されています。

表の「②更新（監理事業に関し優れた能力及び実績を有する場合）」に該当すると判断された場合は、更新許可に伴い決定される有効期間は、7年又は5年とされます。

さらに、この「監理事業に関し優れた能力及び実績を有する場合」に該当すると判断されるのは、直近の監理団体許可の有効期間において、改善命令や業務停止命令を受けていないなど監理事業を適正に行っていると認められる場合とされています。【技能実習制度運用要領第5章第8節】

監理団体の許可の有効期間

区　　分	①初回	②更新 (監理事業に関し優れた能力及び実績を有する場合)	③更新 (②以外の場合)
一般監理事業	5年	7年	5年
特定監理事業	3年	5年	3年

Q6-9-2　監理団体許可の有効期間の更新について説明してください。

　監理団体の許可の有効期間の満了後も引き続きその許可に係る監理事業を行おうとする者は、有効期間の更新を受けなければなりません。
【技能実習法第31条第2項】

　その有効期間の更新申請があった場合において、その申請者が技能実習法第25条第1項各号に規定される許可基準のいずれか一つでも適合していないときは、許可はされません。【同条第3項】

　また、許可の有効期間の更新を受けようとする者は、実費を勘案して主務省令で定められた額の手数料を納付しなければならないこととされています。【同条第4項】

　次の表「監理団体許可の有効期間更新に係る準用規定」は、許可の有効期間の更新に関する技能実習法の準用規定とその内容を記載したものです。

監理団体許可の有効期間更新に係る準用規定

準用対象規定		規定されている内容
法第23条	第2項	・主務大臣に対する監理団体の許可申請
	第3項	・申請書への監理事業計画書その他の書類の添付
	第4項	・監理事業計画書への監理対象実習実施者の見込数、団体監理型技能実習生の見込数その他監理事業に関する事項の記載
	第5項	・申請書及び申請書添付書類に係る主務大臣による事実関係の調査
法第24条		・技能実習機構による事実関係の調査
法第25条	第2項	・主務大臣が許可をしない場合の不許可の通知
	第3項	・技能実習機構を通じた不許可の通知
法第26条		・法第26条規定の監理団体許可の欠格事由。ただし、次のものを除く。
		第2号（監理許可取消し日から5年が未経過）
		第3号（監理許可の取消しに係る行政手続法第15条の規定による通知があった日から取消処分をする日又は処分をしないことを決定する日までの間に、監理事業の廃止届出をした者（廃止について相当の理由がある者を除く。）で当該届出日から5年が未経過）
		第5号ハ（監理許可を取り消された場合（注）において、その取消しの処分を受ける原因となった事項が発生した当時現に当該処分を受けた者の役職員であった者で、取消し日から5年が未経過。） （注）監理団体許可基準不適合により監理許可を取り消された場合にあっては、「技能実習法第10条第13号暴力団員等がその事業活動を支配する者」に係る部分を除く。
		第5号ニ（監理許可の取消しに係る行政手続法第15条の規定による通知があった日から取消し処分をする日又は処分をしないことを決定する日までの間に、監理事業の廃止届出をした者（廃止について相当の理由がある者を除く。）の役員であった者で、当該届出日から5年が未経過。）
法第29条		・監理団体許可証の交付その他

（注）表中の「法」は、技能実習法のことをいいます。

10 事業区分変更の許可

Q6-10-1 監理団体が監理許可に係る事業区分（一般監理事業・特定監理事業）を変更しようとするときはどうすればよいですか。

A 監理団体がその事業区分を変更しようとするとき、すなわち、特定監理事業の許可を受けている者が一般監理事業の区分への変更を希望する場合、又は、一般監理事業の許可を受けている者が特定監理事業の区分への変更を希望する場合は、いずれも主務大臣の許可を受けなければならず、また、監理団体は、許可証の書換えを受けなければならないこととされています。【技能実習法第32条第1項】

なお、特定監理事業の許可を受けている者が、一般監理事業への許可申請を行う場合には、優良監理団体要件【技能実習法第25条第1項第7号】だけでなく、一般監理事業許可要件の全てを満たしていることが求められます。

11 監理団体の休廃止

Q6-11-1 監理団体が、監理事業を廃止又は休止しようとするときの届出について説明してください。

監理団体は、

・監理事業を廃止するとき

又は

・監理事業の全部又は一部を休止しようとするとき

は、その廃止又は休止の日の1月前までに、

① その旨

② 当該監理団体が実習監理を行う団体監理型実習実施者に係る団体監理型技能実習の継続のための措置

③ その他の主務省令で定める事項

を主務大臣に届け出なければなりません。【技能実習法第34条第1項】

なお、監理事業を廃止又は休止しようとする届出については、平成29年4月7日法務省及び厚生労働省告示第3号でそれらに係る事務の全部を機構に

行わせることが公示されており、届出はいずれも機構に行います。【同条第
2項】

12　主務大臣による報告徴収等の実施

Q6-12-1 監理団体に係る主務大臣による「報告徴収等」の内容、また、その命令等に違反した場合の取扱いについて説明してください。

 技能実習法第35条に規定される監理団体に係る「報告徴収等」の内容とその命令等に対し違反した場合の取扱いを示したのが、次の〈表〉「監理団体に係る『報告徴収等』の行為者と種類別対象者（物）及び違反した場合の認定取消しと罰則」です。

表には、技能実習法第35条第1項の監理団体に係る報告徴収等の内容に加

〈表〉監理団体に係る「報告徴収等」の行為者と種類別対象者（物）

規　定	適用の範囲	行為者	「報告徴収等」の種類	Ⅶ	Ⅷ	Ⅸ	Ⅹ	Ⅺ
法第35条	「第2章　技能実習」の「第2節　監理団体」の規定を施行するために必要な限度内	主務大臣	① 報告命令	○	○			
			② 帳簿書類の提出命令	○	○			
			③ 帳簿書類の提示命令	○	○			
			④ 出頭要求	○	○			
		当該主務大臣の職員	⑤ 質問			○		
			⑥ 立入				○	
			⑦ 検査					○

（上記表のヘッダー「報告徴収等」の対象者（物）を含む）

Ⅶ　団体監理型技能実習関係者（「監理団体等（注）」又は「団体監理型実習実施者」若しくは「団体監理型実習実施者であった者」）
　　（注）「監理団体等」とは、「監理団体」又は「監理団体であった者」をいう。【第13条第1項】
Ⅷ　役職員等
　　（「役職員等」とは、「団体監理型技能実習関係者の役職員（「役職員」）」又は「団体監理型技能実習関係者の役職員であった者」をいう。）
Ⅸ　関　係　者
Ⅹ　団体監理型技能実習関係者に係る事業所その他団体監理型技能実習に関係のある場所
Ⅺ　団体監理型技能実習関係者に係る事業所その他団体監理型技能実習に関係のある場所の設備又は帳簿書類その他の物件

えて、「監理団体の許可の取消し事由」【技能実習法第37条第1項第4号】、さらに、「罰則」【技能実習法第112条第1号】が記載してあります。

　ちなみに、98頁には、表「『報告徴収等』の行為者と種類別対象者（物）**及び違反した場合の認定取消しと罰則」**を載せていますが、その表は監理団体に係るもの以外の「第2章　技能実習」の規定を施行するための技能実習法第13条「報告徴収等」について説明したものです。

　なお、本表を見る際には、同時に100頁の

　　・図「**法第13条に規定される『報告徴収等』の対象者**」

を参照してください。

　この表には、上欄の左から右方向に、「規定」、「適用の範囲」、「行為者」、「『報告徴収等』の種類」、「『報告徴収等』の対象者（物）」、さらに「違反等に関する規定」の順で欄が設けてあります。

及び違反した場合の監理許可取消しと罰則

違反等に関する規定		
取消し事由（法第37条第1項第4号）	罰則（法第112条第1号）	
①、②又は③の拒否	①、②又は③の拒否	左のいずれかに該当：30万円以下の罰金
①の虚偽報告	①の虚偽報告	
②の虚偽帳簿書類提出	②の虚偽帳簿書類提出	
③の虚偽帳簿書類提示	③の虚偽帳簿書類提示	
⑤の質問の答弁拒否	⑤の質問の答弁拒否	
⑤の質問の虚偽答弁	⑤の質問の虚偽答弁	
⑦の検査の拒否、妨げ又は忌避	⑦の検査の拒否、妨げ又は忌避	

　また、「行為者」欄は、上下に区分して「主務大臣」、「当該主務大臣の職員」のいずれが行為者であるかを示しています。

　次に、「『報告徴収等』の種類」欄は、行為者別に、主務大臣が行う①報告命令から④出頭要求までと、当該主務大臣の職員が行う⑤質問から⑦検査までを列挙してあります。

　続いて、「『報告徴収等』の対象者（物）」欄は、ローマ数字のⅦからⅪにその対象を示し、それらの数字で示した対象者（物）について表の欄外下部で説明してあります。

　さらに、「違反等に関する規定」欄は、左側の「取消し事由（法第37条第1項第4号）」と右側の「罰則（法第112条第1号）」の二つに区分してあります。

　「取消し事由（法第37条第1項第4号）」欄には、「『報告徴収等』の種類」欄記載の命令等に対し、それを拒否するなどした場合の「認定取消し事由」を挙げてあります。

　また、「罰則（法第112条第1号）」欄には、罰則の適用がある対象行為と罰則を示してあります。

　このように、この表では、技能実習法第35条第1項に規定される監理団体に係る「報告徴収等」について、盛り込まれている複数の項目を関係付けて整理することにより、技能実習計画の認定取消しと罰則の規定を含め、内容を即座に理解することができるよう工夫し、作成してあります。

13　改善命令等

Q6-13-1　監理団体に対する主務大臣による改善命令とは何ですか。

　主務大臣は、監理団体が次のいずれかに該当する場合であって、監理事業の適正な運営を確保するために必要があると認めるときは、当該監理団体に対し、期限を定めて、その監理事業を改善するために必要な措置をとるべきことを命ずることができるとされています。【技能実習法第36条第1項】

　1　技能実習法その他出入国又は労働に関する法律に違反した場合

2　技能実習法その他出入国又は労働に関する法律に基づく命令の規定に
　　違反した場合

　ちなみに、2の「技能実習法その他出入国又は労働に関する法律に基づく
命令の規定に違反した場合」とは、それらの法律に基づき制定された省令上
の義務規定に違反した場合などが該当します。

　なお、「省令」とは、各省大臣が、その所管する行政事務に関して、法律
若しくは政令を施行するため、又は法律若しくは政令の特別の委任に基づい
て発する命令をいいます。【国家行政組織法第12条第1項】

　また、主務大臣がこの改善命令をした場合には、その旨が公示されます。
【技能実習法第36条第2項】

　改善命令には改善措置に関する期限が付されており、改善命令を受けた監
理団体は、その期限内に改善措置を講じなければならず、その改善結果を主
務大臣に報告する必要があります。

　さらに、この改善命令に違反したときは、それが監理許可の取消し事由に
該当します。【技能実習法第37条第1項第4号】

14　監理許可の取消し

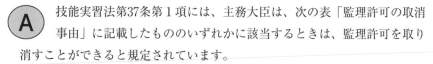

Q6-14-1　主務大臣による監理許可の取消しとは何ですか。

　A　技能実習法第37条第1項には、主務大臣は、次の表「監理許可の取消
事由」に記載したもののいずれかに該当するときは、監理許可を取り
消すことができると規定されています。

　この監理許可の取消しは、取消事由として掲げられているものがいずれも
技能実習の適正な実施の妨げとなるものであることから、主務大臣におい
て、実習監理を引き続いて行わせることが適当でないと判断した場合に、先
になされた監理許可を取り消すもの（講学上の撤回）と解されます。

　監理許可が取り消されると、当該監理団体はもはや監理団体ではなくなる
ため、実習監理を行うことはできなくなります。

監理許可の取消事由

規　　定		事　　項	規　定　内　容
法第37条 第1項	第1号	監理団体許可基準への不適合	・許可基準【法第25条第1項】（Q6-4-2参照）各号のいずれかに適合しなくなったと認めるとき。
	第2号	監理団体許可の欠格事由該当	・許可の欠格事由【法第26条】（Q6-5-1参照）各号（第2号、第3号並びに第5号ハ及びニを除く。）のいずれかに該当することとなったとき。
	第3号	監理許可の条件違反	・法第30条第1項の規定により付された監理許可の条件に違反したとき。
	第4号	技能実習法、政令指定の出入国・労働関係法又はそれらの規定に基づく命令等違反	①技能実習法、②出入国・労働に関する法律の規定であって政令で定めるもの又は①又は②の規定に基づく命令又は処分に違反したとき。
	第5号	出入国・労働法令に関する不正・著しく不当な行為	・出入国又は労働に関する法令に関し不正又は著しく不当な行為をしたとき。

（注）表中の「法」は、技能実習法のことをいいます。

　　また、主務大臣は、一般監理事業に係る監理許可を受けた監理団体が、許可要件の一つである「一般監理事業許可の高水準基準省令」【技能実習法第25条第1項第7号】に適合しないと認めるときは、職権で、一般監理事業の許可を特定監理事業許可に変更することができることとされています。【技能実習法第37条第2項】

　　さらに、主務大臣は、監理団体が技能実習法第37条第1項第1号又は第3号から第5号までのいずれかに該当するときは（（表）「監理許可の取消事由」を参照。）、期間を定めて当該監理事業の全部又は一部の停止を命ずることができることとされています。【技能実習法第37条第3項】

　　主務大臣が、監理許可の取消し、監理事業の職権変更又は監理事業の停止命令をした場合には、主務大臣によりその旨が公示されます。【技能実習法第37条第4項】

15 実習監理等

 次の図「監理団体による実習監理等」は、技能実習法上で規定される、監理団体に義務付けられている実習監理等の事柄を示したものです。

この図には、監理団体自身が、また、監理団体がいかなる機関又は者に対して何を行わなければならないかを、根拠規定と共に記載してあります。

ちなみに、図中の「②実習監理」について、技能実習法第2条第9項に次の行為と定義されています。

I ・「団体監理型実習実施者等（団体監理型実習実施者又は団体監理型技能実習を行わせようとする者）」
と
・「団体監理型技能実習生等（団体監理型技能実習生又は団体監理型技能実習生になろうとする者）」
との間における雇用関係の成立のあっせんを行うこと。
及び
II 団体監理型技能実習の実施に関する監理を行うこと。

第6編

155

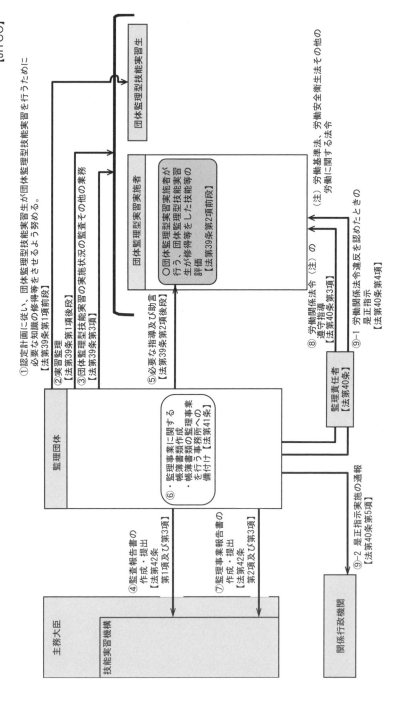

監理団体による実習監理等

[JITCO]

① 認定計画に従い、団体監理型技能実習生が団体監理型技能実習を行うために
必要な知識の修得等をさせるよう努める。
【法第39条第1項前段】

② 実習監理
【法第39条第1項後段】

③ 団体監理型技能実習の実施状況の監査その他の業務
【法第39条第3項】

⑤ 必要な指導及び助言
【法第39条第2項後段】

団体監理型技能実習生

団体監理型実習実施者

○団体監理型実習実施者が
行う、団体監理型技能実習
生が修得等をした技能等の
評価
【法第39条第2項前段】

監理団体

⑥
・監理事業に関する
帳簿書類作成
・帳簿書類の監理事業
を行う事業所への
備付け【法第41条】

監理責任者
【法第40条】

⑧ 労働関係法令（注）の
遵守指導
【法第40条第3項】

⑨-1 労働関係法令違反を認めたときの
是正指示
【法第40条第4項】

（注）労働基準法、労働安全衛生法その他の
労働に関する法令

④ 監査報告書の
作成・提出
【法第42条
第1項及び第3項】

⑦ 監理事業報告書の
作成・提出
【法第42条
第2項及び第3項】

主務大臣

技能実習機構

⑨-2 是正指示実施の通報
【法第40条第5項】

関係行政機関

技能実習法第39条（認定計画に従った実習監理等）には、監理団体が実習監理を行う上で求められる義務が規定されていますが、その義務とは何ですか。

監理団体は、その実習監理を行うに当たっては、認定計画に従って、

① 団体監理型技能実習生が団体監理型技能実習を行うために必要な知識を修得させるよう努めること。

② 団体監理型技能実習を実習監理すること。

がまず求められます。【技能実習法第39条第1項】

また、2番目として、監理団体の実習監理の対象である団体監理型実習実施者が行う「当該技能実習生の修得等をした技能等の評価」に当たり、監理団体はその団体監理型実習実施者に対して、必要な指導及び助言をことが求められます。【技能実習法第39条第2項】

加えて、3番目として、監理団体は、実習監理を「実習監理の基準【技能習法施行規則第52条】」に従い実施することが求められます。

この「実習監理の基準」は、それがそのまま監理団体の許可の基準「監理事業の適正実施能力」の要件とされています。【技能実習法第25条第1項第2号】

したがって、この実習監理の基準の内容は、116頁の表の「2．監理事業を適正に行うに足りる能力」の項（Q6-4-1）に記載してあります。

Q6-15-3 監理団体が名義貸しをするとどうなりますか。

監理許可を受けた監理団体が、他の者に当該監理団体の名義を使用させて監理事業を行わせることは禁止されています。【技能実習法第38条】

また、仮に監理団体が名義貸しを行った場合には、それが技能実習法第37条第1項第4号の許可の取消事由（技能実習法の規定違反）に該当することになります。

さらに、技能実習法第109条第4号には、罰則として、「技能実習法第38条

の規定（監理団体の名義貸し禁止）に違反した場合におけるその違反行為をした監理団体の役員又は職員」について、1年以下の懲役又は100万円以下の罰金刑が定められています。

Q6-15-4　監理団体による団体監理型技能実習の技能実習計画の作成指導について説明してください。

 団体監理型実習実施者になろうとする者が技能実習計画を作成する場合には、実習監理を受ける監理団体の指導に基づいて計画を作成しなければならないこととされています。【技能実習法第8条第4項】

　一方、監理団体は、技能実習計画の作成指導を行うに当たっては、まず、技能実習が行われる事業所及び宿泊施設を実地に確認しなければなりません。

　また、指導を行うときは、以下の観点から指導を行います。

　　イ　技能実習計画認定基準（技能実習法第9条）及び出入国又は労働に関する法令に適合するものとする観点

　　ロ　適切かつ効果的に技能等の修得等をさせる観点

　　ハ　技能実習を行わせる環境を適切に整備する観点

　さらに、上記ロに掲げる観点からの指導については、修得等をさせようとする技能等について一定の経験又は知識を有する役員又は職員に担当させることとされています。【技能実習法施行規則第52条第8号】

　技能実習制度運用要領には、ここにいう「修得等をさせようとする技能等について一定の経験又は知識を有すると認められる技能実習計画作成指導者」に関して、その要件等について、以下の内容が記載されています。【運用要領第5章第2節第2（8）】

　　①　監理団体の役職員（常勤・非常勤は問わない。）であって「ⅰ　取扱職種について5年以上の実務経験を有する者」又は「ⅱ　取扱職種に係る技能実習計画作成の指導歴を有する者」であること。

　　②　①ⅰの5年以上の実務経験については、厳密な作業レベルまで一致する経験を有していることまで求めるものではなく、「職種」単位で一致する経験であれば「作業」が異なる場合（技能実習法施行規則別表第一の職種・作業）でも認められる。

③　①ⅱの技能実習計画作成の指導歴については、「認定された技能実習計画の作業指導経歴（旧制度における技能実習計画の作成経験を含む。）」があること。

④　複数の職種に対応して技能実習計画作成指導者を複数とすることは差し支えないこと。

⑤　技能実習計画作成指導者は監理団体の役職員である必要があるが、常勤・非常勤であるかは問わないこと。また、監理団体の事業所ごとに専属の技能実習計画作成指導者が確保されていなければならないわけではないこと。

16　監理責任者

Q6-16-1　監理責任者とは何ですか、また、監理責任者が行う業務について説明してください。

A　技能実習法第40条第1項には、監理団体は、その第1号から第6号までに掲げられる監理事業に関する事項を統括管理させるため、主務省令で定めるところにより、監理事業を行う事業所ごとに監理責任者を選任しなければならいと規定されています。

　また、監理責任者は、監理事業を行う事業所ごとに、監理団体の常勤の役員又は常勤の職員の中から、当該事業所に所属する者であって監理責任者の業務を適正に遂行する能力を有するものを選任しなければなりません。【技能実習法施行規則第53条第1項】

　さらに、監理責任者は、過去3年以内に監理責任者に対する講習として法務大臣及び厚生労働大臣が告示で定めるものを修了した者でなければならないとされています。【技能実習法施行規則第53条第2項】

　監理事業に関する事項は、以下のとおりとなっています。

　　第1号　団体監理型技能実習生の受入れの準備に関すること。

　　第2号　団体監理型技能実習生の技能等の修得等に関する

　　　　　・団体監理型実習実施者への指導

　　　　　　・団体監理型実習実施者への助言

　　　　　　・団体監理型実習実施者との連絡調整

　　　　　に関すること。

　第3号　技能実習法第2章第3節（第46条から第49条まで）に規定する
　　　　　技能実習生の保護その他団体監理型技能実習生の保護に関する
　　　　　こと。

　第4号　団体監理型実習実施者等及び団体監理型技能実習生等の個人情
　　　　　報の管理に関すること。

　第5号　団体監理型技能実習生の

　　　　　①　労働条件

　　　　　②　産業安全

　　　　　③　労働衛生

　　　　　に関し、技能実習法第9条第7号に規定する責任者（技能実習
　　　　　実施責任者）との連絡調整に関すること。

　第6号　・国及び地方公共団体の機関であって技能実習に関する事務を
　　　　　　所掌するもの

　　　　　・技能実習機構

　　　　　・その他関係機関

　　　　　との連絡調整に関すること。

Q6-16-2　監理責任者の欠格事由はどのように定められているのですか。

A　技能実習法第40条第2項には、監理責任者は、次に掲げる者以外の者でなければならないと規定されており、次の第1号から第3号までのいずれかに該当する場合は監理責任者としての適格要件を欠くことになります。

　第1号　技能実習法第26条第5号イ（同法第10条第11号に係る部分を除
　　　　　く。）又はロからニまでに該当する者

　第2号　前項の規定による選任の日前5年以内又はその選任の日以後に出
　　　　　入国又は労働に関する法令に関し不正又は著しく不当な行為をし

　　　　　　　た者

第3号　未成年

　これらのうち、第1号に掲げられる監理責任者の欠格事由を整理したもの
が次の表「監理責任者の欠格事由」です。

　この表には、上欄の左から右方向に、「引用規定」、「事項」、「欠格事由」、
さらに「欠格の期間」の順で欄が設けてあります。

　次に、縦方向には技能実習法第26条第5号イからニまでを順に並べ、各欠
格事由を当てはめることにより規定の内容が理解できるようにしてあります。

　また、第2号の規定は、監理責任者として選任する（選任されている）者
について、

　　①　選任される日から起算して、その前5年以内に出入国又は労働に関
　　　する法令に関し不正又は著しく不当な行為を行っていないこと

　　②　選任された監理責任者は、その選任された後に出入国又は労働に関
　　　する法令に関し不正又は著しく不当な行為を行わないこと（それらの
　　　いずれかの行為をしたときは、監理責任者の適格要件を欠く。）

の要件が課せられているものです。

監理責任者の欠格事由（技能実習法第40条第2項第1号関係）

[JITCO]

引用規定		事項	欠格事由	欠格の期間
法第26条第5号	イ	法第10条第1号該当	禁錮以上の刑	・禁錮以上の刑に処せられた者	・その刑の執行を終わり、又は執行を受けることがなくなった日から5年間
		法第10条第3号該当	暴力団対策法、刑法等違反による罰金刑	・次のいずれかにより、罰金の刑に処せられた者　① 「暴力団員による不当な行為の防止等に関する法律」の規定（同法第50条第2号に係る部分に限る。）及び第52条の規定を除く。）　② 「刑法」第204条（傷害）、第206条（現場助勢）、第208条（暴行）、第208条の2（凶器準備集合及び結集）、第222条（脅迫）又は第247条（背任）の罪　③ 「暴力行為等処罰に関する法律」の罪	・その刑の執行を終わり、又は執行を受けることがなくなった日から5年間
		法第10条第5号該当	心身の故障	・心身の故障により技能実習に関する業務を適正に行うことができない者	
		法第10条第6号該当	破産手続開始決定	・破産手続開始決定を受けて復権を得ていない者	・復権を得るまで
		法第10条第10号該当	「暴力団員等」	・「暴力団員等」（法第26条第6号において同じ。）：暴力団員（「暴力団員」）又は第6号に規定する暴力団員でなくなった日から5年を経過しない者	・暴力団員の期間　・なくなった日から5年間
	ロ	法第26条第1号該当（第10条第13号に係る部分を除く。）	技能実習法その他の法律違反による罰金刑	・次のいずれかにより、罰金の刑に処せられた者　① 技能実習法の規定　② 出入国又は労働に関する法律（第2条第6号に規定するものを除く。）で政令で定めるもの　③ ①又は②の規定に基づく命令の規定	・その刑の執行を終わり、又は執行を受けることがなくなった日から5年間
		法第10条第4号該当	行政刑罰法令違反（保険）による罰金刑	・次のいずれかにより、罰金の刑に処せられた者　① 「健康保険法」第208条、第213条の2又は第214条第1項	・その刑の執行を終わり、又は執行を受けることがなくなった日から5年間

	該当する者	期間
ロ	② 「船員保険法」第156条、第159条又は第160条第1項 ③ 「労働者災害補償保険法」第51条前段又は第54条第1項（同法第51条前段に係る部分に限る。） ④ 「厚生年金保険法」第102条、第103条、第103条の2又は第104条第1項（同法第102条、第103条又は第103条の2の規定に係る部分に限る。） ⑤ 「労働保険の保険料の徴収等に関する法律」第46条前段又は第48条第1項（同法第46条前段の規定に係る部分に限る。） ⑥ 「雇用保険法」第83条又は第86条（同法第83条の規定に係る部分に限る。） ・出入国又は労働に関する法令に関し不正又は著しく不当な行為をした者 （法第26条第4号該当） 出入国・労働関係法令の不正又は著しく不当な行為	・当該行為をした日から監理団体の許可の申請日までの期間が5年を経過するまで 【法第23条第1項】
ハ	・法第37条第1項の規定により監理許可が取り消された場合において、当該取消しの処分を受ける原因となった事項が発生した当時現に当該処分を受けた者（「監理団体」であった者）の役員であった者 （注）取消理由が法第37条第1項第1号（監理団体の許可が取り消されるものであるときは、法第10条第2号（技能実習法以外の法律の法律違反（保険）又は第4号（行政刑罰法令）による罰金刑）に規定による者であったこと）又は第4号（行政刑罰法令）による罰金刑）による場合に限る。 監理許可の取消処分原因の発生当時の役員	・当該取消しの日から起算して5年間
ニ	・法第26条第3号に規定する期間内に監理事業の廃止の届出をした場合において監理許可の取消しに係る聴聞の通知の日前60日以内に廃止の届出があった者（当該事業の廃止について相当の理由がある者を除く。）の役員であった者 聴聞の通知期間中における監理事業の廃止の届出をした者の役員であった者	・当該届出の日から起算して5年間

（注）表中の「法」は、技能実習法のことをいいます。

第6編

第7編 技能実習生の保護

1 禁止行為

Q7-1-1 技能実習生の保護に関して技能実習法では禁止行為としてどのような規定が設けられているのですか。

 技能実習法には、次の表「技能実習生保護に関する禁止行為」記載の技能実習生の保護を図るための禁止規定が設けられています。

この表では、左から右に「規定」、「行為者」、「対象者」及び「禁止行為」の欄を設け、誰が誰に対し、いかなる行為をすることが禁止されているかがその根拠と共に理解できるようにしてあります。

また、「実習実施者等（実習実施者若しくは監理団体又はこれらの役員若しくは職員）」が技能実習法又はこれに基づく命令の規定に違反する事実がある場合においては、技能実習生は、その事実を主務大臣に申告することができることとされています。【技能実習法第49条第1項】

さらに、この主務大臣に対する申告を理由として技能実習生に対して技能実習の中止その他不利益な取扱いをすることも禁じられています。【技能実習法第49条第2項】

技能実習生保護に関する禁止行為

【JITCO】

規　定	行為者	対象者	禁止行為
法第46条	①「実習監理者（実習監理を行う者）」 ②実習監理者の役員又は職員	・技能実習生	・暴行、脅迫、監禁その他精神又は身体の自由を不当に拘束する手段によって、技能実習生の意思に反して技能実習を強制すること。
法第47条第1項	③「実習監理者等（①又は②）」	・「技能実習生等（技能実習生又は技能実習生になろうとする者）」 ・配偶者	・技能実習に係る契約の不履行について違約金を定め、又は損害賠償額を予定する契約をすること。

第7編

165

		・直系又は同居の親族 ・その他技能実習生等と社会生活において密接な関係を有する者	
法第47条 第２項	③「実習監理者等」	・「技能実習生等」	・技能実習に係る契約に付随して貯蓄の契約をさせ、又は技能実習生等との間で貯蓄金を管理する契約をすること。
法第48条 第１項	④「技能実習関係者（技能実習を行わせる者若しくは実習監理者又はこれらの役員若しくは職員）」	・技能実習生	・「旅券（入管法第２条第５号に規定）」又は「在留カード（入管法第19条の３に規定）」を保管すること。
法第48条 第２項	④「技能実習関係者」	・技能実習生	・外出その他の私生活の自由を不当に制限すること。

（注）表中の「法」は、技能実習法のことをいいます。

Q7-1-2 技能実習生の保護を規定した技能実習法第46条及び第47条として、「実習監理者等」については、強制労働、違約金・損害賠償契約の締結及び強制貯金の禁止規定が設けられているものの、実習実施者について同様の規定が設けられていないのはなぜですか。

技能実習法第46条及び第47条に規定される禁止事項の行為者には実習実施者は含まれていませんが、労働基準法では、使用者に関して、同法第５条（強制労働の禁止）、同法第16条（賠償予定の禁止）及び第18条（強制貯金）の禁止規定が設けられています。

実習実施者は労働基準法上の使用者に該当し、同法上にそれらの規定が設けられていることから、技能実習法第46条及び第47条では実習実施者を含めることなく「実習監理者等」に限った禁止規定が設けられているものです。

2　技能実習活動継続のための連絡調整

Q7-2-1 技能実習の継続が困難となった場合で技能実習生が引き続き技能実習を行うことを希望しているときは、実習実施者及び監理団体はどのような措置を講じる必要がありますか。

A 実習実施者及び監理団体は、次の届出をする場合で、当該実習実施者及び当該監理団体に係る技能実習生が引き続き技能実習を行うことを希望するときは、技能実習を行うことができるよう、他の実習実施者又は監理団体その他関係者との連絡調整その他の必要な措置を講じなければなりません。【技能実習法第51条第1項】

1　技能実習を行わせることが困難となった場合の企業単独型実習実施者による届出【技能実習法第19条第1項】

2　技能実習を行わせることが困難となった場合の監理団体による届出【技能実習法第33条第1項】

3　技能実習を行わせることが困難となった場合の団体監理型実習実施者による実習監理を受ける監理団体への通知【技能実習法第19条第2項】

4　監理団体による監理事業の廃止又は休止の届出【技能実習法第34条第1項】

また、主務大臣は、この実習実施者及び監理団体が行う他の実習実施者又は監理団体その他関係者との連絡調整その他の必要な措置の円滑な実施のためその他必要があると認めるときは、実習実施者、監理団体その他関係者に対する必要な指導及び助言を行うことができるとされています。【技能実習法第51条第2項】

さらに、技能実習機構の業務を定めた技能実習法第87条第3号には、技能実習を行うことが困難となった技能実習生で引き続き技能実習を行うことを希望するものが技能実習を行うことができるよう、技能実習生からの相談に応じ、必要な情報の提供、助言その他の援助を行うとともに、実習実施者、監理団体その他関係者に対する必要な指導及び助言を行う業務が規定されています。（Q8-2-1）

167

第8編 外国人技能実習機構

1 外国人技能実習機構の目的

> **Q8-1-1** 外国人技能実習機構の目的とは何ですか。

外国人技能実習機構（以下「機構」という。）に関する規定は、技能実習法「第3章　外国人技能実習機構」として設けられています。

また、同法第57条には、機構の目的が次のとおり定められています。

機構は、「外国人の技能等の修得等に関し、技能実習の適正な実施及び技能実習生の保護を図り、もつて人材育成を通じた開発途上地域等への技能等の移転による国際協力を推進することを目的とする。」

技能実習法第58条には、「機構は法人格とする。」と規定され、「外国人技能実習機構」が認可法人として設立されています。

さらに、技能実習法には、この機構の目的に沿って、機構（機構の職員）が、技能実習計画に係る認定事務を始め、監理団体許可申請等の受理及び事実関係の調査、技能実習の実施等に係る各種届出の受理、技能実習生からの相談対応、技能実習計画に係る実地検査などの多岐にわたる業務を行えることとする根拠規定が設けられています。

第8編

2　外国人技能実習機構の業務

| Q8-2-1 | 外国人技能実習機構の業務は何ですか。 |

　機構が行う業務は、技能実習法第87条（業務の範囲）第1号から第6号までに掲げられています。

　それらの機構が行う業務を整理したものが次の表「技能実習機構の業務」です。

　この表には、左から右に、「規定」、「業務」さらに「内容」の順で欄を設け、根拠規定と共に機構の業務を記載してあります。

　なお、機構は主務大臣が監督し【技能実習法第99条第1項】、また、主務大臣は技能実習法を施行するため必要があると認めるときは、機構に対し、その業務に関して監督上必要な命令をすることができるとされています。【技能実習法第99条第2項】

技能実習機構の業務
【JITCO】

規　定	業　務	内　容
法第87条 第1号イ	技能実習計画に 係る認定事務	・法第12条第1項の規定により認定事務を行うこと。
第1号ロ	「機構による事 務の実施」	・法第14条第1項の規定により次に掲げるものを行うこと。 Q5-7-1) ① ' 報告を求める事務 ② ' 帳簿書類の提出を求める事務 ③ ' 帳簿書類の提示を求める事務 ④ ' 質問をする事務 ⑤ ' 実地に検査する事務
第1号ハ	届出等の受理	・法第18条第1項その他（準用する場合）における次に掲げるものの受理を行うこと。 （注）括弧内は、受理の対象となる届出等に係る規定。 ⅰ　技能実習開始の届出（法第18条第1項） ⅱ　技能実習を行わせることが困難となった場合の届出等（法第19条第1項） ⅲ　技能実習実施状況報告書の提出（法第21条第1項）

		iv 職業紹介に係る取扱い職種の範囲等の届出（法第27条第2項）
		v 監理団体の許可申請書記載事項変更の届出（法第32条第3項）
		vi 技能実習の実施が困難となった場合の監理団体による届出（第33条第1項）
		vii 監理事業の休廃止の届出（法第34条第1項）
		viii 監査報告書・事業報告書の提出（法第42条第1項及び第2項）
第1号ニ	事実関係の調査	・監理団体の許可申請、監理団体の許可の有効期間更新申請及び監理許可の事業区分変更許可申請に係る事実関係の調査（法第24条第1項、第31条第5項及び第31条第2項）
第1号ホ	監理団体許可申請書等の受理	・監理団体許可申請、監理団体の許可の有効期間更新申請及び監理許可の事業区分変更許可申請に係る申請書の受理法第24条第3項、第31条第5項及び第32条第2項）
第1号ヘ	監理団体許可証の交付・再交付	・監理団体許可証の交付・再交付。監理許可の有効期間の更新・監理許可の事業区分変更又は監理事業を行う事業所の新設に係る変更に係る許可証の交付（法第29条第4項、第31条第5項、第32条第2項・第7項）
第2号	技能実習生からの相談対応等	・技能実習の適正な実施及び技能実習生の保護を図るために技能実習生からの相談に応じ、必要な情報の提供、助言そその他の援助を行う業務
第3号	技能実習継続援助等	・技能実習を行うことが困難となった技能実習生で引き続き技能実習を行うことを希望するものが技能実習を行うことができるよう、技能実習生からの相談に応じ、必要な情報の提供、助言その他の援助を行うとともに、実習実施者、監理団体その他関係者に対する必要な指導及び助言を行う業務
第4号	調査・研究	・技能実習に関し、調査及び研究を行う業務
第5号	技能実習の適正実施・技能実習生の保護	・その他技能実習の適正な実施及び技能実習生の保護に関する業務
第6号	手数料徴収	・関係手数料を徴収する業務
第7号	附帯業務	・法第87条第1号から第6号までに掲げる業務に附帯する業務

（注）表中の「法」は、技能実習法のことをいいます。

第9編 「介護」の移行対象職種追加及び 「特定の職種・作業に係る基準」等

1 移行対象職種・作業への「介護」の追加

Q9-1-1 移行対象職種・作業に「介護」が新たに追加されましたが、それはどういうことですか。また、どのような効果が生じたのか教えてください。

2017年9月29日、次の法務省・厚生労働省令が公布され、即日施行されました。

○ 「外国人の技能実習の適正な実施及び技能実習生の保護に関する法律施行規則の一部を改正する省令（平成29年法務省・厚生労働省令第5号）」

その省令では、以下の二つの措置が講じられています。

1 「移行対象職種・作業（Q5-3-6）」に「介護」を追加し、技能実習法施行規則別表第二に追加すること。【技能実習法第9条第2号、技能実習法施行規則第10条第2項第1号ロ】

2 「技能実習評価試験（Q5-3-5）」に新たに「介護技能実習評価試験」を設けて技能実習法施行規則「別表第一」に追加し、また、介護技能実習評価試験の実施者を「一般社団法人シルバーサービス振興会」とすること。【技能実習法第8条第2項第6号、技能実習法施行規則第6条】

このように、平成29年法務省・厚生労働省令第5号により、技能実習法施行規則の規定の一部が改められ、移行対象職種に介護作業が追加され、かつ、技能実習評価試験が整備されたことにより、職種「介護」について、所定の要件を満たす場合には、「認定計画【技能実習法第11条】」の下で技能実習を行わせることが可能となったものです。

2　法務大臣及び厚生労働大臣が告示する「特定職種・作業」及び事業所管大臣が告示する「特定職種・作業に係る基準」

Q9-2-1 | 法務大臣及び厚生労働大臣が告示する「特定職種・作業」とは何ですか。また、事業所管大臣が告示する「特定職種・作業に係る基準」について説明してください。

Ⓐ　技能実習法は、主務大臣が制度全体の適正化を図ることに加え、個別の職種分野について、当該職種に係る知見を有する事業所管省庁が一定の関与を行い、適正化を図ることができる制度となっており、事業所管大臣が当該特定の職種及び作業に特有の事情を踏まえた告示を制定することが可能となっています。【技能実習制度運用要領第4章第2節第3（8）】

　具体的に、技能実習法施行規則上で規定される「技能実習計画の認定基準」及び「監理団体許可の基準」に関して次の措置が講じられています。

　1　法務大臣及び厚生労働大臣が、職種及び作業に特有の事情があると認めるものについて、それを特定の職種・作業（以下「特定職種・作業」という。）として法務省・厚生労働省告示で定めること。

　2　当該特定職種・作業に係る事業所管大臣は、法務大臣及び厚生労働大臣と協議の上、当該職種・作業に特有の事情に鑑みて技能実習法施行規則上の本体に規定される要件に付加して基準を定めそれを告示すること。

　そこで、それらについてQ9-2-2からQ9-2-4までにおいて順に説明することとします。

　その説明の前に、まず175頁の図「法務大臣及び厚生労働大臣による『特定職種・作業告示』及び事業所管大臣による『告示』の例」により、規定全体の枠組みがどのようになっているかについて、具体例を挙げて紹介することにします。

　関係する規定は、

　　　①技能実習法

　　⇒②技能実習法施行規則上に規定される技能実習制度本体基準

　　⇒③法務大臣及び厚生労働大臣による「特定職種・作業」告示

（176頁へ続く。）

法務大臣及び厚生労働大臣による「特定職種・作業告示」及び事業所管大臣による「告示」の例

①技能実習法	②技能実習法施行規則	③法務大臣及び厚生労働大臣による「特定職種・作業」告示	④事業所管大臣による告示基準
＜規定＞ ・法第9条（技能実習計画認定の基準） ・第2号（技能実習の目標と内容）	**＜規定＞** ・技能実習法施行規則第10条第2項（技能実習の内容基準）・同規則第10条第2項第8号（特定の職種・作業に係る基準）	**＜規定＞** 平成29年法務省・厚生労働省告示第8号（「介護」職種の「特定職種・作業」指定）	**＜規定＞** 平成29年厚生労働省告示第320号（特定職種「介護」基準等）
＜規定の内容＞ ・技能実習法第9条には、技能実習計画の認定要件が規定されており、各号のいずれにも適合すると認めるときに認定する旨が規定されている。 ・また、第9条第2号には、認定要件の一つとして、技能実習の目標及び内容が、技能実習の区分に応じて主務省令（技能実習法施行規則）で定める基準に適合することが要件として規定されている。	**＜規定の内容＞** ・施行規則第10条第2項各号には、技能実習の内容（技能等の水準その他の事項に係る要件が掲げられている。 ・また、施行規則第10条第2項第8号には、（A）法務大臣及び厚生労働大臣が特定の職種・作業として告示した場合には、（B）その事業所管大臣が、法務大臣及び厚生労働大臣と協議の上、当該職種・作業に特有の事情に鑑みて基準を定めて告示することができる旨規定されている。	**＜規定の内容＞** ・左欄②の技能実習法施行規則第10条第2項第8号の（A）の規定に基づいて、法務大臣及び厚生労働大臣により、「技能実習の内容に関する基準」に関して「介護」が「特定職種・作業」に指定されている。	**＜規定の内容＞** ・左から二つ目②欄の技能実習法施行規則第10条第2項第8号の（B）の規定に基づいて、事業所管大臣である厚生労働大臣により平成29年厚生労働省告示第320号が公示され、その第1条に「介護」職種に係る「技能実習の内容の基準」が定められている。

　　　　⇒④事業所管大臣による「特定職種・作業」告示基準

の4つです。

　①から④までは、図の左欄から右欄に向かって段階的に順に定められています。

　175頁の図の各欄記載のポイントは次のとおりです。なお、この表では、「技能実習計画認定基準」のうち「技能実習の内容」の項を例として取り上げて紹介しています。

「①　技能実習法」欄

　　：技能実習法第9条では、技能実習計画の認定要件として、主務省令（技能実習法施行規則）で定める基準に適合していることが規定されている。また、技能実習法第9条第2号には、認定要件の一つとして、技能実習の目標及び内容が、技能実習の区分に応じて主務省令で定める基準に適合することが求められる。

「②　技能実習法施行規則上に規定される技能実習制度本体基準」欄

　　：上記①技能実習法の規定を受けて、技能実習法施行規則第10条第2項に「技能実習の内容」に関する基準が定められており、また、同時に、

　　　A　法務大臣及び厚生労働大臣が、特定職種・作業を指定して告示することができること。

　　　B　Aとして告示されたその職種・作業に係る事業所管大臣は、法務大臣及び厚生労働大臣と協議の上、当該職種・作業に特有の事情に鑑みて技能実習法施行規則上の本体に規定される要件に付加して基準を定めそれを告示できること。

　　とされている。【技能実習法施行規則第10条第2項第8号】

「③　法務大臣及び厚生労働大臣による「特定職種・作業」告示」欄

　　：この③では、上記②のAの規定に基づいて平成29年法務省及び厚生労働省告示第8号をもって「介護」が特定職種・作業に指定されている。

「④　事業所管大臣による「特定職種・作業」告示基準」欄

　　：この④では、上記②のBの規定に基づいて平成29年厚生労働省告示第320号が規定されている。

　さらに、

② 技能実習法施行規則上に規定される「技能実習制度本体基準」と

④ 事業所管大臣による「特定職種・作業」基準告示

の関係について説明すると、次のとおりです。

　ⅰ　④は、②「技能実習制度本体基準」の特則の関係にある。

　ⅱ　そのため、例えば職種「介護」の技能実習計画の認定を受けるには、まず、②「技能実習制度本体基準（Q5-3-1）」に適合した上で、④の特則（「特定職種・作業」基準）にも適合している必要がある。

　ちなみに、上記の「技能実習計画の認定基準」及び「監理団体許可の基準」以外にも、特定職種「漁船漁業」においては、実習実施者及び監理団体が備え付ける帳簿書類に関して次の措置が講じられています。

　1　技能実習法施行規則上で規定される「実習実施者及び監理団体が備え付けなければならないこととされている帳簿書類」に関し、法務大臣及び厚生労働大臣が、職種及び作業に特有の事情があると認めるものについて、それを特定職種・作業として告示で定めること。

　2　当該特定職種・作業に係る事業所管大臣が、法務大臣及び厚生労働大臣と協議の上、当該職種・作業に特有の事情に鑑みて技能実習法施行規則上の本体に規定されている要件に付加して帳簿書類を定め告示することができること。

Q9-2-2 「特定職種・作業」に関する規定は技能実習法施行規則のどこに規定されているのですか。また、規定されている事項とはどのようなものですか。

 次の表「技能実習法施行規則上の『特定職種・作業』の規定及び事業所管大臣による告示対象事項」は、

① 「特定職種・作業」に係る技能実習法施行規則の規定が設けられている条項（技能実習法上の根拠を含む。）

② 事業所管大臣において告示することが可能となる対象事項

について整理し表したものです。

この表で、以下のことが理解できます。

ⅰ 「区分」欄記載のとおり、
　　・技能実習計画の認定基準
　　・監理団体許可の基準
　　・帳簿書類

の3つについて、「特定職種・作業」に係る規定が技能実習法施行規則上に設けられていること。

ⅱ 右欄の「事業所管大臣による告示対象事項」として、

○ 技能実習許可の認定基準に係るもの：5

○ 監理団体許可基準に係るもの：3

○ 実習実施者及び監理団体が備え付ける帳簿書類に係るもの：2

の合わせて10の事項が規定されていること。

技能実習法施行規則上の「特定職種・作業」の規定及び事業所管大臣による告示対象事項

区 分	No	規 定		事業所管大臣による告示対象事項
		技能実習法	技能実習法施行規則	
技能実習計画の認定基準	1	第9条第2号	第10条第2項第8号	・技能実習の内容
	2	第9条第6号	第12条第1項第14号	・技能実習を行わせる体制
	3	第9条第6号	第12条第2項第2号	・技能実習実施事業所の設備
	4	第9条第9号	第14条第5号	・技能実習生の待遇
	5	第9条第11号	第16条第3項	・技能実習生の受入人数枠
監理団体許可の基準	1	第25条第1項第1号	第29条第2項	・監理団体の法人類型
	2	第25条第1項第2号	第52条第1号かっこ書	・監理団体の監査の方法
	3	第25条第1項第2号	第52条第16号	・監理事業の適正実施能力
帳簿書類	1	第20条	第22条第1項第5号	・実習実施者備付けの帳簿書類
	2	第41条	第54条第1項第9号	・監理団体備付けの帳簿書類

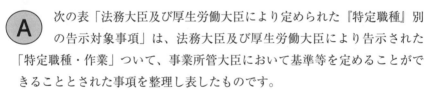

Q9-2-3 法務大臣及び厚生労働大臣により特定職種として告示されたものについて、「事業所管大臣」が基準等を告示で定めることができる事項とは何ですか。

A 次の表「法務大臣及び厚生労働大臣により定められた『特定職種』別の告示対象事項」は、法務大臣及び厚生労働大臣により告示された「特定職種・作業」ついて、事業所管大臣において基準等を定めることができることとされた事項を整理し表したものです。

この表の「特定職種」欄の下に記載したとおり、事業所管大臣において基準等を定めることができることとされた事項は、

　○自 動 車 整 備：3

　○漁 船 漁 業：6

　○養 　 殖 　 業：2

　○介 　 　 護：5

　○建 　 　 設：3

となっています。

　また、この表から、職種「自動車整備」、「介護」においては、「技能実習の内容」に関して、技能実習法施行規則第10条第2項第8号が根拠となり、事業所管大臣たる国土交通大臣、厚生労働大臣が当該職種・作業に特有の事情に鑑みて告示を定めることができることとされていることが分かります。

法務大臣及び厚生労働大臣により定められた「特定職種」別の告示対象事項

【JITCO】

告示対象事項	技能実習法施行規則	特定職種				
		自動車整備	漁船漁業	養殖業	介護	建設
①技能実習の内容	第10条第2項第8号	○			○	
②技能実習を行わせる体制	第12条第1項第14号	○	○		○	○
③技能実習実施事業所の設備	第12条第2項第2号					
④技能実習生の待遇	第14条第5号		○	○		
⑤技能実習生の受入人数枠	第16条第3項		○	○	○	
①監理団体の法人類型	第29条第2項		○		○	
②監理団体の監査の方法	第52条第1号かっこ書		○			
③監理事業の適正実施能力	第52条第16号	○			○	
①実習実施者備付けの帳簿書類	第22条第1項第5号					
②監理団体備付けの帳簿書類	第54条第1項第9号	○				

Q9-2-4 「特定職種・作業」には何があり、また、それらに応じた事業所管大臣による告示がなされた時期と告示番号を教えてください。

　次の表「『特定職種・作業』の指定告示と各事業所管大臣による告示」は、
① 法務大臣及び厚生労働大臣が「特定職種・作業」を定め告示した年月日及び告示の番号
② ①に応じた事業所管大臣名及び当該事業所管大臣による基準等を定めた告示の番号
を整理して表したものです。
　この表で、各「特定職種・作業」について、法務大臣及び厚生労働大臣による告示がいつ行われ、また、当該事業所管大臣による基準等を定めた告示

の番号も知ることができます。

　なお、当該事業所管大臣による基準等を定めた告示の日付は、法務大臣及び厚生労働大臣が「特定職種・作業」を定め告示した日といずれも同一です。

「特定職種・作業」の指定告示と事業所管大臣による告示

職　種	作　業	法務大臣及び 厚生労働大臣告示		事業所管大臣による告示	
		告示年月日	告示番号	事業所管大臣	告示番号 （各省）
自動車整備	自動車整備	平成29年 4月28日	平成29年 告示第4号	国土交通大臣	平成29年 第386号
漁船漁業	かつお一本釣り 漁業	平成29年 6月7日	平成29年 告示第5号	農林水産大臣	平成29年 第937号
	延縄漁業				
	いか釣り漁業				
	まき網漁業				
	ひき網漁業				
	刺し網漁業				
	定置網漁業				
	かに・えびかご 漁業				
養殖業	ほたてがい・ まがき養殖作業				
介護	介護	平成29年 9月29日	平成29年 告示第8号	厚生労働大臣	平成29年 第320号
建設関係 職種等	建設関係	―	―	国土交通大臣	令和元年 第269号

（注）事業所管大臣による告示日は、法務大臣及び厚生労働大臣による告示日といずれも同一である。

第9編

181

第10編 「介護」職種に係る技能実習計画認定及び監理団体許可の基準

1 「介護」職種に係る技能実習計画の認定基準及び監理団体許可の基準

Q10-1-1 厚生労働大臣により告示で定められた「介護」職種に係る基準には、どのような要件が定められているのですか。

厚生労働省告示（平成29年厚生労働省告示第320号）とは、

「介護職種について外国人技能実習の適正な実施及び技能実習生の保護に関する法律施行規則に規定する特定の職種及び作業に特有の事情に鑑みて事業所管大臣が定める基準等」

であり、2017年9月29日に公示されています。

この告示には、以下の事項が定められています（Q9-2-3参照）。

1 技能実習計画認定基準に係る事項
　① 技能実習の内容の基準（第1条）
　② 技能実習を行わせる体制の基準（第2条）
　③ 技能実習生の数（受入人数枠）（第3条）

2 監理団体許可の基準に係る事項
　① 監理団体の法人類型（第4条）
　② 監理団体の業務の実施に関する基準（監理事業の適正実施能力）（第5条）

185頁の表「『介護』職種に係る技能実習計画認定基準及び監理団体許可の基準」はこれらの規定と内容を整理したものです。

「介護」職種の技能実習生の受入れを行う場合には、
　① 「技能実習計画認定基準（Q5-3-1）」及び「団体監理型技能実習における監理団体許可の基準（Q6-4-1）」の技能実習制度本体の基準に適合した上で、

かつ、

　　　②　厚生労働省告示第320号基準（特則）

に同時に適合している必要があります。

　この表には、厚生労働省告示第320号に掲げられている要件が順に記載して
あります。

　また、表には、左から右に、次の欄を順に設けてそれらの相互関係及び規
定の内容が分かるようにしてあります。

　　○「技能実習法施行規則」：厚生労働省告示第320号の規定の根拠が技能実
　　　　　　　　　　　　　　　習法施行規則上のどこに定められているかを
　　　　　　　　　　　　　　　示しています。

　　○「厚生労働省告示第320号」：厚生労働省告示第320号の各基準が規定さ
　　　　　　　　　　　　　　　　れている該当条項を記載してあります。

　　○「事項」：各条に付されている見出し、当該規定の項目が記載してあり
　　　　　　　　ます。

　　○「介護職種に係る基準の付加要件」：告示の規定内容を記載してありま
　　　　　　　　　　　　　　　　　　　す。

　　○「解釈（「特定の職種及び作業に係る技能実習制度運用要領―介護職種
　　　の基準について―」法務省・厚生労働省編）他」：

　　　　　　　　　　　令和２年12月25日時点の法務省及び厚生労働省編
　　　　　　　　　　　の要領の内容（解釈）を、厚生労働省告示第320号
　　　　　　　　　　　の規定に対応させ並列記載してあります。

　　　　　　　　　　　また、それらの欄の記載に当たっては、文章記載
　　　　　　　　　　　されているものの一部を表形式として、理解の容易
　　　　　　　　　　　化を図っています。

　　　　　　　　　　　ちなみに、本表では、要領のうち「【確認対象の
　　　　　　　　　　　書類】」などの記載は省略しました。

　以上のとおり、この表を用いることにより、「厚生労働省告示第320号」と
「運用要領」を関係付けて同時に見ることができ、迅速で正確な理解が可能
となるものです。

　なお、この表には、参考事項として著者のコメントを付した箇所がありま
す。

「介護」職種に係る技能実習計画認定基準及び監理団体許可の基準

< 平成29年厚生労働省告示第320号他 >

[JITCO]

技能実習法施行規則	厚生労働省告示第320号	事項	介護職種に係る基準の付加等要件	解釈(「特定の職種及び作業に係る技能実習制度運用要領－介護職種の基準について－」法務省・厚生労働省編 他)
《技能実習計画の認定基準関係》				
施行規則第10条第2項第8号	告示第1条第1号	【技能実習の内容の基準】(技能実習生の日本語能力要件)	・技能実習生が次のイ又はロに掲げる技能実習の区分に応じた日本語能力を有していること。 イ 第1号技能実習 ・日本語能力試験(独立行政法人国際交流基金及び公益財団法人日本国際教育支援協会が実施。以下同じ。)のN4に合格している者・その他これと同等以上の能力を有すると認められる者 ロ 第2号技能実習 ・日本語能力試験N3に合格している者・その他これと同等以上の能力を有すると認められる者	<解釈通知第一「一」1>関係 ・(左欄)「イ 第1号技能実習」に係る「その他これと同等以上の能力を有すると認められる者」とは次に掲げる者をいう。 ①日本語能力試験N3、N2又はN1に合格。 ②平成22年3月31日までに実施された日本語能力試験3級、2級又は1級に合格。 ③J.TEST実用日本語検定(特定非営利活動法人日本語検定協会が実施。)のD-Eレベル試験350点以上取得又はA-Cレベル試験600点以上合格。 ④日本語NAT-TEST((株)専門教育出版が実施。)の4級、3級又は2級又は1級に合格。 なお、上記と同等以上の能力を有すると外国の政府及び関係機関が認める者等についても、追加されることがある。 ・(左欄)「ロ 第2号技能実習」に係る「その他これと同等以上の能力を有すると認められる者」とは次に掲げる者をいう。 ①日本語能力試験N2又はN1に合格。 ②平成22年3月31日までに実施された日本語能力試験2級又は1級に合格。 ③J.TEST実用日本語検定のD-Eレベル試験600点以上取得又はA-Cレベル試験500点以上取得又はA-Cレベル試験600点以上合格。 ④日本語NAT-TEST3級、2級又は1級に合格。 なお、上記と同等以上の能力を有すると外国の政府及び関係機関が認める者等についても、追加されることがある。

告示第1条第2号

・入国後講習の講義が次のイからホまでのいずれにも該当するものであること。

<入国後講習の講義及び科目の講義時間数並びに教育内容>
<日本語科目等(N4合格者)の場合>

イ N4合格者等の場合には、「日本語科目」の講義の総時間数が240時間以上であり、かつ、別表第一の「時間数」について、同表の「教育内容」について講義が行われること。

(注)本表には、右欄の「介護職種運用要領」に記載されている「教育内容」ごとの時間数の下限を付記した。

「別表第一」関係

科目	「教育内容」	「時間数」(標準)	下限(最小時間数)
日本語	総合日本語	100	90
	聴解	20	18
	読解	13	11
	文字	27	24
	発音	7	6
	会話	27	24
	作文	6	5
	介護の日本語	40	36
合計(総時間数)		240	

<解釈通知第一・一、2>関係

・告示第1条第2号は、入国後講習を日本語や介護に関する基礎的な事項を学ぶ過程とするため、入国後講習の科目ごとの時間数や教育内容、講師について一定の要件が設けられている。

○日本語科目の総時間数は240時間以上である。各「教育内容」の時間数を標準として講義が行われる必要がある。

○各「教育内容」ごとに時間数の下限(最少時間)が設けられており、それを下回る場合には、(日本語科目の総時間数240時間以上が不可欠。各「教育内容」の時間数は、いずれも「下限(最少時間数)」以上とした上で「標準時間数」に準じて定める。)

<「パブリックコメント」回答(平成29年9月29日厚生労働省社会・援護局福祉基盤課)>

・入国後講習の講義の時間数(240時間以上)と介護導入講習の講義の時間数(42時間以上)は、技能実習制度本体のルールとして定められている入国後講習(施行規則第10条第2項第7号)の時間数に含まれるものであり、加えて不可欠に行う必要はないもの。

<日本語科目等(N3合格者)の場合>

ロ N3合格者等の場合、「日本語科目」の講義の総時間数が80時間以上であり、かつ、別表第二の「教育内容」について、同表の「時間数」を標準として講義が行われること。

(注)本表には、右欄の「介護職種運用要領」に記載されている「教育内容」ごとの時間数の下限を付記した。

○日本語科目の総時間数は80時間以上である。各「教育内容」の時間数を標準として講義が行われる必要がある。

○各「教育内容」ごとに時間数の下限(最少時間)が設けられており、それを下回る場合には、(日本語科目の総時間数80時間以上が不可欠。各「教育内容」の時間数は、いずれも「下限(最少時間数)」以上とした上で「標準時間数」に準じて定める。)

`別表第一」関係

科 目	「教育内容」	「時間数」（標準）	下限（最小時間数）
日本語	発音	7	6
	会話	27	24
	作文	6	5
介護の日本語		40	36
合 計（総時間数）		80	

＜解釈通知第一、一、2＞関係
1 日本語講習科目の「教育内容」に含まれる事項
日本語科目の別表第一及び第二の「教育内容（中欄）」に含まれる事項は次のとおりであること。
①日本語科目に含まれる教育内容は次のとおりであること。

教育内容		当該教育内容に含まれる事項
総合日本語		①文法（文の文法、文章の文法）
		②語彙（文脈規定、言い換え類義、用法）
		③待遇表現
		④発音
		⑤正確な聞き取り
		⑥話題に即した文章作成
聴解		①発話表現
		②即時応答
		③課題理解
		④ポイント理解
		⑤概要理解
読解		①内容理解
		②情報検索
文字		①漢字読み
		②表記

発音	①拍 ②アクセント ③イントネーション
会話	①場面に対応した表現 ②文末表現
作文	①文章構成 ②表現方法
介護の日本語	①からだの部位等の語彙 ②介護の場面に応じた語彙・声かけ

＜解釈通知第一―２、（３）時間数の免除＞関係

① 時間数の一部を免除することができるとされている「日本語科目」又は「技能等の修得等に資する知識の科目」の告示で定める「日本語科目」に入国後講習で行われることとされている「日本語科目」に相当するものが、入国前講習において行われており

・その時間数が、それぞれの科目について告示で定められた入国後講習の「合計時間数」の２分の１以上（注）実施されている場合には

（注）「日本語科目」にあっては、Ｎ４合格者等の場合は240時間とされており120時間以上、Ｎ３合格者等の場合は180時間以上、Ｎ４合格者等の場合は80時間以上、Ｎ３合格者等の場合は40時間以上の日本語科目入国前講習がそれぞれ行われていることが要件となる。
また、Ｎ４合格者等の場合は、別表第一の日本語科目「総時間数」の２分の１の範囲内で免除することができる

・入国後講習において、当該「日本語科目」又は「技能等の修得等に資する知識の科目」の告示で定められた時間数について、入国前講習において実施した「科目」ごとの時間数を上限として、告示で定める各「教育内容」ごとの時間数を免除することができる
また、「教育内容」ごとの時間数についても、入国前講習において実施した時間数を上限として、告示で定める各「教育内容」ごとの時間数（注）
・入国後講習は一部を免除することができる場合であっても「総時間数」の一つである「教育内容」の時間数は100時間と

（注）第一「日本語科目」の「教育内容」の一つである「総合日本語」の時間数は100時間とされており、その時間数が上限である。
ものであること。

（告示第１条第２号イ、ロ及びニの「ただし書」）
当該「ただし書」は、技能実習生が入国前講習において「日本語科目（告示第１条第２号イ、ロ）」又は「技能等の修得等に資する知識の科目（告示第１条第２号ニ）」の講義を受講した場合、その受講した教育内容及び時間数に応じて、入国後講習における「日本語科目」又は「技能等の修得等に資する知識の科目」の講義の時間数の講義の一部を免除することができるものであると規定

＜日本語科目の入国前講習を実施した場合の講義の一部免除＞

＜「日本語科目」の講師の要件＞	＜解釈通知第一、二、2 (1) ② 「その他これと認められる者」＞関係
ハ 「日本語科目」の講義が、次のいずれかの者により行われること。 ・大学（短期大学を除く。）において日本語教育に関する課程を修めて当該大学を卒業した者 ・大学院において日本語教育に関する課程を修めた者 ・当該大学院の課程を修了した者 ・その他これ（上記の二者）と同等以上の能力を有すると認められる者	○告示第1条第2号ハに規定する「その他これと認められる者」とは、次に掲げる者であること。 ・大学（学校教育法に基づく大学。以下同じ。）において日本語教育に関する科目の単位を26単位以上修得して当該大学を卒業した者 ・大学院（学校教育法に基づく大学院。以下同じ。）において日本語教育に関する科目の単位を26単位以上修得して当該大学院の課程を修了した者 ・公益財団法人日本国際教育支援協会が実施する日本語教育能力検定試験に合格した者 ・学士の学位を有する者であって、日本語教育に関する研修で通算して（420単位時間（1単位時間は45分以上。）以上の課程を有するものに限る。）を修了したもの ・大学（短期大学を除く。）に相当する「海外の大学」において日本語教育に関する課程を卒業した者 ・大学院に相当する「海外の大学院」に相当する課程に関する課程を修めて当該「海外の大学院」の課程を修了した者 ・学士の学位に相当する「海外の大学」の課程を修了した者 ・技能実習計画認定申請の日から遡り3年以内の日において平成2年法務省告示第145号（出入国管理及び難民認定法第7条第1項第2号の基準に係る告示の留学の在留資格を定める件）別表第三に掲げる日本語教育機関で日本語教員として1年以上従事した経験を有し、現に当該日本語教育機関の日本語教員の職を有する者であって、かつ、現に日本語教員の職を離れていないもの ・学士（短期大学の学位を含む。）又は大学院による日本語の授業科目等の履修、当該課程等の日本語教育実習1単位以上を含む当該課程等の26単位以上の日本語教育の単位を修得し、又は大学（短期大学を含む。）、大学院の日本語教員養成課程において、26単位以上の日本語教育の単位を修得（通信による授業科目のうち、6単位以上は面接授業等により修得）している者

<解釈通知第一、一、2、(3)②「入国前講習・日本語科目の講師要件」>関係

②入国後講習の「日本語科目」の講義に相当するものが、入国前講習の「日本語科目」の講義として行われた「日本語科目」の講義に相当するものと認められるためには、告示で定める「教育内容」について、次のア又はイに掲げる者が講義を行うことが必要である。

「告示第1条第2号ハ」に掲げる者

ア 海外の大学を卒業又は海外の大学院の課程を修了した者であって、技能実習計画の認定申請日から遡り3年以内の日において外国における日本語教育機関で日本語教員として1年以上従事した経験を有し、かつ、現に日本語教員の職を離れていないもの

<入国前講習の「日本語科目」の講義が、入国後講習の「日本語科目」の講義に相当すると認められるための講師要件>

<解釈通知第一、一、2、(2)②「技能等の修得等に資する知識の科目」>関係

○告示別表第三の科目中欄に掲げる「教育内容」に含まれる事項は次のとおりであること。

教育内容	当該教育に含まれる事項
介護の基本I・II	①介護の基本I ・介護職の役割 ・介護職の職業倫理 ・介護における安全の確保とリスクマネジメント ・介護の安全 ・介護過程 ・介護のおける尊厳の維持・自立支援 ②介護の基本II ・からだのしくみの理解 ・介護を必要とする人の理解(老化の理解、認知症の理解、障害の理解)

二 「技能等の修得に資する知識の科目」の教育内容及び時間数が別表第三に定めるもの以上であること。

[別表第三]

科　目	教育内容	時間数
技能等の修得等に資する知識	介護の基本I・II	6
	コミュニケーション技術	6
	移動の介護	6
	食事の介護	6
	排泄の介護	6
	衣服の着脱の介護	6
	入浴・身体の清潔の介護	6
	合　計	42

<「技能等の修得等に資する知識の科目」の教育内容及び時間数>

コミュニケーション技術	移動の介護	食事の介護	排泄の介護	衣服の着脱の介護	入浴・身体の清潔の介護
①コミュニケーションの意義と目的 ②コミュニケーションの基本的技法 ③形態別コミュニケーション	①移動の意義と目的 ②基本的な移動の介護（体位変換）、移動（歩行、車いす移動等）） ③移動介助の留意点と事故防止	①食事の意義と目的 ②基本的な食事の介護 ③食事介助の留意点と事故予防	①排泄の意義と目的 ②基本的な排泄の介護（ポータブルトイレ、便器、尿器、おむつ等） ③排泄介助の留意点と事故予防	①身じたくの意義と目的 ②基本的な着脱の介護 ③着脱介助の留意点と事故防止	①入浴・身体の清潔の意義と目的 ②基本的な入浴の介護（特殊浴槽、チェアー浴、一般浴等） ③入浴以外の身体清潔の方法（足浴、手浴、身体清拭） ④褥瘡（じょくそう）の予防 ⑤入浴・身体清潔の介助の留意点と事故防止

<解釈通知第一、一、（2）②「その他これと同等以上の能力を有すると認められる者」>関係

○技能等の修得等に資する知識の科目の講義について、告示第1条第2号に規定を有する「その他これと認められる者」とは、次に掲げる者であること。

・社会福祉士及び介護福祉士法第40条第2項第4号に規定する高等学校又は中等教育学校福祉士指定規則別表第五に定める介護福祉基礎、コミュニケーション技術、生活支援技術、介護過程又は介護総合演習に関し

「技能等の修得等に資する知識の科目」の講義が、次のいずれかの者により行われること。

・社会福祉士及び介護福祉士法第40条第2項第1号から第3号までに規定する学校又は養成施設の教員として、社会福祉士介護福祉士養成施設指定規則表第四の介護の領域に区分される教育内容に関して講義した経験を有する者

・その他これと同等以上の知識及び経験を有すると認められる者

ホ
<「技能等に資する知識の科目」要件>

191

教授した経験を有する者
・社会福祉士及び介護福祉士法第40条第2項第5号に規定する学校又は養成施設指定規則表第五に定める介護の基本I若しくはII、コミュニケーション技術、生活支援技術I若しくはII又は介護過程Iから III までのいずれかの科目を教授した経験を有する者
・「介護保険法施行規則第22条の23第1項に規定する介護職員初任者研修課程における介護保険法施行規則第22条の23第2項に規定する厚生労働大臣が定める基準（平成24年厚生省告示第71号）」別表に定める介護の基本、コミュニケーション技術又はこころとからだのしくみと生活支援技術のいずれかの科目を教授した経験を有する者
・社会福祉士及び高等学校又は中等教育学校の教員として、社会福祉士介護福祉士法附則第2条第1項各号に規定する介護福祉士指定規則附則第2条第2号の表に定める基礎、コミュニケーション技術、生活支援技術、介護過程又は介護総合演習のいずれかの科目を教授した経験を有する者

＜解釈通知第一、一、2、(3) ③「入国前講習の『技能等の修得等に資する知識の科目』の講義の講師要件＞
③「入国前講習の『技能等の修得等に資する知識の科目』の講義が入国後講習の科目の修得等に相当する知識に資すると認められるためには、告示で定める「教育内容」について、告示第1条第2号ホに掲げる者が講義を行う必要がある。

＜入国前講習の『技能等の修得等に資する知識の科目』の講義が、入国後講習の当該科目の講義に相当すると認められるための講師要件＞

施行規則第12条第1項第14号	告示第2条 第1号 [技能実習を行わせる体制の基準]（介護福祉士等の技能実習指導員配置）	
	○技能実習指導員のうち1名以上が、次の者であること。 ・介護福祉士の資格を有する者 ・その他これ（上記の者）と同等以上の専門的知識及び技術を有すると認められる者 ＜著者によるコメント＞ 「介護」職種に係る「技能実習指導員」の職務経験、有する資格等及び配置（体制）については、 ・技能実習法施行規則第12条第1項第2号（技能実習制度本体基準） ・技能実習法施行規則第12条第2項第2号（特定の職種・作業に係る基準） を基に、 ・厚生労働省告示（平成29年厚生労働省告示第320号） ・「介護」職種別技能実習制度運用要領 上に、以下の要件が規定されています（制度本体基準を含む。 ①技能実習の指導を担当する者（「技能実習指導員」）として、申請者又はその常勤の役員若しくは職員のうち、技能実習を行わせる事業所に所属する者であって、修得等をさせようとする技能等について5年以上の経験を有する者を1名以上選任していること。【告示第12条第1項第2号】 ②技能実習指導員のうち1名以上が、介護福祉士と同等以上の専門的知識及び技術を有すると認められる者。「その他これと同等以上の専門的知識及び技術を有すると認められる者」については右欄の解釈通知運用要領第2（1）を参照。【告示第2条第1号】 （注）「その他これと同等以上の専門的知識及び技術を有すると認められる者」については右欄の解釈通知制度運用要領第2（1）を参照。【告示第2条第2号】 ③技能実習生5名につき1名以上の技能実習指導員を選任していること。【告示第2条第2号】	＜解釈通知第一、二、1「介護福祉士と同等以上の専門的知識及び技術を有する者」＞関係 ○告示第2条第1号に規定する「その他これと同等以上の専門的知識及び技術を有すると認められる者」とは、次に掲げる者であること。 ・修得等をさせようとする技能等について5年以上の経験を有することに加え、3年以上介護等の業務に従事し、実習実習者研修を修了した者であって、申請者が技能実習指導員としての適格性を認めた者 ・看護師、准看護師の資格を有する者

告示第2条第2号	（技能実習生数に対応した技能実習指導員の選任）	○技能実習生5名につき1名以上の技能実習指導員を選任していること。	
告示第2条第3号	（技能実習を行わせる事業所基準）	イ　介護等の業務（利用者の居宅においてサービスを提供する業務を除く。）を行うものであること。 ロ　（技能実習を行わせる事業所が）開設後3年以上経過しているものであること。	＜解釈通知第一、二、2「介護等の業務」＞関係 告示第2条第3号イ及び第5条第1号に規定する「介護等の業務」とは、 ①社会福祉士及び介護福祉士法第40条第2項第5号に規定する「介護等の業務」であって、 ②介護福祉士試験の受験資格の認定において「介護等の業務」に従事したと認められるものであること。【平成29年9月29日付厚生労働省社会・援護局長及び老健局長発都道府県知事、政令市・中核市長及び地方厚生（支）局長あて社発0929第4号及び老発0929第2号の記第一、二、2】 《「介護職種」の技能実習の対象となる施設・事業の類型》 ◎「介護職種」の技能実習の対象となる施設・事業の類型は、「施設類型別コード表」を参照。 ○訪問介護などの訪問系サービスを行っている事業所について、技能実習の対象から除かれている。 ○経営が一定程度安定している事業所において技能実習が行われることを担保するため、技能実習を行わせる事業所は、開設後3年を経過していることが必要である。
告示第2条第4号	（技能実習生の居宅介護サービス提供業務に従事させることの禁止）	○技能実習生を、利用者の居宅においてサービスを提供する業務に従事させないこと。	

施行規則	告示		
施行規則 第16条	告示第2条 第5号 （利用者の安 全確保のため の措置）	○技能実習生に夜勤業務その他少ない人数の状況の下での業務又は緊急時の対応が求められる業務を行わせる場合にあっては、利用者の安全の確保のために必要な措置を講ずることとしていること。	<解釈通知第一、二、3「夜勤業務などを行わせる場合の措置」> ○夜勤は、昼間と異なる少ない人数での勤務となるため利用者の安全性に対する配慮が特に必要になるとともに、技能実習生を夜勤業務に配置する際には、利用者の安全を確保し、技能実習生の心身両面への負担が大きいことから、技能実習生を夜勤業務に配置することが必要である。 ○技能実習生への技能・技術の移転を図るという技能実習制度の趣旨に照らし、技能実習生が夜勤業務を行う際には、昼夜を問わず、技能実習生以外の介護職員を同時に配置することに必要な範囲で配置することが求められる。
施行規則 第3 技能 実習生の人 数に関する もの 告示第3条 第1項 第2項 【技能実習生 の数】		Q10-2-5及びQ10-2-6を参照 （ここでは規定内容の記載を省略した。） （ここでは規定内容の記載を省略した。）	
《監理団体の許可の基準関係》			
施行規則 第29条第 1項 第4 監理 団体の法人 形態に関す るもの 告示第4条 【介護職種の 監理団体の類 型】 第1号		○介護職種に係る規則第29条第2項に規定する告示で定める法人（介護職種の団体監理型実習実施者の対象法人）は、次のいずれかに該当する法人である。 一　商工会議所（団体監理型実習実施者が会員） 二　商工会（団体監理型実習実施者が会員） 三　中小企業団体（団体監理型実習実施者が組合員又は会員） 四　職業訓練法人 七　公益社団法人 八　公益財団法人	

195

| 施行規則第52条 | 第2号 | | 当該法人の目的に介護、医療又は社会福祉の発展に寄与することが含まれる全国的な団体（その支部）であって、介護又は医療に従事する事業者により構成されるもの

＜著者によるコメント＞
介護職種の監理団体には「一般監理団体」であることの限定規定は設けられていません。そのため、「特定監理団体」であっても、本告示（平成29年厚生労働省告示第320号）に規定される介護職種に係る監理団体基準に適合していれば、「介護職種の監理事業を行う特定監理団体」としての許可を得ることは可能ということになります。 | ○第2号（左欄）に該当する団体として介護職種の監理団体の許可を受けるためには、
（1）当該法人の目的に介護、医療又は社会福祉の発展に寄与することが含まれること
（2）介護又は医療に従事する者から構成される全国的な団体（又はその支部）であること
の二つを立証する必要がある。 |
| 第5 監理団体の業務の実施に関するもの 告示第5条 | 第1号 | [技能実習計画作成指導者に係る要件]（技能実習計画の作成指導） | ◎介護職種における団体監理型技能実習計画の作成指導を行う者について、技能実習法施行規則第52条第8号で規定されている「修得等をさせようとする技能等について一定の経験又は知識を有する（監理団体等の）役員又は職員」に関し、介護職種に特化した次の要件基準が定められている。
○介護職種に係る規則第52条第16号に規定する告示で定める基準（特定職種に係る監理事業を行う者に足りうる能力）は次のとおりとする。
イ　介護職種について指導を行う監理団体の「修得等をさせようとする技能等について一定の経験又は知識を有する役員又は職員」は次のいずれかに該当する者であること。
１　5年以上介護等の業務に従事した経験を有する者であって、介護福祉士の資格を有するもの。
ロ　「イに掲げる者と同等以上の専門的知識及び技術を有すると認められる者」であること。 | ○告示第5条第1号に定める要件を満たす技能実習計画作成指導（左欄イ又はロ）については、常勤・非常勤であるかは問われない。
＜解釈通知第二「イに掲げる者と同等以上の専門的知識及び技術を有する者」＞
○（左欄の）「イに掲げる者と同等以上の専門的知識及び技術を有すると認められる者」とは、次に掲げる者 |

施行規則 第31条 第5 監理団体の業務の実施に関するもの 告示第5条第2号	【介護職種優良監理団体許可の基準】	

であること。

- ・看護師、准看護師の資格を有する者で、5年以上の実務経験を有するもの
- ・介護等の業務を行う施設又は事業所の施設長又は管理者として3年以上勤務した経験を有する者
- ・介護支援専門員で、5年以上介護等の業務に従事した経験を有する者

◎介護職種に係る優良監理団体（「一般監理団体」）許可を受けるには、

i 「優良監理団体基準（Q6-4-5）」の区分別最大点数の合計の6割以上の点数を獲得した上で、かつ、告示第5条第2号の規定を基に規定された「介護職種の優良監理団体基準」でも同様に6割以上の点数を獲得することが求められる。

ii ＜団体監理型技能実習の実施状況の監査その他の業務を行う体制＞
　・第31条第1号

二 介護職種に係る第3号技能実習の監理を行うものにあっては、技能実習法第25条第1項第7号の規定に基づく「技能実習」の「一般監理事業」許可基準」のうち、
　・第31条第2号
　＜技能等の修得等に係る実績＞
について、介護職種型技能実習の実施等その他の、団体監理型技能実習に係る実績等を総合的に評価して、業務を遂行する能力につき高い水準を満たすと認められるもの（「介護職種の優良監理種」を獲得）で6割以上の点数を獲得すること。

○228頁の表が「介護職種の優良監理団体基準」である。（様式の一部を変更し、加筆してある。）

○既に他職種について実績等に基づいて一般監理団体の許可を受けている監理団体が、介護職種における第3号団体監理団体実習を行おうとする場合は、監理団体に許可に付された条件（介護職種における第3号技能実習の実習監理の変更）を受ける必要がある。

○一般監理事業の許可を受けていない監理団体（「特定監理団体」）が、介護職種の第3号実習監理を行う場合には、特定監理事業から一般監理事業への事業区分の変更を申請し、介護職種における第3号技能実習の実習監理を含めた第3号技能実習の実習監理を受けなければならない。
介護職種における第3号技能実習の実習監理を含めた一般監理事業の許可を受けるためには、技能実習法施

197

行規則第31条の優良監理団体基準を満たすとともに、告示第5条第2号に規定する介護職種における優良監理団体基準を満たす必要がある。

このため、この事業区分の変更申請を行う際には、全職種共通の「優良要件適合申告書（参考様式第2-14号）」に加えて、「介護職種の優良要件適合申告書（介護参考様式第11号）」を提出することが必要となる。

2 「介護」職種に係る技能実習計画の認定基準

Q10-2-1 「介護」職種に係る技能実習計画認定基準に定められている技能実習生の日本語能力の要件について説明してください。

A 「介護」職種における技能実習生については、介護がコミュニケーションを前提として業務を遂行する対人サービスであるとともに、対象者の中には、認知症などを抱える人もあること、また、介護がチームケアであり、利用者・家族とのコミュニケーションのみならず、同僚介護職員・他職種との連携を担保する観点からも、日本語による一定のコミュニケーション能力が求められるという特有の事情があります（平成27年2月4日、「外国人介護人材受入れの在り方に関する検討会」による「外国人介護人材受入れの在り方に検討会—中間まとめ—」）。

そのため、介護技能実習生について、「介護」職種に係る技能実習計画認定基準上で、一定の日本語能力を有していることが要件として規定されています。【厚生労働省告示第320号第1条】

また、第1号技能実習及び第2号技能実習それぞれについて、次のとおり日本語能力要件が規定されています。したがって、介護技能実習生については、本邦入国前はもとより本邦に入国した後においても、講習その他の機会を通じて日本語の能力を向上させるようにすることが求められます。仮に、この日本語能力要件を欠いていると、技能実習計画の認定を受けることができないことになります。

○第1号技能実習

第1号介護技能実習生になろうとする者が、次の日本語能力を有していること。

① 日本語能力試験（独立行政法人国際交流基金及び公益財団法人日本国際教育支援協会が実施）のN4に合格

② その他これと同等以上の能力を有すると認められること（注）。
   （注）②については、「介護職種運用要領」の解釈通知に具体的にその範囲が定められている。（Q10-1-1の表（185頁）の右欄

を参照)

○第２号技能実習

　第２号介護技能実習生になろうとする者が、次の日本語能力を有していること。

　　①　日本語能力試験のＮ３に合格
　　②　その他これと同等以上の能力を有すると認められること（注）。
　　　　(注)②については、「介護職種運用要領」の解釈通知に具体的にその範囲が定められている。（Q10-1-1　表（185頁）の右欄を参照）

Q10-2-2　「介護」職種に係る「技能実習指導員」について、その職務経験、有する資格等及び配置などの要件について説明してください。

　「介護」職種に係る「技能実習指導員」の職務経験、有する資格等及び配置（体制）については、
　　　　・技能実習法施行規則第12条第１項第２号（技能実習制度本体基準）
　　　　・技能実習法施行規則第12条第２項第２号（特定の職種・作業に係る基準）
　を基に
　　　　・厚生労働省告示（平成29年厚生労働省告示第320号）
　　　　・「介護」職種技能実習制度運用要領
上に、以下の要件が規定されています（技能実習制度本体基準を含む。）。

　　①　技能実習の指導を担当する者（「技能実習指導員」）として、申請者又はその常勤の役員若しくは職員のうち、技能実習を行わせる事業所に所属する者であって、修得等をさせようとする技能等について５年以上の経験を有する者を１名以上選任していること。【技能実習法施行規則第12条第１項第２号】
　　②　技能実習指導員のうち１名以上が、介護福祉士の資格を有する者その他これと同等以上の専門的知識及び技術を有すると認め

られる者であること。【告示第2条第1号】

③ 技能実習生5名につき1名以上の技能実習指導員を選任していること。【告示第2条第2号】

また、上記②の「その他これと同等以上の専門的知識及び技術を有すると認められる者」とは、次に掲げる者であることとされています。【「介護」職種技能実習制度運用要領第2（1）解釈通知第一、二、1】

・修得等をさせようとする技能等について5年以上の経験を有することに加え、3年以上介護等の業務に従事し、実務者研修を修了した者であって、申請者が技能実習指導員としての適格性を認めたもの
・看護師、准看護師の資格を有する者

| Q10-2-3 | 「介護」職種の技能実習の対象施設・事業について説明してください。 |

「介護」職種の技能実習を行わせることができる施設・事業に関する基準は、「介護」職種告示第320号第2条第3号に次のとおり規定されています。

イ　介護等の業務（利用者の居宅においてサービスを提供する業務を除く。）を行うものであること。
ロ　開設後3年以上経過しているものであること。

また、それらのうちイに関し、平成29年9月29日付け厚生労働省社会・援護局長及び老健局長発都道府県知事、政令市・中核市長及び地方厚生（支）局長あて文書・社援発0929第4号及び老発0929第2号の記第一、二、2に次のとおり記載されています。

「介護等の業務」とは、

① 社会福祉士及び介護福祉士法第40条第2項第5号に規定する「介護等の業務」であって、

② 介護福祉士試験の受験資格の認定において「介護等の業務」に従事したと認められるもの

であること。

このことから、「介護」職種の技能実習を行わせることができる介護技能実習実施者については、告示第320号第2条第3号イに関して上記①と②のいずれにも該当する「介護等の業務」を行うものであることが前提となります。

なお、上記イの括弧書から、「介護等の業務」を行うもののうち、それが利用者の居宅においてサービスを提供するものは除外されています。

203頁の表「『介護』職種の技能実習の対象となる施設・事業の類型」は、
　○「介護」職種運用要領の解釈通知第一、二、2の別紙「施設職種コード表」
　○　厚生労働省社会・援護局作成資料「技能実習『介護』における固有要件を定める告示について」
を基に、「介護」職種の技能実習の対象となる施設・事業の類型について整理したものです。

この表には、左から右に順に次の欄を設けて、対象施設・事業に該当するかどうかが分かるようにしてあります。

「区分」：施設・事業が規定されている根拠法令その他を示しています。

「『介護』職種の技能実習の対象施設・事業」：特定されている対象施設・事業を列挙し、「介護」職種運用要領の別紙「施設職種コード表」に付されているコード番号をその左隣りに記載してあります。

「個別指定」：当該施設が都道府県知事その他の権限ある機関により個別に指定を受けている必要があることを示しています。

ちなみに、この「介護」職種の対象となる施設・事業に具体的に該当するかどうかについては、技能実習計画の認定申請が行われ、その審査の過程で判断されることになるものです。

「介護」職種の技能実習の対象となる施設・事業の類型

【JITCO】

(注1) 本表は、①「介護」職種運用要領の解釈通知第一、二、２の別紙「施設職種コード表」及び②厚生労働省社会・援護局作成資料「技能実習『介護』における固有要件を定める告示について」を基に作成したもの。
(注2) 「個別指定」欄は、当該施設が都道府県知事その他の権限ある機関により個別に指定を受けている必要があることを示したもの。
(注3) 有料老人ホームに該当する場合は、有料老人ホームとして要件を満たす施設が対象とされている。

区　分	コード	「介護」職種の技能実習の対象施設・事業	個別指定
児童福祉法関係の施設・事業	1	指定発達支援医療機関 （肢体不自由児施設又は重症心身障害児施設の委託を受けた指定医療機関（国立高度専門医療センター及び独立行政法人国立病院機構の設置する医療機関であって厚生労働大臣が指定するもの。）	
	2	児童発達支援	
	3	放課後等デイサービス	
	4	障害児入所施設	
	5	児童発達支援センター	
	6	保育所等訪問支援	
障害者総合支援法関係の施設・事業	7	短期入所	
	8	障害者支援施設（施設入所支援）	
	9	療養介護	
	10	生活介護	
	11	グループホーム（共同生活援助）（外部サービス利用型を除く）	
	12	自立訓練	
	13	就労移行支援	
	14	就労継続支援	
	15	福祉ホーム	
	16	日中一時支援	
	17	地域活動支援センター	
老人福祉法・介護保険法関係の施設・事業	18	第1号通所事業	
	20	通所介護（老人デイサービスセンター）	
	21	地域密着型通所介護（指定療養通所介護を含む）	個別指定要
	23	認知症対応型通所介護	個別指定要
	24	介護予防認知症対応型通所介護	個別指定要
	25	老人短期入所施設	
	26	短期入所生活介護	個別指定要
	27	介護予防短期入所生活介護	個別指定要
	28	特別養護老人ホーム（指定介護老人福祉施設（地域密着型介護老人福祉施設含む））	個別指定要

	29	小規模多機能型居宅介護・介護予防小規模多機能型居宅介護（訪問系サービスに従事することは除く。）	個別指定要
	30	看護小規模多機能型居宅住宅介護	個別指定要
	31	認知症対応型共同生活介護	個別指定要
	32	介護予防認知症対応型生活介護	個別指定要
	33	介護老人保健施設	
	33-2	介護医療院	
	34	通所リハビリテーション	個別指定要
	35	介護予防通所リハビリテーション	個別指定要
	36	短期入所療養介護	個別指定要
	37	介護予防短期入所療養介護	個別指定要
	38	特定施設入居者生活介護（外部サービス利用型特定施設入居者生活介護を除く。）	個別指定要
	39	介護予防特定施設入居者生活介護（外部サービス利用型特定施設入居者生活介護を除く。）	個別指定要
	40	地域密着型特定施設入居者生活介護（外部サービス利用型特定施設入居者生活介護を除く。）	個別指定要
生活保護法関係の施設	41	救護施設	
	42	更生施設	
その他の社会福祉施設等	43	地域福祉センター	
	44	隣保館デイサービス事業	
	45	独立行政法人国立重度知的障害者総合施設のぞみ園	
	46	ハンセン病療養所	
	47	原子爆弾被爆者養護ホーム	
	48	原子爆弾被爆者デイサービス事業	
	49	原子爆弾被爆者ショートステイ事業	
	50	労災特別介護施設	
病院又は診療所	51	病院	
	52	診療所	

Q10-2-4　「介護職種の優良実習実施者基準」について説明してください。

A　「介護」職種の第３号企業単独型技能実習又は第３号団体監理型技能実習を行わせるための要件として、技能実習計画認定申請者が「優良（技能等の修得等をさせる能力につき高い水準を満たすものとして主務省令

で定める基準に適当していること）」であることが求められています。【技能実習法第9条第10号】

この規定を受けて、技能実習法施行規則第15条には、次に掲げる事項を総合的に評価して、「優良」であるかどうかを判断することが定められています。

1　技能等の修得等に係る実績
2　技能実習を行わせる体制
3　技能実習生の待遇
4　出入国又は労働に関する法令への違反、技能実習生の行方不明者の発生その他の問題の発生状況
5　技能実習生からの相談に応じることその他の技能実習生に対する保護及び支援の体制及び実施状況
6　技能実習生と地域社会との共生に向けた取組の状況

次に、法務省及び厚生労働省編の「介護職種技能実習制度運用要領」には、これら6つの事項について、表「介護職種の優良実習実施者基準」が定められており、区分別最大点数の合計の6割以上の点数を獲得できた場合に「優良」と判断されることとされています。【介護職種技能実習制度運用要領第3】

したがって、区分別最大点数155点の6割の93点以上を獲得できていれば優良要件を満たすことになります。

また、「介護職種の優良実習実施者基準」を「優良実習実施者基準（Q5-3-9）（基本職種が対象）」と比べてみると、介護職種の基準の「②技能実習を行わせる体制」の評価項目として、

「Ⅲ　直近過去3年以内の介護職種技能実習指導員の「介護職種の技能実習指導員講習」受講歴（加点：5点）」
が追加されていることが分かります。

ちなみに、この「介護職種の技能実習指導員講習」とは、厚生労働省が実施する「介護職種の技能実習生の日本語学習等支援事業（介護職種の技能実習に関して、適切な実習体制の確保を目的として行われるもの。）」の受託事

業者が、当該事業の一環として実施する講習のことをいい、介護職種の技能実習指導員全員が、直近過去3年以内に当該講習を受講している場合に加点されることになります。

　次の表「介護職種の優良実習実施者基準」の見方は以下のとおりです。

　なお、この表に当てはめて実際に計算をするときは、「技能実習制度運用要領（第4章第2節第11関係）」及び「介護職種技能実習制度運用要領（第3）」に記載されている留意事項をしっかり確認するようにしてください。

1　表の構成

　左から右方向に、次の欄を設けてあります。

　「区分」：技能実習法施行規則第15条に規定される6つの評価対象事項です。

　「項目」：各評価対象事項について定められた評価要素です。

　「点数」：「項目」に照らして、「a　加点」欄又は「b　減点」欄のうちから該当する点数を記載します。

　「区分別最大点数」：各「区分」で評定される最大得点です。

　「各区分の点数」：それぞれの「区分」について「a　加点」、「b　減点」した点数です。

2　「介護職種の優良実習実施者基準」への適合判断

　上記1による「各区分の点数」の合計（「B」）が「区分別最大点数」の合計（「A」）の60パーセント以上であれば要件に適合していることになります。

3　使用されている用語等

　また、この表で用いられている用語等に関し留意すべき点は次のとおりです。

　（1）対象期間

　　　・「過去3技能実習事業年度」：過去3年の技能実習事業年度（4月1日から翌年3月31日まで）当該技能実習計画認定申請年度を含まず。

　　　・「直近過去3年間」：当該技能実習計画認定申請の時点から遡ること3年間

　　　・「直近過去3年以内」：当該技能実習計画認定申請の時点から遡っ

て3年以内

（2）介護技能実習評価試験等
　　・合格実績の対象となる介護技能実習評価試験等には、次の3種類
　　　があります。
　　　　ⅰ　学科試験
　　　　ⅱ　実技試験
　　　　ⅲ　学科試験及び実技試験
（3）やむを得ない不受検者
　　・分母の（第1号・第2号・第3号別）修了技能実習生数から、
　　　「やむを得ない不受検者数」が除かれます。
　　・「やむを得ない不受検者」とは、実習実施者の責めによらない理
　　　由での失踪や技能実習生の事情による途中帰国などにより、不受
　　　検となった者をいい、不受検となった原因が実習実施者の責任と
　　　はいえないものを指します。

　なお、介護職種の技能実習計画の認定申請者が第3号団体監理型技能実習
を行わせようとする場合には、申請者自身がこの「介護職種の優良実習実施
者基準」に適合することに加えて、実習監理を行う監理団体の区分が「一般
監理団体」であって、かつ、その監理団体が「介護職種の優良監理団体基
準」に適合していることが求められます。

「介護職種の優良実習実施者基準」（第３号技能実習計画の
法務省及び厚生労働省により規定された「介護職

優良実習実施者認定の要件：B／A≧60/100

区　　分			項　　目	
①	技能等の修得等に係る実績	Ⅰ	過去３技能実習事業年度の初級程度の介護技能実習評価試験等（他職種の技能実習評価試験も含む。）の学科試験及び実技試験の合格率（旧制度の基礎２級程度の合格率を含む。）	
		Ⅱ	過去３技能実習事業年度の専門級・上級程度の介護技能実習評価試験等（他職種の技能実習評価試験も含む。）の合格率 <計算方法> $$\frac{（専門級合格者数＋上級合格者数\times1.5）\times1.2}{「新制度の技能実習生の2号・3号修了者数（やむを得ない不受検者数を除く。）」＋「旧制度の技能実習生の受検者数」}$$ （上記計算に当たっての留意点） 旧制度の技能実習生の受検実績の取扱いは、次による。 ・施行日以後の受検実績は必ず算入 ・施行日前については、施行日前の基準日以前の受検実績は算入しないこととすることも可。	
		Ⅱ ※	上記の計算式の分母算入対象となる技能実習生がいない場合（過去３技能実習事業年度には２号未修了者であった者の申請日時点の右合格者の合格実績で加点）	過去３技能実習事業年度の３級程度の技能検定等の実技試験の合格実績
		Ⅲ	直近過去３年間の専門級・上級程度の介護技能実習評価試験等（他職種の技能実習評価試験も含む。）の学科試験の合格実績（専門級、上級で分けず、合格人数の合計で評価）	
		Ⅳ	技能検定等（介護技能実習評価試験等）の実施への協力 ・介護技能実習評価試験の試験評価者を社員等の中から排出している場合等を想定	
			計	
②	技能実習を行わせる体制	Ⅰ	直近過去３年以内の技能実習指導員の「技能実習指導員講習」受講歴	
		Ⅱ	直近過去３年以内の生活指導員の「生活指導員講習」受講歴	
		Ⅲ	直近過去３年以内の介護職種技能実習指導員の「介護職種の技能実習指導員講習」受講歴	
			計	
③	技能実習生の待遇	Ⅰ	第１号技能実習生の賃金（基本給）のうち最低のものと最低賃金の比較	
		Ⅱ	技能実習生の賃金に係る技能実習の各段階ごとの昇給率	
			計	

実習実施者に求められる高水準の技能等の修得等をさせる能力）
種技能実習制度運用要領」第3に基づいて作成

【JITCO】

a　加　点		b　減　点		点　数	区分別最大点数	各区分の点数
95％以上 80％以上95％未満 75％以上80％未満	20点 10点 0点	75％未満	▲20点	点	（①：最大70点）	①：＿＿＿点
80％以上 70％以上80％未満 60％以上70％未満 50％以上60％未満	40点 30点 20点 0点	50％未満	▲40点	点		
・合格者3人以上 ・合格者2人 ・合格者1人	20点 10点 5点	合格者ゼロ	0点	点		
・合格者2人以上 ・合格者1人	5点 3点		点	点		
有	5点		点	点		
	点		点	点		
全員有	5点		点	点	（②：最大15点）	②：＿＿＿点
全員有	5点		点	点		
全員有	5点					
	点		0点	点		
115％以上 105％以上115％未満	5点 3点		点	点	（③：最大10点）	③：＿＿＿点
5％以上 3％以上5％未満	5点 3点		点	点		
	点		0点	点		

区　　分		項　　　目
④ 法令違反・問題の発生状況	Ⅰ	直近過去３年以内に改善命令を受けたことがあること。
	Ⅱ	直近過去３年以内における失踪がゼロ又は失踪の割合が低いこと。
	Ⅲ	直近過去３年以内に責めによるべき失踪があること。
		計
⑤ 相談・支援体制	Ⅰ	母国語相談・支援の実施方法・手順を定めたマニュアル等を策定し、関係職員に周知していること。
	Ⅱ	受け入れた技能実習生について、全ての母国語で相談できる相談員を確保していること。
	Ⅲ	直近過去３年以内に技能実習の継続が困難となった技能実習生に引き続き技能実習を行う機会を与えるために、当該技能実習生の受入れを行ったこと。
	Ⅳ	監理団体を通じた実習先変更支援のポータルサイトへの登録
		計
⑥ 地域社会との共生	Ⅰ	受け入れた技能実習生に対し、日本語の学習の支援を行っていること。
	Ⅱ	地域社会との交流を行う機会をアレンジしていること。
	Ⅲ	日本の文化を学ぶ機会をアレンジしていること。
		計
		合

a 加 点		b 減 点		点 数	区分別最大点数	各区分の点数
	点	・有で改善未実施	▲50点	点	（④：最大5点）	④：＿＿点
		・有で改善実施	▲30点			
ゼロ	5点	20%以上又は3人以上	▲10点	点		
10%未満又は1人以下	0点	20%未満又は2人以下	▲5点			
		有	▲50点	点		
点			点	点		
有	5点		点	点	（⑤：最大45点）	⑤：＿＿点
有	5点		点	点		
基本人数枠以上	25点					
基本人数枠未満	15点					
該当	10点					
点		0点		点		
有	4点		点	点	（⑥：最大10点）	⑥：＿＿点
有	3点		点	点		
有	3点		点	点		
点		0点		点		
計					A：155点	B：＿点

211

Q10-2-5 「介護」職種の企業単独型受入人数枠について説明してください。

214頁の表「企業単独型介護職種技能実習における受入人数枠一覧」は、職種「介護」の企業単独型技能実習の受入人数枠を示したものです。【告示第320号第3条】

重要なポイントは、以下の4つです。

1 「介護」職種では、受入人数枠の算出の基礎として、

「事業所の常勤介護職員の総数」

が用いられていること。

　この「事業所」とは、職種「介護」の技能実習を行わせる事業所をいい、また、「常勤介護職員」とは、その事業所において介護等を主たる業務として行う常勤の職員のことをいいます（以下同じ。）。

(説明)「基本受入人数枠（技能実習法施行規則第16条で規定）」（Q5-3-10）においては、受入人数の算出の基礎として

「技能実習計画認定申請の申請者の常勤の職員（外国にある事業所に所属する常勤の職員及び技能実習生は除かれる。）」

が用いられており、「介護」職種の受入人数枠の算出基礎とは異なっています。

2 常勤介護職員に技能実習生は含まれないこと（基本受入人数枠に共通。）。

3 技能実習法施行規則第16条第1項に掲げられる基本受入人数枠で規定されている「特定人数枠」の表とは別に「介護職種特定人数枠」の表が設けられていること。

　また、「介護職種特定人数枠」の表では、「事業所の常勤介護職員総数」30人以下の欄が、次のとおり3つに細分化されていること。

① 「21人以上30人以下」：3人

② 「11人以上20人以下」：2人

③ 「10人以下」：1人

4 技能実習生を受け入れている事業所の技能実習生の総数（第1号、

第２号及び第３号技能実習生の合計）が、当該事業所の常勤介護職員
の総数の範囲内とする特則（ただし書）が設けられていること。
（説明）

　　介護職種における技能実習生の受入れ、とりわけ「企業単独型介
　護Ｂ型」及び「企業単独介護Ｃ型」で第３号技能実習生を受け入れ
　る場合には、当該事業所の常勤介護職員の総数と対比しながら具体
　的な受入人数を決定する必要があります。

　　当該事業所の常勤介護職員の総数が48人である場合で、企業単独
　介護Ｄ型（企業単独介護Ｂ型＋優良実施者）では、受入れが可能な
　人数は216頁の表「『企業単独介護Ｄ型』による受入れで、事業所
　『常勤介護職員の総数』が48人である場合の例」に記載したとおり
　となります。

企業単独型介護職種技能実習における

<「介護」職種の特則>介護職種技能実習生の受入人数の総数（第1号、

区分		受入
		第1号技能実習生の人数
企業単独介護A型	・企業単独型介護基本型	第1号技能実習生数≦事業所の常勤介護職員の総数の1/20（5％） <「基本人数枠」>
企業単独介護B型	・法務・厚生労働大臣による継続的・安定的実施体制認定型 「右欄の「介護職種特定人数枠」により企業単独型技能実習生を受け入れた場合においても継続的かつ安定的に企業単独型技能実習を行わせることができる体制を有する者と法務大臣及び厚生労働大臣が認めたもの。」	・次の「介護職種特定人数枠」の人数 <「介護職種特定人数枠」>

<「介護職種特定人数枠」>

事業所の常勤介護職員総数	第1号技能実習生数
301人以上	事業所の常勤介護職員総数の1/20
201人以上300人以下	15人
101人以上200人以下	10人
51人以上100人以下	6人
41人以上50人以下	5人
31人以上40人以下	4人
21人以上30人以下	3人
11人以上20人以下	2人
10人以下	1人

区分		受入
型企業単独介護C	・企業単独介護A型＋優良実習実施者	第1号技能実習生数≦事業所の常勤介護職員の総数の1/10（10％）
企業単独介護D型	・企業単独介護B型＋優良実習実施者	・「介護職種特定人数枠」の人数×2

事業所の常勤介護職員総数	第1号技能実習生数
301人以上	事業所の常勤介護職員総数の1/10
201人以上300人以下	30人
101人以上200人以下	20人
51人以上100人以下	12人
41人以上50人以下	10人
31人以上40人以下	8人
21人以上30人以下	6人
11人以上20人以下	4人
10人以下	2人

（注1）「常勤介護職員」とは、介護等を主たる業務として行う常勤介護職員のことをいう。
（注2）「常勤介護職員」に技能実習生は含まれない。

受入人数枠一覧（厚生労働省告示第320号第3条）　　　　　　【JITCO】

第2号及び第3号の合計）は、当該事業所の「常勤介護職員」の総数以下に限定される。

人数枠	
第2号技能実習生の人数	第3号技能実習生の人数
第2号技能実習生数≦事業所の常勤介護職員の総数の1/10（10%）	

・「介護職種特定人数枠」の人数×2

事業所の常勤介護職員総数	第2号技能実習生数
301人以上	事業所の常勤介護職員総数の1/10
201人以上300人以下	30人
101人以上200人以下	20人
51人以上100人以下	12人
41人以上50人以下	10人
31人以上40人以下	8人
21人以上30人以下	6人
11人以上20人以下	4人
10人以下	2人

第2号技能実習生数≦事業所の常勤介護職員の総数の1/5（20%）	第3号技能実習生数≦事業所の常勤介護職員の総数の3/10（30%）

・「介護職種特定人数枠」の人数×4

事業所の常勤介護職員総数	第2号技能実習生数
301人以上	事業所の常勤介護職員総数の1/5
201人以上300人以下	60人
101人以上200人以下	40人
51人以上100人以下	24人
41人以上50人以下	20人
31人以上40人以下	16人
21人以上30人以下	12人
11人以上20人以下	8人
10人以下	4人

・「介護職種特定人数枠」の人数×6

事業所の常勤介護職員総数	第3号技能実習生数
301人以上	事業所の常勤介護職員総数の3/10
201人以上300人以下	90人
101人以上200人以下	60人
51人以上100人以下	36人
41人以上50人以下	30人
31人以上40人以下	24人
21人以上30人以下	18人
11人以上20人以下	12人
10人以下	6人

「企業単独介護Ｄ型」による受入れで、事業所「常勤介護職員の総数」が48人である場合の例　　【JITCO】

受入時期	技能実習生の受入人数（括弧内は１号、２号及び３号別の人数枠）					当該事業所の受入人数の総数
	１号（人数枠10人）	２号（人数枠20人）		３号（人数枠30人）		
	１号１年目	２号１年目	２号２年目	３号１年目	３号２年目	
開始１年目	10人					10人
２年目	10人	10人				20人
３年目	10人	10人	10人			30人
４年目	10人	10人	10人	10人		40人
５年目	8人	10人	10人	10人	10人	48人
６年目	10人	8人	10人	10人	10人	48人

◎本表の内容

・開始１年目から毎年10人の新規介護技能実習生の受入れを行うことを基本とした方式。

・毎年10人の新規受入で推移すると、開始５年目の１号技能実習生の受入人数は、事業所「常勤介護職員の総数」の範囲内とする特則の適用により８人以下となる。

・また、開始６年目では、１号技能実習生10人の受入が再び可能となる。

Q10-2-6　「介護」職種の団体監理型受入人数枠について説明してください。

　218頁の表「団体監理型介護職種技能実習における受入人数枠一覧」は、職種「介護」の団体監理型技能実習の受入人数枠を示したものです。【告示第320号第３条】

重要なポイントは、以下の４つです。

1　「介護」職種では、受入人数枠の算出の基礎として、

「事業所の常勤介護職員の総数」

が用いられていること（職種「介護」の企業単独型受入人数枠に共通）。

この「事業所」とは、職種「介護」の技能実習を行わせる事業所

をいい、また、「常勤介護職員」とは、その事業所において介護等を主たる業務として行う常勤の職員のことをいいます（以下同じ。）。

（説明）　技能実習制度本体基準の「基本受入人数枠（技能実習法施行規則第16条で規定)」（Q5-3-11）においては、受入人数の算出の基礎として

「技能実習計画認定申請の申請者の常勤の職員（外国にある事業所に所属する常勤の職員及び技能実習生は除かれる。）」

が用いられており、「介護」職種の受入人数枠の算出基礎とは異なっています。

2　常勤介護職員に技能実習生は含まれないこと（基本受入人数枠に共通。）。

3　技能実習法施行規則第16条第1項に掲げられる基本受入人数枠で規定されている「特定人数枠」の表とは別に「職種介護特定人数枠」の表が設けられていること。

また、表「介護職種特定人数枠」では、「事業所の常勤介護職員総数」30人以下の欄が、次のとおり3つに細分化されていること。

① 「21人以上30人以下」：3人

② 「11人以上20人以下」：2人

③ 「10人以下」：1人

4　技能実習生を受け入れている事業所の技能実習生の総数（第1号、第2号及び第3号技能実習生の合計）が、当該事業所の常勤介護職員の総数の範囲内とする特則（ただし書）が設けられていること。

（説明）

介護職種における技能実習生の受入れ、とりわけ「団体監理介護Ⅱ型」で第3号技能実習生を受け入れる場合には、当該事業所の常勤介護職員の総数と対比しながら具体的な受入人数を決定する必要があります。

Q10-2-5において、事業所の常勤介護職員の総数が48名である場合の例を挙げ、その受入れ人数について説明していますので、それを参照願います（そこでの説明は企業単独型介護技能実習に

関するものですが、団体監理型介護技能実習に共通した規定と

団体監理型介護職種技能実習における

＜「介護」職種の特則＞介護職種技能実習生の受入人数の総数（第1号、

区分		受入
		第1号技能実習生の人数
団体監理介護Ⅰ型	・団体監理型介護基本型	・次の「介護職種特定人数枠」の人数 ＜「介護職種特定人数枠」＞
		事業所の常勤介護職員総数 / 第1号技能実習生数
		301人以上 / 事業所の常勤介護職員総数の1/20
		201人以上300人以下 / 15人
		101人以上200人以下 / 10人
		51人以上100人以下 / 6人
		41人以上50人以下 / 5人
		31人以上40人以下 / 4人
		21人以上30人以下 / 3人
		11人以上20人以下 / 2人
		10人以下 / 1人
団体監理介護Ⅱ型	・一般監理団体＋優良実習実施者	・「介護職種特定人数枠」の人数×2の人数数
		事業所の常勤介護職員総数 / 第1号技能実習生数
		301人以上 / 事業所の常勤介護職員総数の1/10
		201人以上300人以下 / 30人
		101人以上200人以下 / 20人
		51人以上100人以下 / 12人
		41人以上50人以下 / 10人
		31人以上40人以下 / 8人
		21人以上30人以下 / 6人
		11人以上20人以下 / 4人
		10人以下 / 2人

（注1）「常勤介護職員」とは、介護等を主たる業務として行う常勤介護職員のことをいう。
（注2）「常勤介護職員」に技能実習生は含まれない。

なっています。)。

受入人数枠一覧（厚生労働省告示第320号第3条）　　　　　　【JITCO】

第2号及び第3号の合計）は、当該事業所の「常勤介護職員」の総数以下に限定される。

人数枠

第2号技能実習生の人数	第3号技能実習生の人数
・「介護職種特定人数枠」の人数×2	

・「介護職種特定人数枠」の人数×2

事業所の 常勤介護職員総数	第2号 技能実習生数
301人以上	事業所の常勤介護 職員総数の1/10
201人以上300人以下	30人
101人以上200人以下	20人
51人以上100人以下	12人
41人以上50人以下	10人
31人以上40人以下	8人
21人以上30人以下	6人
11人以上20人以下	4人
10人以下	2人

・「介護職種特定人数枠」の人数×4

事業所の 常勤介護職員総数	第2号 技能実習生数
301人以上	事業所の常勤介護 職員総数の1/5
201人以上300人以下	60人
101人以上200人以下	40人
51人以上100人以下	24人
41人以上50人以下	20人
31人以上40人以下	16人
21人以上30人以下	12人
11人以上20人以下	8人
10人以下	4人

・「介護職種特定人数枠」の人数×6

事業所の 常勤介護職員総数	第3号 技能実習生数
301人以上	事業所の常勤介護 職員総数の3/10
201人以上300人以下	90人
101人以上200人以下	60人
51人以上100人以下	36人
41人以上50人以下	30人
31人以上40人以下	24人
21人以上30人以下	18人
11人以上20人以下	12人
10人以下	6人

3　「介護」職種に係る監理団体の許可の基準

Q10-3-1　「介護」職種の監理事業を行うことができる団体の範囲はどのように定められているのですか。

「介護」職種の監理事業を行うことができる団体に関する基準は、「介護」職種告示第320号第４条に次のとおり規定されています。

○介護職種に係る技能実習法施行規則第29条第２項に規定する法人（介護職種監理団体の対象法人）は、次の第１号又は第２号のいずれかに該当する法人であること。

第1号

一　商工会議所（団体監理型実習実施者が会員）

二　商工会（団体監理型実習実施者が会員）

三　中小企業団体（団体監理型実習実施者が組合員又は会員）

四　職業訓練法人

七　公益社団法人

八　公益財団法人

（参考）技能実習制度本体基準の技能実習法施行規則第29条に掲げられている次の団体は含まれていません。

　　五　農業協同組合

　　六　漁業協同組合

　　九　前各号に掲げる法人以外の法人であって、監理事業を行うことについて特別の理由があり、かつ、重要事項の決定及び業務の監査を行う適切な機関を置いているもの

第2号

当該法人の目的に介護、医療又は社会福祉の発展に寄与することが含まれる全国的な団体（その支部を含む。）であって、介護又は医療に従事する事業者により構成されるもの。

　以上の規定から、介護職種の監理団体となることができる要件は、第１号に掲げられる上記６つの団体のいずれかに該当するか、又は、第２号に該当するものであることが求められます。

　また、上記告示第320号第４条第２号に該当する団体として介護職種の監理団体の許可を受けるためには、

（１）　当該法人の目的に介護、医療又は社会福祉の発展に寄与することが含まれること

（２）　介護又は医療に従事する事業者から構成される全国的な団体（又はその支部であること）

の二つを立証する必要があります。【「介護」職種技能実習制度運用要領第４】

Q10-3-2 「介護」職種に係る団体監理型技能実習計画の作成指導を行う監理団体の役員又は職員について、その職務経験、有する資格などの要件について説明してください。

A　まず、団体監理型技能実習においては、団体監理型実習実施者になろうとする者が技能実習計画を作成する場合には、実習監理を受ける監理団体の指導に基づいて計画を作成しなければならないこととされています。【技能実習法第８条第４項】

　また、技能実習計画の作成指導のうち「適切かつ効果的に技能等の修得等をさせる観点」からの指導については、「修得等をさせようとする技能等について一定の経験又は知識を有する当該監理団体の役員又は職員」がその指導を行うこととされています。【技能実習法施行規則第52条第８号】

　さらに、技能実習制度運用要領上には、ここにいう「修得等をさせようとする技能等について一定の経験又は知識を有する役員又は職員」に関して、その要件等が掲げられています。【運用要領第５章第２節第２（８）】（以上についてはQ6-15-4を参照）

　次に、厚生労働省告示第320号第５条第１号（監理団体の業務の実施に関する基準）では、「修得等をさせようとする技能等について一定の経験又は知識を有する当該監理団体の役員又は職員」に関して、介護職種に係る次の

要件が付加されています。

　○技能実習計画の作成について指導を行う監理団体の「修得等をさせよう
　　とする技能等について一定の経験又は知識を有する役員又は職員」は次
　　のイ又はロのいずれかに該当する者であること。

　　　イ　５年以上介護等の業務に従事した経験を有する者であって、介護
　　　　福祉士の資格を有するものであること。

　　　ロ　「イに掲げる者と同等以上の専門的知識及び技術を有すると認め
　　　　られる者」であること。

　さらに、上記ロの「イに掲げる者と同等以上の専門的知識及び技術を有す
ると認められる者」については、「介護職種運用要領（介護職種基準）」第６
（１）＜解釈通知第二＞で、次のいずれかに該当するものである旨が定めら
れています。

　・看護師、准看護師の資格を有する者であって、５年以上の実務経験を有
　　するもの
　・介護等の業務を行う施設又は事務所の施設長又は管理者として３年以上
　　勤務した経験を有する者
　・介護支援専門員であって、５年以上介護等の業務に従事した経験を有す
　　る者

　なお、この告示第５条第１号に定める要件を満たす上記の技能実習計画作
成指導者（「介護」職種）については、本体基準の場合と同様に常勤・非常
勤であるかは問われないこととされています。

　このように、介護職種に係る団体監理型技能実習にあっては、適切かつ効
果的に技能等の修得等をさせる観点からの技能実習計画の作成の指導につい
ては、介護福祉士や看護師等の一定の専門性を有すると認められるものが行
うことが必要となっています。

Q10-3-3 第３号団体監理型介護技能実習の実習監理を行うことができる「介護職種の優良監理団体」とは何ですか。

A 「介護職種の優良監理団体」とは、第１号から第３号までの団体監理型介護技能実習の実習監理を行うことができる監理団体のことであり、技能実習制度本体の「優良監理団体基準（通常職種が対象）」と「介護職種優良団体基準」の二つを同時に満たしている監理団体のことです。

具体的には、

・外国人技能実習法施行規則第31条の規定に基づく技能実習制度運用要領第５章第２節第７の「優良監理団体基準」に適合し、

かつ、

・「介護職種の基準（平成29年厚生労働省告示第320号）」第５条第２項の規定に基づく介護職種技能実習制度運用要領第６（２）の「介護職種優良監理団体基準」にも適合する

ものが該当します。

Q10-3-4 技能実習制度本体の「優良監理団体基準（通常職種が対象)」と「介護職種優良監理団体基準」の関係について説明してください。

A まず、技能実習制度本体の「優良監理団体基準（通常職種が対象）」について見てみると、技能実習法施行規則第31条には、次に掲げる事項を総合的に評価して、「優良」であるかどうかを判断することが定められています。

第１号　団体監理型技能実習の実施状況の監査その他の業務を行う体制及び実施状況

第２号　実習監理する団体監理型技能実習における技能等の修得等に係る実績

第３号　出入国又は労働に関する法令への違反、団体監理型技能実習生の行方不明者の発生その他の問題の発生状況

第４号　団体監理型技能実習生からの相談に応じることその他の団体監理型技能実習生に対する保護及び支援の体制及び実施状況

　　第５号　団体監理型技能実習生と地域社会との共生に向けた取組の状況

　続いて、「介護職種の基準（平成29年厚生労働省告示第320号）」第５条第２項の規定を見ると、

　　　「第３号介護技能実習の実習監理を行うものにあっては、上記の技能実習法第31条第１号から第５号までのうち第１号及び第２号に掲げられる事項について、介護職種に係る実績等を総合的に評価して、団体監理型技能実習の実施状況の監査その他の業務を遂行する能力につき高い水準を満たすと認められるものであること」

とされています。

　次の図表「『優良監理団体基準（通常職種が対象）』と『介護職種優良監理団体基準』の関係」は、上記二つの基準及び各々に係る関係規定について、その関係を表したものです。

　この図表の左側に「Ａ：優良監理団体基準（通常職種が対象）関係」

　また、右側には「Ｂ：介護職種優良監理団体基準関係」

の表を設けて、それぞれについて根拠規定とその規定内容（要旨）を記載してあります。

　「Ａ」が優良監理団体の基本要件で、「Ｂ」は介護職種優良監理団体に付加された要件です。

　この図表から、監理団体が第３号団体監理型介護技能実習の実習監理を行うことが認められるためには、「Ａ：優良監理団体基準（通常職種が対象）」に適合した上で、介護職種に付加されている「Ｂ：介護職種優良監理団体基準」にも同時に適合する必要があることが分かります。

優良監理団体基準（通常職種が対象）」と「介護職種優良監理団体基準」の関係　[JITCO]

A：優良監理団体基準（通常職種が対象）関係

① 技能実習法第25条第1項第7号
・一般監理事業を行うことのできる監理団体の許可の要件として、申請者が団体監理型技能実習の実施状況の監査その他の業務を遂行する能力につき高い水準を満たすものとして主務省令で定める基準に適合していることと規定。
⇩

② 技能実習法施行規則第31条
・（上記の技能実習法第25条第1項第7号の規定に基づき）「優良」であるか否かは、次に掲げる事項を総合的に評価するものであることを規定。
第1号　団体監理型技能実習の実施状況の監査その他の業務を行う体制及び実施状況
第2号　実習監理を行う団体監理型技能実習における技能等の修得等に係る実績
第3号　出入国又は労働に関する法令への違反、団体監理型技能実習の行方不明者の発生その他の問題の発生状況
第4号　団体監理型技能実習生からの相談に応じる体制及び支援の体制及び実施状況
第5号　団体監理型技能実習生と地域社会との共生に向けた取組の状況
⇩

③ 技能実習制度運用要領第5章第2節第7
・（上記の技能実習法施行規則第31条の規定に基づき）上記第1号から第5号までの事項について、技能実習制度運用要領に優良監理団体の要件が定められており、区分別最大点数の合計の6割以上の点数を獲得できた場合に「優良」と判断される。
⇩

＋

B：介護職種優良監理団体基準関係

① 「介護職種の基準（平成29年厚生労働省告示第320号）」第5条第2項
・第3号技能実習の監理を行うものにあっては、技能実習法施行規則第31条第1号（左欄の第1号）及び第2号（左欄の第2号）に掲げる事項について、介護職種に係る実績等を総合的に評価して、団体監理型技能実習の実施状況の監査その他の業務を遂行する能力につき高い水準を満たすものであることと規定。
⇩

② 「介護職種技能実習制度運用要領」第6（2）
・（上記の介護職種の基準第5条第2項の規定に基づき）技能実習法施行規則第31条第1号及び第2号について、介護職種優良監理団体の要件が運用要領に介護職種優良監理団体の要件が規定されており、区分別最大点数の合計の6割以上の点数を獲得できた場合に「優良」と判断される。

A：優良監理団体基準（通常職種が対象）に適合＋B：介護職種優良監理団体基準に適合　⇒　介護職種優良監理団型介護職種技能実習の実習監理を行う（第3号団体）介護職種技能実習の実習監理を行うことができる優良監理団体

225

Q10-3-5 「介護職種の優良監理団体基準」について説明してください。

 監理団体が介護職種の一般監理事業を行うには、「介護職種の基準
（平成29年厚生労働省告示第320号）第5条第2号の規定に基づいた
「介護職種技能実習制度運用要領」第6（2）で定められた「介護職種の優
良監理団体基準」に適合していることが求められます。

　この、「介護職種の優良監理団体基準」の要件は、228頁の表「介護職種の
優良監理団体基準」のとおりであり、区分別最大点数の合計の6割以上の点
数を獲得できた場合には、「優良」と判断されることとされています。

　この表「介護職種の優良監理団体基準」の見方は次のとおりです。

　なお、この表を使用して実際に計算をするときには、技能実習制度運用要
領及び介護職種技能実習制度運用要領に記載されている留意事項をしっかり
確認するようにしてください。

　1　表の構成

　　左から右方向に、次の欄を設けてあります。

　　「区分」：「介護職種の優良監理団体基準」の評価対象である技能実習
　　　　　　法施行規則第31条第1号及び第2号に掲げられている事項で
　　　　　　す。

　　「項目」：各評価対象事項について定められた評価要素です。

　　「点数」：「項目」に照らして、「a　加点」欄又は「b　減点」欄のう
　　　　　　ちから該当する点数を記載します。

　　「区分別最大点数」：各「区分」で評定される最大得点です。

　　「各区分の点数」：それぞれの「区分」について「a　加点」、「b　減
　　　　　　点」した点数です。

　2　「介護職種の優良監理団体基準」への適合判断

　　上記1による「各区分の点数」の合計（「B」）が「区分別最大点数」
　の合計（「A」）の60パーセント以上であれば要件に適合していることに
　なります。

　3　使用されている用語等

　また、この表で用いられている用語等に関し留意すべき点は次のとおりです。

（1）　対象期間

　　・「過去３技能実習事業年度」：過去３年の技能実習事業年度（４月１日から翌年３月31日まで）

　　・「直近過去３年間の」：当該技能実習計画認定申請の時点から遡ること３年間

（2）　技能検定等

　　・合格実績の対象となる技能検定等の試験には、次の３種類があります。

　　　ⅰ　学科試験

　　　ⅱ　実技試験

　　　ⅲ　学科試験及び実技試験

（3）　やむを得ない不受検者

　　・分母の（第１号・第２号・第３号別）修了技能実習生数から、「やむを得ない不受検者数」が除かれます。

　　・「やむを得ない不受検者」とは、実習実施者の責めによらない理由での失踪や技能実習生の事情による途中帰国などにより、不受検となった者をいい、不受検となった原因が実習実施者の責任とはいえないものを指します。

　なお、「介護」職種の第３号団体監理型実習が行われるには、その実習監理を行う監理団体の区分が「一般監理団体」であって、かつ、「介護職種の優良監理団体基準」に適合していること、さらに、監理対象の実習実施者が「介護職種の優良実習実施者基準」に適合するものとして技能実習計画の認定を受けていなければなりません。

「介護職種の優良監理団体基準」（一般監理団体として介護職種の第３号

【平成29年厚生労働省告示第320号第５条第２号の規定に基づいて法務省・厚生労働省が
介護職種一般監理団体許可の付加要件：Ｂ／Ａ≧60／100

区　分		項　目
① 介護職種における団体監理型技能実習の実施状況の監査その他の業務を行う体制	Ⅰ	介護職種の実習実施者に対して監理団体が行う定期の監査について、その実施方法・手順を定めたマニュアル等を策定し、監査を担当する職員に周知していること。
	Ⅱ	介護職種の監理事業に関与する常勤の役職員の人数／実習監理を行う介護職種の実習実施者数
	Ⅲ	介護職種の実習実施者の技能実習責任者、技能実習指導員、生活指導員等に対し、毎年、研修の実施、マニュアルの配布などの支援を行っていること。
	Ⅳ	帰国後の介護職種の技能実習生のフォローアップ調査に協力すること。
	Ⅴ	介護職種の技能実習生のあっせんに関し、監理団体の役職員が送出国での事前面接をしていること。
	Ⅵ	帰国後の介護職種の技能実習生に関し、送出機関と連携して、就職先の把握を行っていること。
		計
② 介護職種における技能等の修得等に係る実績	Ⅰ	過去３技能実習事業年度の初級の介護技能実習評価試験の学科試験及び実技試験の合格率
	Ⅱ	過去３技能実習事業年度の専門級、上級の介護技能実習評価試験の実技試験の合格率 <計算方法> $$\left(\frac{（専門級合格者数＋上級合格者数×1.5）×1.2}{技能実習生の２号・３号修了者数－うちやむを得ない不受検者数}\right)$$
	Ⅲ	直近過去３年間の専門級、上級の介護技能実習評価試験の学科試験の合格実績 ＊専門級・上級で分けず、合格人数の合計で評価
	Ⅳ	技能検定等の実施への協力 ＊傘下の実習実施者が、介護技能実習評価試験の試験評価者を社員等の中から輩出している場合を想定
		計
合　計		

技能実習の実習監理を行う場合に求められる高水準の業務遂行能力）

定めた介護職種の運用要領第6（2）の介護職種の優良監理団体基準】

【JITCO】

a　加　点		b　減　点		点数	区分別最大点数	各区分の点数
有	5点		点	点		
1／5未満 1／10未満	15点 7点		点	点 点		
有	5点		点	点 点		
有	5点		点	点		
有	5点		点	点		
有	5点		点	点	（①：最大40点）	①：＿＿＿点
点			0点	点		
95%以上 80%以上95%未満 75%以上80%未満	10点 5点 0点	75%未満	▲10点	点		
80%以上	20点					
70%以上80%未満	15点	50%未満	▲20点	点		
60%以上70%未満	10点					
50%以上60%未満	0点					
・2以上の実習実施者から合格者を輩出	5点		点	点	（②：最大40点）	②：＿＿＿点
・1の実習実施者から合格者を輩出	3点					
・1以上の実習実施者から協力有	5点		点	点		
点			点	点		
					A：80点	B：＿＿＿点

介護職種一般監理団体許可の付加要件：B／A≧60/100

第11編 「漁船漁業・養殖業」、「自動車整備」、「建設関係」の特定職種・作業基準

1 「漁船漁業・養殖業」職種に属する作業に係る技能実習計画の認定及び監理団体の許可の基準等

Q11-1-1
農林水産大臣により告示で定められた「漁船漁業・養殖業」職種に属する作業に係る技能実習計画の認定基準及び監理団体の許可の基準等には、どのような要件が定められているのですか。

A 農林水産省告示（平成29年農林水産省告示第937号）とは、
「漁船漁業職種及び養殖業職種に属する作業について外国人技能実習の適正な実施及び技能実習生の保護に関する法律施行規則に規定する特定の職種及び作業に特有の事情に鑑みて事業所管大臣が定める基準等」

であり、2017年6月7日に公示されています。

この告示（外国人技能実習法の施行日である2017年11月1日から適用。）には、以下の事項が定められています。

第1 「漁船漁業」職種関係

1 技能実習計画認定基準に係る事項

　① 技能実習を行わせる体制の基準（第1条）
　② 技能実習生の待遇の基準（第2条）
　③ 技能実習生の数（受入人数枠）（第3条）

2 監理団体許可の基準に係る事項

　① 監理団体の法人類型（第4条）
　② 監理事業の適正実施能力（第5条）

3 監理団体備え付けの帳簿書類

　○監理団体備え付けの帳簿書類（第6条）

第2 「養殖業」職種関係

技能実習計画認定基準に係る事項

① 技能実習生の待遇（第7条）
② 技能実習生の数（受入人数枠）（第8条）

　234頁の表「『漁船漁業・養殖業』職種に係る技能実習計画認定基準及び監理団体の許可の基準」はこれらの規定と内容を整理したものです。
　「漁船漁業」・「養殖業」職種の技能実習生の受入れを行う場合には、
　① 「技能実習計画認定基準（Q5-3-1）」及び「団体監理型技能実習における監理団体許可の基準（Q6-4-1）」の技能実習制度本体の基準に適合した上で、
かつ、
　② 農林水産省告示第937号基準（特則）
に同時に適合している必要があります。
　この表には、農林水産省告示第937号に掲げられている要件が順に記載してあります。
　また、表には、左から右に、次の欄を順に設けてそれらの相互関係及び規定の内容が分かるようにしてあります。
　○「技能実習法施行規則」：農林水産省告示第937号の規定の根拠が技能実習法施行規則上のどこに定められているかを示しています。
　○「農林水産省告示第937号」：農林水産省告示第937号の各基準が規定されている該当条項を記載してあります。
　○「事項」：各条に付されている見出し、当該規定の項目が記載してあります。
　○「漁船漁業・養殖業職種に係る基準の付加等要件」：告示の規定内容を記載してあります。
　○「特定の職種及び作業に係る技能実習制度運用要領―漁船漁業・養殖業に属する作業の基準について―」法務省・厚生労働省・水産庁編：平成29年6月7日に公表された法務省・厚生労働省・水産庁編の要領の内容を、農林水産省告示第937号の規定に対応させ並列記載してあります。
　なお、この表では、文章記載されているものを表形式として、理解の容易化を図っています。

ちなみに、本表では、要領のうち「【確認対象の書類】」などの記載は省略しました。

　以上のとおり、この表を用いることにより、「農林水産省告示第937号」と「運用要領」を関係付けて同時に見ることができ、迅速で正確な理解が可能となるものです。

「漁船漁業・養殖業」職種に係る技能実習計画認定基準及び監理団体の許可の基準

〈平成29年度漁業に係る基準告示第937号他〉

[JITCO]

技能実習法施行規則／農林水産省告示第937号	事　項	漁船漁業・養殖業職種に係る基準の付加等要件		（特定の職種及び作業に係る技能実習制度運用要領―漁船漁業・養殖業―漁船漁業・水産行編）（厚生労働省・農林水産省）
	●漁船漁業職種・作業について			
	《技能実習計画の認定基準》			
	第1　技能実習を行わせる体制の基準			
施行規則第12条第1項第14号／告示第1条第1号	【漁船漁業職種に属する作業基準】（企業単独型技能実習生の乗り組む漁船との通信手段確保）	・企業単独型技能実習生が乗り組む漁船と　○技能実習計画認定申請者　又は　○当該申請者の役員若しくは職員（技能実習計画認定申請者を除く。）であって漁船に乗り組んでいないものとの間で無線その他の通信手段が確保されていること。	<留意事項>・漁業無線等の通信手段を用いている漁船に連絡を確保されるよう体制を取れるよう体制を構築すること等が必要。・網船、探索船、運搬船等を伴って複数の漁船、さき網漁業など、技能実習を行わせる事業所においている場合は、それぞれの漁船との通信手段を確保することが必要。	
	第2号（団体監理型技能実習生の乗り組む漁船との通信手段確保）	・団体監理型技能実習生が乗り組む漁船と監理団体との間で無線その他の通信手段が確保されていること。		
	第2　技能実習生の待遇の基準			
施行規則第14条第5号／告示第2条	（漁船漁業に係る事業協議会において協議が調った措置）	・○企業単独型技能実習にあっては申請者　○団体監理型技能実習にあっては申請者及び監理団体が、技能実習生の労働時間、休日、休憩その他の待遇〔第14条第1号から第4号までに規定するものを除く。〕について、漁船漁業に係る事業協議会（技能実習法第54条第1項に規定する事業協議会をいう。告示第7条において同じ。）において協議が調った措置を講じていること。	<留意事項>・漁船漁業に係る事業協議会が、申請者その他の事業協議会設立前の定（事業協議会設立前の定を含む。）に技能実習計画の認定の申請を行う機関及びその他の相当する〔農林水産省、水産庁その他の関係行政機関及び団体の関係者により構成され、農林水産省その他の国の関係行政機関及び関係者であって、農林水産大臣が当該事業協議会に代わって当該協議会が調ったものと認めるもの〕が技能実習生の待遇に関する事項について協議が調ったものであることを証する書類（漁船漁業に係る書類参考様式第2号に準じる。）を提出する。（農林水産省告示第937号附則第3項）	

		告示附則第3項（経過措置）	

・技能実習生の待遇に関する事項について協議が調った内容について、協議会のホームページ等で知らせる。

・技能実習計画の認定申請を「漁船漁業に係る事業協議会」において協議が調うまでの間に行う場合における告示第2条の適用に係る事業協議会の適用については、
○農林水産省、水産庁その他の関係行政機関及び
○漁船漁業に係る技能実習に相当するもの（技能実習法附則第3条第2項から第5項までに規定されるものその他主務省令で定めるもの）に関与する団体
その他の関係者
により構成される協議会であって、農林水産大臣が事業協議会同組合に相当すると認めたものとする。

第3　技能実習生の数（「漁船漁業」職種の受入人数枠）

施行規則第16条第3項　　告示第3条第1号から第4号まで　　「漁船漁業」職種の受入人数枠

・「漁船漁業」職種に乗り組む漁船実習生における技能実習生の受入人数は実習生が乗り組んでいる申請者の乗り組員の範囲内で次の表（要領記載の表）のとおり。

○「漁船漁業」職種（漁船漁業に係る技能実習）の受入人数枠は、技能実習の区分に応じ、左の表のとおりとなる。技能実習1隻当たり、当該漁船に乗り組む乗組員（技能実習生を除く。）のみとし、いずれの場合においても、当該漁船に乗り組む乗組員（技能実習生を除く。）の人数を超えることは認められない。

「漁船漁業」職種の受入人数枠

区分		「技能実習」の区分別の受入人数		
		第1号（1年間）	第2号（2年間）	第3号（2年間）
企業単独型漁船漁業	A　B以外	2人	4人	
	B　優良実習実施者	4人	8人	12人
団体監理型漁船漁業	C　D以外	2人	4人	
	D　優良実習実施者＋優良監理団体	4人	8人	12人

条文	項目	内容	留意事項
告示附則第4項	受入れ人数枠に係る経過措置	・この告示附則第4項には、技能実習計画認定申請が行われた場合における技能実習生数の上限について、新制度の技能実習生のみならず、それに旧制度の技能実習生となる者の数も含めた数とする旨が規定されている。	

《監理団体の許可の基準関係》

条文	項目	内容	留意事項
第4　監理団体の法人類型			
施行規則第29条第2項	「漁船漁業」職種の監理団体	・「漁船漁業」職種の監理事業を行うことができる本邦の営利を目的としない法人は、漁業協同組合とする。	○漁船漁業職種・作業に係る団体監理型技能実習を実習監理する監理団体は、海上で長期間行われる漁船漁業職種・作業の特殊性に鑑み、監理事業を適切に行うことができるよう、当該事業に精通した漁業協同組合であることが必要である。
第5　監理団体の業務の運営に関する基準			
施行規則第52条第1号	監理団体による監査の方法	・漁船漁業職種・作業に係る監理団体による監査（施行規則第52条第1号カッコ書）は、同号イ（団体監理型技能実習の実施状況について実地による確認を行うこと。）に代えて次のとおりとされている。 (1) 技能実習指導員から、毎日（技能実習が船上において実施されない日を除く。）1回以上、各漁船における団体監理型技能実習の実施状況について無線その他の通信手段を用いて報告を受けること。 (2) 団体監理型技能実習が船上において実施されない月を除く。）1回以上、団体監理型技能実習の実施状況に係る文書の提出を受けること。	【留意事項】 ○技能実習指導員から技能実習の実施状況について報告（告示第5条第1号）があったときは、その内容を適切に記録すること。 ○技能実習生が提出する技能実習の実施状況に係る文書は、必ず技能実習生の意思により記載させること。 ○技能実習法第42条の規定により、監査を行ったときは、監査の都度なく、監査報告書（省令様式第22号）を作成し、機構に提出しなければならない。3月に1回以上の定期の監査に当たれば、定期の監査報告書に係る監査報告書（2）又はカッコ書（1）の方法による監査の結果について、前回の定期監査以降に技能実習指導員から受けた報告その他の通信手段による報告及び提出された文書を基に、その内容を適切にまとめて記載する。
第6　監理団体の帳簿書類			
施行規則第54条第1項	帳簿の作成・備付	・漁船漁業職種・作業に係る技能実習法施行規則第54条第1項で規定する書類（特定職種・作業に係る監理団体による書類）備付書類	○漁船漁業職種・作業に備える次の書類は、各漁船において、毎日1回以上、各漁船にお ①技能実習指導員にお

236

第9号		ける団体監理型技能実習の実施状況について無線その他の通信手段により受けた報告の内容について記録した書類（漁船漁業参考様式第5号） ②団体監理型技能実習の実施状況について、毎月1回以上、団体監理を行う事務所に備えておかなければならない帳簿書類は、技能実習法施行規則第54条第1項各号に掲げている書類（技能実習制度運用要領第5章第18節・246頁）と上記①及び②の書類である。 ○漁船漁業職種・作業に係る監理団体が作成し、監理を行う事務所に備えておかなければならない帳簿書類は、技能実習法施行規則第54条第1項各号に掲げている書類（技能実習制度運用要領第5章第18節・246頁）と上記①及び②の書類である。
●養殖業職種・作業について		は、次のとおりとする。 (1) 告示第5条第1号の報告の内容について記録した書類 (2) 告示第5条第2号の文書
《技能実習計画の認定基準関係》		
第1 技能実習計画の認定基準の基準		
施行規則第14条第5号		・養殖業職種・作業に係る技能実習法施行規則第14条第5号に規定する告示で定める基準（特定職種・作業に係る技能実習生の待遇の基準）は、次のとおり。 ・技能実習法第8条第1項の技能実習計画認定申請から認定までの間においては、養殖業事業協議会における協議が調うまでの規定の適用については、告示第7条中「養殖業に係る事業協議会」とあるのは、「農林水産省、水産庁その他の技能実習の関係行政機関及び養殖業に係る技能実習その他の関係行政機関その他の団体により構成される協議会に相当するものであって、農林水産大臣が当該協議会に相当すると認めるもの」とする。	○養殖業職種・作業に係る技能実習生の待遇の基準として、次のことが求められる。 ①企業単独型技能実習にあっては申請者（技能実習計画認定申請）が、団体監理型技能実習にあっては申請者及び監理団体が、技能実習生の労働時間、休日、休憩その他の待遇について、養殖業に係る事業協議会において協議が調ったものである場合、当該協議において調った待遇に係る措置を講じていること。 ②団体監理型技能実習生の労働時間、休日、休憩その他の待遇について、養殖業に係る事業協議会において協議が調っているものであること。 【留意事項】 ○養殖業に係る事業協議会設立前は、技能実習計画の認定（事業協議会を含む。）に関する技能実習計画の認定申請を行う場合は、農林水産省、水産庁その他の関係行政機関及び団体その他の技能実習に関する技能実習生の待遇に関する事項について協議が調った書類（養殖業参考様式第1号に準ずる。）を提出する。
告示第7条	養殖業事業協議会における協議が調った協議措置		
告示附則第5項	養殖業事業協議会の協議が調うまでの経過措置		

第2　技能実習生の数		
施行規則 第16条 第3項	告示第8条	「養殖業」職種の受入人数枠

（注）技能実習法附則第3条第2項の主務省令で定めるもの、同条第3項の主務省令で定めるもの、同条第4項の主務省令で定めるもの及び同条第5項の主務省令で定めるものをいう。

「養殖業」職種の受入人数枠

・「養殖業」職種における技能実習生の受入れについては、申請者（技能実習計画認定申請者）が法人でない場合（団体監理型技能実習に係るものである場合にあっては、申請者が法人であって、監理団体が漁業協同組合である場合）にあっては、その受入人数枠は次の表（要領記載の表に一部加筆）のとおりとなる。

一方、
i 申請者が法人である場合
ii 団体監理型技能実習に係る申請者が法人ではなく、漁業協同組合以外の団体が監理団体である場合

は、この表によらず、技能実習制度本体基準の受入人数枠（原則的な人数枠）の方が適用される。

○「養殖業」職種における特定の受入人数枠

区分			「技能実習」の区分別の受入人数		
			第1号 （1年間）	第2号 （2年間）	第3号 （2年間）
企業単独型 技能実習	A	B以外	2人	4人	╱
	B	優良実施者	4人	8人	12人
団体監理型 技能実習	C	D以外	2人	4人	╱
	D	優良実施者＋ 優良監理団体	4人	8人	12人

告示附則第6項	受入人数枠に係る経過措置	・この告示附則第6項には、技能実習法第8条第1項の技能実習計画認定申請が行われた場合における技能実習生の受入人数には、新制度の技能実習生のみならず、それに旧制度の技能実習生も含まれる旨が規定されている。

2　「自動車整備」職種・作業に係る技能実習計画の認定及び監理団体の許可の基準

Q11-2-1 国土交通大臣により告示で定められた「自動車整備」職種に係る技能実習計画認定基準及び監理団体許可の基準には、どのような要件が定められているのですか。

国土交通省告示（平成29年国土交通省告示第386号）とは、

「自動車整備職種の自動車整備作業について外国人技能実習の適正な実施及び技能実習生の保護に関する法律施行規則に規定する特定の職種及び作業に特有の事情に鑑みて事業所管大臣が告示で定める基準を定める件」

であり、2017年4月28日に公示されています。

この告示（外国人技能実習法の施行日である2017年11月1日から適用。）には、以下の事項が定められています。

　1　技能実習計画認定基準に係る事項
　　① 技能実習の内容の基準（第1条）
　　② 技能実習を行わせる体制の基準（第2条）
　2　監理団体許可の基準に係る事項
　　○監理事業の適正実施能力（第3条）

　242頁の表「『自動車整備』職種に係る技能実習計画認定基準及び監理団体許可の基準」はこれらの規定と内容を整理したものです。

　「自動車整備」職種の技能実習生の受入れを行う場合には、

　　① 「技能実習計画認定基準（Q5-3-1）」及び「団体監理型技能実習における監理団体許可の基準（Q6-4-1）」の技能実習制度本体の基準に適合した上で、

かつ、

　　② 国土交通省告示第386号基準（特則）

に同時に適合している必要があります。

　この表には、国土交通省告示第386号に掲げられている要件が順に記載し

てあります。

　また、表には、左から右に、次の欄を順に設けてそれらの相互関係及び規
定の内容が分かるようにしてあります。

　　○「技能実習法施行規則」：国土交通省告示第386号の規定の根拠が技能実
　　　　　　　　　　　　　　　習法施行規則上のどこに定められているかを
　　　　　　　　　　　　　　　示しています。

　　○「国土交通省告示第386号」：国土交通省告示第386号の各基準が規定さ
　　　　　　　　　　　　　　　　れている該当条項を記載してあります。

　　○「事項」：各条に付されている見出し、当該規定の項目が記載してあり
　　　　　　　ます。

　　○「自動車整備職種に係る基準（付加要件）」：告示の規定内容が記載して
　　　　　　　　　　　　　　　　　　　　　　　あります。

「自動車整備」職種に係る技能実習計画認定基準及び監理団体の許可の基準
＜平成29年国土交通省告示第386号＞
【JITCO】

技能実習法施行規則	告示第386号	事項	自動車整備職種に係る基準（付加要件）
第10条第第2項第8号	告示第1条	【技能実習の内容の基準】（自動車整備作業に関する講習の実施）	・第1号技能実習に係るものである場合にあっては、入国後講習において、自動車整備作業に関する講習（国土交通大臣が指定する教材を使用して、自動車整備作業に関する基礎的な知識を修得させるものに限る。）を実施することとしていること（当該講習を同号ハに規定する入国前講習において受けた技能実習生に係るものである場合を除く。）とする。
第12条第1項第14号	告示第2条	【技能実習を行わせる体制の基準】（技能実習指導員及び技能実習を行わせる事業所の要件）	（1）第1号技能実習又は第2号技能実習に係るものである場合にあっては、技能実習指導員（施行規則第7条第5号規定の技能実習指導員。第2号において同じ。）が施行規則第12条第1項第2号に規定する要件に該当するほか、次のいずれかに該当する者であること。 　イ　1級又は2級の自動車整備士の技能検定（道路運送車両法第55条第1項の技能検定をいう。以下同じ。）に合格した者 　ロ　3級の自動車整備士の技能検定に合格した日から自動車整備作業に関し3年以上の実務の経験を有する者 （2）第3号技能実習に係るものである場合にあっては、技能実習指導員が、施行規則第12条第1項第2号に規定する要件に該当するほか、次のいずれかに該当する者であること。 　イ　1級の自動車整備士の技能検定に合格した者ロ　2級の自動車整備士の技能検定に合格した日から自動車整備作業に関し3年以上の実務の経験を有する者 （3）技能実習を行わせる事業所が、道路運送車両法第78条第1項の規定に基づき地方運輸局長から自動車分解整備事業の認証（対象とする自動車の種類として二輪の小型自動車のみを指定されたもの及び対象とする業務の範囲を限定して行われたものを除く。）を受けた事業場であること。
第52条第16号	告示第3条	【監理事業の適正実施能力基準】（技能実習計画の作成指導を担当する者の要件）	・自動車整備作業に係る施行規則第52条第16号に規定する告示で定める基準は、同条第8号後段に規定する修得等をさせようとする技能等について一定の経験又は知識を有する役員又は職員が次の各号のいずれかに該当する者であることとする。 （1）1級又は2級の自動車整備士の技能検定に合格した者 （2）3級の自動車整備士の技能検定に合格した日から自動車整備作業に関し3年以上の実務の経験を有する者 （3）指定自動車整備事業規則（昭和37年運輸省令第49号）第4条に規定する自動車検査員の要件を備える者 （4）道路運送車両法第55条第3項に規定する自動車整備士の養成施設において5年以上の指導に係る実務の経験を有する者

3 「建設関係」職種等に属する作業に係る技能実習計画の認定の基準等

Q11-3-1 国土交通大臣により告示で定められた建設関係職種等に属する作業に係る技能実習計画の認定基準等には、どのような要件が定められているのですか。

国土交通省告示（令和2年国土交通省告示第269号）とは、

「建設関係職種等に属する作業について外国人技能実習の適正な実施及び技能実習生の保護に関する法律施行規則第12条第1項第14号、第14条第5号及び第16条第3項に規定する特定の職種及び作業に特有の事情に鑑みて事業所管大臣が定める基準等」

であり、2019年7月5日に公示され、申請者（実習実施者）が、技能実習計画の申請者欄の業種で日本標準産業分類D（建設業）を選択している場合について、下記の第1から第3までの基準が定められています。

第1及び第2は、2020年1月1日に施行され、また、第3は2022年4月1日の施行となっており、施行日が異なっています。

第1　技能実習を行わせる体制に係る基準（第1条：2020年1月1日施行）

　　① 申請者が建設業法第3条の許可を受けていること

　　② 申請者が建設キャリアアップシステムに登録していること

　　③ 技能実習生を建設キャリアアップシステムに登録すること

第2　技能実習生の待遇（第2条：2020年1月1日施行）

　　報酬を安定的に支払うこと（月給制による報酬の支給）

第3　技能実習生の数（第3条：2022年4月1日施行）

　　① 企業単独型

第1号技能実習生	第2号技能実習生
常勤職員の20分の1	常勤職員の10分の1

② 企業単独型（優良実習実施者）

第1号技能実習生	第2号技能実習生	第3号技能実習生
常勤職員の10分の1	常勤職員の5分の1	常勤職員の10分の3

③ 企業単独型（法施行規則第16条第1項第2号に該当）又は団体監理型

申請者の常勤職員の数	第1号技能実習生の数
301人以上	申請者の常勤職員総数20分の1
201人以上300人以下	15人
101人以上200人以下	10人
51人以上100人以下	6人
41人以上 50人以下	5人
31人以上 40人以下	4人
30人以下	3人

④ 企業単独型（法施行規則第16条第1項第2号に該当かつ優良実習実施者）又は団体監理型（優良実習実施者及び一般監理団体）

③の表に掲げる申請者の常勤職員の総数に応じ、同表に定める第1号技能実習生の数に次を乗じた数

第1号技能実習生	第2号技能実習生	第3号技能実習生
2（常勤職員総数以内）	4（常勤職員総数の2倍以内）	6（常勤職員総数の3倍以内）

第12編 外国人技能実習生の入国手続

1 外国人技能実習生の入国・在留に関する基礎知識

Q12-1-1 「在留資格」とは何ですか。

A 日本に在留する外国人は、入管法に規定される在留資格のいずれかを
もって在留するものとされています。また、在留資格は、入管法の別
表として規定され、在留資格ごとに定められた活動(従事できる社会的な活
動又は身分若しくは地位に基づく活動)を行うことができるとされていま
す。【入管法第2条の2】

　このうち、「技能実習」は、別表第一の2の表に就労が可能な在留資格の
一つとして定められています。

　また、別表には、上欄に「在留資格」が、また、下欄には在留する外国人
がその在留資格により「本邦において行うことができる活動」又は「本邦に
おいて有する身分又は地位」が規定されています。

Q12-1-2 「上陸基準」とは何ですか。

A 「技能実習」など一定の在留資格により上陸しようとする外国人につ
いては、その行おうとする活動が入管法に定める在留資格のいずれか
に該当することに加え、法務省令で定める上陸許可の基準にも適合すること
が付加的に求められます。
【入管法第7条第1項第2号】

　この基準は、我が国の産業及び国民生活に及ぼす影響その他の事情を勘案
してその受入れの範囲を定めたもので、法務大臣が基準を定めるに当たって
は、あらかじめ、関係行政機関の長(大臣)と協議することとされています。

Q12-1-3 「在留資格認定証明書」とは何ですか。

 外国人が、技能実習生として日本に上陸しようとする場合には、入管法第7条第1項に定める上陸許可の要件を備えている必要がありますが、在留資格認定証明書は、入国する前にあらかじめ申請があった場合に、法務大臣が、在留資格該当性の有無など本人が入管法上に規定されている上陸許可要件に適合しているかどうかを審査し、その行おうとする活動が在留資格（例：「技能実習」）に該当するときに、その旨を証明する文書です。【入管法第7条の2】

なお、その外国人が上陸拒否事由に該当している場合など上陸許可の要件を欠くときは在留資格認定証明書は交付されません。

在留資格認定証明書交付申請は、本人又は当該外国人を受け入れようとする機関の職員その他法務省令で定める者が行うことができるとされています。

この在留資格認定証明書制度は、入国審査手続の簡易化・迅速化を図ることを目的として導入されており、技能実習生が査証申請に当たり在留資格認定証明書を提示することにより、日本国大使館又は領事館における迅速な査証審査が可能となり、さらに、我が国に入国して上陸申請時に認定証明書を提出すれば、本人が上陸条件に適合していることの立証が容易にできることになります。

具体的には、外国人は、上陸のための条件に適合していることの立証を自らが行うこととされ（入管法第7条第2項）、その外国人が在留資格認定証明書を提出しないで上陸申請を行う場合には、本邦において行おうとする活動に関する立証資料を提出する必要がありますが、同認定証明書を提出して上陸申請を行うことによりそれらの書類を原則提出しなくてよいことになります。【入管法施行規則第6条】

また、この在留資格認定証明書の有効期間は3か月であり、同認定証明書に記載された交付日から3か月以内に査証の発給を受けた上で、我が国の空港又は海港において入国審査官に提出して上陸の申請を行わないときは、失効してしまうことに留意する必要があります。

Q12-1-4 「査証（VISA）」とは何ですか。

 　　査証は英語のVISAであり、日本国大使館又は領事館において発給される査証は、その外国人が所持する旅券の有効性を確認するとともに、同人について我が国への上陸及び滞在が査証に表示された内容において差し支えないとの判断を示したものです。

　なお、査証そのものは上陸許可の要件の一つとなっていますが、上陸・在留の許可を保証するものではありません。【入管法第7条第1項第1号】

　在留資格認定証明書の交付を受けた技能実習生は、日本国大使館又は領事館に対し査証申請を行い、旅券上に査証を受けた上で日本の空港又は海港に入国して入国審査官に対する上陸申請を行います。このように、査証と上陸の許可とは異なるものです。

2　上陸が許可されるための要件

Q12-2-1 外国人が技能実習生として日本に上陸を許可されるための要件は、入管法上でどのように定められているのですか。

 　　外国人が技能実習生として日本に上陸する場合には、次の要件をいずれも満たしていなければなりません。【入管法第7条第1項】

a　有効な旅券及び査証を有していること。

b　本邦で行おうとする活動に信ぴょう性があり、在留資格「技能実習1号イ」又は「技能実習1号ロ」のいずれかに該当し、かつ、上陸基準に適合していること。

c　在留を予定する期間が法務省令で規定された在留期間に適合していること。

d　本人が上陸拒否事由（入管法第5条）に当たらないこと。

第13編 外国人技能実習生の在留手続

1 在留資格変更が許可されるための要件等

Q13-1-1 1号技能実習から2号技能実習への在留資格変更許可要件はどのように定められているのですか。

A 在留資格を有する外国人は、その有する在留資格の変更許可申請を行うことができ、その申請が行われたときは、法務大臣は、その外国人が提出した文書により在留資格の変更を認めるに足りる相当の理由があるときに限り、これを許可することができるとされています。【入管法第20条第1項から第3号まで】

また、在留資格「技能実習」については、その在留資格が企業単独型と団体監理型の2系統で、さらに、各々「1号」、「2号」及び「3号」に区分されていることから【入管法第2条の2】、例えば団体監理型の「技能実習1号ロ」から「技能実習2号ロ」に移行しようとするときは、在留資格変更許可申請を行い、許可を受けなければなりません。

さらに、団体監理型技能実習の在留資格「技能実習2号ロ」における「本邦において行うことができる活動」は

技能実習2号ロ：技能実習法第8条第1項の認定を受けた同項に規定する技能実習計画（技能実習法第2条第4項第2号に規定する第2号団体監理型技能実習に係るものに限る。）に基づいて技能等を要する業務に従事する活動

と規定されていることから、あらかじめ「第2号団体監理型技能実習」に係る技能実習計画の認定を受けていることが要件となります。

Q13-1-2 在留資格「技能実習３号」へ移行する場合の、在留資格変更による場合と新規に上陸する場合の二つの方式について、それぞれの手続について教えてください。

 技能実習３号へ移行する場合で、在留資格変更許可によるときの手続の流れは次のとおりです。

① 　３級の技能検定又はこれに相当する技能実習評価試験の実技試験に合格。

② 　機構に対し第３号技能実習計画の認定申請を行い、計画認定（認定通知書の交付）を受ける。

③ 　住居地を管轄する地方出入国在留管理局に対し在留資格「技能実習３号」への変更許可申請を行う。

④ ２号技能実習を修了した後、「再入国許可（みなし再入国許可（Q14-3-1））」により速やかに出国。

⑤ 　帰国して１か月以上経過した後に「再入国許可」により入国する。

⑥ 　地方出入国在留管理局において在留資格「技能実習３号」への資格変更許可処分を受ける。

⑦ 　先に認定された第３号技能実習計画に基づき第３号技能実習活動を開始する。

　この在留資格変更による「技能実習３号」への移行では、第２号技能実習を修了する前に必ず在留資格変更許可申請を行う必要があります。

　仮に、在留資格「技能実習２号」の在留期限内に変更許可申請が行われていれば、

ⅰ　当該申請に対する処分がなされる日

ⅱ　現に有する在留資格の在留期限から２か月を経過する日

のいずれか早い日までの間は引き続きその在留資格をもって本邦に在留することができるため【入管法第20条第５項】（注）、この特例期間中に、再入国許可（みなし再入国許可）の制度を活用していったん出国し、１か月以上の帰国要件【技能実習法施行規則第10条第２項第３号ト】を満たした上で再入

国することができます。

　また、在留資格変更許可申請を行うことなく単純出国した場合は、第3号技能実習計画の認定を受けた上で、在留資格認定証明書の交付を受け、査証の発給を受けて日本に入国して「技能実習3号」の在留資格による上陸許可を受けることになります。

　一方、在留資格「特定技能3号」への在留資格変更許可を受けた上で、第3号技能実習開始後1年以内に1か月以上1年未満帰国する方法もあります。

　この場合において、3か月以上帰国するときは、在留資格認定証明書の交付を受け、査証の発給を受けて日本に入国する必要があります。

　（注）特例期間措置【入管法第20条第5項】については、Q13-2-2を参照。

Q13-1-3　技能実習生の技能実習活動の期間と在留期限との関係について説明してください。

技能実習生の技能実習活動期間については、技能実習法第9条第3号において、

　　1号技能実習：1年以内
　　2号技能実習：2年以内
　　3号技能実習：2年以内

と規定されています。

　一方、入管法上で、在留資格「技能実習」の在留期間は次のとおりとなっています。【入管法施行規則第3条及び別表第二】

　　技能実習1号：1年を超えない範囲内で法務大臣が個々の外国人について指定する期間

　　技能実習2号：2年を超えない範囲内で法務大臣が個々の外国人について指定する期間

　　技能実習3号：2年を超えない範囲内で法務大臣が個々の外国人について指定する期間

　この場合において、技能実習生が認定計画に従い当該技能実習を修了したにもかかわらず、在留期限までに残余の期間が生じることがあり得ます。

　その場合、仮に在留期限までの期間があるからといって、就労活動を継続

することは、次により認められないことになると解されます。

① 技能実習の期間に係る規定

　・技能実習の区分別に、１年又は２年を超えて技能実習を行うことができず、この期間の超えた技能実習計画が認定されないこと。

② 在留資格「技能実習」の規定

　・「本邦において行うことができる活動」が、認定技能実習計画に基づいて行うものとされており、認定された技能実習計画の終期を超えることができないこと。

２　在留資格変更・在留期間更新の許可処分

Q13-2-1　在留期間満了日の数日前に在留資格の変更許可を受けましたが、その許可日が新在留資格の起算点とされ、上陸日から通算すると在留できる期間が短くなりました。それはどうしてですか。

A　在留資格変更許可の処分日（許可の効力が生ずる日）が当初の在留期間満了日より前である場合には、その処分日と当初の在留期限までの期間が結果的に次図で示すとおり短縮されることになります。

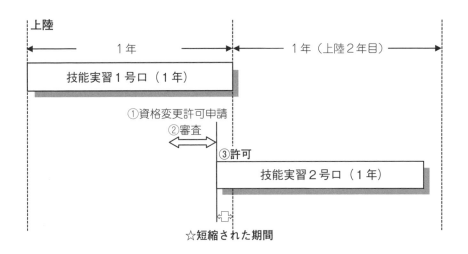

上陸

｜←　　　１年　　　→｜←　　　１年（上陸２年目）　　　→｜

技能実習１号ロ（１年）

①資格変更許可申請

②審査

③許可

技能実習２号ロ（１年）

☆短縮された期間

これに対し、在留期間更新許可の場合は、在留資格は現に有するものと同一のままで新たな在留期間が記載されますが、在留期間更新許可の処分が当初の在留期間満了日前であっても、新たな在留期間の始期は、従前の在留期間満了日の翌日となるため、通算した在留できる期間が短くなることはありません。

　ちなみに、在留資格の変更許可の処分の効力が生ずる日については、その許可に伴い外国人が中長期在留者に該当するかどうか、また、旅券を所持しているかどうかにより、次のように区分して定められています。

1　当該変更許可に伴い、その外国人が引き続き又は新たに中長期在留者に該当することとなる場合
　　⇒入国審査官により在留カードが交付された時【入管法第20条第4項第1号】

2　当該変更許可に伴い、その外国人が中長期在留者に該当しないこととなる場合で、旅券を所持しているとき　⇒入国審査官により旅券に新たな在留資格及び在留期間が記載された時【同項第2号】

3　当該変更許可に伴い、その外国人が中長期在留者に該当しないこととなる場合で、旅券を所持していないとき　⇒入国審査官により、①新たな在留資格及び在留期間を記載した「在留資格証明書」が交付された時、又は、②既に交付を受けている「在留資格証明書」に新たな在留資格及び在留期間が記載された時【同項第3号】

Q13-2-2　在留期限内に在留資格変更、又は在留期間更新許可申請を行い、その在留期間の満了日までに許可・不許可の処分が行われず、在留期限が経過した場合の取扱いはどうなるのですか。

A　在留資格変更許可申請（30日以下の在留期間が決定されている場合は除かれます。）が行われ、現に有する在留資格の在留期間の満了日までに処分（許可・不許可の決定）がされないときは、その申請者は、その在留期間の満了後も、

①　当該処分がされる日

253

　② 　現に有する在留資格の在留期限から 2 か月を経過する日

のいずれか早い日までの間は、引き続きその在留資格をもって本邦に在留す

ることができることとされています。【入管法第20条第 5 項】

　これを特例期間といいます。

第14編 在留・出国に伴う手続等

1 「在留管理制度」

Q14-1-1 「在留管理制度」の概要と制度の対象となる「中長期在留者」について説明してください。

A 現行の「在留管理制度」は、2012年7月9日に施行されています。この制度は、我が国に在留する外国人の在留状況の正確な把握、適正な在留管理及び在留外国人に対する行政サービスの利便性向上等を目指し導入されたものです。【出入国管理及び難民認定法及び日本国との平和条約に基づき日本の国籍を離脱した者等の出入国管理に関する特例法の一部を改正する等の法律（平成21年法律第79号）】

「在留管理制度」のポイントは以下のとおりです。

1 「在留管理制度」導入の目的

制度導入の目的は、従来の、「①入管法に基づき出入国在留管理官署が行っている入国・在留審査情報等の把握」と「②外国人登録法に基づいて市区町村が行っている居住及び身分関係の情報の把握」とを基本的に一元化し、外国人の公正な在留管理を目的として、対象在留外国人（「中長期在留者」）に関する必要な情報を法務大臣が継続的に把握することとされています。

2 制度の対象者

「在留管理制度」の下で「在留カード」交付の対象となる者は、入管法第19条の3に規定されています。

本制度の対象となる者（「中長期在留者」）は、入管法上の在留資格をもって適法に「中長期間」本邦に在留する外国人で、次に該当する者は含まれません。

【中長期在留者には当たらない外国人】

  a　「3月」以下の在留期間が決定された者

  b　「短期滞在」の在留資格が決定された者

  c　「外交」又は「公用」の在留資格が決定された者

  d　aからcに準ずる者として法務省令で定める者

  e　特別永住者※

  ※「特別永住者」とは、「日本国との平和条約に基づき日本の国籍を離脱した者等の出入国管理に関する特例法（平成3年5月10日法律第71号）」に基づき、入管法の在留資格ではなく、一定の地位をもって本邦に在留できる法的地位を表しているものです。

  f　在留資格を有しない者

　このことから、「3月」を超える在留期間が決定された技能実習生は、「中長期在留者」に該当することになります。

2　「中長期在留者」に交付される「在留カード」

Q14-2-1　「在留カード」とは何ですか。

　現行の在留管理制度の施行に伴い、中長期在留者には在留カードが交付されます。

　この在留カードは、外国人が次のいずれかに該当する場合に交付されるものです。

①　この制度の施行日以降に、中長期在留者として在留している場合

②　外国人が制度の施行日以降に中長期在留者に該当する在留資格の決定を受けて上陸許可が行われた場合、又は在留資格変更許可、在留期間更新許可等により中長期在留者となった場合

　また、在留カードには、16歳以上の場合は顔写真が表示され、以下の事項が記載されます。

a 氏名、生年月日、性別、国籍の属する国（入管法第2条第5号ロに該当する政令で定める地域を含みます。）

b 住居地（本邦における主たる住居の所在地）

c 在留資格、在留期間及び在留期間の満了日

d 許可の種類及び年月日

e 在留カードの番号、交付年月日及び有効期間の満了の日

f 就労制限の有無

g 資格外活動の許可を受けているときは、その旨

Q14-2-2 在留管理制度における中長期在留者に関する一連の手続について説明してください。

在留管理制度の下における中長期在留者に関する手続について整理したものが次の図「中長期在留者に係る在留カードの主な手続」です。

この図は、中長期在留者に該当することとなる技能実習生について、本邦への上陸から出国するまでの在留カードに関する主な手続を示したものです。

この図の見方は次のとおりです。

1 図の構成

図には、左から右方向に、次の欄を設けています。

① 「事項（規定）」：対象となる手続事項と入管法上の根拠規定を【　】に記載してあります。

（例：1　新規上陸に伴う在留カードの交付【入管法第19条の6】）

② 「地方出入国在留管理局等・中長期在留者・市区町村」：中長期在留者の欄を中央に、左側に地方出入国在留管理局等を、また、右側に市区町村の欄を設け、中長期在留者である外国人の側から見て必要な手続の内容を枠の中に記載し、また、いずれの機関に対し手続を行うかが分かるようにしてあります。

また、手続の流れは「⇒」で示しています。

2　図の記載欄

　中長期在留者、地方出入国在留管理局等及び市区町村のそれぞれの事務内容を枠の中に要約して記載してあります。

中長期在留者に係る在留カードの主な手続

【JITCO】

(注)　市区町村の「区」とは、東京都及び地方自治法第252条の19第1項（政令指定都市）の区をいう。

事項【規定】	地方出入国在留管理局等		中長期在留者	市区町村
1　○新規上陸に伴う在留カードの交付【法第19条の6】	A	上陸許可は従来どおり旅券に証印【法第9条】		
	B ①	在留カード交付体制が整備されている空海港		
		⇨　・直ちに在留カードを交付		
	②	交付体制が未整備の空海港	⇨（カード交付）	
		⇨　入国審査官により、旅券上に「後日在留カードを交付する」旨が記載される。【改正法附則第7条第1項】		
2　○新規上陸後の住居地届出【法第19条の7第1項及び第2項】			・「住居地」を定めた日から14日以内に市区町村の長を通じて出入国在留管理庁長官に住居地を届け出る。（届出a）⇨　＜上記1B①で在留カードの交付を受けた場合＞・在留カードを提出して届け出る。	《住民票作成》 ⅰ　市区町村の長は、当該在留カードの裏面にその住居地を記載し、本人に返還する。⇦（カード返還）

258

			(届出b) ⇨	
			<上記1B②で「後日カードを交付する」旨記載を受けた場合> ・旅券を提示した上で届け出る。【改正法附則第7条第2項】	《住民票作成》 ⅱ市区町村の長は、上記1B②により「後日カードを交付する」こととされた者に係る氏名、住居地等の情報を法務省へ送信する。
		(法務省あて情報送信) ←		
		・在留カードを本人あて郵送により交付 ⇨ (カード交付)		
3	○住居地の変更届出 【法第19条の9第1項及び第2項】		・住居地を変更したときは、新住居地に移転した日から14日以内に、新住居地の市区町村の長を通じて出入国在留管理庁長官に届け出る。 ・この場合において、旧住居地の市区町村の区域外に住居地を移転するときは、あらかじめ旧住居地の市区町村の長に対し住民基本台帳法に基づく転出届を行う。また、同一市区町村内における変更であるときは転居届を行う。 ⇨ (届出)	
				市区町村の長は、当該在留カードの裏面に新住居地を記載し、本人返還する。 ← (カード返還)
4	○住居地以外の記載事項の変更届出 【法第19条の10】	← (届出) 新たな在留カードを交付 ⇨ (カード交付)	・住居地以外の記載事項（氏名、生年月日、性別、国籍・地域）に変更が生じたときは、変更を生じた日から14日以内に変更を届け出る。	

5	○紛失等による在留カードの再交付 【法第19条の12第1項】	（申請）　⇐ 在留カードを再交付 （カード再交付）　⇒	・紛失、盗難、滅失その他の事由により在留カードの所持を失ったときは、その事実を知った日から14日以内に在留カードの再交付を申請する。	
6	○汚損等による在留カードの再交付 【法第19条の13第1項】		・在留カードが汚損等したときは、再交付を申請することができる。	
7	○所属機関等に関する届出 【法第19条の16第1号】	（届出）　⇐	・中長期在留者で、「技能実習」の在留資格により在留する者は、活動を行う本邦の機関の名称・所在地に変更があったとき、消滅したとき又は当該機関から離脱若しくは移籍したときは、その事由が生じた日から14日以内に届け出る。	
8	○在留資格変更・在留期間更新許可における在留カードの交付 【法第20条第4項第1号】及び【法第21条第4項】	（申請）　⇐ 中長期在留者に該当する在留資格変更・在留期間更新許可処分は在留カードの交付により行われる。 （カード再交付）　⇒	・在留資格変更許可申請又は在留期間更新許可申請	
9	○在留カードの失効 【法第19条の14第1号及び第3号】	（カード返納）　⇐	・中長期在留者が中長期在留者でなくなったときは、在留カードが失効する。	
	○在留カードの返納 【法第19条の15】	（カード返納）　⇐	・在留カードを所持する中長期在留者が、出国港において、単純出国者として入国審査官による出国の確認（出国証印）を受けたときは在留カードが失効する。	

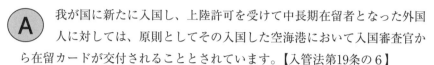

A 我が国に新たに入国し、上陸許可を受けて中長期在留者となった外国人に対しては、原則としてその入国した空海港において入国審査官から在留カードが交付されることとされています。【入管法第19条の６】

しかしながら、出入国する全ての空海港で直ちに在留カードの交付体制を確立することが困難な状況にあります。そのため、改正法施行後当分の間は、体制が未整備の空海港において上陸が許可された中長期在留者に対しては、入国審査官により旅券上に「後日在留カードを交付する」旨の記載がなされます。【改正法附則第７条第１項】

その場合には、在留カードは、当該中長期在留者が市区町村の長を通じて出入国在留管理庁長官に対し住居地の届出をした後に、同庁（地方出入国在留管理局）から本人あてに郵送して交付されることになります。

このように、新規上陸に伴う在留カードの交付には二つの方式があり、いずれの方式によるかは入国した空海港に在留カードの交付体制が整備されているかどうかにより決まります。

なお、在留カードの交付に関する一連の事務の流れは、図「中長期在留者に係る在留カードの主な手続」の１及び２に記載したとおりです。

第14編

Q14-2-4 在留カードの記載事項の「住居地」とは何ですか。

A 「住居地」は、入管法第19条の４第２号に規定されており、在留カードの記載事項の一つです。住居地の意味については、同条同号のかっこ書として、（本邦における主たる住居の所在地をいう。）と定義されています。このように、住居地とは日本における主たる住居の所在地のことをいいます。

ちなみに、中長期の宿泊契約に基づいて継続して居住することが予定されているホテルや旅館などは住居地として認められますが、道路や公園など、社会通念上、客観的に人の住居としての実態を具備していないものや、ホテ

ルや旅館に宿泊する日数が短期間のものなどは、特定の場所に居住していないため住居地とは認められないこととされています。

 Q14-2-5 新たに上陸した中長期在留者が、住居地を定めた場合の市区町村の長に対する届出について説明してください。

A 我が国に新たに上陸した中長期在留者は、図「中長期在留者に係る在留カードの主な手続」の2で示したとおり、住居地を定めた日から14日以内に、

住居地の市区町村長を通じて出入国在留管理庁長官に対し、

　　○　上陸した空海港において在留カードの交付を受けた場合は、当該市区町村に出頭して、その在留カードを提出した上で住居地の届出をすること

　　○　一方、上陸が許可された空海港において、所持する旅券上に「後日在留カードを交付する」旨の記載を受けた中長期在留者の場合は、当該市区町村に出頭して、その旅券を提示した上で住居地の届出をすること

がそれぞれ義務付けられています。【法第19条の7及び改正法附則第7条第2項】

　中長期在留者が、在留カードを提出して、又は「後日在留カードを交付する」旨の記載がある旅券を提示して市区町村の長に対し住民基本台帳法上の転入の届出が行われたときは、住民基本台帳法に基づき外国人住民として住民票が作成されるとともに、出入国在留管理庁長官に対する住居地の届出をしたものとみなされます。

 Q14-2-6 在留カードには、携帯・提示義務があるのですか。

A 中長期在留者は、在留カードを常に携帯していなければなりません。【入管法第23条第2項】

　なお、中長期在留者には在留カードの携帯義務があり、在留カードを携帯しているときは、旅券や上陸許可書等を携帯する必要はありません。

また、中長期在留者を含む本邦に在留する外国人は、入国審査官、入国警備官、警察官、海上保安官その他法務省令で定める国又は地方公共団体の職員から、その職務の執行に当たり、在留カードの提示を求められたときは提示しなければなりません。【入管法第23条第3項】

　携帯義務に違反した場合は20万円以下の罰金に、また、提示義務に違反した場合は1年以下の懲役又は20万円以下の罰金に処する旨が規定されています。【法第75条の3及び第75条の2第2号】

Q14-2-7 在留管理制度の下では、在留許可はどのように行われますか。

　在留資格変更・在留期間更新など在留許可によって中長期在留者となる場合は、旅券上に許可の証印は行なわず、本人に対し許可された内容が記載された在留カードが交付されます。【入管法第20条第4項第1号及び第21条第4項】

　また、在留資格の変更・在留期間の更新許可の効力については、在留カードの交付のあった時に、当該在留カードに記載された内容をもって効力が生ずることになります。

3　みなし再入国許可

Q14-3-1 「みなし再入国許可」とは何ですか。

　「みなし再入国許可」制度は、現行の在留管理制度の導入に伴って新設されたものです。

　みなし再入国許可とは、現行の在留管理制度が施行された後、本邦に在留資格をもって在留する外国人（3月以下の在留期間が決定された者及び短期滞在の在留資格が決定された者を除く。）で有効な旅券（中長期在留者にあっては、在留カードを所持するものに限られる。）を所持する者（技能実習生を含む。）が、入国審査官に対して、再び入国する意図を表明して出国する場合には、再入国の許可を受けたものとみなされ、その出国から1年以

内（在留期限が１年未満であればその在留期限まで）に再び入国するのであれば、出国前に再入国許可を受けなくてもよいこととする取扱いです。【入管法第26条の２】

技能実習生がこの「みなし再入国許可」の適用を受けるためには、有効な旅券及び在留カードを所持し、かつ、出国の際に、入国審査官に提出する「再入国出国記録（再入国用EDカード）」の「意思表示（みなし再入国許可による出国を希望する）」欄にチェックを行う必要があります。

ちなみに、みなし再入国許可により出国した場合は、海外でその有効期間の延長の許可を受けることはできません。

4　活動機関の変動が生じた場合に必要となる地方出入国在留管理局に対する届出

Q14-4-1 活動機関の変動が生じた場合に必要となる地方出入国在留管理局に対する届出について説明してください。

 2012年７月９日に現行の「在留管理制度」が施行され、中長期在留者である技能実習生について、その活動機関（監理団体及び実習実施者）に関して法定の変動が生じた場合には、その事由が生じた日から14日以内に、出入国在留管理庁長官に対し届出を行うことが義務付けられました。【入管法第19条の16第１号】

1　届出事項

届出が必要とされる事項は次のとおりです。

①　活動機関の名称又は所在地の変更

②　活動機関の消滅

③　活動機関からの離脱又は移籍

2　用語の意味

・「機関の消滅」とは、例えば、実習実施者が倒産して存在しなくなった場合をいいます。

・「機関からの離脱」とは、例えば、実習実施者が引き続いて存在している下において、技能実習生がその所属を離れる場合をいいます。

・「技能実習１号ロ」の在留資格をもって在留する技能実習生が、旧実

習実施者から新たな機関へ移籍する場合は、①「機関からの離脱届」と②「新たな機関への移籍届」の二つの届出を行う必要があります。

3　活動機関の変動が生じた場合の届出先と届出方法

　技能実習生が活動機関の変動を地方出入国在留管理局へ届け出る際の、届出先と届出方法は次のとおりとされています。

（1）　持参して届け出る場合

　　　届出の1番目の方法は、技能実習生が地方出入国在留管理局に持参して行うものです。この場合、技能実習生は、必ず在留カードを携帯しなければなりません。

　　　なお、技能実習生が様式に必要な記載を行い、それを監理団体又は実習実施者の職員が地方出入国在留管理局に持参して提出することも認められています。この場合、職員は身分を証明できる書類を持参する必要があります。

　　　また、届出先は、本人の住居地を管轄する地方出入国在留管理局のほか、在留審査を行う同局の支局及び出張所でも差し支えありません。

（2）　郵送により届け出る場合

　　　届出の2番目の方法は、郵送で届出を行うものです。

　　　技能実習生が様式に必要な記載を行い、本人の在留カードの写し（表裏の両面）を同封して、技能実習生の住居地にかかわりなく、次の庁あてに直接郵送して届け出ます。

　　　東京出入国在留管理局　在留管理情報部門「届出受付担当」

　　　〒108-8255　東京都港区港南5―5―30

（3）「電子届出システム」を利用し届け出る場合

　　　届出の3番目の方法は、法務省出入国在留管理庁の「電子届出システム」を用いて届出を行うものです。

　このシステムを利用して届け出る場合には、まず①「利用者情報登録」を行いその上で②各種届出を行います。

4　根拠規定

　手続の根拠規定は次のとおりです。

　・入管法第19条の16【所属機関等に関する届出】第1号

　・入管法施行規則第19条の15、同規則別表第3の3

・入管法第71条の３第３号（入管法第19条の16の規定に違反した場合の罰則が定められているもの。）

5　出国手続等

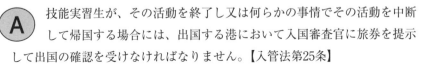

Q14-5-1　技能実習生が帰国する場合の出国手続について説明してください。

A　技能実習生が、その活動を終了し又は何らかの事情でその活動を中断して帰国する場合には、出国する港において入国審査官に旅券を提示して出国の確認を受けなければなりません。【入管法第25条】

出国の確認は、入国審査官により旅券に出国の証印が押されることにより行われます。

また、在留カードの交付を受けている中長期在留者が、出国する出入国港において、入国審査官から出国の確認を受けたとき（再入国の許可を受け若しくはみなし再入国許可により出国する場合を除く。）は、その在留カードを直ちに入国審査官に提出して出入国在留管理庁長官に対し返納しなければなりません。【入管法第19条の14第３号及び第19条の15第２項】

Q14-5-2　技能実習生が行方不明となった場合はどうすればよいですか。

A　技能実習生が失踪・事故等（「失踪等」といいます。）で行方不明となる場合は、技能実習生を受け入れる監理団体、実習実施者は、言語、生活習慣の異なる日本において安全で充実した活動が行われるよう十分配慮することがそうした失踪等を生じさせないようにするためには重要となります。

仮に技能実習生が行方不明となった場合には、次のような点を参考にした上で必要な措置を講じることになります。

1　まず、事故等に遭った可能性がないかの観点から情報収集を行う。

2　失踪等の発生に関する事実及び原因をできる限り正確に把握する。

3　得られた情報を監理団体、実習実施者が共有し、協力して対策を検討

する。

4　送出し機関に行方不明となっていることを伝え、また、本人から本国の家族への連絡の有無、本人が立ち寄る可能性がある場所等に関する情報提供を依頼する。

5　失踪等した技能実習生の所在把握に努める。

6　外国人技能実習機構に対し、技能実習実施困難時の届出を行う（Q5-11-1）。

7　失踪等の状況等によっては、地方出入国在留管理局に対し、当該実習生の行方不明を報告する（その後発見できた場合にも報告し、その後の対応について指導を受ける。）。

8　所轄の警察署に届け出る（その後発見できた場合にも報告する。）。

9　他の技能実習生に対し説明を行い、動揺・連鎖反応の発生を防止する。

第15編 罰則

1 罰則規定

Q15-1-1 技能実習法に規定される罰則について説明してください。

 技能実習第5章の第108条から115条までに罰則が規定されています。

それらの罰則を整理したものが271頁の表「技能実習法に規定される罰則」です。

この表には、上欄の左から右方向に、「行為者」、「規定」、「事項」、「違反行為（者）」及び「罰則」の順で欄を設けてあります。

この表から、誰が、どの違反行為を行った場合に如何なる罰則の適用があるかを根拠規定と共に理解することができます。

また、上欄左端の「行為者」欄を、「実習実施者」から末尾の「技能実習機構の役員又は職員」までに区分し、行為の主体者に着目してグループ化した上で罰則を記載してあります。

さらに、「事項」欄に違反行為の内容を要約して見出しを設け、「違反行為（者）」欄にはいかなる行為が罰則対象となるかを記載してあります。

なお、「行為者」欄に記載される用語（定義）については、本書の中で説明していますので、それを参照してください（Q3-1-1、Q5-6-2）。

さらに、この罰則規定の適用に関しては、技能実習法附則第25条に次の経過措置が定められています。

「この法律の施行前にした行為及びこの法律の規定によりなお従前の例によることとされる場合におけるこの法律の施行後にした行為に対する罰則の適用については、なお従前の例による。」

そこで、この技能実習法附則第25条の規定を言い換えると次のとおりとなります。

・技能実習法で規定される罰則規定は、この法律の施行された日以降に行われた行為についてのみ適用があり、施行前にした行為については、技能実習法が施行される前の法律の罰則が適用される。

・また、「技能実習法上でなお従前の例によることとされる場合」においては、技能実習法が施行された後における違反行為であっても、技能実習法が施行される前の改正前の法令が適用される。

2　両罰規定

Q15-2-1 罰則の規定が自然人だけでなく法人などにも適用される場合があるのですか。

技能実習法第5章に規定される罰則（Q15-1-1）のうち次に掲げるものについては、

① 法人の代表者

② 法人又は人の代理人

③ 法人の使用人その他の従事者

が、その法人又は人の業務に関して違反行為をしたときは、行為者を罰するだけでなく、その法人又は人に対しても、各本条の罰金を科すと規定されています。【技能実習法第113条】

・第108条

・第109条

・第110条（第44条に係る部分に限る。）

・第111条

・第112条（第12号を除く。）

技能実習法に規定される罰則

行為者	規定	事項	違反行為（者）	罰則
実習実施者	法第111条第1号	実習実施者に対する改善命令違反	・法第15条第1項の規定（主務大臣による実習実施者に対する改善命令）による処分に違反した者	6月以下の懲役又は30万円以下の罰金
	法第112条第2号	実施の届出違反	・法第17条（実施の届出）の規定による届出をせず、又は虚偽の届出をした者	30万円以下の罰金
	法第112条第5号	技能実習帳簿の備付け違反	・法第20条（帳簿の備付け）の規定に違反して技能実習に関する帳簿書類を作成せず、若しくは事業所に備えておかず、又は虚偽の帳簿書類を作成した者	30万円以下の罰金
企業単独型実習実施者	法第112条第3号	技能実習実施困難届出違反	・法第19条第1項の規定（技能実習実施困難となったときの届出）による届出をせず、又は虚偽の届出をした者	30万円以下の罰金
団体監理型実習実施者	法第112条第4号	技能実習実施困難通知違反	・法第19条第2項の規定（団体監理型技能実習の実施困難となったときの監理団体による実習監理を受ける団体監理型実習実施者による監理団体に対する通知）による通知をせず、又は虚偽の通知をした者	30万円以下の罰金
実習監理者等	法第111条第4号	違約金・損害賠償契約の締結禁止違反	・法第47条の規定（違約金・損害賠償契約の締結禁止）に違反した者	6月以下の懲役又は30万円以下の罰金
実習実施者等	法第111条第7号	主務大臣に対する申告を理由とする不利益な取扱いの禁止違反	・法第49条第2項の規定（技能実習生による主務大臣に対する申告を理由とする不利益な取扱いの禁止）に違反した者	6月以下の懲役又は30万円以下の罰金
監理事業を行おうとする者	法第112条第6号	監理団体許可等申請書又は添付書類の虚偽記載	・法第23条第2項の規定による監理団体の許可申請書、法第32条第5項の規定による有効期間更新許可申請書若しくは法第32条第2項の規定による監理許可の事業区分の変更許可申請書又はこれらの申請書に当たり規定により添付される添付書類であって、虚偽の記載のあるものを提出した者	30万円以下の罰金

第15編

271

監理団体の役員又は職員			
法第109条第3号	監理事業の許可条件違反	・法第37条第3項の規定（監理団体が監理許可に付された事業停止命令に違反した場合）における、当該処分に違反した監理団体の役員又は職員	1年以下の懲役又は100万円以下の罰金
法第109条第4号	名義貸しの禁止違反	・法第38条（名義貸しの禁止）の規定に違反した場合における、その違反行為をした監理団体の役員又は職員	1年以下の懲役又は100万円以下の罰金
法第111条第2号	手数料又は報酬受領の禁止違反	・法第28条第1項の規定（監理事業は、監理団体の役員等、団体監理型技能実習生その他の関係者から、いかなる名義でも、手数料又は報酬を受けてはならない。）に違反した場合における、その違反行為をした監理団体の役員又は職員	6月以下の懲役又は30万円以下の罰金
法第111条第3号	監理団体に対する改善命令違反	・法第36条第1項の規定による監理団体に対する処分（主務大臣による監理団体に対する監理事業の運営を改善するために必要な措置をとるべきことを命ずる命令）に違反した場合における、その違反行為をした監理団体の役員又は職員	6月以下の懲役又は30万円以下の罰金
法第112条第7号	監理団体許可申請書に記載した事項の変更届出等違反	・法第32条第3項の規定（監理団体許可申請書に記載した事項の変更届出）に関し、届出をせず、若しくは虚偽の届出をし、又は事業計画書その他の主務省令で定める書類であって虚偽の記載をしたものを提出した場合における、その違反行為をした監理団体の役員又は職員	30万円以下の罰金
法第112条第8号	技能実習実施困難の届出違反	・法第33条第1項の規定（監理団体が、①団体監理型実習実施者による技能実習実施困難となったときの監理団体への通知を受けた場合（法第19条第2項）、又は②監理団体が行う団体監理型実習実施者が技能実習実施困難となったと認めるときにおける主務大臣への届出義務）に違反した場合における、その行為をした監理団体の役員又は職員	30万円以下の罰金

	法条	違反行為	違反行為の内容	罰則
	法第112条第9号	監理事業の休廃止の届出違反	・法第34条第1項の規定（監理団体の、①監理事業を廃止し、又は②監理事業の全部又は一部を休止しようとするときの、廃止・休止の日の1月前までに、その旨及び技能実習継続のための措置その他の省令で定める事項の主務大臣への届出義務）による i 届出をせず、又は ii 虚偽の届出をした場合におけるその行為をした監理団体の役員又は職員	30万円以下の罰金
	法第112条第10号	監理責任者の設置違反	・法第40条第1項の規定（監理団体の、監理事業を統括管理させる監理責任者を選任する義務）に違反した場合におけるその行為をした監理団体の役員又は職員	30万円以下の罰金
	法第112条第11号	監理事業帳簿の備付違反	・法第41条（帳簿の備付け）の規定に違反して監理事業に関する帳簿書類を作成せず、若しくは事業所に備えておかず、又は虚偽の帳簿書類を作成した場合におけるその行為をした監理団体の役員又は職員	30万円以下の罰金
実習監理者等（実習監理を行う者）「実習監理を行う者」又は「実習監理者」の役員若しくは職員）	法第108条	不当な手段による技能実習の強制	・法第46条の規定（実習監理者等は、暴行、脅迫、監禁その他精神又は身体の自由を不当に拘束する手段によって、技能実習生の意思に反して技能実習を強制してはならない。）に違反した者	1年以上10年以下の懲役又は20万円以上300万円以下の罰金
当該行為者	法第109条第1号	監理団体許可を得ないで行う違法な実習監理	・法第23条第1項の規定（監理団体（監理事業）を行う者は、一般監理事業又は特定監理事業の区分に従い、主務大臣の許可を受けなければならない。）に違反して実習監理を行った者	1年以下の懲役又は100万円以下の罰金
	法第109条第2号	偽り・その他の不正行為による監理団体の許可等取得	・偽りその他の不正行為により、法第23条第1項の監理団体の許可（一般監理事業又は特定監理事業）、法第31条第2項の規定による許可の有効期間の更新又は法第32条第1項規定の事業区分変更許可を受けた者	1年以下の懲役又は100万円以下の罰金

対象者	根拠条文	内容		罰則
技能実習関係者（「技能実習を行わせる者」、「実習監理者」又は「これらの役員若しくは職員」）	法第111条第5号	技能実習生の旅券又は在留カードの保管	・法第48条第1項の規定（技能実習関係者は、技能実習生の旅券又は在留カードを保管してはならない。）に違反して、技能実習生の意思に反して技能実習生の旅券又は在留カードを保管した者	6月以下の懲役又は30万円以下の罰金
	法第111条第6号	私生活の自由の不当な制限としての禁止の告知	・法第48条第2項の規定（技能実習関係者は、技能実習生の外出その他の私生活の自由を不当に制限してはならない。）に違反して、技能実習生に対し、解雇その他の労働関係上の不利益又はその財産上の不利益を示して、技能実習が制裁金の徴収その他の時間以外に外出又は面談若しくは通信若しくは面談又は外出の全部又は一部を禁止する旨を告知した者	6月以下の懲役又は30万円以下の罰金
・「実習実施者等」、「監理団体等」、「役職員等」又は「団体監理型技能実習関係者」・「役員等」又は「関係者」	法第112条第1号	報告徴収等違反	・法第13条第1項又は第35条第1項の規定による報告をせず、若しくは虚偽の報告をし、若しくは帳簿書類の提出若しくは提示をせず、若しくは虚偽の帳簿書類の提出をし、又はこれらの規定による質問に対して答弁をせず、若しくは虚偽の答弁をし、若しくは忌避した者（法第13条第1項規定の報告徴収等についてはQ5-6-1及びQ5-6-2を参照。法第35条第1項規定の「報告徴収等」についてはQ6-12-1を参照。）	30万円以下の罰金
当該行為者	法第110条	秘密保持義務違反	・法第44条（監理団体の役員若しくは職員又はこれらの者であった者の秘密保持義務）、法第54条第4項（事業協議会）、法第56条第4項（地域協議会の事務又は第80条（機構の役員若しくは職員又はこれらの職にあった者の秘密保持義務。第86条及び第88条第2項において準用する場合を含む。）の規定に違反した者	1年以下の懲役又は50万円以下の罰金
技能実習機構の役員又は職員	法第112条第12号	機構に対する主務大臣による報告徴収等違反	・法第100条第1項の規定による報告をせず、又は同項の規定による報告をし、若しくは虚偽の報告をし、又は同項の規定による検査を拒み、妨げ、若しくは忌避した場合におけるその行為をした機構の役員又は職員	30万円以下の罰金

（注）　表中の「法」は、技能実習法のことをいいます。

1 施行期日

Q16-1-1 技能実習法の施行期日はどのように定められているのですか。

A 技能実習法の施行日は、平成29年11月1日です。

技能実習法は平成28年11月28日公布され、同法の施行期日は公布の日から起算して1年を超えない範囲内において政令で定める日と規定されました。【技能実習法附則第1条】

また、技能実習法の施行期日を定める政令（平成29年政令第135号）により、施行日が平成29年11月1日と定められました。

一方、この施行期日に関して、次の表「施行期日の繰上げ規定」に記載したものについては、公布の日から施行することとされました。【技能実習法附則第1条ただし書】

施行期日の繰上げ規定

○技能実習法上の次の規定は、いずれも公布日（平成28年11月28日）から施行。

規定箇所	規定（適用条項）	備　考
第1章（総則）	・第1章第1条から第7条までの全て。	
第3章（外国人技能実習機構）	・第3章第57条から第102条までの全て。	
第4章（雑則）	・第103条（主務大臣等）	
	・第106条（国等の連携）	
	・第107条（主務省令への委任）	
第5章（罰則）	・第110条（第80条（第86条及び第88条第2項において準用する場合を含む。）に係る部分に限る。）	・第80条（機構の役員若しくは職員又はこれらの職にあった者の秘密保持義務の規定に違反した者に関する罰則。（「第86条（評議員の秘密保持

		義務）」及び「第88条第２項（法第88条第１項に基づき機構から業務委託を受けた者等に係る秘密保持義務）」において準用する場合を含む。）
	・第112条（第12号に係る部分に限る。）	・「第112条第12号第100条第１項の規定による報告をせず、若しくは虚偽の報告をし、又は同項の規定による検査を拒み、妨げ、若しくは忌避した場合におけるその行為をした機構の役員又は職員」に係る罰則。
	・第114条	
	・第115条	
附則	・附則第５条から第９条まで。	
	・附則第11条	
	・附則第14条から第17条まで。	
	・附則第18条（登録免許税法（昭和42年法律第35号）別表第三の改正規定に限る。）	・「監理団体の許可【技能実習法第23条第１項】（更新の許可は除く。）」又は「監理許可に係る区分変更許可【技能実習法第32条第１項】（一般監理事業への事業区分の変更に係るものに限る。）」に係る手数料の納付。
	・附則第20条から第23条まで。	
	・附則第26条	

2　検討

Q16-2-1 技能実習法の附則で定められている見直し規定について説明してください。

技能実習法附則第２条には、

「政府は、この法律の施行後５年を目途として、この法律の施行の状況を勘案し、必要があると認めるときは、この法律について検討を加え、その結果に基づいて所要の措置を講ずるものとする。」
と規定されています。

この規定は、政府に対し、技能実習法が施行された後、新たな技能実習制度の運用状況等について施行後5年を目途に検証を行い、その結果、必要があると認めるときは技能実習法の一部改正等をも含め必要な措置を講じることを求めているものです。

　したがって、政府には、この附則第2条の規定から、特に技能実習法の施行の状況について、観察及び検証を行うことが義務付けられているといえます。

3　「技能実習」に関する経過措置

Q16-3-1 「技能実習」に関する経過措置について説明してください。

　技能実習法附則第3条には、同法第2条第1項に規定される「技能実習」（Q3-2-1参照）に関し、その経過措置が定められています。では、この附則第3条第1項から第5項まで規定されている内容を、順に見ていくことにします。

＜附則第3条第1項＞

　この附則第3条第1項には、旧入管法（技能実習法附則第12条により改正される前の入管法）の在留資格「技能実習」をもって在留する者が行う活動は、技能実習法第2条第1項に規定される「技能実習」（Q3-2-1参照）には該当しないと規定されています。

　すなわち、技能実習法施行後において旧入管法の在留資格「技能実習」をもって在留する者（注）が行う活動はあくまでも旧入管法上における活動であって、それが技能実習法上の「技能実習」に規定される活動に該当するものではないことが明記されているものです。

　（注）技能実習法の施行日以降に、旧入管法の在留資格「技能実習」を決定されて上陸許可を受けた者が含まれます。

＜附則第3条第2項＞

　技能実習法附則第3条第2項の前段では、次に掲げる三者を「旧技能実習

在留資格者等」と定義されています。

> ①　旧入管法の在留資格「技能実習」をもって現に本邦に在留する者
> ②　技能実習法の施行日前に旧入管法の在留資格「技能実習」をもって在留していた者（上記①に該当する者を除く。）
> 　　（注）この②には、かつて旧入管法の在留資格「技能実習」をもって本邦に在留していた者であって、既に本邦から出国して本邦外にある者が該当します。
> ③　その他上記②に準ずるものとして主務大臣が適当と認める者

　続いて、附則第3条第2項の後段では、「第1号企業単独型技能実習（技能実習法第2条第2項第1号）」を取り上げて、上記の「旧技能実習在留資格者等」が<u>第1号企業単独型技能実習に相当するものとして主務省令で定めるもの</u>を修了した場合においては、「第2号企業単独型技能実習」を定義した技能実習法第2条第2項第2号の規定の適用については、当分の間、技能実習法第2条第2項第1号で用いられている「第1号企業単独型技能実習」の語を「附則第3条第2項の主務省令で定めるもの」と置き換える旨が規定されています。

　この技能実習法附則第3条第2項の規定が設けられたことにより、前記の**「旧技能実習在留資格者等」**のいずれかに該当する者が**「第1号企業単独型技能実習に相当するものとして主務省令で定めるもの」**を修了しているときは、その者に係る「相当技能実習計画（【技能実習法附則第4条】Q16-4-1参照）」の認定を受けた企業単独型実習実施者が、上陸又は在留の許可を受けた当該技能実習生に第2号企業単独型技能実習を行わせることが可能となっています。

＜附則第3条第3項＞

　技能実習法附則第3条第2項後段の規定と同様に、「旧在留資格該当者等」が、第2号企業単独型技能実習に相当するものとして主務省令で定めるものを修了した場合においては、第3号企業単独型技能実習【技能実習法第2条第2項第3号】の規定の適用については、当分の間、同号中の「第2号企業単独型技能実習」を「附則第3条第3項の主務省令で定めるもの」とし

て取り扱い、それらの者に係る「相当技能実習計画の認定を受けた企業単独型実習実施者が、技能実習生に第3号企業単独型技能実習を行わせることが可能となっています。

<附則第3条第4項及び第5項>

　附則第3条第2項及び第3項の規定が企業単独型技能実習に係るものであるところ、附則第3条第4項では旧入管法の在留資格「技能実習1号ロ」から第2号団体監理型技能実習への移行を、また、附則第3条第5項では旧入管法の在留資格「技能実習2号ロ」から第3号団体監理型技能実習への移行を可能とするための同様の経過措置が設けられています。

4　「技能実習計画の認定の基準」に関する経過措置

Q16-4-1　「技能実習計画の認定の基準」に関する経過措置について説明してください。

　技能実習法附則第4条には、同法第9条に規定される「技能実習計画の認定基準」（Q5-3-1参照）に関し、当分の間、次の1及び2の経過措置が定められています。

1　「旧技能実習在留資格者等」が行い、又は行った技能実習に係る技能実習計画の「相当技能実習計画」への読替え【技能実習法附則第4条前段】
（1）　規定の内容
　　　「旧技能実習在留資格者等」を雇用する者又は雇用しようとする者から、その作成した
　　　　・第2号企業単独型技能実習
　　　　・第2号団体監理型技能実習
　　　　・第3号企業単独型技能実習
　　　　・第3号団体監理型技能実習
　　のいずれかに係る技能実習計画を提出して認定申請が行われた場合においては、
　　　　○　技能実習法第9条第4号：（要旨）「『直前の技能実習に係る

　　　　　技能実習計画において定めた技能検定又は技能実習評価試験
　　　　の合格に係る目標』が達成されていること」

の規定の適用については、

　　その「旧技能実習在留資格者等」が行い、又は行った技能実習に係
る「技能実習計画（例：第2号企業単独型技能実習計画の認定申請に
おける旧在留資格「技能実習1号イ」に係る計画）を「相当技能実習
計画」と読み替える。

（2）　読替えの意義

　　本技能実習法附則第4条前段の規定が設けられたことにより、「旧
技能実習在留資格者等」に係る第2号企業単独型技能実習計画の認定
申請が行われた場合においては、「旧技能実習在留資格者等」が行い、
又は行った旧在留資格「技能実習1号イ」に係る技能実習計画が、第
1号企業単独型技能実習計画に相当するもの（「相当技能実習計画」）
と読み替えられます。

　　その結果、「旧技能実習在留資格者等」が旧在留資格「技能実習1
号イ」の活動を行い、又は行った場合で、かつ、技能検定試験基礎級
相当（学科及び実技試験）に合格しているときは、技能実習法第9条
第4号規定の要件を満たすこととなります。

2　受入人数枠の規定適用に当たっての読替え【技能実習法附則第4条後段】

（1）　規定の内容

　　まず、技能実習法第9条第11号には、「申請者が技能実習の期間に
おいて同時に複数の技能実習生に技能実習を行わせる場合は、その数
が主務省令で定める数を超えないこと。」として、受入人数枠に関す
る要件が規定されています。また、受入れが認められる人数は主務省
令で定められます。

　　この技能実習法第9条第11号の規定に関し、同法附則第4条後段に
は、受入人数枠について「旧技能実習在留資格者等」に係る経過措置
が定められています。

　　まず、上記の技能実習法第9条第11号の文中の用語「技能実習生
【技能実習法第2条第3項及び第5項】」については、「旧技能実習在
留資格者等」であって、技能実習【技能実習法第2条第1項及び第2

項】に相当するものとして主務省令で定めるものを行い、又は行った者を「技能実習生」に含めるとされています。

　さらに、技能実習法第９条第11号の文中の「技能実習」については、同法附則第３条第２項の主務省令で定める技能実習に相当するものを含めることが定められています。

（２）　読替えの意義

　技能実習法附則第４条後段の読替規定は、技能実習法施行後における技能実習生の受入人数枠について、その算出根拠に関係する「技能実習生」及び「技能実習」の範囲を特定する必要上から設けられているものです。

5　施行日前の準備

Q16-5-1 技能実習計画の認定及び監理団体の許可の手続は技能実習法の施行日前においても行うことができるのですか。

 技能実習法は政令で定める日から施行されましたが、その施行日前においても、技能実習計画の認定及び監理団体の許可の手続を行うことができるとされました。【技能実習法附則第８条第１項】

　この規定から、

① 技能実習法が施行された後に、実習実施者として技能実習を行わせることとして施行日前に技能実習計画の認定申請を行うこと

② 技能実習法が施行された後に、監理団体として監理事業を行うため必要となる監理団体の許可申請を施行日前に行うこと

がいずれも可能とされました。

　また、主務大臣は、機構に、技能実習法施行後におけるのと同様に、施行前においても技能実習計画の認定事務又は監理団体の許可の申請に係る調査の全部又は一部を行わせることができるとされており、平成29年４月７日法務省・厚生労働省告示第３号が公示の規定に基づいて、技能実習計画の認定申請又は監理団体の許可申請はいずれも機構に対して行うこととなりました。

6　出入国管理及び難民認定法の一部改正

 Q16-6-1 技能実習法の附則第12条の規定により、在留資格「技能実習」の項について改正が行われていますが、その改正内容とは何ですか。

A 技能実習法の附則第12条には、技能実習法の制定に伴う入管法の一部改正に係る規定が設けられています。

　この附則第12条では、まず、入管法別表第一の２の表の「技能実習」の項に

　　「技能実習３号イ」（第３号企業単独型技能実習に係る活動を行うもの。）
　　「技能実習３号ロ」（第３号団体監理型技能実習に係る活動を行うもの。）
の二つの在留資格が新たに設けられています。

　この結果、在留資格「技能実習」は、企業単独型技能実習と団体監理型技能実習の２方式、さらに、各々について１号、２号及び３号の３区分による六つの在留資格により構成されることとなりました。【入管法第２条の２第２項】

　また、入管法別表第一の２の表には、技能実習生がそれらの六つの在留資格の下で「本邦において行うことができる活動」を規定してありますが、その欄には、技能実習生は、いずれも技能実習法第８条第１項の認定を受けた技能実習計画に基づいて技能実習活動を行うものであることが定められています。

 Q16-6-2 「出入国管理及び難民認定法の一部改正に伴う経過措置」の内容について説明してください。

A 技能実習法の附則第13条には、「入管法の一部改正に伴う経過措置」が設けられています。

　この経過措置は、技能実習法の制定に合わせて一部改正された改正入管法の施行（規定では、技能実習法の施行日となっていますが、改正入管法の施行日と同一であり、ここでは便宜的に改正入管法の施行日として説明しま

す。）に伴い、

1　改正前の旧入管法の下で旧在留資格「技能実習」を決定された者に
　係る改正入管法施行後における在留資格と在留期間の取扱い

2　改正入管法施行前に行われた入国・在留申請に対する許否処分が改
　正入管法施行後になされる場合の取扱い

について定められています。

それらの内容は以下のとおりです。

＜附則第13条第１項＞

次の者に対して決定された改正前の旧在留資格「技能実習」及び在留期
間については、改正入管法が施行された後も、旧入管法による規定がその
まま適用される。

①　技能実習法の施行の時点において旧在留資格「技能実習」をもって
　在留する者

②　技能実習法施行後において、技能実習法附則第13条第３項第１号及
　び第４項の規定（後述）により旧在留資格「技能実習」を決定され
　て上陸が許可された者

したがって、旧在留資格「技能実習」をもって在留する者は、改正入管
法が施行された後において、旧在留資格「技能実習」の下で行うことが認
められた活動（技能実習活動）を引き続き行うことができる。ただし、旧
在留資格「技能実習１号」から「技能実習２号」への変更、また、在留期
間の更新については、いずれもこの経過措置の適用がない。

第16編

＜附則第13条第２項第１号＞

　　旧在留資格「技能実習１号イ」又は「技能実習１号ロ」をもって在留する者であって、その在留期限が改正入管法の施行日から３月以内であるものから改正入管法施行日前に行われた在留資格変更許可申請について、当該施行日の時点で未だ許可をするかどうかの処分がなされていない場合であって、改正入管法施行後にその変更許可処分がなされるときは、旧入管法に基づく在留資格「技能実習２号イ」又は「技能実習２号ロ」及び在留期間が決定される。

＜附則第13条第２項第１号＞
改正入管法施行日前に行われた在留資格変更許可申請に対して施行日以降に許可が行われる場合

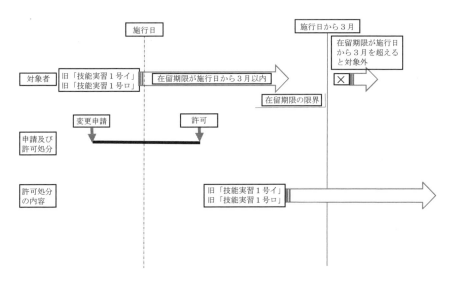

＜附則第13条第２項第２号＞

　　旧在留資格「技能実習」をもって在留する者であって、その在留期限が改正入管法の施行日から３月以内であるものから改正入管法施行日前に行われた在留期間更新許可申請について、当該施行日の時点で未だ許可をするかどうかの処分がなされていない場合であって、改正入管法施行後にその更新許可の処分がなされるときは、旧入管法に基づく在留資格「技能実習」及び在留期間が決定される。

＜附則第13条第２項第２号＞
改正入管法施行日前に行われた在留期間更新許可申請に対して施行日以降に許可が行われる場合

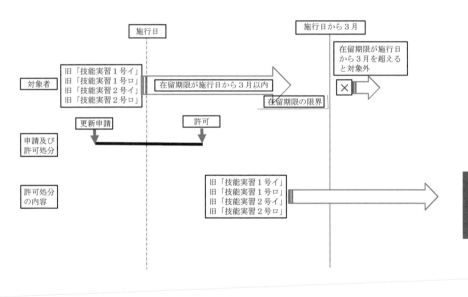

＜附則第13条第3項第1号＞

　旧在留資格「技能実習１号イ」又は「技能実習１号ロ」の活動を行おうとする外国人から改正入管法施行日前に行われた上陸申請について、当該施行日の時点で未だ許可をするかどうかの処分がなされていない場合であって、改正入管法施行後に上陸許可の処分がなされるときは、旧在留資格「技能実習１号イ」又は「技能実習１号ロ」が決定される。

＜附則第13条第3項第1号＞
改正入管法施行日前に行われた上陸申請に対して施行日以降に許可が行われる場合

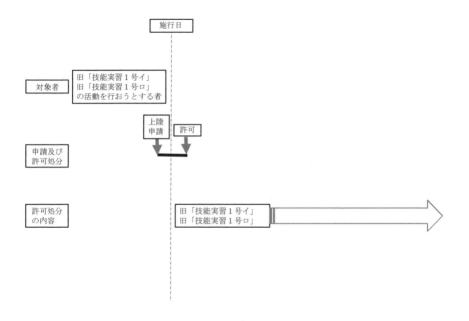

＜附則第13条第3項第2号＞

　旧在留資格「技能実習１号イ」又は「技能実習１号ロ」の活動を行おうとする外国人で、その本邦に上陸しようとする日が改正入管法の施行日から３月以内であるものからされた在留資格認定証明書交付申請について、改正入管法施行後に在留資格認定証明書交付の処分がなされるときは、旧在留資格「技能実習１号イ」又は「技能実習１号ロ」による在留資格認定証明書が交付される。（本＜附則第13条第3項第2号＞に関する図は、図

「＜附則第13条第４項＞の②」の上部（289頁）に配置してあります。）

＜附則第13条第４項＞

① 改正入管法施行日前に旧在留資格「技能実習１号イ」又は「技能実習１号ロ」に係る在留資格認定証明書の交付を受けた者から、改正入管法施行日以後に行われた上陸申請に対し上陸許可がなされる場合

・改正入管法施行日から３月を経過するまでの間は、従前の例による。すなわち、施行日から３月以内になされた上陸申請に対し許可される場合は、旧在留資格「技能実習１号イ」又は「技能実習１号ロ」及び在留期間が決定される。ただし、施行日から３月が経過した後においては、本経過措置の適用がなくなり、上陸は許可されない。

＜附則第13条第４項＞の①
改正入管法施行日前に在留資格認定証明書の交付を受け、施行日以降に上陸の申請をして許可が行われる場合

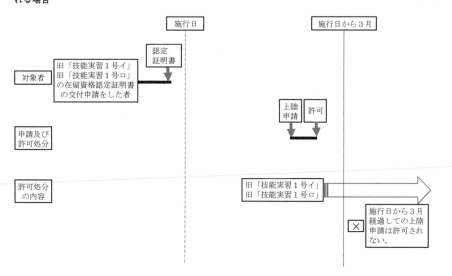

第16編

②　附則第13条第３項第２号（上記＜附則第13条第３項第２号＞の項を参
　照。）の規定により在留資格認定証明書の交付【旧入管法第７条の２第
　１項】を受けた者から、改正入管法施行日以後に行われた上陸申請に対
　し上陸許可がなされる場合
　　・在留資格認定証明書の交付の日から３月を経過するまでの間は、従
　　前の例による。すなわち、上陸許可に際し旧在留資格「技能実習１号
　　イ」又は「技能実習１号ロ」及び在留期間が決定されるが、その取扱
　　いは当該在留資格認定証明書の有効期間内に限られ、認定証明書の有
　　効期限を経過すると上陸は許可されない（当該在留資格認定証明書の
　　有効期限内の上陸申請が許可を受けるための前提条件となる。）。

＜附則第13条第３項第２号＞
改正入管法施行日前に行われた在留資格認定証明書交付申請に対し施行日以降に交付が行われる場合

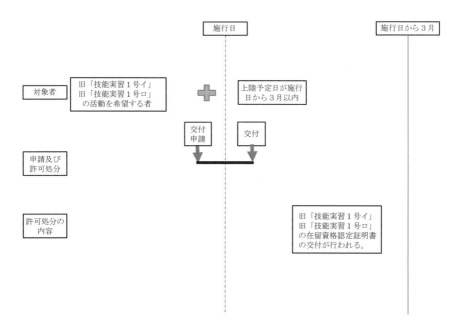

＜附則第13条第４項＞の②
附則第13条第３項第２号の規定により在留資格認定証明書の交付を受けた者からの上陸申請に対し許可が行われる場合

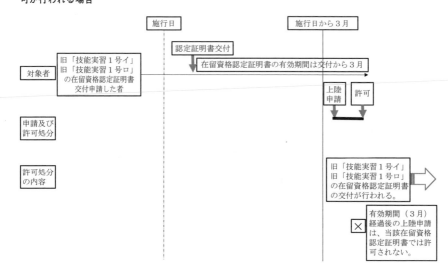

第17編 その他

1　JITCOが行う申請書類の点検・提出及び点検・取次

> **Q17-1-1**　JITCO による「技能実習計画認定申請書類の点検・提出サービス」及び「入国・在留諸申請書類の点検・取次サービス」について説明してください。

　JITCOは、所定の関係者からの依頼に基づき、

①「技能実習計画認定申請書類の点検・提出サービス」

②「入国・在留諸申請書類の点検・取次サービス」

を実施しています。

　JITCOでは、従来実施してきた②の事業に加え、技能実習法の下で新たに導入された「技能実習計画の認定制度」に対応する事業として①の事業を行うこととしたものです。

　点検とは、申請書及び提出資料が整っているか、また、それらの記載内容についてのチェックを行うものです。

　これらのサービスを活用することにより、提出する申請書・提出資料が適正であるかなどのチェックを受けることができ、また、②については本人又はその関係者が地方出入国在留管理局の窓口に赴く必要がないことから、それに要する時間と労力を省くことができます。

　なお、依頼される際に、その事務等に要する費用、また、通信・運搬費及び交通費等を負担していただくことになります。

　JITCOによるこれらのサービス事業の詳細は、JITCOホームページで紹介しています。

　ちなみに、技能実習計画認定申請（変更申請を含む。）では、申請者が外国人技能実習機構に対し、同機構指定の銀行口座振込みにより予め手数料を

第17編

納付することとされ、一方、在留資格変更許可、在留期間更新については、地方出入国在留管理局における許可処分を受けるに当たり、それぞれ所定額の収入印紙が必要となります。

2　「外国人技能実習生総合保険」

Q17-2-1　「外国人技能実習生総合保険」とはどのようなものですか。

A　外国人技能実習生の保護充実を主な内容とした技能実習法が制定され、技能実習計画の認定基準上において、企業単独型技能実習にあっては申請者が、団体監理型技能実習にあっては申請者又は監理団体が、申請者の事業に関する労働者災害補償保険に係る保険関係の成立の届出その他これに類する措置を講じていることが要件とされています。【技能実習法施行規則第12条第1項第5号】

技能実習生については、入国後講習に従事する期間を除いて雇用関係の下に置かれ、労働者災害補償保険の適用がある事業所にあっては業務中における災害・疾病について保障措置が講じられ、健康保険等の適用に伴いその治療費用の70パーセントが給付されることとされていますが、それらの公的な保険だけでは必ずしも十分とはいえません。

「外国人技能実習生総合保険」は、日常生活における死亡事故、健康保険等の自己負担分、救援者費用及び第三者への損害賠償等と補償範囲が広く、また、補償対象期間が本国出国から帰国までをカバーするものです。

保険の加入は、技能実習生が対象で、保険代理店の「(株)国際研修サービス」＜TEL：03-3453-3700＞に申し込みます。

【参考資料】

外国人の技能実習の適正な実施及び技能実習生の保護に関する法律（抄）

（平成28年法律第89号）

＊原文は縦書です。

第一章　総則

（目的）

第一条　この法律は、技能実習に関し、基本理念を定め、国等の責務を明らかにするとともに、技能実習計画の認定及び監理団体の許可の制度を設けること等により、出入国管理及び難民認定法（昭和二十六年政令第三百十九号。次条及び第四十八条第一項において「入管法」という。）その他の出入国に関する法令及び労働基準法（昭和二十二年法律第四十九号）、労働安全衛生法（昭和四十七年法律第五十七号）その他の労働に関する法令と相まって、技能実習の適正な実施及び技能実習生の保護を図り、もって人材育成を通じた開発途上地域等への技能、技術又は知識（以下「技能等」という。）の移転による国際協力を推進することを目的とする。

（定義）

第二条　この法律において「技能実習」とは、企業単独型技能実習及び団体監理型技能実習をいい、「技能実習生」とは、企業単独型技能実習生及び団体監理型技能実習生をいう。

2　この法律において「企業単独型技能実習」とは、次に掲げるものをいう。

　一　第一号企業単独型技能実習（本邦の公私の機関の外国にある事業所の職員である外国人（入管法第二条第二号に規定する外国人をいう。以下同じ。）又は本邦の公私の機関と主務省令で定める密接な関係を有する外国の公私の機関の外国にある事業所の職員である外国人が、技能等を修得するため、在留資格（入管法別表第一の二の表の技能実習の項の下欄第一号イに係るものに限る。）をもって、これらの本邦の公私の機関により受け入れられて必要な講習を受けること及び当該機関との雇用契約に基づいて当該機関の本邦にある事業所において当該技能等に係る業務に従事することをいう。以下同じ。）

　二　第二号企業単独型技能実習（第一号企業単独型技能実習を修了した者が、技能等に習熟するため、在留資格（入管法別表第一の二の表の技能実習の項の下欄第二号イに係るものに限る。）をもって、本邦の公私の機関との雇用契約に基づいて当該機関の本邦にある事業所において当該技能等を要する業務に従事することをいう。以下同じ。）

　三　第三号企業単独型技能実習（第二号企業単独型技能実習を修了した者
　　が、技能等に熟達するため、在留資格（入管法別表第一の二の表の技能実
　　習の項の下欄第三号イに係るものに限る。）をもって、本邦の公私の機関
　　との雇用契約に基づいて当該機関の本邦にある事業所において当該技能等
　　を要する業務に従事することをいう。以下同じ。）

3　この法律において「企業単独型技能実習生」とは、次に掲げるものをいう。
　一　第一号企業単独型技能実習生（第一号企業単独型技能実習を行う外国人
　　をいう。以下同じ。）
　二　第二号企業単独型技能実習生（第二号企業単独型技能実習を行う外国人
　　をいう。以下同じ。）
　三　第三号企業単独型技能実習生（第三号企業単独型技能実習を行う外国人
　　をいう。以下同じ。）

4　この法律において「団体監理型技能実習」とは、次に掲げるものをいう。
　一　第一号団体監理型技能実習（外国人が、技能等を修得するため、在留資
　　格（入管法別表第一の二の表の技能実習の項の下欄第一号ロに係るものに
　　限る。）をもって、本邦の営利を目的としない法人により受け入れられて
　　必要な講習を受けること及び当該法人による実習監理を受ける本邦の公私
　　の機関との雇用契約に基づいて当該機関の本邦にある事業所において当該
　　技能等に係る業務に従事することをいう。以下同じ。）
　二　第二号団体監理型技能実習（第一号団体監理型技能実習を修了した者
　　が、技能等に習熟するため、在留資格（入管法別表第一の二の表の技能実
　　習の項の下欄第二号ロに係るものに限る。）をもって、本邦の営利を目的
　　としない法人による実習監理を受ける本邦の公私の機関との雇用契約に基
　　づいて当該機関の本邦にある事業所において当該技能等を要する業務に従
　　事することをいう。以下同じ。）
　三　第三号団体監理型技能実習（第二号団体監理型技能実習を修了した者
　　が、技能等に熟達するため、在留資格（入管法別表第一の二の表の技能実
　　習の項の下欄第三号ロに係るものに限る。）をもって、本邦の営利を目的
　　としない法人による実習監理を受ける本邦の公私の機関との雇用契約に基
　　づいて当該機関の本邦にある事業所において当該技能等を要する業務に従
　　事することをいう。以下同じ。）

5　この法律において「団体監理型技能実習生」とは、次に掲げるものをいう。

一　第一号団体監理型技能実習生（第一号団体監理型技能実習を行う外国人をいう。以下同じ。）

二　第二号団体監理型技能実習生（第二号団体監理型技能実習を行う外国人をいう。以下同じ。）

三　第三号団体監理型技能実習生（第三号団体監理型技能実習を行う外国人をいう。以下同じ。）

6　この法律において「実習実施者」とは、企業単独型実習実施者及び団体監理型実習実施者をいう。

7　この法律において「企業単独型実習実施者」とは、実習認定（第八条第一項の認定（第十一条第一項の規定による変更　の認定があったときは、その変更後のもの）をいう。以下同じ。）を受けた第八条第一項に規定する技能実習計画に基づき、企業単独型技能実習を行わせる者をいう。

8　この法律において「団体監理型実習実施者」とは、実習認定を受けた第八条第一項に規定する技能実習計画に基づき、団体監理型技能実習を行わせる者をいう。

9　この法律において「実習監理」とは、団体監理型実習実施者等（団体監理型実習実施者又は団体監理型技能実習を行わせようとする者をいう。以下同じ。）と団体監理型技能実習生等（団体監理型技能実習生又は団体監理型技能実習生になろうとする者をいう。以下同じ。）との間における雇用関係の成立のあっせん及び団体監理型実習実施者に対する団体監理型技能実習の実施に関する監理を行うことをいう。

10　この法律において「監理団体」とは、監理許可（第二十三条第一項の許可（第三十二条第一項の規定による変更の許可があったとき、又は第三十七条第二項の規定による第二十三　条第一項第二号に規定する特定監理事業に係る許可への変更があったときは、これらの変更後のもの）をいう。以下同じ。）を受けて実習監理を行う事業（以下「監理事業」という。）を行う本邦の営利を目的としない法人をいう。

（基本理念）

第三条　技能実習は、技能等の適正な修得、習熟又は熟達（以下「修得等」という。）のために整備され、かつ、技能実習生が技能実習に専念できるよう

にその保護を図る体制が確立された環境で行われなければならない。

2　技能実習は、労働力の需給の調整の手段として行われてはならない。

（国及び地方公共団体の責務）

第四条　国は、この法律の目的を達成するため、前条の基本理念に従って、技能実習の適正な実施及び技能実習生の保護を図るために必要な施策を総合的かつ効果的に推進しなければならない。

2　地方公共団体は、前項の国の施策と相まって、地域の実情に応じ、技能実習の適正な実施及び技能実習生の保護を図るために必要な施策を推進するように努めなければならない。

（実習実施者、監理団体等の責務）

第五条　実習実施者は、技能実習の適正な実施及び技能実習生の保護について技能実習を行わせる者としての責任を自覚し、第三条の基本理念にのっとり、技能実習を行わせる環境の整備に努めるとともに、国及び地方公共団体が講ずる施策に協力しなければならない。

2　監理団体は、技能実習の適正な実施及び技能実習生の保護について重要な役割を果たすものであることを自覚し、実習監理の責任を適切に果たすとともに、国及び地方公共団体が講ずる施策に協力しなければならない。

3　実習実施者又は監理団体を構成員とする団体は、実習実施者又は監理団体に対し、技能実習の適正な実施及び技能実習生の保護を図るために必要な指導及び助言をするように努めなければならない。

（技能実習生の責務）

第六条　技能実習生は、技能実習に専念することにより、技能等の修得等をし、本国への技能等の移転に努めなければならない。

（基本方針）

第七条　主務大臣は、技能実習の適正な実施及び技能実習生の保護に関する基本方針（以下この条において「基本方針」という。）を定めなければならない。

2　基本方針には、次に掲げる事項について定めるものとする。

　一　技能実習の適正な実施及び技能実習生の保護に関する基本的事項

　二　技能実習の適正な実施及び技能実習生の保護を図るための施策に関する事項

　三　技能実習の適正な実施及び技能実習生の保護に際し配慮すべき事項

　四　技能等の移転を図るべき分野その他技能等の移転の推進に関する事項

3　主務大臣は、必要がある場合には、基本方針において、特定の職種に係る技能実習の適正な実施及び技能実習生の保護を図るための施策を定めるものとする。

4　主務大臣は、基本方針を定め、又はこれを変更しようとするときは、あらかじめ、関係行政機関の長に協議しなければならない。

5　主務大臣は、基本方針を定め、又はこれを変更したときは、遅滞なく、これを公表しなければならない。

第二章　技能実習

第一節　技能実習計画

（技能実習計画の認定）

第八条　技能実習を行わせようとする本邦の個人又は法人（親会社（会社法（平成十七年法律第八十六号）第二条第四号に　規定する親会社をいう。）とその子会社（同条第三号に規定する子会社をいう。）の関係その他主務省令で定める密接な関係を有する複数の法人が技能実習を共同で行わせる場合はこれら複数の法人）は、主務省令で定めるところにより、技能実習生ごとに、技能実習の実施に関する計画（以下「技能実習計画」という。）を作成し、これを出入国在留管理庁長官及び厚生労働大臣に提出して、その技能実習計画が適当である旨の認定を受けることができる。

2　技能実習計画には、次に掲げる事項を記載しなければならない。

　一　前項に規定する本邦の個人又は法人（以下この条、次条及び第十二条第五項において「申請者」という。）の氏名又は名称及び住所並びに法人にあっては、その代表者の氏名

　二　法人にあっては、その役員の氏名及び住所

　三　技能実習を行わせる事業所の名称及び所在地

　四　技能実習生の氏名及び国籍

　五　技能実習の区分（第一号企業単独型技能実習、第二号企業単独型技能実習若しくは第三号企業単独型技能実習又は第一号団体監理型技能実習、第

　二号団体監理型技能実習若しくは第三号団体監理型技能実習の区分をいう。次条第二号において同じ。）

六　技能実習の目標（技能実習を修了するまでに職業能力開発促進法（昭和四十四年法律第六十四号）第四十四条第一項の技能検定（次条において「技能検定」という。）又は主務省令で指定する試験（次条及び第五十二条において「技能実習評価試験」という。）に合格することその他の目標をいう。次条において同じ。）、内容及び期間

七　技能実習を行わせる事業所ごとの技能実習の実施に関する責任者の氏名

八　団体監理型技能実習に係るものである場合は、実習監理を受ける監理団体の名称及び住所並びに代表者の氏名

九　報酬、労働時間、休日、休暇、宿泊施設、技能実習生が負担する食費及び居住費その他の技能実習生の待遇

十　その他主務省令で定める事項

3　技能実習計画には、次条各号に掲げる事項を証する書面その他主務省令で定める書類を添付しなければならない。

4　団体監理型技能実習を行わせようとする申請者は、実習監理を受ける監理団体（その技能実習計画が第三号団体監理型技能実習に係るものである場合は、監理許可（第二十三条第一項第一号に規定する一般監理事業に係るものに限る。）を受けた者に限る。）の指導に基づき、技能実習計画を作成しなければならない。

5　申請者は、実費を勘案して主務省令で定める額の手数料を納付しなければならない。

（認定の基準）

第九条　出入国在留管理庁長官及び厚生労働大臣は、前条第一項の認定の申請があった場合において、その技能実習計画が次の各号のいずれにも適合するものであると認めるときは、その認定をするものとする。

一　修得等をさせる技能等が、技能実習生の本国において修得等が困難なものであること。

二　技能実習の目標及び内容が、技能実習の区分に応じて主務省令で定める基準に適合していること。

三　技能実習の期間が、第一号企業単独型技能実習又は第一号団体監理型技

能実習に係るものである場合は一年以内、第二号企業単独型技能実習若しくは第三号企業単独型技能実習又は第二号団体監理型技能実習若しくは第三号団体監理型技能実習に係るものである場合は二年以内であること。

四　第二号企業単独型技能実習又は第二号団体監理型技能実習に係るものである場合はそれぞれ当該技能実習計画に係る技能等に係る第一号企業単独型技能実習又は第一号団体監理型技能実習に係る技能実習計画、第三号企業単独型技能実習又は第三号団体監理型技能実習に係るものである場合はそれぞれ当該技能実習計画に係る技能等に係る第二号企業単独型技能実習又は第二号団体監理型技能実習に係る技能実習計画において定めた技能検定又は技能実習評価試験の合格に係る目標が達成されていること。

五　技能実習を修了するまでに、技能実習生が修得等をした技能等の評価を技能検定若しくは技能実習評価試験又は主務省令で定める評価により行うこと。

六　技能実習を行わせる体制及び事業所の設備が主務省令で定める基準に適合していること。

七　技能実習を行わせる事業所ごとに、主務省令で定めるところにより技能実習の実施に関する責任者が選任されていること。

八　団体監理型技能実習に係るものである場合は、申請者が、技能実習計画の作成について指導を受けた監理団体（その技能実習計画が第三号団体監理型技能実習に係るものである場合は、監理許可（第二十三条第一項第一号に規定する一般監理事業に係るものに限る。）を受けた者に限る。）による実習監理を受けること。

九　技能実習生に対する報酬の額が日本人が従事する場合の報酬の額と同等以上であることその他技能実習生の待遇が主務省令で定める基準に適合していること。

十　第三号企業単独型技能実習又は第三号団体監理型技能実習に係るものである場合は、申請者が技能等の修得等をさせる能力につき高い水準を満たすものとして主務省令で定める基準に適合していること。

十一　申請者が技能実習の期間において同時に複数の技能実習生に技能実習を行わせる場合は、その数が主務省令で定める数を超えないこと。

（認定の欠格事由）

第十条　次の各号のいずれかに該当する者は、第八条第一項の認定を受けることができない。

　一　禁錮以上の刑に処せられ、その執行を終わり、又は執行を受けることがなくなった日から起算して五年を経過しない者

　二　この法律の規定その他出入国若しくは労働に関する法律の規定（第四号に規定する規定を除く。）であって政令で定めるもの又はこれらの規定に基づく命令の規定により、罰金の刑に処せられ、その執行を終わり、又は執行を受けることがなくなった日から起算して五年を経過しない者

　三　暴力団員による不当な行為の防止等に関する法律（平成三年法律第七十七号）の規定（同法第五十条（第二号に係る部分に限る。）及び第五十二条の規定を除く。）により、又は刑法（明治四十年法律第四十五号）第二百四条、第二百六条、第二百八条、第二百八条の二、第二百二十二条若しくは第二百四十七条の罪若しくは暴力行為等処罰に関する法律（大正十五年法律第六十号）の罪を犯したことにより、罰金の刑に処せられ、その執行を終わり、又は執行を受けることがなくなった日から起算して五年を経過しない者

　四　健康保険法（大正十一年法律第七十号）第二百八条、第二百十三条の二若しくは第二百十四条第一項、船員保険法（昭和十四年法律第七十三号）第百五十六条、第百五十九条若しくは第百六十条第一項、労働者災害補償保険法（昭和二十二年法律第五十号）第五十一条前段若しくは第五十四条第一項（同法第五十一条前段の規定に係る部分に限る。）、厚生年金保険法（昭和二十九年法律第百十五号）第百二条、第百三条の二若しくは第百四条第一項（同法第百二条又は第百三条の二の規定に係る部分に限る。）、労働保険の保険料の徴収等に関する法律（昭和四十四年法律第八十四号）第四十六条前段若しくは第四十八条第一項（同法第四十六条前段の規定に係る部分に限る。）又は雇用保険法（昭和四十九年法律第百十六号）第八十三条若しくは第八十六条（同法第八十三条の規定に係る部分に限る。）の規定により、罰金の刑に処せられ、その執行を終わり、又は執行を受けることがなくなった日から起算して五年を経過しない者

　五　心身の故障により技能実習に関する業務を適正に行うことができない者

として主務省令で定めるもの

六　破産手続開始の決定を受けて復権を得ない者

七　第十六条第一項の規定により実習認定を取り消され、当該取消しの日から起算して五年を経過しない者

八　第十六条第一項の規定により実習認定を取り消された者が法人である場合（同項第三号の規定により実習認定を取り消された場合については、当該法人が第二号又は第四号に規定する者に該当することとなったことによる場合に限る。）において、当該取消しの処分を受ける原因となった事項が発生した当時現に当該法人の役員（業務を執行する社員、取締役、執行役又はこれらに準ずる者をいい、相談役、顧問その他いかなる名称を有する者であるかを問わず、法人に対し業務を執行する社員、取締役、執行役又はこれらに準ずる者と同等以上の支配力を有するものと認められる者を含む。第十二号、第二十五条第一項第五号及び第二十六条第五号において同じ。）であった者で、当該取消しの日から起算して五年を経過しないもの

九　第八条第一項の認定の申請の日前五年以内に出入国又は労働に関する法令に関し不正又は著しく不当な行為をした者

十　暴力団員による不当な行為の防止等に関する法律第二条第六号に規定する暴力団員（以下この号において「暴力団員」という。）又は暴力団員でなくなった日から五年を経過しない者（第十三号及び第二十六条第六号において「暴力団員等」という。）

十一　営業に関し成年者と同一の行為能力を有しない未成年者であって、その法定代理人が前各号又は次号のいずれかに該当するもの

十二　法人であって、その役員のうちに前各号のいずれかに該当する者があるもの

十三　暴力団員等がその事業活動を支配する者

（技能実習計画の変更）

第十一条　実習実施者は、実習認定を受けた技能実習計画（以下「認定計画」という。）について第八条第二項各号（第五号を除く。）に掲げる事項の変更（主務省令で定める軽微な変更を除く。）をしようとするときは、出入国在留管理庁長官及び厚生労働大臣の認定を受けなければならない。

2　第八条第三項から第五項まで及び前二条の規定は、前項の認定について準

用する。

（機構による認定の実施）

第十二条　出入国在留管理庁長官及び厚生労働大臣は、外国人技能実習機構
（以下この章において「機構」という。）に、第八条第一項の認定（前条第一
項の規定による変更の認定を含む。第四項において同じ。）に関する事務
（以下「認定事務」という。）の全部又は一部を行わせることができる。

2　出入国在留管理庁長官及び厚生労働大臣は、前項の規定により機構に認定
事務の全部又は一部を行わせるときは、当該認定事務の全部又は一部を行わ
ないものとする。

3　機構が認定事務の全部又は一部を行う場合における第八条から前条までの
規定の適用については、第八条第一項、第九条及び前条第一項中「出入国在
留管理庁長官及び厚生労働大臣」とあるのは、「機構」とする。

4　機構は、第八条第一項の認定を行ったときは、遅滞なく、その旨を出入国
在留管理庁長官及び厚生労働大臣に報告しなければならない。

5　出入国在留管理庁長官及び厚生労働大臣が第一項の規定により機構に認定
事務の全部又は一部を行わせるときは、申請者は、第八条第五項（前条第二
項において準用する場合を含む。）に規定する手数料を機構に納付しなけれ
ばならない。

6　前項の規定により機構に納付された手数料は、機構の収入とする。

7　出入国在留管理庁長官及び厚生労働大臣は、第一項の規定により機構に認
定事務の全部若しくは一部を行わせることとするとき、又は機構に行わせて
いた認定事務の全部若しくは一部を行わせないこととするときは、その旨を
公示しなければならない。

（報告徴収等）

第十三条　主務大臣は、この章（次節を除く。）の規定を施行するために必要
な限度において、実習実施者若しくは実習実施者であった者（以下この項及
び次条第一項において「実習実施者等」という。）、監理団体若しくは監理団
体であった者（以下この項、次条第一項及び第三十五条第一項において「監
理団体等」という。）若しくは実習実施者等若しくは監理団体等の役員若し
くは職員（以下この項において「役職員」という。）若しくは役職員であっ
た者（以下この項及び次条第一項において「役職員等」という。）に対し、

報告若しくは帳簿書類の提出若しくは提示を命じ、若しくは実習実　施者等若しくは役職員等に対し出頭を求め、又は当該主務大臣の職員に関係者に対して質問させ、若しくは実習実施者等若しくは監理団体等に係る事業所その他技能実習に関係のある場所に立ち入り、その設備若しくは帳簿書類その他の物件　を検査させることができる。

2　前項の規定による質問又は立入検査を行う場合においては、当該主務大臣の職員は、その身分を示す証明書を携帯し、かつ、関係者の請求があるときは、これを提示しなければならない。

3　第一項の規定による権限は、犯罪捜査のために認められたものと解釈してはならない。

（機構による事務の実施）

第十四条　出入国在留管理庁長官及び厚生労働大臣は、第十二条第一項の規定により機構に認定事務の全部又は一部を行わせるときは、この節の規定を施行するために必要な限度において、次に掲げる事務を機構に行わせることができる。

一　実習実施者等若しくは監理団体等又は役職員等に対して必要な報告又は帳簿書類の提出若しくは提示を求める事務

二　その職員をして、関係者に対して質問させ、又は実地に実習実施者等若しくは監理団体等の設備若しくは帳簿書類その他の物件を検査させる事務

2　出入国在留管理庁長官及び厚生労働大臣は、前項の規定により機構に報告若しくは帳簿書類の提出若しくは提示を求めさせ、又は質問若しくは検査を行わせる場合には、機構に対し、必要な事項を示してこれを実施すべきことを指示するものとする。

3　機構は、前項の指示に従って第一項に規定する報告若しくは帳簿書類の提出若しくは提示を求め、又は質問若しくは検査を行ったときは、その結果を出入国在留管理庁長官及び厚生労働大臣に報告しなければならない。

（改善命令等）

第十五条　出入国在留管理庁長官及び厚生労働大臣は、実習実施者が認定計画に従って技能実習を行わせていないと認めるとき、又はこの法律その他出入国若しくは労働に関する法律若しくはこれらに基づく命令の規定に違反した場合において、技能実習の適正な実施を確保するために必要があると認める

ときは、当該実習実施者に対し、期限を定めて、その改善に必要な措置をとるべきことを命ずることができる。

2　出入国在留管理庁長官及び厚生労働大臣は、前項の規定による命令をした場合には、その旨を公示しなければならない。

（認定の取消し等）

第十六条　出入国在留管理庁長官及び厚生労働大臣は、次の各号のいずれかに該当するときは、実習認定を取り消すことができる。

一　実習実施者が認定計画に従って技能実習を行わせていないと認めるとき。

二　認定計画が第九条各号のいずれかに適合しなくなったと認めるとき。

三　実習実施者が第十条各号のいずれかに該当することとなったとき。

四　第十三条第一項の規定による報告若しくは帳簿書類の提出若しくは提示をせず、若しくは虚偽の報告若しくは虚偽の帳簿書類の提出若しくは提示をし、又は同項の規定による質問に対して答弁をせず、若しくは虚偽の答弁をし、若しくは同項の規定による検査を拒み、妨げ、若しくは忌避したとき。

五　第十四条第一項の規定により機構が行う報告若しくは帳簿書類の提出若しくは提示の求めに虚偽の報告若しくは虚偽の帳簿書類の提出若しくは提示をし、又は同項の規定により機構の職員が行う質問に対して虚偽の答弁をしたとき。

六　前条第一項の規定による命令に違反したとき。

七　出入国又は労働に関する法令に関し不正又は著しく不当な行為をしたとき。

2　出入国在留管理庁長官及び厚生労働大臣は、前項の規定による実習認定の取消しをした場合には、その旨を公示しなければならない。

（実施の届出）

第十七条　実習実施者は、技能実習を開始したときは、遅滞なく、開始した日その他主務省令で定める事項を出入国在留管　理庁長官及び厚生労働大臣に届け出なければならない。

（機構による届出の受理）

第十八条　出入国在留管理庁長官及び厚生労働大臣は、機構に、前条の規定による届出の受理に係る事務を行わせることができる。

2　出入国在留管理庁長官及び厚生労働大臣が前項の規定により機構に届出の受理に係る事務を行わせるときは、前条の規定による届出をしようとする者は、同条の規定にかかわらず、機構に届け出なければならない。

3　機構は、前項の規定による届出を受理したときは、出入国在留管理庁長官及び厚生労働大臣にその旨を報告しなければならない。

4　出入国在留管理庁長官及び厚生労働大臣は、第一項の規定により機構に届出の受理に係る事務を行わせることとするとき、又は機構に行わせていた届出の受理に係る事務を行わせないこととするときは、その旨を公示しなければならない。

（技能実習を行わせることが困難となった場合の届出等）

第十九条　企業単独型実習実施者は、企業単独型技能実習を行わせることが困難となったときは、遅滞なく、企業単独型技能実習を行わせることが困難となった企業単独型技能実習生の氏名、その企業単独型技能実習生の企業単独型技能実習の継続のための措置その他の主務省令で定める事項を出入国在留管理庁長官及び厚生労働大臣に届け出なければならない。

2　団体監理型実習実施者は、団体監理型技能実習を行わせることが困難となったときは、遅滞なく、団体監理型技能実習を行わせることが困難となった団体監理型技能実習生の氏名、その団体監理型技能実習生の団体監理型技能実習の継続のための措置その他の主務省令で定める事項を実習監理を受ける監理団体に通知しなければならない。

3　第一項の規定による届出の受理に係る事務については、前条の規定を準用する。

（帳簿の備付け）

第二十条　実習実施者は、技能実習に関して、主務省令で定める帳簿書類を作成し、技能実習を行わせる事業所に備えて置かなければならない。

（実施状況報告）

第二十一条　実習実施者は、技能実習を行わせたときは、主務省令で定めるところにより、技能実習の実施の状況に関する報告書を作成し、出入国在留管理庁長官及び厚生労働大臣に提出しなければならない。

2　前項の規定による報告書の受理に係る事務については、第十八条の規定を準用する。

（主務省令への委任）

第二十二条 この節に定めるもののほか、技能実習計画の認定の手続その他この節の規定の実施に関し必要な事項は、主務省令で定める。

第二節　監理団体

（監理団体の許可）

第二十三条 監理事業を行おうとする者は、次に掲げる事業の区分に従い、主務大臣の許可を受けなければならない。

一　一般監理事業（監理事業のうち次号に掲げるもの以外のものをいう。以下同じ。）

二　特定監理事業（第一号団体監理型技能実習又は第二号団体監理型技能実習のみを行わせる団体監理型実習実施者について実習監理を行う事業をいう。以下同じ。）

2　前項の許可を受けようとする者（第七項、次条及び第二十五条において「申請者」という。）は、主務省令で定めるところにより、次に掲げる事項を記載した申請書を主務大臣に提出しなければならない。

一　名称及び住所並びに代表者の氏名

二　役員の氏名及び住所

三　監理事業を行う事業所の名称及び所在地

四　一般監理事業又は特定監理事業の別

五　第四十条第一項の規定により選任する監理責任者の氏名及び住所

六　外国の送出機関（団体監理型技能実習生になろうとする者からの団体監理型技能実習に係る求職の申込みを適切に本邦の監理団体に取り次ぐことができる者として主務省令で定める要件に適合するものをいう。第二十五条第一項第六号において同じ。）より団体監理型技能実習生になろうとする者からの団体監理型技能実習に係る求職の申込みの取次ぎを受けようとする場合にあっては、その氏名又は名称及び住所並びに法人にあっては、その代表者の氏名

七　その他主務省令で定める事項

3　前項の申請書には、監理事業を行う事業所ごとの監理事業に係る事業計画書、第二十五条第一項各号に掲げる事項を証　する書面その他主務省令で定

める書類を添付しなければならない。

4　前項の事業計画書には、主務省令で定めるところにより、監理事業を行う事業所ごとの実習監理を行う団体監理型実習実施者の見込数、当該団体監理型実習実施者における団体監理型技能実習生の見込数その他監理事業に関する事項を記載しなければならない。

5　主務大臣は、第一項の許可の申請を受けたときは、第二項の申請書及び第三項の書類に係る事実関係につき調査を行うものとする。

6　厚生労働大臣は、第一項の許可をしようとするときは、あらかじめ、労働政策審議会の意見を聴かなければならない。

7　申請者は、実費を勘案して主務省令で定める額の手数料を納付しなければならない。

（機構による事実関係の調査の実施）

第二十四条　主務大臣は、機構に、前条第五項の事実関係の調査の全部又は一部を行わせることができる。

2　主務大臣は、前項の規定により機構に調査の全部又は一部を行わせるときは、当該調査の全部又は一部を行わないものとする。この場合において、主務大臣は、前条第一項の許可をするときは、機構が第四項の規定により報告する調査の結果を考慮しなければならない。

3　主務大臣が第一項の規定により機構に調査の全部又は一部を行わせるときは、申請者は、前条第二項の規定にかかわらず、同項の申請書を機構に提出するとともに、機構が行う当該調査を受けなければならない。

4　機構は、前項の申請書を受理したときは、主務大臣にその旨を報告するとともに、同項の調査を行ったときは、遅滞なく、当該調査の結果を主務大臣に報告しなければならない。

5　主務大臣が第一項の規定により機構に調査の全部又は一部を行わせるときは、申請者は、実費を勘案して主務省令で定める額の手数料を機構に納付しなければならない。

6　前項の規定により機構に納付された手数料は、機構の収入とする。

7　主務大臣は、第一項の規定により機構に調査の全部若しくは一部を行わせることとするとき、又は機構に行わせていた調査の全部若しくは一部を行わせないこととするときは、その旨を公示しなければならない。

（許可の基準等）

第二十五条 主務大臣は、第二十三条第一項の許可の申請があった場合において、その申請者が次の各号のいずれにも適合するものであると認めるときでなければ、その許可をしてはならない。

一 本邦の営利を目的としない法人であって主務省令で定めるものであること。

二 監理事業を第三十九条第三項の主務省令で定める基準に従って適正に行うに足りる能力を有するものであること。

三 監理事業を健全に遂行するに足りる財産的基礎を有するものであること。

四 個人情報（個人に関する情報であって、特定の個人を識別することができるもの（他の情報と照合することにより特定の個人を識別することができることとなるものを含む。）をいう。第四十条第一項第四号及び第四十三条において同じ。）を適正に管理し、並びに団体監理型実習実施者等及び団体監理型技能実習生等の秘密を守るために必要な措置を講じていること。

五 監理事業を適切に運営するための次のいずれかの措置を講じていること。

　イ 役員が団体監理型実習実施者と主務省令で定める密接な関係を有する者のみにより構成されていないことその他役員の構成が監理事業の適切な運営の確保に支障を及ぼすおそれがないものとすること。

　ロ 監事その他法人の業務を監査する者による監査のほか、団体監理型実習実施者と主務省令で定める密接な関係を有しない者であって主務省令で定める要件に適合するものに、主務省令で定めるところにより、役員の監理事業に係る職務の執行の監査を行わせるものとすること。

六 外国の送出機関から団体監理型技能実習生になろうとする者からの団体監理型技能実習に係る求職の申込みの取次ぎを受けようとする場合にあっては、外国の送出機関との間で当該取次ぎに係る契約を締結していること。

七 第二十三条第一項の許可の申請が一般監理事業に係るものである場合は、申請者が団体監理型技能実習の実施状況の監査その他の業務を遂行する能力につき高い水準を満たすものとして主務省令で定める基準に適合していること。

八 前各号に定めるもののほか、申請者が、監理事業を適正に遂行すること

ができる能力を有するものであること。

2　主務大臣は、第二十三条第一項の許可をしないときは、遅滞なく、理由を示してその旨を申請者に通知しなければならない。

3　主務大臣は、前条第一項の規定により機構に調査の全部又は一部を行わせるときは、前項の通知を機構を経由して行わなければならない。

（許可の欠格事由）

第二十六条　次の各号のいずれかに該当する者は、第二十三条第一項の許可を受けることができない。

一　第十条第二号、第四号又は第十三号に該当する者

二　第三十七条第一項の規定により監理許可を取り消され、当該取消しの日から起算して五年を経過しない者

三　第三十七条第一項の規定による監理許可の取消しの処分に係る行政手続法（平成五年法律第八十八号）第十五条の規定による通知があった日から当該処分をする日又は処分をしないことを決定する日までの間に、第三十四条第一項の規定による監理事業の廃止の届出をした者（当該事業の廃止について相当の理由がある者を除く。）で、当該届出の日から起算して五年を経過しないもの

四　第二十三条第一項の許可の申請の日前五年以内に出入国又は労働に関する法令に関し不正又は著しく不当な行為をした者

五　役員のうちに次のいずれかに該当する者があるもの

イ　第十条第一号、第三号、第五号、第六号、第十号又は第十一号に該当する者

ロ　第一号（第十条第十三号に係る部分を除く。）又は前号に該当する者

ハ　第三十七条第一項の規定により監理許可を取り消された場合（同項第二号の規定により監理許可を取り消された場合については、第一号（第十条第十三号に係る部分を除く。）に該当する者となったことによる場合に限る。）において、当該取消しの処分を受ける原因となった事項が発生した当時現に当該処分を受けた者の役員であった者で、当該取消しの日から起算して五年を経過しないもの

ニ　第三号に規定する期間内に第三十四条第一項の規定による監理事業の廃止の届出をした場合において、同号の通知の日前六十日以内に当該届

出をした者（当該事業の廃止について相当の理由がある者を除く。）の役員であった者で、当該届出の日から起算して五年を経過しないもの

六　暴力団員等をその業務に従事させ、又はその業務の補助者として使用するおそれのある者

（職業安定法の特例等）

第二十七条　監理団体は、職業安定法（昭和二十二年法律第百四十一号）第三十条第一項及び第三十三条第一項の規定にかかわらず、技能実習職業紹介事業（監理団体の実習監理を受ける団体監理型実習実施者等のみを求人者とし、当該監理団体の実習監理に係る団体監理型技能実習生等のみを求職者とし、求人及び求職の申込みを受け、求人者と求職者との間における技能実習に係る雇用関係の成立をあっせんすることを業として行うものをいう。以下この条において同じ。）を行うことができる。

2　監理団体が行う技能実習職業紹介事業に関しては、監理団体を職業安定法第四条第九項に規定する職業紹介事業者、同法第三十二条の三第一項に規定する有料職業紹介事業者若しくは同法第三十三条第一項の許可を受けた者又は労働施策の総合的な推進並びに労働者の雇用の安定及び職業生活の充実等に関する法律（昭和四十一年法律第百三十二号）第二条に規定する職業紹介機関とみなして、職業安定法第五条の二、第五条の三、第五条の五から第五条の七まで、第三十二条の十二及び第三十二条の十三（これらの規定を同法第三十三条　第四項において準用する場合を含む。）、第三十三条の五か　ら第三十四条まで、第四十八条並びに第四十八条の三第二項　及び第三項並びに労働施策の総合的な推進並びに労働者の雇　用の安定及び職業生活の充実等に関する法律第三章の規定を　適用する。この場合において、職業安定法第五条の三第三項及び第四項、第五条の五第一項第三号、第三十二条の十三（同法第三十三条第四項において準用する場合を含む。）並びに第三十三条の六の規定中「厚生労働省令」とあるのは「主務省令」と、同法第三十二条の十二第一項及び第三項（これらの規定を同法第三十三条第四項において準用する場合を含む。）、第三十三条の六、第四十八条並びに第四十八条の三第二項及び第三項並びに労働施策の総合的な推進並びに労働者の雇用の安定及び職業生活の充実等に関する法律第十一条及び第十二条第一項の規定中「厚生労働大臣」とあるのは「主務大臣」とする。

3　前項において読み替えて適用する職業安定法第三十二条の十二第一項（同法第三十三条第四項において準用する場合を含む。）の規定による届出の受理に係る事務については、第十八条の規定を準用する。

4　前三項に定めるもののほか、技能実習職業紹介事業に関し必要な事項は、主務省令で定める。

（監理費）

第二十八条　監理団体は、監理事業に関し、団体監理型実習実施者等、団体監理型技能実習生等その他の関係者から、いかなる名義でも、手数料又は報酬を受けてはならない。

2　監理団体は、前項の規定にかかわらず、監理事業に通常必要となる経費等を勘案して主務省令で定める適正な種類及び額の監理費を団体監理型実習実施者等へあらかじめ用途及び金額を明示した上で徴収することができる。

（許可証）

第二十九条　主務大臣は、第二十三条第一項の許可をしたときは、監理事業を行う事業所の数に応じ、許可証を交付しなければならない。

2　許可証の交付を受けた者は、当該許可証を、監理事業を行う事業所ごとに備え付けるとともに、関係者から請求があったときは提示しなければならない。

3　許可証の交付を受けた者は、当該許可証を亡失し、又は当該許可証が滅失したときは、速やかにその旨を主務大臣に届け出て、許可証の再交付を受けなければならない。

4　主務大臣は、機構に、第一項の規定による交付又は前項の規定による再交付に係る事務を行わせることができる。

5　主務大臣は、前項の規定により機構に第一項の規定による交付若しくは第三項の規定による再交付に係る事務を行わせることとするとき、又は機構に行わせていた第一項の規定による交付若しくは第三項の規定による再交付に係る事務を行わせないこととするときは、その旨を公示しなければならない。

（許可の条件）

第三十条　監理許可には、条件を付し、及びこれを変更することができる。

2　前項の条件は、監理許可の趣旨に照らして、又は当該監理許可に係る事項の確実な実施を図るために必要な最小限度のものに限り、かつ、当該監理許

可を受ける者に不当な義務を課することとなるものであってはならない。

（許可の有効期間等）

第三十一条 第二十三条第一項の許可の有効期間（次項の規定により許可の有効期間の更新を受けた場合にあっては、当該更新された有効期間）は、当該許可の日（次項に規定により許可の有効期間の更新を受けた場合にあっては、当該更新前の許可の有効期間が満了する日の翌日）から起算して三年を下らない期間であって監理事業の実施に関する能力及び実績を勘案して政令で定める期間とする。

2　前項に規定する許可の有効期間（以下この条において「許可の有効期間」という。）の満了後引き続き当該許可に係る監理事業（次条第一項の規定による変更の許可があったとき、又は第三十七条第二項の規定による特定監理事業に係る許可への変更があったときは、これらの変更後の許可に係るもの）を行おうとする者は、許可の有効期間の更新を受けなければならない。

3　主務大臣は、許可の有効期間の更新の申請があった場合において、当該申請が第二十五条第一項各号のいずれかに適合していないと認めるときは、当該許可の有効期間の更新をしてはならない。

4　許可の有効期間の更新を受けようとする者は、実費を勘案して主務省令で定める額の手数料を納付しなければならない。

5　第二十三条第二項から第五項まで、第二十四条、第二十五　条第二項及び第三項、第二十六条（第二号、第三号並びに第五号ハ及びニを除く。）並びに第二十九条の規定は、許可の有効期間の更新について準用する。

（変更の許可等）

第三十二条 監理団体は、監理許可に係る事業の区分を変更しようとするときは、主務大臣の許可を受けなければならない。この場合において、監理団体は、許可証の書換えを受けなければならない。

2　前項の許可については、第二十三条第二項から第五項まで及び第七項、第二十四条、第二十五条、第二十六条（第二号、第三号並びに第五号ハ及びニを除く。）並びに第二十九条の規定を準用する。

3　監理団体は、第二十三条第二項各号（第四号を除く。）に掲げる事項（主務省令で定めるものを除く。）に変更があったときは、変更の日から一月以内に、その旨を出入国在留管理庁長官及び厚生労働大臣に届け出なければな

らない。この場合において、当該変更に係る事項が監理事業を行う事業所の新設に係るものであるときは、当該事業所に係る事業計画書その他主務省令で定める書類を添付しなければならない。

4　第二十三条第四項の規定は、前項の事業計画書について準用する。

5　主務大臣は、第三項の規定による監理事業を行う事業所の新設に係る変更の届出があったときは、当該新設に係る事業所の数に応じ、許可証を交付しなければならない。

6　監理団体は、第三項の規定による届出をする場合において、当該届出に係る事項が許可証の記載事項に該当するときは、その書換えを受けなければならない。

7　第三項の規定による届出の受理に係る事務については第十八条の規定を、第五項の規定による許可証の交付に係る事務については第二十九条第四項及び第五項の規定を、それぞれ準用する。

（技能実習の実施が困難となった場合の届出）

第三十三条　監理団体は、第十九条第二項の規定による通知を受けた場合その他実習監理を行う団体監理型実習実施者が団体監理型技能実習を行わせることが困難となったと認めるときは、遅滞なく、当該通知に係る事項その他の主務省令で定める事項を出入国在留管理庁長官及び厚生労働大臣に届け出なければならない。

2　前項の規定による届出の受理に係る事務については、第十八条の規定を準用する。

（事業の休廃止）

第三十四条　監理団体は、監理事業を廃止し、又はその全部若しくは一部を休止しようとするときは、その廃止又は休止の日の一月前までに、その旨及び当該監理団体が実習監理を行う団体監理型実習実施者に係る団体監理型技能実習の継続のための措置その他の主務省令で定める事項を出入国在留管理庁長官及び厚生労働大臣に届け出なければならない。

2　前項の規定による届出の受理に係る事務については、第十八条の規定を準用する。

（報告徴収等）

第三十五条　主務大臣は、この節の規定を施行するために必要な限度におい

て、団体監理型技能実習関係者（監理団体等又は団体監理型実習実施者若しくは団体監理型実習実施者であった者をいう。以下この項において同じ。）若しくは団体監理型技能実習関係者の役員若しくは職員（以下この項において「役職員」という。）若しくは役職員であった者（以下この項において「役職員等」という。）に対し、報告若しくは　帳簿書類の提出若しくは提示を命じ、若しくは団体監理型技能実習関係者若しくは役職員等に対し出頭を求め、又は当該主務大臣の職員に関係者に対して質問させ、若しくは団体監理型技能実習関係者に係る事業所その他団体監理型技能実習に関係のある場所に立ち入り、その設備若しくは帳簿書類その他の物件を検査させることができる。

2　第十三条第二項の規定は前項の規定による質問又は立入検査について、同条第三項の規定は前項の規定による権限について、それぞれ準用する。

（改善命令等）

第三十六条　主務大臣は、監理団体が、この法律その他出入国若しくは労働に関する法律又はこれらに基づく命令の規定に違反した場合において、監理事業の適正な運営を確保するために必要があると認めるときは、当該監理団体に対し、期限を定めて、その監理事業の運営を改善するために必要な措置をとるべきことを命ずることができる。

2　主務大臣は、前項の規定による命令をした場合には、その旨を公示しなければならない。

（許可の取消し等）

第三十七条　主務大臣は、監理団体が次の各号のいずれかに該当するときは、監理許可を取り消すことができる。

一　第二十五条第一項各号のいずれかに適合しなくなったと認めるとき。

二　第二十六条各号（第二号、第三号並びに第五号ハ及びニを除く。）のいずれかに該当することとなったとき。

三　第三十条第一項の規定により付された監理許可の条件に違反したとき。

四　この法律の規定若しくは出入国若しくは労働に関する法律の規定であって政令で定めるもの又はこれらの規定に基づく命令若しくは処分に違反したとき。

五　出入国又は労働に関する法令に関し不正又は著しく不当な行為をしたと

き。

2　主務大臣は、監理許可（一般監理事業に係るものに限る。）を受けた監理
団体が第二十五条第一項第七号の主務省令で定める基準に適合しなくなった
と認めるときは、職権で、当該監理許可を特定監理事業に係るものに変更す
ることができる。

3　主務大臣は、監理団体が第一項第一号又は第三号から第五号までのいずれ
かに該当するときは、期間を定めて当該監理事業の全部又は一部の停止を命
ずることができる。

4　主務大臣は、第一項の規定による監理許可の取消し、第二項の規定による
監理許可の変更又は前項の規定による命令をした場合には、その旨を公示し
なければならない。

（名義貸しの禁止）

第三十八条　監理団体は、自己の名義をもって、他人に監理事業を行わせては
ならない。

（認定計画に従った実習監理等）

第三十九条　監理団体は、認定計画に従い、団体監理型技能実習生が団体監理
型技能実習を行うために必要な知識の修得をさせるよう努めるとともに、団
体監理型技能実習を実習監理しなければならない。

2　監理団体は、その実習監理を行う団体監理型実習実施者が団体監理型技能
実習生が修得等をした技能等の評価を行うに当たっては、当該団体監理型実
習実施者に対し、必要な指導及び助言を行わなければならない。

3　前二項に規定するもののほか、監理団体は、団体監理型技能実習の実施状
況の監査その他の業務の実施に関し主務省令で定める基準に従い、その業務
を実施しなければならない。

（監理責任者の設置等）

第四十条　監理団体は、監理事業に関し次に掲げる事項を統括管理させるた
め、主務省令で定めるところにより、監理事業を行う事業所ごとに監理責任
者を選任しなければならない。

一　団体監理型技能実習生の受入れの準備に関すること。

二　団体監理型技能実習生の技能等の修得等に関する団体監理型実習実施者
への指導及び助言並びに団体監理型実習実施者との連絡調整に関すること。

三　次節に規定する技能実習生の保護その他団体監理型技能実習生の保護に関すること。

四　団体監理型実習実施者等及び団体監理型技能実習生等の個人情報の管理に関すること。

五　団体監理型技能実習生の労働条件、産業安全及び労働衛生に関し、第九条第七号に規定する責任者との連絡調整に関すること。

六　国及び地方公共団体の機関であって技能実習に関する事務を所掌するもの、機構その他関係機関との連絡調整に関すること。

2　監理責任者は、次に掲げる者以外の者でなければならない。

一　第二十六条第五号イ（第十条第十一号に係る部分を除く。）又はロからニまでに該当する者

二　前項の規定による選任の日前五年以内又はその選任の日以後に出入国又は労働に関する法令に関し不正又は著しく不当な行為をした者

三　未成年者

3　監理団体は、団体監理型実習実施者が、団体監理型技能実習に関し労働基準法、労働安全衛生法その他の労働に関する法令に違反しないよう、監理責任者をして、必要な指導を行わせなければならない。

4　監理団体は、団体監理型実習実施者が、団体監理型技能実習に関し労働基準法、労働安全衛生法その他の労働に関する法令に違反していると認めるときは、監理責任者をして、是正のため必要な指示を行わせなければならない。

5　監理団体は、前項に規定する指示を行ったときは、速やかに、その旨を関係行政機関に通報しなければならない。

（帳簿の備付け）

第四十一条　監理団体は、監理事業に関して、主務省令で定める帳簿書類を作成し、監理事業を行う事業所に備えて置かなければならない。

（監査報告等）

第四十二条　監理団体は、その実習監理を行う団体監理型実習実施者について、第三十九条第三項の主務省令で定める基準に従い監査を行ったときは、当該監査の終了後遅滞なく、監査報告書を作成し、出入国在留管理庁長官及び厚生労働大臣に提出しなければならない。

2　監理団体は、主務省令で定めるところにより、監理事業を行う事業所ごと

に監理事業に関する事業報告書を作成し、出入国在留管理庁長官及び厚生労働大臣に提出しなければならない。

3　第一項の規定による監査報告書の受理及び前項の規定による事業報告書の受理に係る事務については、第十八条の規定を準用する。

（個人情報の取扱い）

第四十三条　監理団体は、監理事業に関し、団体監理型実習実施者等及び団体監理型技能実習生等の個人情報を収集し、保管し、又は使用するに当たっては、監理事業の目的の達成に必要な範囲内で団体監理型実習実施者等及び団体監理型技能実習生等の個人情報を収集し、並びにその収集の目的の範囲内でこれを保管し、及び使用しなければならない。ただし、本人の同意がある場合その他正当な事由がある場合は、この限りでない。

2　監理団体は、団体監理型実習実施者等及び団体監理型技能実習生等の個人情報を適正に管理するために必要な措置を講じなければならない。

（秘密保持義務）

第四十四条　監理団体の役員若しくは職員又はこれらの者であった者は、正当な理由なく、その業務に関して知ることができた秘密を漏らし、又は盗用してはならない。

（主務省令への委任）

第四十五条　この節に定めるもののほか、監理団体の許可の手続その他この節の規定の実施に関し必要な事項は、主務省令で定める。

第三節　技能実習生の保護

（禁止行為）

第四十六条　実習監理を行う者（第四十八条第一項において「実習監理者」という。）又はその役員若しくは職員（次条において「実習監理者等」という。）は、暴行、脅迫、監禁その他精神又は身体の自由を不当に拘束する手段によって、技能実習生の意思に反して技能実習を強制してはならない。

第四十七条　実習監理者等は、技能実習生等（技能実習生又は技能実習生になろうとする者をいう。以下この条において同じ。）又はその配偶者、直系若しくは同居の親族その他技能実習生等と社会生活において密接な関係を有する者との間で、技能実習に係る契約の不履行について違約金を定め、又は損

害賠償額を予定する契約をしてはならない。

2　実習監理者等は、技能実習生等に技能実習に係る契約に付随して貯蓄の契約をさせ、又は技能実習生等との間で貯蓄金を管理する契約をしてはならない。

第四十八条　技能実習を行わせる者若しくは実習監理者又はこれらの役員若しくは職員（次項において「技能実習関係者」という。）は、技能実習生の旅券（入管法第二条第五号に規定する旅券をいう。第百十一条第五号において同じ。）又は在留カード（入管法第十九条の三に規定する在留カードをいう。同号において同じ。）を保管してはならない。

2　技能実習関係者は、技能実習生の外出その他の私生活の自由を不当に制限してはならない。

（出入国在留管理庁長官及び厚生労働大臣に対する申告）

第四十九条　実習実施者若しくは監理団体又はこれらの役員若しくは職員（次項において「実習実施者等」という。）がこの法律又はこれに基づく命令の規定に違反する事実がある場合においては、技能実習生は、その事実を出入国在留管理庁長官及び厚生労働大臣に申告することができる。

2　実習実施者等は、前項の申告をしたことを理由として、技能実習生に対して技能実習の中止その他不利益な取扱いをしてはならない。

第四節　補則

（指導及び助言等）

第五十条　出入国在留管理庁長官及び厚生労働大臣は実習実施者に対し、主務大臣は監理団体に対し、この章の規定の施行に関し必要があると認めるときは、技能実習の適正な実施及び技能実習生の保護のために必要な指導及び助言をすることができる。

2　出入国在留管理庁長官及び厚生労働大臣は、技能実習の適正な実施及び技能実習生の保護のため、技能実習生からの相談に応じ、必要な情報の提供、助言その他の援助を行うものとする。

（連絡調整等）

第五十一条　実習実施者及び監理団体は、第十九条第一項若しくは第三十三条第一項の規定による届出、第十九条第二項の規定による通知又は第三十四条

第一項の規定による事業の廃止若しくは休止の届出をしようとするときは、当該実習実施者及び当該監理団体に係る技能実習生であって引き続き技能実習を行うことを希望するものが技能実習を行うことができるよう、他の実習実施者又は監理団体その他関係者との連絡調整その他の必要な措置を講じなければならない。

2　出入国在留管理庁長官及び厚生労働大臣は第一号に掲げる者に対し、主務大臣は第二号に掲げる者に対し、前項に規定する措置の円滑な実施のためその他必要があると認めるときは、必要な指導及び助言を行うことができる。

一　実習実施者及びその関係者（監理団体の関係者を除く。）

二　監理団体及びその関係者その他関係者（前号に掲げる者を除く。）

（技能実習評価試験）

第五十二条　主務大臣は、実習実施者が円滑に技能等の評価を行うことができるよう、技能実習評価試験の振興に努めなければならない。

2　主務大臣は、公正な技能実習評価試験が実施されるよう、技能実評価試験の基準を主務省令で定めるものとする。

（事業所管大臣への要請）

第五十三条　出入国在留管理庁長官及び厚生労働大臣は、技能実習の適正な実施及び技能実習生の保護のために必要があると認めるときは、特定の業種に属する事業を所管する大臣（次条第一項において「事業所管大臣」という。）に対して、当該特定の業種に属する事業に係る技能実習に関し必要な協力を要請することができる。

（事業協議会）

第五十四条　事業所管大臣は、当該事業所管大臣及びその所管する特定の業種に属する事業に係る実習実施者又は監理団体を構成員とする団体その他の関係者により構成される協議会（以下この条において「事業協議会」という。）を組織することができる。

2　事業協議会は、必要があると認めるときは、機構その他の事業協議会が必要と認める者をその構成員として加えることができる。

3　事業協議会は、その構成員が相互の連絡を図ることにより、技能実習の適正な実施及び技能実習生の保護に有用な情報を共有し、その構成員の連携の緊密化を図るとともに、その事業の実情を踏まえた技能実習の適正な実施及

び技能実習生の保護に資する取組について協議を行うものとする。

4　事業協議会の事務に従事する者又は従事していた者は、正当な理由なく、当該事務に関して知ることができた秘密を漏らし、又は盗用してはならない。

5　前各項に定めるもののほか、事業協議会の組織及び運営に関し必要な事項は、事業協議会が定める。

（他の法律の規定に基づく措置の実施に関する要求等）

第五十五条　出入国在留管理庁長官及び厚生労働大臣は、技能実習の適正な実施及び技能実習生の保護のため必要があると認めるときは、関係行政機関の長に対し、技能実習の適正な実施及び技能実習生の保護に資する情報の提供をすることができる。

2　出入国在留管理庁長官及び厚生労働大臣は、技能実習の適正な実施及び技能実習生の保護を図るために実施し得る他の法律の規定に基づく措置があり、技能実習の適正な実施及び技能実習生の保護を図るため、当該措置が速やかに実施されることが必要であると認めるときは、当該措置の実施に関する事務を所掌する大臣に対し、当該措置の速やかな実施を求めることができる。

3　出入国在留管理庁長官及び厚生労働大臣は、前項の規定により同項の措置の速やかな実施を求めたときは、同項の大臣に対し、当該措置の実施状況について報告を求めることができる。

（地域協議会）

第五十六条　地域において技能実習に関する事務を所掌する国の機関は、当該機関及び地方公共団体の機関その他の関係機関により構成される協議会（以下この条において「地域協議会」という。）を組織することができる。

2　地域協議会は、必要があると認めるときは、機構その他の地域協議会が必要と認める者をその構成員として加えることができる。

3　地域協議会は、その構成員が相互の連絡を図ることにより、技能実習の適正な実施及び技能実習生の保護に有用な情報を共有し、その構成員の連携の緊密化を図るとともに、その地域の実情を踏まえた技能実習の適正な実施及び技能実習生の保護に資する取組について協議を行うものとする。

4　地域協議会の事務に従事する者又は従事していた者は、正当な理由なく、当該事務に関して知ることができた秘密を漏らし、又は盗用してはならない。

5　前各項に定めるもののほか、地域協議会の組織及び運営に関し必要な事項は、地域協議会が定める。

第三章　外国人技能実習機構

第一節　総則

（機構の目的）

第五十七条　外国人技能実習機構（以下「機構」という。）は、外国人の技能等の修得等に関し、技能実習の適正な実施及び技能実習生の保護を図り、もって人材育成を通じた開発途上地域等への技能等の移転による国際協力を推進することを目的とする。

（法人格）

第五十八条　機構は、法人とする。

（数）

第五十九条　機構は、一を限り、設立されるものとする。

（資本金）

第六十条　機構の資本金は、その設立に際し、政府及び政府以外の者が出資する額の合計額とする。

2　機構は、必要があるときは、主務大臣の認可を受けて、その資本金を増加することができる。

（名称）

第六十一条　機構は、その名称中に外国人技能実習機構という文字を用いなければならない。

2　機構でない者は、その名称中に外国人技能実習機構という文字を用いてはならない。

（登記）

第六十二条　機構は、政令で定めるところにより、登記しなければならない。

2　前項の規定により登記しなければならない事項は、登記の後でなければ、これをもって第三者に対抗することができない。

（一般社団法人及び一般財団法人に関する法律の準用）

第六十三条　一般社団法人及び一般財団法人に関する法律（平成十八年法律第

四十八号）第四条及び第七十八条の規定は、機構について準用する。

第二節　設立

（発起人）

第六十四条　機構を設立するには、技能実習に関して専門的な知識と経験を有する者三人以上が発起人になることを必要とする。

（定款の作成等）

第六十五条　発起人は、速やかに、機構の定款を作成し、政府以外の者に対し機構に対する出資を募集しなければならない。

2　前項の定款には、次の事項を記載しなければならない。

一　目的

二　名称

三　事務所の所在地

四　資本金及び出資に関する事項

五　役員に関する事項

六　評議員会に関する事項

七　業務及びその執行に関する事項

八　財務及び会計に関する事項

九　定款の変更に関する事項

十　公告の方法

（設立の認可等）

第六十六条　発起人は、前条第一項の募集が終わったときは、速やかに、定款を主務大臣に提出して、設立の認可を申請しなければならない。

2　主務大臣は、機構の理事長となるべき者及び監事となるべき者を指名する。

3　前項の規定により指名された機構の理事長となるべき者及び監事となるべき者は、機構の成立の時において、第七十一条第一項の規定により、それぞれ理事長及び監事に任命されたものとする。

（事務の引継ぎ）

第六十七条　発起人は、前条第一項の認可を受けたときは、遅滞なく、その事務を同条第二項の規定により指名された機構の理事長となるべき者に引き継がなければならない。

2　前条第二項の規定により指名された機構の理事長となるべき者は、前項の規定による事務の引継ぎを受けたときは、遅滞なく、政府及び出資の募集に応じた政府以外の者に対し、出資金の払込みを求めなければならない。

（設立の登記）

第六十八条　第六十六条第二項の規定により指名された機構の理事長となるべき者は、前条第二項の規定による出資金の払込みがあったときは、遅滞なく、政令で定めるところにより、設立の登記をしなければならない。

2　機構は、設立の登記をすることにより成立する。

第三節　役員等

（役員）

第六十九条　機構に、役員として理事長一人、理事三人以内及び監事二人以内を置く。

（役員の職務及び権限）

第七十条　理事長は、機構を代表し、その業務を総理する。

2　理事は、理事長の定めるところにより、機構を代表し、理事長を補佐して機構の業務を掌理し、理事長に事故があるときはその職務を代理し、理事長が欠員のときはその職務を行う。

3　監事は、機構の業務を監査する。

4　監事は、監査の結果に基づき、必要があると認めるときは、理事長又は主務大臣に意見を提出することができる。

（役員の任命）

第七十一条　理事長及び監事は、主務大臣が任命する。

2　理事は、理事長が主務大臣の認可を受けて任命する。

（役員の任期）

第七十二条　役員の任期は、二年とする。ただし、補欠の役員の任期は、前任者の残任期間とする。

2　役員は、再任されることができる。

（役員の欠格条項）

第七十三条　政府又は地方公共団体の職員（非常勤の者を除く。）は、役員となることができない。

（役員の解任）

第七十四条　主務大臣又は理事長は、それぞれその任命に係る役員が前条の規定に該当するに至ったときは、その役員を解任しなければならない。

2　主務大臣又は理事長は、それぞれその任命に係る役員が次の各号のいずれかに該当するに至ったときその他役員たるに適しないと認めるときは、第七十一条の規定の例により、その役員を解任することができる。

一　破産手続開始の決定を受けたとき。

二　禁錮以上の刑に処せられたとき。

三　心身の故障のため職務を執行することができないと認められるとき。

四　職務上の義務違反があるとき。

（役員の兼職禁止）

第七十五条　役員（非常勤の者を除く。）は、営利を目的とする団体の役員となり、又は自ら営利事業に従事してはならない。ただし、主務大臣の承認を受けたときは、この限りでない。

（監事の兼職禁止）

第七十六条　監事は、理事長、理事、評議員又は機構の職員を兼ねてはならない。

（代表権の制限）

第七十七条　機構と理事長又は理事との利益が相反する事項については、これらの者は、代表権を有しない。この場合においては、監事が機構を代表する。

（代理人の選任）

第七十八条　理事長は、機構の職員のうちから、機構の業務の一部に関する一切の裁判上又は裁判外の行為を行う権限を有する代理人を選任することができる。

（職員の任命）

第七十九条　機構の職員は、理事長が任命する。

（役員及び職員の秘密保持義務）

第八十条　機構の役員若しくは職員又はこれらの職にあった者は、正当な理由なく、その職務上知ることができた秘密を漏らし、又は盗用してはならない。

（役員及び職員の地位）

第八十一条　機構の役員及び職員は、刑法その他の罰則の適用については、法

令により公務に従事する職員とみなす。

第四節　評議員会

（設置）

第八十二条　機構に、第八十七条の業務（同条第一号に掲げる業務及びこれに附帯する業務を除く。以下この条において同じ。）の円滑な運営を図るため、評議員会を置く。

2　評議員会は、第八十七条の業務の運営に関する重要事項を審議する。

3　評議員会は、前項に規定するもののほか、第八十七条の業務の運営に関し、理事長の諮問に応じて重要事項について意見を述べ、又は必要と認める事項について理事長に建議することができる。

（組織）

第八十三条　評議員会は、評議員十五人以内をもって組織する。

（評議員）

第八十四条　評議員は、労働者を代表する者、事業主を代表する者及び技能実習に関して専門的な知識と経験を有する者のうちから、理事長が主務大臣の認可を受けて任命する。

2　評議員のうち、労働者を代表する者及び事業主を代表する者は、各同数とする。

3　評議員の任期は、四年とする。ただし、補欠の評議員の任期は、前任者の残任期間とする。

4　評議員は、再任されることができる。

（評議員の解任）

第八十五条　理事長は、評議員が第七十四条第二項各号のいずれかに該当するに至ったときは、前条第一項の規定の例により、その評議員を解任することができる。

（評議員の秘密保持義務等）

第八十六条　第八十条及び第八十一条の規定は、評議員について準用する。

第五節　業務

（業務の範囲）

第八十七条　機構は、第五十七条の目的を達成するため、次に掲げる業務を行う。

一　技能実習に関し行う次に掲げる業務

　イ　第十二条第一項の規定により認定事務を行うこと。

　ロ　第十四条第一項の規定により報告若しくは帳簿書類の提出若しくは提示を求め、又はその職員をして、質問させ、若しくは検査させること。

　ハ　第十八条第一項（第十九条第三項、第二十一条第二項、第二十七条第三項、第三十二条第七項、第三十三条第二項、第三十四条第二項及び第四十二条第三項において準用する場合を含む。）の規定により届出、報告書、監査報告書又は事業報告書を受理すること。

　ニ　第二十四条第一項（第三十一条第五項及び第三十二条第二項において準用する場合を含む。）の規定により事実関係の調査を行うこと。

　ホ　第二十四条第三項（第三十一条第五項及び第三十二条第二項において準用する場合を含む。）の規定により申請書を受理すること。

　ヘ　第二十九条第四項（第三十一条第五項並びに第三十二条第二項及び第七項において準用する場合を含む。）の規定により許可証の交付又は再交付に係る事務を行うこと。

二　技能実習の適正な実施及び技能実習生の保護を図るために技能実習生からの相談に応じ、必要な情報の提供、助言その他の援助を行う業務（次号に掲げる業務に該当するものを除く。）

三　技能実習を行うことが困難となった技能実習生であって引き続き技能実習を行うことを希望するものが技能実習を行うことができるよう、技能実習生からの相談に応じ、必要な情報の提供、助言その他の援助を行うとともに、実習実施者、監理団体その他関係者に対する必要な指導及び助言を行う業務

四　技能実習に関し、調査及び研究を行う業務

五　その他技能実習の適正な実施及び技能実習生の保護に関する業務

六　前各号に掲げる業務（これらに附帯する業務を含み、主務省令で定める業務を除く。）に係る手数料を徴収する業務

七　前各号に掲げる業務に附帯する業務

（業務の委託）

第八十八条　機構は、主務大臣の認可を受けて、前条の業務（同条第一号に掲げる業務及びこれに附帯する業務を除く。）の一部を委託することができる。

2　第八十条及び第八十一条の規定は、前項の規定による委託を受けた者（その者が法人である場合にあっては、その役員）又はその職員その他の当該委託を受けた業務に従事する者について準用する。

（業務方法書）

第八十九条　機構は、業務開始の際、業務方法書を作成し、主務大臣の認可を受けなければならない。これを変更しようとするときも、同様とする。

2　前項の業務方法書には、主務省令で定める事項を記載しなければならない。

（資料の交付の要請等）

第九十条　国又は地方公共団体は、機構がその業務を行うため特に必要があると認めて要請をしたときは、機構に対し、必要な資料を交付し、又はこれを閲覧させることができる。

2　機構は、その業務を行うため必要があると認めるときは、国の行政機関の長及び地方公共団体の長その他の執行機関に対して、資料の提供、意見の表明、説明その他必要な協力を求めることができる。

第六節　財務及び会計

（事業年度）

第九十一条　機構の事業年度は、毎年四月一日に始まり、翌年三月三十一日に終わる。

（予算等の認可）

第九十二条　機構は、毎事業年度、予算及び事業計画を作成し、当該事業年度の開始前に、主務大臣の認可を受けなければならない。これを変更しようとするときも、同様とする。

2　主務大臣は、前項の認可をしようとするときは、あらかじめ、財務大臣に協議しなければならない。

（財務諸表等）

第九十三条　機構は、毎事業年度、貸借対照表、損益計算書その他主務省令で

定める書類及びこれらの附属明細書（以下この条において「財務諸表」という。）を作成し、当該事業年度の終了後三月以内に主務大臣に提出し、その承認を受けなければならない。

2　機構は、前項の規定により財務諸表を主務大臣に提出するときは、これに当該事業年度の事業報告書及び予算の区分に従い作成した決算報告書並びに財務諸表及び決算報告書に関する監事の意見書を添付しなければならない。

3　機構は、第一項の規定による主務大臣の承認を受けたときは、遅滞なく、財務諸表を官報に公告し、かつ、財務諸表並びに前項の事業報告書、決算報告書及び監事の意見書（以下この条において「財務諸表等」という。）を、各事務所に備え置き、主務省令で定める期間、公衆の縦覧に供しなければならない。

4　財務諸表等は、電磁的記録（電子的方式、磁気的方式その他人の知覚によっては認識することができない方式で作られる記録であって、電子計算機による情報処理の用に供されるものとして主務省令で定めるものをいう。次項において同じ。）をもって作成することができる。

5　財務諸表等が電磁的記録をもって作成されているときは、機構の事務所において、当該電磁的記録に記録された情報を電磁的方法（電子情報処理組織を使用する方法その他の情報通信の技術を利用する方法であって主務省令で定めるものをいう。）により不特定多数の者が提供を受けることができる状態に置く措置として主務省令で定めるものをとることができる。この場合においては、財務諸表等を、第三項の規定により備え置き、公衆の縦覧に供したものとみなす。

（利益及び損失の処理）

第九十四条　機構は、毎事業年度、損益計算において利益を生じたときは、前事業年度から繰り越した損失を埋め、なお残余があるときは、その残余の額は、積立金として整理しなければならない。

2　機構は、毎事業年度、損益計算において損失を生じたときは、前項の規定による積立金を減額して整理し、なお不足があるときは、その不足額は、繰越欠損金として整理しなければならない。

3　機構は、予算をもって定める額に限り、第一項の規定による積立金を第八十七条の業務に要する費用に充てることができる。

（借入金）

第九十五条　機構は、その業務に要する費用に充てるため必要な場合において、主務大臣の認可を受けて、短期借入金をすることができる。

2　前項の規定による短期借入金は、当該事業年度内に償還しなければならない。ただし、資金の不足のため償還することができないときは、その償還することができない金額に限り、主務大臣の認可を受けて、これを借り換えることができる。

3　前項ただし書の規定により借り換えた短期借入金は、一年以内に償還しなければならない。

4　主務大臣は、第一項及び第二項の認可をしようとするときは、あらかじめ、財務大臣に協議しなければならない。

5　機構は、長期借入金及び債券発行をすることができない。

（交付金）

第九十六条　政府は、予算の範囲内において、機構に対し、その業務に要する費用に相当する金額を交付するものとする。

（余裕金の運用）

第九十七条　機構は、次の方法によるほか、業務上の余裕金を運用してはならない。

一　国債その他主務大臣の指定する有価証券の保有

二　主務大臣の指定する金融機関への預金

三　その他主務省令で定める方法

（主務省令への委任）

第九十八条　この法律に定めるもののほか、この節の規定の実施に関し必要な事項は、主務省令で定める。

第七節　監督

（監督）

第九十九条　機構は、主務大臣が監督する。

2　主務大臣は、この法律を施行するため必要があると認めるときは、機構に対し、その業務に関して監督上必要な命令をすることができる。

（報告及び検査）

第百条　主務大臣は、この法律を施行するため必要があると認めるときは、機構に対しその業務に関し報告をさせ、又は当該職員に機構の事務所に立ち入り、帳簿、書類その他の物件を検査させることができる。

2　第十三条第二項の規定は前項の規定による立入検査について、同条第三項の規定は前項の規定による権限について、それぞれ準用する。

第八節　補則

（定款の変更）

第百一条　機構の定款の変更は、主務大臣の認可を受けなければ、その効力を生じない。

（解散）

第百二条　機構は、解散した場合において、その債務を弁済してなお残余財産があるときは、これを各出資者に対し、その出資額を限度として分配するものとする。

2　前項に規定するもののほか、機構の解散については、別に法律で定める。

第四章　雑則

（主務大臣等）

第百三条　この法律における主務大臣は、法務大臣及び厚生労働大臣とする。

2　この法律における主務省令は、主務大臣の発する命令とする。

（権限の委任等）

第百四条　主務大臣は、政令で定めるところにより、第三十五条第一項の規定による報告の徴収、帳簿書類の提出若しくは提示の命令、出頭の命令、質問又は立入検査（第四十条第三項から第五項までの規定を施行するために行うものに限る。）（次項及び次条において「報告徴収等」という。）の権限の一部を国土交通大臣に委任することができる。

2　国土交通大臣は、前項の規定による委任に基づき、報告徴　収等を行ったときは、速やかに、その結果について主務大臣に報告するものとする。

3　国土交通大臣は、政令で定めるところにより、第一項の規定により委任さ

れた権限を地方運輸局長（運輸監理部長を含む。次項において同じ。）に委任することができる。

4　前項の規定により地方運輸局長に委任された権限は、政令で定めるところにより、運輸支局長又は地方運輸局、運輸監理部若しくは運輸支局の事務所の長に委任することができる。

5　この法律に規定する法務大臣の権限（第七条第一項及び第三項から第五項までに規定するもの並びに第一項の規定により国土交通大臣に委任されたものを除く。）は、政令で定めるところにより、出入国在留管理庁長官に委任することができる。

6　この法律に規定する出入国在留管理庁長官の権限（前項の規定により出入国在留管理庁長官に委任されたものを含む。）及び厚生労働大臣の権限（第七条第一項及び第三項から第五項までに規定するもの並びに第一項の規定により国土交通大臣に委任されたものを除く。）は、主務省令で定めるところにより、地方支分部局の長に委任することができる。

（職権の行使）

第百五条　主務大臣は、報告徴収等に関する事務について、第三十五条第一項に規定する当該主務大臣の職員の職権を労働基準監督官に行わせることができる。

2　国土交通大臣は、主務大臣の権限が前条第一項の規定により国土交通大臣に委任された場合には、報告徴収等に関する事務について、第三十五条第一項に規定する当該主務大臣の職員の職権を船員労務官に行わせることができる。

（国等の連携）

第百六条　国、地方公共団体及び機構は、技能実習が円滑に行われるよう、必要な情報交換を行うことその他相互の密接な連携の確保に努めるものとする。

2　機構は、前項に規定する連携のため、主務大臣及び出入国在留管理庁長官に対し、主務大臣及び出入国在留管理庁長官の権限の行使に関して必要な情報の提供を行わなければならない。

（主務省令への委任）

第百七条　この法律に定めるもののほか、この法律の規定の実施に関し必要な事項は、主務省令で定める。

第五章　罰則

第百八条　第四十六条の規定に違反した者は、一年以上十年以下の懲役又は
　　二十万円以上三百万円以下の罰金に処する。

第百九条　次の各号のいずれかに該当する者は、一年以下の懲役又は百万円以
　　下の罰金に処する。

　一　第二十三条第一項の規定に違反して実習監理を行った
　者

　二　偽りその他不正の行為により、第二十三条第一項の許可、第三十一条第
　　　二項の規定による許可の有効期間の更新又は第三十二条第一項の変更の許
　　　可を受けた者

　三　第三十七条第三項の規定による処分に違反した場合におけるその違反行
　　　為をした監理団体の役員又は職員

　四　第三十八条の規定に違反した場合におけるその違反行為をした監理団体
　　　の役員又は職員

第百十条　第四十四条、第五十四条第四項、第五十六条第四項又は第八十条
　　（第八十六条及び第八十八条第二項において準用する場合を含む。）の規定に
　　違反した者は、一年以下の懲役又は五十万円以下の罰金に処する。

第百十一条　次の各号のいずれかに該当する者は、六月以下の懲役又は三十万
　　円以下の罰金に処する。

一　第十五条第一項の規定による処分に違反した者

　二　第二十八条第一項の規定に違反した場合におけるその違反行為をした監
　　　理団体の役員又は職員

　三　第三十六条第一項の規定による処分に違反した場合におけるその違反行
　　　為をした監理団体の役員又は職員

　四　第四十七条の規定に違反した者

　五　第四十八条第一項の規定に違反して、技能実習生の意思に反して技能実
　　　習生の旅券又は在留カードを保管した者

　六　第四十八条第二項の規定に違反して、技能実習生に対し、解雇その他の
　　　労働関係上の不利益又は制裁金の徴収その他の財産上の不利益を示して、
　　　技能実習が行われる時間以外における他の者との通信若しくは面談又は外

出の全部又は一部を禁止する旨を告知した者

七　第四十九条第二項の規定に違反した者

第百十二条　次の各号のいずれかに該当する者は、三十万円以下の罰金に処する。

一　第十三条第一項又は第三十五条第一項の規定による報告若しくは帳簿書類の提出若しくは提示をせず、若しくは虚偽の報告若しくは虚偽の帳簿書類の提出若しくは提示をし、又はこれらの規定による質問に対して答弁をせず、若しくは虚偽の答弁をし、若しくはこれらの規定による検査を拒み、妨げ、若しくは忌避した者

二　第十七条の規定による届出をせず、又は虚偽の届出をした者

三　第十九条第一項の規定による届出をせず、又は虚偽の届出をした者

四　第十九条第二項の規定による通知をせず、又は虚偽の通知をした者

五　第二十条の規定に違反して帳簿書類を作成せず、若しくは事業所に備えて置かず、又は虚偽の帳簿書類を作成した者

六　第二十三条第二項（第三十一条第五項及び第三十二条第二項において準用する場合を含む。）に規定する申請書又は第二十三条第三項（第三十一条第五項及び第三十二条第二項において準用する場合を含む。）に規定する書類であって虚偽の記載のあるものを提出した者

七　第三十二条第三項の規定による届出をせず、若しくは虚偽の届出をし、又は同項に規定する書類であって虚偽の記載のあるものを提出した場合におけるその違反行為をした監理団体の役員又は職員

八　第三十三条第一項の規定による届出をせず、又は虚偽の届出をした場合におけるその違反行為をした監理団体の役員又は職員

九　第三十四条第一項の規定による届出をしないで、又は虚偽の届出をして、監理事業を廃止し、又はその全部若しくは一部を休止した場合におけるその違反行為をした監理団体の役員又は職員

十　第四十条第一項の規定に違反した場合におけるその違反行為をした監理団体の役員又は職員

十一　第四十一条の規定に違反して帳簿書類を作成せず、若しくは事業所に備えて置かず、又は虚偽の帳簿書類を作成した場合におけるその違反行為をした監理団体の役員又は職員

十二　第百条第一項の規定による報告をせず、若しくは虚偽の報告をし、又は同項の規定による検査を拒み、妨げ、若しくは忌避した場合におけるその違反行為をした機構の役員又は職員

第百十三条　法人の代表者又は法人若しくは人の代理人、使用人その他の従業者が、その法人又は人の業務に関して、第百八条、第百九条、第百十条（第四十四条に係る部分に限る。）、第百十一条及び前条（第十二号を除く。）の違反行為をしたときは、行為者を罰するほか、その法人又は人に対しても、各本条の罰金刑を科する。

第百十四条　次の各号のいずれかに該当する場合には、その違反行為をした機構の役員は、二十万円以下の過料に処する。

一　第三章の規定により主務大臣の認可又は承認を受けなければならない場合において、その認可又は承認を受けなかったとき。

二　第六十二条第一項の規定による政令に違反して登記することを怠ったとき。

三　第八十七条に規定する業務以外の業務を行ったとき。

四　第九十三条第三項の規定に違反して、書類を備え置かず、又は縦覧に供しなかったとき。

五　第九十七条の規定に違反して業務上の余裕金を運用したとき。

六　第九十九条第二項の規定による主務大臣の命令に違反したとき。

第百十五条　第六十一条第二項の規定に違反した者は、二十万円以下の過料に処する。

附　則　抄

（施行期日）

第一条　この法律は、公布の日から起算して一年を超えない範囲内において政令で定める日から施行する。ただし、第一章、第三章、第百三条、第百六条、第百七条、第百十条（第八十条（第八十六条及び第八十八条第二項において準用する場合を含む。）に係る部分に限る。）、第百十二条（第十二号に係る部分に限る。）、第百十四条及び第百十五条の規定並びに附則第五条から第九条まで、第十一条、第十四条から第十七条まで、第十八条（登録免許税法（昭和四十二年法律第三十五号）別表第三の改正規定に限る。）、第二十条から第

二十三条まで及び第二十六条の規定は、公布の日から施行する。

（検討）

第二条　政府は、この法律の施行後五年を目途として、この法律の施行の状況を勘案し、必要があると認めるときは、この法律の規定について検討を加え、その結果に基づいて所要の措置を講ずるものとする。

（技能実習に関する経過措置）

第三条　附則第十三条第一項の規定によりなお従前の例によることとされた附則第十二条の規定による改正前の出入国管理及び難民認定法（以下「旧入管法」という。）別表第一の二の表の技能実習の在留資格をもって在留する者が行う活動は、技能実習に該当しないものとする。

2　前項に規定する者又はこの法律の施行の日（以下「施行日」という。）前に旧入管法別表第一の二の表の技能実習の在留資格をもって在留していた者（同項に規定する者を除く。）その他これに準ずるものとして主務大臣が適当と認める者（以下この条及び次条において「旧技能実習在留資格者等」という。）が第一号企業単独型技能実習に相当するものとして主務省令で定めるものを修了した場合においては、第二条第二項第二号の規定の適用については、当分の間、同号中「第一号企業単独型技能実習」とあるのは、「附則第三条第二項の主務省令で定めるもの」とする。

3　旧技能実習在留資格者等が第二号企業単独型技能実習に相当するものとして主務省令で定めるものを修了した場合においては、第二条第二項第三号の規定の適用については、当分の間、同号中「第二号企業単独型技能実習」とあるのは、「附則第三条第三項の主務省令で定めるもの」とする。

4　旧技能実習在留資格者等が第一号団体監理型技能実習に相当するものとして主務省令で定めるものを修了した場合においては、第二条第四項第二号の規定の適用については、当分の間、同号中「第一号団体監理型技能実習」とあるのは、「附則第三条第四項の主務省令で定めるもの」とする。

5　旧技能実習在留資格者等が第二号団体監理型技能実習に相当するものとして主務省令で定めるものを修了した場合においては、第二条第四項第三号の規定の適用については、当分の間、同号中「第二号団体監理型技能実習」とあるのは、「附則第三条第五項の主務省令で定めるもの」とする。

（技能実習計画の認定の基準に関する経過措置）

第四条 旧技能実習在留資格者等を雇用する者又は雇用しようとする者が、当該旧技能実習在留資格者等に係る技能実習計画（第一号企業単独型技能実習又は第一号団体監理型技能実習に係るものを除く。）を作成し、当該技能実習計画について第八条第一項の認定の申請をした場合においては、第九条の規定の適用については、当分の間、同条第四号中「第一号企業単独型技能実習又は第一号団体監理型技能実習に係る技能実習計画」とあるのは「附則第三条第二項に規定する旧技能実習在留資格者等が行う活動に係る主務省令で定める計画（以下この号において「相当技能実習計画」という。）」と、「第二号企業単独型技能実習又は第二号団体監理型技能実習に係る技能実習計画」とあるのは「相当技能実習計画」と、同条第十一号中「技能実習生に技能実習」とあるのは「技能実習生（技能実習に相当するもの（附則第三条第二項の主務省令で定めるもの、同条第三項の主務省令で定めるもの、同条第四項の主務省令で定めるもの及び同条第五項の主務省令で定めるものをいう。以下この号において同じ。）を行う同条第二項に規定する旧技能実習在留資格者等を含む。）に技能実習（技能実習に相当するものを含む。）」とする。

（外国人技能実習機構に関する経過措置）

第五条 この法律の施行の際現にその名称中に外国人技能実習機構という文字を用いている者については、第六十一条第二項の規定は、第三章の規定の施行後六月間は、適用しない。

第六条 機構の最初の事業年度は、第九十一条の規定にかかわらず、その成立の日に始まり、その後最初の三月三十一日に終わるものとする。

第七条 機構の最初の事業年度の予算及び事業計画については、第九十二条第一項中「当該事業年度の開始前に」とあるのは、「機構の成立後遅滞なく」とする。

（施行前の準備）

第八条 第八条第一項の認定及び第二十三条第一項の許可の手続は、施行日前においても行うことができる。この場合において、主務大臣は、第十二条及び第二十四条の規定の例により、機構に、認定事務又は調査の全部又は一部を行わせることができる。

2 第二十三条第一項の許可の手続を施行日前に行う場合において、厚生労働

大臣は、同条第六項の規定の例により、労働政策審議会の意見を聴くことができる。

3　第二十三条第一項の許可の手続に係る申請書又はこれに添付すべき書類であって虚偽の記載のあるものを提出した者は、三十万円以下の罰金に処する。

4　法人の代表者又は法人若しくは人の代理人、使用人その他の従業者が、その法人又は人の業務に関して、前項の違反行為をしたときは、行為者を罰するほか、その法人又は人に対しても、同項の罰金刑を科する。

（出入国管理及び難民認定法の一部改正）

第12条　出入国管理及び難民認定法の一部を次のように改正する。

第2条の2第1項及び第2項中「又は第2号イ」を「、第2号イ若しくはロ又は3号イ」に改める。

第7条第1項第2号中「及び技能実習の項の下欄第2号を削る。

第20条第1項中「又は技能実習の在留資格（同表の技能実習の項の下欄第2号イ又はロに係るものに限る。）」を削る。

（略）

別表第一の二の表技能実習の項下欄第1号イ及びロを次のように改める。

イ　外国人の技能実習の適正な実施及び技能実習生の保護に関する法律（平成28年法律第89号。以下「技能実習法」という。）第8条第1項の認定（技能実習法第11条第1項の規定による変更の認定があつたときは、その変更後のもの。以下同じ。）を受けた技能実習法第8条第1項に規定する技能実習計画（技能実習法第2条第2項第1号に規定する第1号企業単独型技能実習に係るものに限る。）に基づいて、講習を受け、及び技能、技術又は知識（以下「技能等」という。）に係る業務に従事する活動

ロ　技能実習法第8条第1項の認定を受けた同項に規定する技能実習計画（技能実習法第2条第4項第1号に規定する第1号団体監理型技能実習に係るものに限る。）に基づいて、講習を受け、及び技能等に係る業務に従事する活動

別表第一の二の表技能実習の項下欄第2号イ及びロを次のように改める。

イ　能実習法第8条第1項の認定を受けた同項に規定する技能実習計画（技能実習法第2条第2項第2号に規定する第2号企業単独型技能実習

に係るものに限る。）に基づいて技能等を要する業務に従事する活動

　　ロ　技能実習法第8条第1項の認定を受けた同項に規定する技能実習計画
　　（技能実習法第2条第4項第2号に規定する第2号団体監理型技能実習
　　に係るものに限る。）に基づいて技能等を要する業務に従事する活動

　別表第一の二の表技能実習の項の下欄に次の1号を加える。

　(3) 次のイ又はロのいずれかに該当する活動

　　イ　技能実習法第8条第1項の認定を受けた同項に規定する技能実習計画
　　（技能実習法第2条第2項第3号に規定する第3号企業単独型技能実習
　　に係るものに限る。）に基づいて技能等を要する業務に従事する活動

　　ロ　技能実習法第8条第1項の認定を受けた同項に規定する技能実習計画
　　（技能実習法第2条第4項第3号に規定する第3号団体監理型技能実習
　　に係るものに限る。）に基づいて技能等を要する業務に従事する活動

　（出入国管理及び難民認定法の一部改正に伴う経過措置）

第13条　　この法律の施行の際現に旧入管法別表第一の2の表の技能実習の在
留資格をもって本邦に在留する者並びに第3項第1号及び第4項の規定によ
りなお従前の例によることとされる場合における旧入管法第3章第1節又は
第2節の規定による上陸許可の証印又は許可（在留資格の決定を伴うものに
限る。）を受けて在留する者の在留資格及び在留期間については、なお従前
の例による。ただし、旧入管法第20条の2第1項第2号に掲げる在留資格へ
の変更及び在留期間の更新については、この限りでない。

2　　前項ただし書の規定にかかわらず、この法律の施行前にされた、次に掲げ
る申請についての処分については、なお従前の例による。

　(1)　旧入管法別表第一の2の表の技能実習の在留資格（同表の技能実習の項
　の下欄第1号イ又はロに係るものに限る。）をもって本邦に在留する者
　（当該在留資格に伴う在留期間が施行日から起算して3月を経過する日ま
　での間に満了する者に限る。）からされた旧入管法第20条第2項の規定に
　よる旧入管法第20条の2第1項第2号に掲げる在留資格への変更の申請で
　あって、この法律の施行の際、旧入管法第20条第3項の規定による許可を
　するかどうかの処分がされていないもの

　(2)　旧入管法別表第一の2の表の技能実習の在留資格をもって本邦に在留す
　る者（当該在留資格に伴う在留期間が施行日から起算して3月を経過する

日までの間に満了する者に限る。）からされた旧入管法第21条第２項の規定による在留期間の更新の申請であって、この法律の施行の際、同条第３項の規定による許可をするかどうかの処分がされていないもの

3　この法律の施行前にされた、次に掲げる申請についての処分については、なお従前の例による。

⑴　本邦において旧入管法別表第一の２の表の技能実習の項の下欄第１号イ又はロに掲げる活動（以下この条において「旧技能実習第１号活動」という。）を行おうとする外国人からされた旧入管法第６条第２項の上陸の申請であって、この法律の施行の際、旧入管法第３章第１節又は第２節の規定による上陸許可の証印をするかどうかの処分がされていないもの

⑵　本邦において旧技能実習第１号活動を行おうとする外国人（施行日から起算して３月を経過する日までに本邦に上陸しようとする者に限る。）からされた旧入管法第７条の２第１項の規定による証明書の交付の申請であって、この法律の施行の際、交付をするかどうかの処分がされていないもの

4　施行日前に本邦において旧技能実習第１号活動を行おうとして旧入管法第７条の２第１項の規定による証明書の交付を受けた者及び前項第２号の規定によりなお従前の例によることとされる場合における同条第１項の規定による証明書の交付を受けた者から施行日以後にされた前条の規定による改正後の出入国管理及び難民認定法第６条第２項の上陸の申請に対する処分については、施行日（前項第２号の規定によりなお従前の例によることとされる場合における旧入管法第７条の２第１項の規定により証明書の交付を受けた者にあっては、当該交付の日）から３月を経過する日までの間は、なお従前の例による。

（行政事件訴訟法の一部改正）

第14条　行政事件訴訟法（昭和37年法律第139号）の一部を次のように改正する。

別表沖縄振興開発金融公庫の項の次に次のように加える。

外国人技能実習機構	外国人の技能実習の適正な実施及び技能実習生の保護に関する法律（平成28年法律第89号）

（印紙税法の一部改正）

第17条　印紙税法（昭和42年法律第23号）の一部を次のように改正する。

別表第三国立研究開発法人海洋研究開発機構法（平成15年法律第95号）第17条第3号（業務の範囲）の業務に関する文書の項の次に次のように加える。

外国人の技能実習の適正な実施及び技能実習生の保護に関する法律（平成28年法律第89号）第87条第1号及び第6号（同条第1号の業務に係る業務に限る。）（業務の範囲）の業務に関する文書	外国人技能実習機構

（登録免許税法の一部改正）

第18条　登録免許税法の一部を次のように改正する。

別表第一中第62号を削り、第63号を第62号とし、同号の次に次のように加える。

63　外国人の技能実習に係る監理団体の許可又は事業の区分の変更の許可		
外国人の技能実習の適正な実施及び技能実習生の保護に関する法律（平成28年法律第89号）第23条第1項（監理団体の許可）の監理団体の許可（更新の許可を除く。）又は同法第32条第1項（変更の許可等）の規定による変更の許可（同法第23条第1項第1号に掲げる一般監理事業への事業の区分の変更に係るものに限る。）	許可件数	1件につき1万5000円

別表第三中1の2の項を1の4の項とし、1の2の項を1の3の項とし、1の項を1の2の項とし、同項の前に次のように加える。

1　外国人技能実習機構	外国人の技能実習の適正な実施及び技能実習生の保護に関する法律	事務所用建物（専ら自己の事務所の用に供する建物をいう。以下同じ。）の所有権の取得登記又は当該建物の敷地の用に供する土地の権利の取得登記	第3欄の登記に該当するものであることを証する財務省令で定める書類の添付があるものに限る。

別表第三の2の項中「（専ら自己の事務所の用に供する建物をいう。以下同じ。）」を削る。

（厚生労働省設置法の一部改正）

第24条　厚生労働省設置法（平成11年法律第97号）の一部を次のように改正する。

第９条第１項第４号中「職業能力開発促進法」の下に「、外国人の技能実習の適正な実施及び技能実習生の保護に関する法律（平成28年法律第89号）」を加える。

（罰則に関する経過措置）

第25条　この法律の施行前にした行為及びこの法律の規定によりなお従前の例によることとされる場合におけるこの法律の施行後にした行為に対する罰則の適用については、なお従前の例による。

（政令への委任）

第26条　この附則に規定するもののほか、この法律の施行に伴い必要な経過措置（罰則に関する経過措置を含む。）は、政令で定める。

参考資料

外国人の技能実習の適正な実施及び技能実習生の保護に関する法律施行規則（抄）

（平成28年法務省・厚生労働省令第3号）

（平成29年法務省・厚生労働省令第1号により一部改正）

＊原文は縦書です。

目次

第一章　　総則

（定義）

第一条　この省令において使用する用語は、外国人の技能実習の適正な実施及び技能実習生の保護に関する法律（以下「法」という。）において使用する用語の例によるほか、次の定義に従うものとする。

　一　「第一号技能実習」とは、第一号企業単独型技能実習及び第一号団体監

344

理型技能実習をいう。

二　「第二号技能実習」とは、第二号企業単独型技能実習及び第二号団体監
　理型技能実習をいう。

三　「第三号技能実習」とは、第三号企業単独型技能実習及び第三号団体監
　理型技能実習をいう。

四　「第一号技能実習生」とは、第一号企業単独型技能実習生及び第一号団
　体監理型技能実習生をいう。

五　「第二号技能実習生」とは、第二号企業単独型技能実習生及び第二号団
　体監理型技能実習生をいう。

六　「第三号技能実習生」とは、第三号企業単独型技能実習生及び第三号団
　体監理型技能実習生をいう。

七　「入国後講習」とは、法第二条第二項第一号及び同条第四項第一号に規
　定する講習をいう。

八　「取次送出機関」とは、外国の送出機関（法第二十三条第二項第六号に
　規定する外国の送出機関をいう。以下同じ。）であって団体監理型技能実
　習生になろうとする者からの団体監理型技能実習に係る求職の申込み（以
　下「団体監理型技能実習の申込み」という。）を本邦の監理団体に取り次
　ぐものをいう。

九　「外国の準備機関」とは、技能実習生になろうとする者の外国における
　準備に関与する外国の機関（取次送出機関を除く。）をいう。

十　「外部監査」とは、法第二十五条第一項第五号ロ（法第三十二条第二項
　において準用する場合を含む。）に規定する役員の監理事業に係る職務の
　執行の監査をいう。

十一　「技能実習事業年度」とは、技能実習に関する事業年度をいい、毎年
　四月一日に始まり翌年三月三十一日に終わるものとする。

（密接な関係を有する外国の公私の機関）

第二条　法第二条第二項第一号の主務省令で定める密接な関係を有する外国の
　公私の機関は、次の各号のいずれかに該当するものとする。

一　本邦の公私の機関（法第二条第二項第一号に規定する本邦の公私の機関
　をいう。次号において同じ。）と引き続き一年以上の国際取引の実績又は
　過去一年間に十億円以上の国際取引の実績を有する機関

二　前号に掲げるもののほか、本邦の公私の機関と国際的な業務上の提携を
　　行っていることその他の密接な関係を有する機関として出入国在留管理庁
　　長官及び厚生労働大臣が認めるもの

第二章　技能実習

第一節　技能実習計画

（密接な関係を有する複数の法人）

第三条　法第八条第一項の主務省令で定める密接な関係を有する複数の法人
は、次の各号のいずれかに該当するものとする。

一　同一の親会社（会社法（平成十七年法律第八十六号）第二条第四号に規
　　定する親会社をいう。）をもつ複数の法人

二　前号に掲げるもののほか、その相互間に密接な関係を有する複数の法人
　　として出入国在留管理庁長官及び厚生労働大臣が認めるもの

（技能実習計画の認定の申請）

第四条　法第八条第一項の認定の申請は、別記様式第一号による申請書の正本
一部及び副本一部を提出して行わなければならない。

2　団体監理型技能実習に係る法第八条第一項の認定の申請にあっては、当該
申請をしようとする者は、実習監理を受ける監理団体から同条第四項に規定
する指導を受けたことについて、前項の申請書に当該監理団体の証明を受け
なければならない。

（技能実習計画の認定の通知）

第五条　出入国在留管理庁長官及び厚生労働大臣（法第十二条第一項の規定に
より外国人技能実習機構（以下「機構」という。）に同項に規定する認定事
務を行わせる場合にあっては機構。第十七条第一項及び第十八条第二項にお
いて同じ。）は、法第八条第一項の認定をしたときは、その旨を当該認定を
受けようとする者（以下この節において「申請者」という。）に通知するも
のとする。

2　前項の通知は、別記様式第二号による認定通知書に前条第一項の申請書の
副本を添えて行うものとする。

（技能実習評価試験）

第六条　法第八条第二項第六号の主務省令で指定する試験は、別表第一のとおりとする。

（技能実習計画の記載事項）

第七条　法第八条第二項第十号の主務省令で定める事項は、次のとおりとする。

一　申請者が既に法第十七条の規定による届出を行っている場合は、当該届出に係る実習実施者届出受理番号

二　法人にあっては、その役員の役職名及び法人番号（行政手続における特定の個人を識別するための番号の利用等に関する法律（平成二十五年法律第二十七号）第二条第十五項に規定する法人番号をいう。第二十六条第一号において同じ。）

三　申請者の業種

四　技能実習責任者（法第八条第二項第七号に規定する技能実習の実施に関する責任者をいう。以下同じ。）の役職名

五　技能実習指導員（第十二条第一項第二号の規定により選任された技能実習指導員をいう。以下同じ。）及び生活指導員（同項第三号の規定により選任された生活指導員をいう。以下同じ。）の氏名及び役職名

六　技能実習生の生年月日、年齢及び性別

七　第三号技能実習に係るものである場合は、次のいずれかに該当する事項

　イ　第二号技能実習の終了後第三号技能実習の開始までの間に本国に一時帰国した場合又は一時帰国する予定である場合にあっては、その一時帰国の期間又は一時帰国する予定の期間

　ロ　第二号技能実習の終了後引き続き第三号技能実習を開始してから一年以内に技能実習を休止して一時帰国した後、休止している技能実習を再開する予定である場合にあっては、その一時帰国する予定の期間

八　第二号技能実習に係るものである場合は第一号技能実習に係る技能実習計画、第三号技能実習に係るものである場合は第二号技能実習に係る技能実習計画において定めた目標の達成状況

九　団体監理型技能実習に係るものである場合は、監理団体の許可番号、許可の別、監理責任者（法第四十条第一項に規定する監理責任者をいう。以下同じ。）の氏名、担当事業所の名称及び所在地並びに技能実習計画の作

成の指導を担当する者の氏名

　十　団体監理型技能実習であって取次送出機関があるものに係る場合は、当該取次送出機関の氏名又は名称

（技能実習計画の添付書類）

第八条　法第八条第三項の主務省令で定める書類は、次のとおりとする。

　一　申請者が法人の場合にあっては申請者の登記事項証明書、直近の二事業年度に係る貸借対照表及び損益計算書又は収支計算書並びにその役員の住民票の写し（営業に関し成年者と同一の行為能力を有しない未成年者である役員については、当該役員及びその法定代理人の住民票の写し（法定代理人が法人である場合は、当該法人の登記事項証明書及び定款又は寄附行為並びにその役員の住民票の写し））、法人でない場合にあっては申請者の住民票の写し及び納税申告書の写し

　二　申請者の概要書

　三　技能実習生に技能実習を行わせることに係る申請者の誓約書

　四　技能実習生の旅券その他の身分を証する書類の写し及び履歴書

　五　技能実習責任者の履歴書並びに就任承諾書及び技能実習に係る誓約書の写し

　六　技能実習指導員の履歴書並びに就任承諾書及び技能実習に係る誓約書の写し

　七　生活指導員の履歴書並びに就任承諾書及び技能実習に係る誓約書の写し

　八　団体監理型技能実習に係るものである場合にあっては、当該技能実習計画に基づく団体監理型技能実習に係る取次送出機関の誓約書

　九　団体監理型技能実習に係るものである場合にあっては、監理団体と申請者の間の実習監理に係る契約の契約書又はこれに代わる書類の写し

　十　団体監理型技能実習に係るものである場合にあっては、団体監理型技能実習生と取次送出機関の間に締結された団体監理型技能実習に係る契約の契約書の写し

　十一　企業単独型技能実習に係るものである場合にあっては、申請者と企業単独型技能実習生となろうとする者が本国において所属する機関の関係を明らかにする書類及び当該機関が作成した企業単独型技能実習生の派遣に係る証明書

十二　外国の準備機関がある場合にあっては、当該外国の準備機関の概要書及び誓約書

十三　技能実習生との間で締結した雇用契約の契約書及び雇用条件書の写し

十四　技能実習生に対する報酬の額が日本人が従事する場合の報酬の額と同等以上であることを説明する書類

十五　企業単独型技能実習に係るものである場合にあっては申請者が、団体監理型技能実習に係るものである場合にあっては監理団体が、宿泊施設が適正であることを確認したことを明らかにする書類

十六　食費、居住費その他名目のいかんを問わず技能実習生が定期に負担する費用の内訳及び当該費用が適正であることを説明する書類

十七　企業単独型技能実習に係るものである場合にあっては申請者又は第二条の外国の公私の機関が、団体監理型技能実習に係るものである場合にあっては申請者、監理団体又は取次送出機関が、技能実習の期間中の待遇について技能実習生に説明し、かつ、技能実習生がこれを十分に理解したことを明らかにする書類

十八　開発途上地域等への技能、技術又は知識（以下「技能等」という。）の移転による国際協力の推進という技能実習の制度の趣旨（以下単に「制度の趣旨」という。）を理解したこと並びに第十条第二項第三号ハ及び第六号イに該当することを明らかにする技能実習生の作成に係る書類

十九　団体監理型技能実習に係るものである場合にあっては、団体監理型技能実習の申込みの取次ぎ又は外国における団体監理型技能実習の準備に関し団体監理型技能実習生が取次送出機関又は外国の準備機関に支払った費用の額及び内訳並びに団体監理型技能実習生がこれを十分に理解したことを明らかにした書類

二十　技能実習を行わせる理由を記載した書類

二十一　団体監理型技能実習に係るものである場合にあっては、第十条第二項第三号へに規定する推薦に係る推薦状

二十二　第二号技能実習に係るものである場合にあっては、基礎級の技能検定（職業能力開発促進法（昭和四十四年法律第六十四号）第四十四条第一項の技能検定をいう。以下同じ。）又はこれに相当する技能実習評価試験（法第八条第二項第六号に規定する技能実習評価試験をいう。以下同じ。）

に合格したことを技能検定又は技能実習評価試験の実施者が証明する書面の写し

二十三　第三号技能実習に係るものである場合にあっては、三級の技能検定又はこれに相当する技能実習評価試験の実技試験に合格したことを技能検定又は技能実習評価試験の実施者が証明する書面の写し

二十四　第三号技能実習に係るものである場合又は第十六条第二項の規定の適用を受ける必要がある場合にあっては、第十五条の基準を満たすことを明らかにする書類

二十五　申請者が法第八条第一項の認定を受けている技能実習計画に係る技能実習生の名簿

二十六　その他必要な書類

（技能実習計画の認定の手数料）

第九条　法第八条第五項（法第十一条第二項において準用する場合を含む。）の主務省令で定める額は、一件につき三千九百円とする。

（技能実習の目標及び内容の基準）

第十条　法第九条第二号（法第十一条第二項において準用する場合を含む。）の主務省令で定める基準のうち技能実習の目標に係るものは、次の各号に掲げる技能実習の区分に応じ、当該各号に定めるとおりとする。

一　第一号技能実習　次のいずれかを掲げるものであること。

イ　修得をさせる技能等に係る基礎級の技能検定又はこれに相当する技能実習評価試験の実技試験及び学科試験の合格

ロ　修得をさせる技能等を要する具体的な業務ができるようになること及び当該技能等に関する知識の修得を内容とするもの（技能実習の期間に照らし適切なものに限る。）

二　第二号技能実習　習熟をさせる技能等に係る三級の技能検定又はこれに相当する技能実習評価試験の実技試験の合格を掲げるものであること。

三　第三号技能実習　熟達をさせる技能等に係る二級の技能検定又はこれに相当する技能実習評価試験の実技試験の合格を掲げるものであること。

2　法第九条第二号（法第十一条第二項において準用する場合を含む。）の主務省令で定める基準のうち技能実習の内容に係るものは、次のとおりとする。

一　修得、習熟又は熟達（以下「修得等」という。）をさせる技能等が次の

いずれにも該当するものであること。

 イ 同一の作業の反復のみによって修得等できるものではないこと。

 ロ 第二号技能実習及び第三号技能実習にあっては、別表第二に掲げる職種及び作業（以下「移行対象職種・作業」という。）に係るものであること。

二 従事させる業務について、次のいずれにも該当するものであること。

 イ 当該業務の性質及び当該業務に従事させるに当たっての実習環境その他の環境に照らし、外国人に技能実習として行わせることが適当でないと認められるものでないこと。

 ロ 技能実習を行わせる事業所において通常行われている業務であり、当該事業所に備えられた技能等の修得等に必要な素材、材料等を用いるものであること。

 ハ 移行対象職種・作業に係るものにあっては、次に掲げる業務の区分に応じ、当該業務に従事させる時間が、それぞれ次に掲げる条件に適合すること。

  (1) 必須業務（技能実習生が修得等をしようとする技能等に係る技能検定又はこれに相当する技能実習評価試験の試験範囲に基づき、技能等を修得等するために必ず行わなければならない業務をいう。以下このハにおいて同じ。）業務に従事させる時間全体の二分の一以上であること。

  (2) 関連業務（必須業務に従事する者により当該必須業務に関連して行われることのある業務であって、修得等をさせようとする技能等の向上に直接又は間接に寄与する業務をいう。）業務に従事させる時間全体の二分の一以下であること。

  (3) 周辺業務（必須業務に従事する者が当該必須業務に関連して通常携わる業務（(2)に掲げるものを除く。）をいう。）業務に従事させる時間全体の三分の一以下であること。

 ニ 移行対象職種・作業に係るものにあっては、ハ(1)から(3)までに掲げる業務について、それぞれ、従事させる時間のうち十分の一以上を当該ハ(1)から(3)までに掲げる業務に関する安全衛生に係る業務に充てること。

 ホ 移行対象職種・作業に係るものでないものにあっては、従事させる業

務に関する安全衛生に係る業務を行わせること。

へ　ハからホまでに掲げるもののほか、技能実習の期間を通じた業務の構成が、技能実習の目標に照らして適切なものであること。

三　技能実習生が次のいずれにも該当する者であること。

イ　十八歳以上であること。

ロ　制度の趣旨を理解して技能実習を行おうとする者であること。

ハ　本国に帰国後本邦において修得等をした技能等を要する業務に従事することが予定されていること。

ニ　企業単独型技能実習に係るものである場合にあっては、申請者の外国にある事業所又は第二条の外国の公私の機関の外国にある事業所の常勤の職員であり、かつ、当該事業所から転勤し、又は出向する者であること。

ホ　団体監理型技能実習に係るものである場合にあっては、本邦において従事しようとする業務と同種の業務に外国において従事した経験を有すること又は団体監理型技能実習に従事することを必要とする特別な事情があること。

へ　団体監理型技能実習に係るものである場合にあっては、当該者が国籍又は住所を有する国又は地域（出入国管理及び難民認定法（昭和二十六年政令第三百十九号。以下「入管法」という。）第二条第五号ロに規定する地域をいう。以下同じ。）の公的機関（政府機関、地方政府機関又はこれらに準ずる機関をいう。以下同じ。）から推薦を受けて技能実習を行おうとする者であること。

ト　第三号技能実習に係るものである場合にあっては、次のいずれかに該当するものであること。

⑴　第二号技能実習の終了後本国に一月以上一時帰国してから第三号技能実習を開始するものであること。

⑵　第二号技能実習の終了後引き続き第三号技能実習を開始してから一年以内に技能実習を休止して一月以上一年未満の期間一時帰国した後、休止している技能実習を再開するものであること。

チ　同じ技能実習の段階（第一号技能実習、第二号技能実習又は第三号技能実習の段階をいう。）に係る技能実習を過去に行ったことがないこと

（やむを得ない事情がある場合を除く。）。

四　申請者が次のいずれにも該当する者であること。

　イ　制度の趣旨を理解して技能実習を行わせようとする者であること。

　ロ　第二号技能実習に係るものである場合にあっては、当該技能実習計画に係る技能実習生に第一号技能実習を行わせた者であること（第一号技能実習を行わせた者が第二号技能実習を行わせることができない場合、第一号技能実習を行わせた者が第二号技能実習を行わせることが適当でない場合その他やむを得ない事情がある場合を除く。）。

五　外国の準備機関又はその役員が、過去五年以内に、技能実習を行わせようとする者に不正に法第八条第一項若しくは第十一条第一項の認定を受けさせる目的、監理事業を行おうとする者に不正に法第二十三条第一項若しくは法第三十二条第一項の許可若しくは法第三十一条第二項の更新を受けさせる目的、出入国若しくは労働に関する法令の規定に違反する事実を隠蔽する目的又はその事業活動に関し外国人に不正に入管法第三章第一節若しくは第二節の規定による証明書の交付、上陸許可の証印（入管法第九条第四項の規定による記録を含む。以下同じ。）若しくは許可、同章第四節の規定による上陸の許可若しくは入管法第四章第一節若しくは第二節若しくは第五章第三節の規定による許可を受けさせる目的で、偽造若しくは変造された文書若しくは図画又は虚偽の文書若しくは図画を行使し、又は提供する行為を行っていないこと。

六　技能実習の実施に関し次のいずれにも該当すること。

　イ　技能実習生等（技能実習生又は技能実習生になろうとする者をいう。以下同じ。）又はその配偶者、直系若しくは同居の親族その他技能実習生等と社会生活において密接な関係を有する者が、当該技能実習生等が本邦において行う技能実習に関連して、保証金の徴収その他名目のいかんを問わず、金銭その他の財産を管理されず、かつ、技能実習に係る契約の不履行について違約金を定める契約その他の不当に金銭その他の財産の移転を予定する契約をしないこと。

　ロ　申請者又は外国の準備機関（団体監理型技能実習に係るものである場合にあっては、申請者、監理団体、取次送出機関又は外国の準備機関）が、他のこれらの者との間で、技能実習生等が本邦において行う技能実

資料②

［技能実習法施行規則］

習に関連して、技能実習に係る契約の不履行について違約金を定める契約その他の不当に金銭その他の財産の移転を予定する契約をしていないこと。

ハ　企業単独型技能実習に係るものである場合にあっては申請者が、団体監理型技能実習に係るものである場合にあっては申請者及び監理団体が、技能実習に関連して、技能実習生に対する暴行、脅迫、自由の制限その他人権を侵害する行為が行われていないことを定期的に確認すること。

ニ　団体監理型技能実習に係るものである場合にあっては、団体監理型技能実習生等（団体監理型技能実習生又は団体監理型技能実習生になろうとする者をいう。以下同じ。）が団体監理型技能実習の申込みの取次ぎ又は外国における団体監理型技能実習の準備に関して取次送出機関又は外国の準備機関に支払う費用につき、その額及び内訳を十分に理解してこれらの機関との間で合意していること。

七　第一号技能実習に係るものである場合にあっては、入国後講習が次のいずれにも該当するものであること。

イ　第一号企業単独型技能実習に係るものである場合にあっては申請者が、第一号団体監理型技能実習に係るものである場合にあっては監理団体が、自ら又は他の適切な者に委託して、座学（見学を含む。ハにおいて同じ。）により実施するものであること。

ロ　科目が次に掲げるものであること。

(1)　日本語

(2)　本邦での生活一般に関する知識

(3)　出入国又は労働に関する法令の規定に違反していることを知ったときの対応方法その他技能実習生の法的保護に必要な情報（専門的な知識を有する者（第一号団体監理型技能実習に係るものである場合にあっては、申請者又は監理団体に所属する者を除く。）が講義を行うものに限る。）

(4)　(1)から(3)までに掲げるもののほか、本邦での円滑な技能等の修得等に資する知識

ハ　その総時間数（実施時間が八時間を超える日については、八時間とし

て計算する。）が、技能実習生が本邦において行う第一号技能実習の予定時間全体の六分の一以上（当該技能実習生が、過去六月以内に、本邦外において、ロ(1)、(2)又は(4)に掲げる科目につき、一月以上の期間かつ百六十時間以上の課程を有し、座学により実施される次のいずれかの講習（以下「入国前講習」という。）を受けた場合にあっては、十二分の一以上）であること。

(1)　第一号企業単独型技能実習に係るものである場合にあっては申請者が、第一号団体監理型技能実習に係るものである場合にあっては監理団体が、自ら又は他の適切な者に委託して実施するもの

(2)　外国の公的機関又は教育機関（第一号企業単独型技能実習に係るものにあっては、これらの機関又は第二条の外国の公私の機関）が行うものであって、第一号企業単独型技能実習に係るものである場合にあっては申請者、第一号団体監理型技能実習に係るものである場合にあっては監理団体において、その内容が入国後講習に相当すると認めたもの

ニ　第一号企業単独型技能実習に係るものである場合にあってはロ(3)に掲げる科目、第一号団体監理型技能実習に係るものである場合にあっては全ての科目について、修得させようとする技能等に係る業務に従事させる期間より前に行われ、かつ、当該科目に係る入国後講習の期間中は技能実習生を業務に従事させないこと。

八　前各号に掲げるもののほか、法務大臣及び厚生労働大臣が告示で定める特定の職種及び作業に係るものにあっては、当該特定の職種及び作業に係る事業所管大臣（法第五十三条に規定する事業所管大臣をいう。以下同じ。）が、法務大臣及び厚生労働大臣と協議の上、当該職種及び作業に特有の事情に鑑みて告示で定める基準に適合すること。

3　複数の職種及び作業に係る技能実習計画である場合には、主たる職種及び作業（複数の職種及び作業のうち最も技能実習の時間が長いものをいう。以下同じ。）以外の職種及び作業については、法第九条第二号（法第十一条第二項において準用する場合を含む。）の主務省令で定める基準のうち技能実習の目標に係るものは、第一項の規定にかかわらず、次のいずれかを掲げるものであること。

　一　修得等をしようとする技能等に係る基礎級の技能検定又はこれに相当する技能実習評価試験の実技試験及び学科試験の合格

　二　修得等をしようとする技能等に係る三級若しくは二級の技能検定又はこれに相当する技能実習評価試験の実技試験の合格

　三　修得等をすべき技能等を要する具体的な業務ができるようになること及び当該技能等に関する知識の修得等を内容とするもの（当該技能等に係る業務に従事する時間に照らし適切なものに限る。）

4　前項に規定する場合には、法第九条第二号（法第十一条第二項において準用する場合を含む。）の主務省令で定める基準のうち技能実習の内容に係るものは、第二項各号に掲げるもののほか、次のとおりとする。この場合において、同項第三号の規定の適用については、同号ハ中「技能等」とあるのは「主たる職種及び作業に係る技能等」と、同号ホ中「従事しようとする業務」とあるのは「従事しようとする主たる職種及び作業に係る業務」とする。

　一　いずれの職種及び作業も移行対象職種・作業であること。

　二　それぞれの職種及び作業に係る技能等が相互に関連しており、複数の職種及び作業に係る技能実習を行うことに合理的な理由があること。

（主務省令で定める評価）

第十一条　法第九条第五号（法第十一条第二項において準用する場合を含む。）の主務省令で定める評価は、技能実習の目標（前条第一項第一号ロ及び第三項第三号に係るものに限る。）が全て達成されているかどうかを技能実習指導員が確認することとする。

2　技能実習指導員は、前項の評価を行うに当たっては、技能実習責任者を確認の場に立ち会わせることその他の方法により、評価の公正な実施の確保に努めなければならない。

（技能実習を行わせる体制及び事業所の設備）

第十二条　法第九条第六号（法第十一条第二項において準用する場合を含む。）の主務省令で定める基準のうち技能実習を行わせる体制に係るものは、次のとおりとする。

　一　技能実習責任者が、自己以外の技能実習指導員、生活指導員その他の技能実習に関与する職員を監督し、技能実習の進捗状況を管理するほか、次に掲げる事項を統括管理することとされていること。

イ　技能実習計画の作成に関すること。

ロ　法第九条第五号（法第十一条第二項において準用する場合を含む。）に規定する技能実習生が修得等をした技能等の評価に関すること。

ハ　法又はこれに基づく命令の規定による法務大臣及び厚生労働大臣若しくは出入国在留管理庁長官及び厚生労働大臣又は機構（団体監理型技能実習に係るものである場合にあっては、法務大臣及び厚生労働大臣若しくは出入国在留管理庁長官及び厚生労働大臣若しくは機構又は監理団体）に対する届出、報告、通知その他の手続に関すること。

ニ　法第二十条に規定する帳簿書類の作成及び保管並びに法第二十一条に規定する報告書の作成に関すること。

ホ　技能実習生の受入れの準備に関すること。

ヘ　団体監理型技能実習に係るものである場合にあっては、監理団体との連絡調整に関すること。

ト　技能実習生の保護に関すること。

チ　技能実習生の労働条件、産業安全及び労働衛生に関すること。

リ　国及び地方公共団体の機関であって技能実習に関する事務を所掌するもの、機構その他関係機関との連絡調整に関すること。

二　技能実習の指導を担当する者として、申請者又はその常勤の役員若しくは職員のうち、技能実習を行わせる事業所に所属する者であって、修得等をさせようとする技能等について五年以上の経験を有し、かつ、次のいずれにも該当しないものの中から技能実習指導員を一名以上選任していること。

イ　法第十条第一号から第八号まで又は第十号のいずれかに該当する者

ロ　過去五年以内に出入国又は労働に関する法令に関し不正又は著しく不当な行為をした者

ハ　未成年者

三　技能実習生の生活の指導を担当する者として、申請者又はその常勤の役員若しくは職員のうち、技能実習を行わせる事業所に所属する者であって、前号イからハまでのいずれにも該当しないものの中から生活指導員を一名以上選任していること。

四　第一号企業単独型技能実習に係るものである場合にあっては申請者が、

357

第一号団体監理型技能実習に係るものである場合にあっては監理団体が、入国後講習を実施する施設を確保していること。

五　企業単独型技能実習に係るものである場合にあっては申請者が、団体監理型技能実習に係るものである場合にあっては申請者又は監理団体が、申請者の事業に関する労働者災害補償保険法（昭和二十二年法律第五十号）による労働者災害補償保険に係る保険関係の成立の届出その他これに類する措置を講じていること。

六　企業単独型技能実習に係るものである場合にあっては申請者が、団体監理型技能実習に係るものである場合にあっては監理団体が、第十条第二項第三号トに規定する一時帰国に要する旅費（同号ト(1)に規定するものについては、第二号技能実習生が第二号技能実習を行っている間に法第八条第一項の認定の申請がされた場合に限る。第五十二条第九号において同じ。）及び技能実習の終了後の帰国に要する旅費を負担するとともに、技能実習の終了後の帰国が円滑になされるよう必要な措置を講ずることとしていること。

七　団体監理型技能実習において、監理団体が団体監理型技能実習の申込みの取次ぎを受ける場合にあっては、外国の送出機関からの取次ぎであること。

八　申請者又はその役員（業務を執行する社員、取締役、執行役又はこれらに準ずる者をいい、相談役、顧問その他いかなる名称を有する者であるかを問わず、法人に対し業務を執行する社員、取締役、執行役又はこれらに準ずる者と同等以上の支配力を有するものと認められる者を含む。次号において同じ。）若しくは職員が、過去五年以内に技能実習生の人権を著しく侵害する行為を行っていないこと。

九　申請者又はその役員若しくは職員が、過去五年以内に、不正に法第八条第一項若しくは第十一条第一項の認定を受ける目的、監理事業を行おうとする者に不正に法第二十三条第一項若しくは第三十二条第一項の許可若しくは法第三十一条第二項の更新を受けさせる目的、出入国若しくは労働に関する法令の規定に違反する事実を隠蔽する目的又はその事業活動に関し外国人に不正に入管法第三章第一節若しくは第二節の規定による証明書の交付、上陸許可の証印若しくは許可、同章第四節の規定による上陸の許可

若しくは入管法第四章第一節若しくは第二節若しくは第五章第三節の規定による許可を受けさせる目的で、偽造若しくは変造された文書若しくは図画又は虚偽の文書若しくは図画を行使し、又は提供する行為を行っていないこと。

十　法第十六条第一項各号のいずれかに該当するに至ったときは、直ちに、企業単独型実習実施者にあっては機構に、団体監理型実習実施者にあっては監理団体に、当該事実を報告することとされていること。

十一　申請者又は監理団体において、技能実習生との間で、技能実習計画と反する内容の取決めをしていないこと。

十二　団体監理型技能実習に係るものであり、監理団体が法第三十六条第一項の規定による改善命令を受けたことがある場合にあっては、当該監理団体が改善に必要な措置をとっていること。

十三　技能実習生に対する指導体制その他の技能実習を継続して行わせる体制が適切に整備されていること。

十四　前各号に掲げるもののほか、法務大臣及び厚生労働大臣が告示で定める特定の職種及び作業に係るものにあっては、当該特定の職種及び作業に係る事業所管大臣が、法務大臣及び厚生労働大臣と協議の上、当該職種及び作業に特有の事情に鑑みて告示で定める基準に適合すること。

2　法第九条第六号（法第十一条第二項において準用する場合を含む。）の主務省令で定める基準のうち技能実習を行わせる事業所の設備に係るものは、次のとおりとする。

一　技能等の修得等に必要な機械、器具その他の設備を備えていること。

二　前号に掲げるもののほか、法務大臣及び厚生労働大臣が告示で定める特定の職種及び作業に係るものにあっては、当該特定の職種及び作業に係る事業所管大臣が、法務大臣及び厚生労働大臣と協議の上、当該職種及び作業に特有の事情に鑑みて告示で定める基準に適合すること。

（技能実習責任者の選任）

第十三条　法第九条第七号（法第十一条第二項において準用する場合を含む。）に規定する技能実習責任者の選任は、申請者又はその常勤の役員若しくは職員であって、自己以外の技能実習指導員、生活指導員その他の技能実習に関与する職員を監督することができる立場にあり、かつ、過去三年以内

に技能実習責任者に対する講習として法務大臣及び厚生労働大臣が告示で定めるものを修了した者のうち、前条第一項第二号イからハまでのいずれにも該当しない者の中からしなければならない。

（技能実習生の待遇の基準）

第十四条　法第九条第九号（法第十一条第二項において準用する場合を含む。）の主務省令で定める基準は、次のとおりとする。

一　企業単独型技能実習に係るものである場合にあっては申請者が、団体監理型技能実習に係るものである場合にあっては申請者又は監理団体が、技能実習生のための適切な宿泊施設を確保していること。

二　第一号企業単独型技能実習に係るものである場合にあっては申請者が、第一号団体監理型技能実習に係るものである場合にあっては申請者又は監理団体が、手当の支給その他の方法により、第一号技能実習生が入国後講習に専念するための措置を講じていること。

三　団体監理型技能実習に係るものである場合にあっては、法第二十八条第二項の規定により監理費として徴収される費用について、直接又は間接に団体監理型技能実習生に負担させないこととしていること。

四　食費、居住費その他名目のいかんを問わず技能実習生が定期に負担する費用について、当該技能実習生が、当該費用の対価として供与される食事、宿泊施設その他の利益の内容を十分に理解した上で申請者との間で合意しており、かつ、当該費用の額が実費に相当する額その他の適正な額であること。

五　前各号に掲げるもののほか、法務大臣及び厚生労働大臣が告示で定める特定の職種及び作業に係るものにあっては、当該特定の職種及び作業に係る事業所管大臣が、法務大臣及び厚生労働大臣と協議の上、当該職種及び作業に特有の事情に鑑みて告示で定める基準に適合すること。

（第三号技能実習に係る基準）

第十五条　法第九条第十号（法第十一条第二項において準用する場合を含む。）の主務省令で定める基準は、次に掲げる事項を総合的に評価して、技能等の修得等をさせる能力につき高い水準を満たすと認められるものであることとする。

一　技能等の修得等に係る実績

二　技能実習を行わせる体制

三　技能実習生の待遇

四　出入国又は労働に関する法令への違反、技能実習生の行方不明者の発生その他の問題の発生状況

五　技能実習生からの相談に応じることその他の技能実習生に対する保護及び支援の体制及び実施状況

六　技能実習生と地域社会との共生に向けた取組の状況

（技能実習生の数）

第十六条　法第九条第十一号（法第十一条第二項において準用する場合を含む。）の主務省令で定める数は、次の各号に掲げる技能実習の区分に応じ、当該各号に定めるとおりとする。

一　企業単独型技能実習（次号に規定するものを除く。）第一号技能実習生について申請者の常勤の職員（外国にある事業所に所属する常勤の職員及び技能実習生を除く。以下この条において同じ。）の総数に二十分の一を乗じて得た数、第二号技能実習生について申請者の常勤の職員の総数に十分の一を乗じて得た数

二　企業単独型技能実習（この号で定める数の企業単独型技能実習生を受け入れた場合においても継続的かつ安定的に企業単独型技能実習を行わせることができる体制を有するものと出入国在留管理庁長官及び厚生労働大臣が認めたものに限る。）又は団体監理型技能実習第一号技能実習生について次の表の上欄に掲げる申請者の常勤の職員の総数の区分に応じ同表の下欄に定める数（その数が申請者の常勤の職員の総数を超えるときは、当該常勤の職員の総数）、第二号技能実習生について同表の下欄に定める数に二を乗じて得た数（その数が申請者の常勤の職員の総数に二を乗じて得た数を超えるときは、当該常勤の職員の総数に二を乗じて得た数）

申請者の常勤の職員の総数	技能実習生の数
301人以上	申請者の常勤の職員の総数の20分の1
201人以上300人以下	15人
101人以上200人以下	10人
51人以上100人以下	6人
41人以上50人以下	5人

31人以上40人以下	4人
30人以下	3人

2　前項の規定にかかわらず、企業単独型技能実習にあっては申請者が前条の基準に適合する者である場合、団体監理型技能実習にあっては申請者が同条の基準に適合する者であり、かつ、監理団体が一般監理事業に係る監理許可（法第二条第十項に規定する監理許可をいう。以下同じ。）を受けた者である場合には、法第九条第十一号（法第十一条第二項において準用する場合を含む。）の主務省令で定める数は、次の各号に掲げる技能実習の区分に応じ、当該各号に定めるとおりとする。

　一　前項第一号に規定する企業単独型技能実習　第一号技能実習生について申請者の常勤の職員の総数に十分の一を乗じて得た数、第二号技能実習生について申請者の常勤の職員の総数に五分の一を乗じて得た数、第三号技能実習生について申請者の常勤の職員の総数に十分の三を乗じて得た数

　二　前項第二号に掲げる技能実習　同号の表の上欄に掲げる申請者の常勤の職員の総数の区分に応じ、第一号技能実習生について同表の下欄に定める数に二を乗じて得た数（その数が申請者の常勤の職員の総数を超えるときは、当該常勤の職員の総数）、第二号技能実習生について同表の下欄に定める数に四を乗じて得た数（その数が申請者の常勤の職員の総数に二を乗じて得た数を超えるときは、当該常勤の職員の総数に二を乗じて得た数）、第三号技能実習生について同表の下欄に定める数に六を乗じて得た数（その数が申請者の常勤の職員の総数に三を乗じて得た数を超えるときは、当該常勤の職員の総数に三を乗じて得た数）

3　前二項の規定にかかわらず、法務大臣及び厚生労働大臣が告示で定める特定の職種及び作業に係る技能実習である場合には、法第九条第十一号（法第十一条第二項において準用する場合を含む。）の主務省令で定める数は、当該特定の職種及び作業に係る事業所管大臣が、法務大臣及び厚生労働大臣と協議の上、当該職種及び作業に特有の事情に鑑みて告示で定める数とする。

4　前三項の規定にかかわらず、次の各号に掲げる技能実習生に当該各号に定める技能実習を行わせようとし、又は行わせている場合であって当該技能実習生を受け入れ、又は受け入れていることにより前三項で定める数を超えるときは、法第九条第十一号（法第十一条第二項において準用する場合を含

む。）の主務省令で定める数は、前三項で定める数（第二項の規定により第一項で定める数を超えて技能実習生を受け入れているときは、同項で定める数又は現に受け入れている技能実習生の数のいずれか少ない数）に当該技能実習生の数を加えた数とする。

一　他の実習実施者が技能実習を行わせることが困難となった第一号技能実習生であって申請者が引き続き技能実習を行う機会を与えるもの　　第一号技能実習又は第二号技能実習

二　他の実習実施者が技能実習を行わせることが困難とった第二号技能実習生であって申請者が引き続き技能実習を行う機会を与えるもの　　第二号技能実習

三　他の実習実施者が技能実習を行わせることが困難となった第三号技能実習生であって申請者が引き続き技能実習を行う機会を与えるもの　　第三号技能実習

四　申請者が技能実習を行わせている第一号技能実習生であって第一号技能実習の開始後に特別な事情が生じたにもかかわらず申請者の下で引き続き技能実習を行うことを希望するもの　　第二号技能実習

（技能実習に関する業務を適正に行うことができない者）

第十六条の二　法第十条第五号（法第十一条第二項において準用する場合を含む。）の主務省令で定めるものは、精神の機能の障害により技能実習に関する業務を適正に行うに当たって必要な認知、判断及び意思疎通を適切に行うことができない者とする。

（軽微な変更）

第十七条　法第十一条第一項の主務省令で定める軽微な変更は、次に掲げる変更以外の変更であって、申請者が当該変更があった旨を当該変更があったことを証する書類とともに別記様式第三号により出入国在留管理庁長官及び厚生労働大臣に届け出たものとする。

一　技能実習の目標の変更

二　技能実習の内容のうち職種及び作業に係るものの変更

三　前二号に掲げるもののほか、認定計画（法第十一条第一項に規定する認定計画をいう。以下同じ。）に従った技能実習の実施に実質的な影響を与える変更

363

2　団体監理型技能実習に係る前項の届出を行おうとする者は、実習監理を受ける監理団体の指導に基づき、当該届出をしなければならない。

（技能実習計画の変更の認定申請等）

第十八条　法第十一条第一項の規定による技能実習計画の変更の認定の申請は、別記様式第四号による申請書の正本一部及び副本一部を提出して行わなければならない。

2　出入国在留管理庁長官及び厚生労働大臣は、法第十一条第一項の認定をしたときは、その旨を申請者に通知するものとする。

3　前項の通知は、別記様式第五号による変更認定通知書に第一項の申請書の副本を添えて行うものとする。

4　法第十一条第二項において準用する法第八条第三項の主務省令で定める書類は、第八条各号に掲げる書類のうち変更しようとする事項に係るものとする。

（職員の身分証明書）

第十九条　法第十三条第二項（法第三十五条第二項において準用する場合を含む。）の身分を示す証明書は、第五十条に規定する場合を除き、別記様式第六号によるものとする。

（実施の届出）

第二十条　法第十七条の届出は、別記様式第七号によるものとする。

2　法第十七条の主務省令で定める事項は、次のとおりとする。

一　届出者の氏名又は名称及び住所

二　技能実習計画の認定番号及び認定年月日

3　出入国在留管理庁長官及び厚生労働大臣（法第十八条第一項の規定により機構に法第十七条の届出の受理に係る事務を行わせる場合にあっては機構）は、同条の届出を受理したときは、別記様式第八号により、その旨を届出者に通知するものとする。

（技能実習を行わせることが困難となった場合の届出等）

第二十一条　法第十九条第一項の届出は、別記様式第九号によるものとする。

2　法第十九条第一項及び第二項の主務省令で定める事項は、次のとおりとする。

一　届出者の実習実施者届出受理番号、氏名又は名称及び住所

二　技能実習計画の認定番号、認定年月日及び技能実習の区分

三　技能実習生の氏名、国籍、生年月日、年齢及び性別

四　技能実習を行わせることが困難となった事由並びにその発生時期及び原因

五　技能実習生の現状

六　技能実習の継続のための措置

（帳簿書類）

第二十二条　法第二十条の主務省令で定める帳簿書類は、次のとおりとする。

一　技能実習生の管理簿

二　認定計画の履行状況に係る管理簿

三　技能実習生に従事させた業務及び技能実習生に対する指導の内容を記録した日誌

四　企業単独型実習実施者にあっては、入国前講習及び入国後講習の実施状況を記録した書類

五　前各号に掲げるもののほか、法務大臣及び厚生労働大臣が告示で定める特定の職種及び作業に係るものにあっては、当該特定の職種及び作業に係る事業所管大臣が、法務大臣及び厚生労働大臣と協議の上、当該職種及び作業に特有の事情に鑑みて告示で定める書類

2　法第二十条の規定により前項の帳簿書類を技能実習を行わせる事業所に備えて置かなければならない期間は、技能実習生が技能実習を終了した日から一年間とする。

（実施状況報告）

第二十三条　法第二十一条第一項の技能実習の実施の状況に関する報告書は、技能実習事業年度ごとに、別記様式第十号により、技能実習の実施状況を記載し、翌技能実習事業年度の五月三十一日までに提出するものとする。

2　団体監理型技能実習に係る前項の報告書の作成は、実習監理を受ける監理団体の指導に基づいて行わなければならない。

第二節　監理団体

（許可の申請）

第二十四条　法第二十三条第二項の申請は、別記様式第十一号による申請書の

正本一部及び副本二部を提出して行わなければならない。

（外国の送出機関）

第二十五条　法第二十三条第二項第六号（法第三十一条第五項及び第三十二条第二項において準用する場合を含む。）の主務省令で定める要件は、次のとおりとする。

　一　団体監理型技能実習生の本邦への送出に関する事業を行う事業所が所在する国又は地域の公的機関から団体監理型技能実習の申込みを適切に本邦の監理団体に取り次ぐことができるものとして推薦を受けていること。

　二　制度の趣旨を理解して技能実習を行おうとする者のみを適切に選定し、本邦への送出を行うこととしていること。

　三　団体監理型技能実習生等から徴収する手数料その他の費用について算出基準を明確に定めて公表するとともに、当該費用について団体監理型技能実習生等に対して明示し、十分に理解させることとしていること。

　四　団体監理型技能実習を修了して帰国した者が修得等をした技能等を適切に活用できるよう、就職先のあっせんその他の必要な支援を行うこととしていること。

　五　団体監理型技能実習を修了して帰国した者による技能等の移転の状況等について法務大臣及び厚生労働大臣又は機構が行う調査に協力することとしていることその他法務大臣及び厚生労働大臣又は機構からの技能実習の適正な実施及び技能実習生の保護に関する要請に応じることとしていること。

　六　当該機関又はその役員が禁錮以上の刑（これに相当する外国の法令による刑を含む。）に処せられ、その刑の執行を終わり、又はその刑の執行を受けることがなくなった日から五年を経過しない者でないこと。

　七　第一号に規定する国又は地域の法令に従って事業を行うこととしていること。

　八　当該機関又はその役員が、過去五年以内に、次に掲げる行為をしていないこと。

　　イ　技能実習に関連して、保証金の徴収その他名目のいかんを問わず、技能実習生等又はその配偶者、直系若しくは同居の親族その他技能実習生等と社会生活において密接な関係を有する者の金銭その他の財産を管理

する行為

ロ　技能実習に係る契約の不履行について違約金を定める契約その他の不当に金銭その他の財産の移転を予定する契約をする行為

ハ　技能実習生等に対する暴行、脅迫、自由の制限その他人権を侵害する行為

ニ　技能実習を行わせようとする者に不正に法第八条第一項若しくは第十一条第一項の認定を受けさせる目的、監理事業を行おうとする者に不正に法第二十三条第一項若しくは第三十二条第一項の許可若しくは法第三十一条第二項の更新を受けさせる目的、出入国若しくは労働に関する法令の規定に違反する事実を隠蔽する目的又はその事業活動に関し外国人に不正に入管法第三章第一節若しくは第二節の規定による証明書の交付、上陸許可の証印若しくは許可、同章第四節の規定による上陸の許可若しくは入管法第四章第一節若しくは第二節若しくは第五章第三節の規定による許可を受けさせる目的で、偽造若しくは変造された文書若しくは図画又は虚偽の文書若しくは図画を行使し、又は提供する行為

九　団体監理型技能実習の申込みの取次ぎを行うに当たり、団体監理型技能実習生等又はその配偶者、直系若しくは同居の親族その他団体監理型技能実習生等と社会生活において密接な関係を有する者が、団体監理型技能実習に関連して、保証金の徴収その他名目のいかんを問わず金銭その他の財産を管理されていないこと及び団体監理型技能実習に係る契約の不履行について違約金を定める契約その他の不当に金銭その他の財産の移転を予定する契約をしていないことについて、団体監理型技能実習生になろうとする者から確認することとしていること。

十　前各号に掲げるもののほか、団体監理型技能実習の申込みを適切に本邦の監理団体に取り次ぐために必要な能力を有するものであること。

（申請書の記載事項）

第二十六条　法第二十三条第二項第七号の主務省令で定める事項は、次のとおりとする。

一　役員の役職名及び法人番号

二　責任役員（監理事業に責任を有する役員をいう。以下同じ。）の氏名

三　法第二十五条第一項第五号ロの措置（以下「外部監査の措置」とい

う。）を講ずる場合にあっては外部監査を行う者（以下「外部監査人」と
いう。）の氏名又は名称、講じない場合にあっては指定外部役員（第三十
条第二項の規定により指定された役員をいう。以下同じ。）の氏名

四　法人の種類

五　団体監理型技能実習の取扱職種の範囲等

六　取次ぎを受けずに団体監理型技能実習の申込みを受けようとする場合に
あっては、当該団体監理型技能実習の申込みを受ける方法の概要

七　監理事業を開始する予定年月日

八　団体監理型技能実習生からの相談に応じる体制の概要

（申請書の添付書類）

第二十七条　法第二十三条第三項（法第三十一条第五項及び第三十二条第二項
において準用する場合を含む。）の主務省令で定める書類は、次のとおりと
する。

一　法第二十三条第一項の許可を受けようとする者（以下この節において
「申請者」という。）の登記事項証明書、定款又は寄附行為並びに直近の二
事業年度に係る貸借対照表及び損益計算書又は収支計算書

二　監理事業に関する資産の内容及びその権利関係を証する書類

三　申請者の概要書

四　監理事業を行う事業所ごとの個人情報の適正管理及び秘密の保持に関す
る規程の写し

五　監理事業を行う事業所ごとの監理団体の業務の運営（監理費の徴収を含
む。）に係る規程の写し

六　申請者が作成した団体監理型技能実習に係る誓約書

七　申請者の役員の住民票の写し（営業に関し成年者と同一の行為能力を有
しない未成年者である役員については、当該役員及びその法定代理人の住
民票の写し（法定代理人が法人である場合は、当該法人の登記事項証明書
及び定款又は寄附行為並びにその役員の住民票の写し））及び履歴書

八　監理責任者の住民票の写し、履歴書並びに就任承諾書及び団体監理型技
能実習に係る誓約書の写し

九　外部監査の措置を講ずる場合にあっては、外部監査人の概要書並びに就
任承諾書及び団体監理型技能実習に係る誓約書の写し

十　外部監査の措置を講じない場合にあっては、指定外部役員の就任承諾書及び団体監理型技能実習に係る誓約書の写し

十一　外国の送出機関から団体監理型技能実習の申込みの取次ぎを受けようとする場合にあっては、次に掲げる書類

　イ　外国の送出機関の概要書

　ロ　外国の送出機関が所在する国又は地域において事業を行うことを証する書類

　ハ　申請者と外国の送出機関との間に締結された申請者が当該外国の送出機関から団体監理型技能実習の申込みの取次ぎを受けることに係る契約の契約書の写し

　ニ　外国の送出機関が団体監理型技能実習生から徴収する費用の算出基準を記載した書類

　ホ　外国の送出機関の団体監理型技能実習に係る誓約書

　ヘ　第二十五条第一号に規定する推薦を受けたことを明らかにする推薦状その他の推薦をした国又は地域の公的機関の作成に係る書類

十二　技能実習計画の作成の指導に従事する者の履歴書

十三　一般監理事業の許可の申請に係る場合にあっては、第三十一条の基準を満たすことを明らかにする書類

十四　船員（船員職業安定法（昭和二十三年法律第百三十号）第六条第一項に規定する船員をいう。）である団体監理型技能実習生に係る実習監理を行う場合にあっては、同法第三十四条第一項の許可を受けていることを証する書面

十五　その他必要な書類

2　法第二十三条第三項（法第三十一条第五項及び第三十二条第二項において準用する場合を含む。）の規定により添付すべき事業計画書は、別記様式第十二号によるものとする。

（監理団体の許可の手数料）

第二十八条　法第二十三条第七項の主務省令で定める額は、二千五百円（監理事業を行う事業所の数が二以上の場合にあっては、九百円に当該事業所数から一を減じた数を乗じて得た額に二千五百円を加えた額）とする。

2　法第二十四条第五項の主務省令で定める額は、四万七千五百円（監理事業

369

を行う事業所の数が二以上の場合にあっては、一万七千百円に当該事業所数から一を減じた数を乗じて得た額に四万七千五百円を加えた額）とする。

（本邦の営利を目的としない法人）

第二十九条　法第二十五条第一項第一号（法第三十二条第二項において準用する場合を含む。次項において同じ。）の主務省令で定める法人は、次のとおりとする。

　一　商工会議所（その実習監理を受ける団体監理型実習実施者が当該商工会議所の会員である場合に限る。）

　二　商工会（その実習監理を受ける団体監理型実習実施者が当該商工会の会員である場合に限る。）

　三　中小企業団体（中小企業団体の組織に関する法律（昭和三十二年法律第百八十五号）第三条第一項に規定する中小企業団体をいう。）（その実習監理を受ける団体監理型実習実施者が当該中小企業団体の組合員又は会員である場合に限る。）

　四　職業訓練法人

　五　農業協同組合（その実習監理を受ける団体監理型実習実施者が当該農業協同組合の組合員であって農業を営む場合に限る。）

　六　漁業協同組合（その実習監理を受ける団体監理型実習実施者が当該漁業協同組合の組合員であって漁業を営む場合に限る。）

　七　公益社団法人

　八　公益財団法人

　九　前各号に掲げる法人以外の法人であって、監理事業を行うことについて特別の理由があり、かつ、重要事項の決定及び業務の監査を行う適切な機関を置いているもの

2　前項の規定にかかわらず、法務大臣及び厚生労働大臣が告示で定める特定の職種及び作業に係る団体監理型技能実習を実習監理する場合における法第二十五条第一項第一号の主務省令で定める法人は、当該特定の職種及び作業に係る事業所管大臣が、法務大臣及び厚生労働大臣と協議の上、当該職種及び作業に特有の事情に鑑みて告示で定める法人とする。

（外部役員及び外部監査人）

第三十条　法第二十五条第一項第五号イ（法第三十二条第二項において準用す

る場合を含む。）の主務省令で定める密接な関係を有する者は、次の各号の
いずれかに該当する者とする。

一　申請者が実習監理を行う団体監理型実習実施者若しくはその役員若しく
　　は職員であり、又は過去五年以内にこれらの者であった者

二　過去五年以内に申請者が実習監理を行った団体監理型実習実施者の役員
　　若しくは職員であり、又は過去五年以内にこれらの者であった者

三　前二号に規定する者の配偶者又は二親等以内の親族

四　社会生活において密接な関係を有する者であって、指定外部役員による
　　次項に規定する確認の公正が害されるおそれがあると認められるもの

2　申請者は、外部監査の措置を講じないときは、前項に規定する密接な関係
　を有する者以外の役員（責任役員を除く。）であって次の各号のいずれにも
　該当するものの中から、団体監理型実習実施者に対する監査その他の申請者
　の業務が適正に実施されているかの確認を担当する役員を指定するものとす
　る。

一　過去三年以内に外部役員に対する講習として法務大臣及び厚生労働大臣
　　が告示で定めるものを修了した者であること。

二　次のいずれにも該当しない者であること。

　　イ　申請者の役員（監理事業に係る業務の適正な執行の指導監督に関する
　　　専門的な知識と経験を有する者及び指定外部役員に指定されている者を
　　　除く。）若しくは職員又は過去五年以内にこれらの者であった者

　　ロ　申請者の構成員（申請者が実習監理する団体監理型技能実習の職種に
　　　係る事業を営む者に限る。）若しくはその役員若しくは職員又は過去五
　　　年以内にこれらの者であった者

　　ハ　実習実施者（申請者が実習監理を行う団体監理型実習実施者を除
　　　く。）又はその役員若しくは職員

　　ニ　監理団体（申請者を除く。）の役員（監理事業に係る業務の適正な執
　　　行の指導監督に関する専門的な知識と経験を有する者及び指定外部役員
　　　に指定されている者を除く。）又は職員

　　ホ　申請者が団体監理型技能実習の申込みの取次ぎを受ける外国の送出機
　　　関若しくはその役員若しくは職員又は過去五年以内にこれらの者であっ
　　　た者

ヘ　イからホまでに掲げる者のほか、申請者又はその役員、職員若しくは構成員と社会生活において密接な関係を有すること、過去に技能実習に関して不正又は著しく不当な行為を行った者であることその他の事情によりこの項に規定する確認の公正が害されるおそれがあると認められる者

3　指定外部役員は、前項に規定する確認を、次に掲げる方法により、監理事業を行う各事業所につき三月に一回以上の頻度で行い、その結果を記載した書類を作成するものとする。

一　責任役員及び監理責任者から報告を受けること。

二　申請者の事業所においてその設備を確認し、及び帳簿書類その他の物件を閲覧すること。

4　法第二十五条第一項第五号ロ（法第三十二条第二項において準用する場合を含む。）の主務省令で定める密接な関係を有しない者は、次の各号のいずれにも該当しない者とする。

一　第一項第一号から第三号までに掲げる者

二　社会生活において密接な関係を有する者であって、外部監査の公正が害されるおそれがあると認められる者

5　法第二十五条第一項第五号ロ（法第三十二条第二項において準用する場合を含む。）の主務省令で定める要件は、次の各号のいずれにも該当する者であって外部監査を適切に行う能力を有するものであることとする。

一　過去三年以内に外部監査人に対する講習として法務大臣及び厚生労働大臣が告示で定めるものを修了した者であること。

二　次のいずれにも該当しない者であること。

イ　申請者の役員若しくは職員又は過去五年以内にこれらの者であった者

ロ　申請者の構成員（申請者が実習監理する団体監理型技能実習の職種に係る事業を営む者に限る。）若しくはその役員若しくは職員又は過去五年以内にこれらの者であった者

ハ　実習実施者（申請者が実習監理を行う団体監理型実習実施者を除く。）又はその役員若しくは職員

ニ　監理団体（申請者を除く。）又はその役員若しくは職員

ホ　申請者が団体監理型技能実習の申込みの取次ぎを受ける外国の送出機

関若しくはその役員若しくは職員又は過去五年以内にこれらの者であった者

　ヘ　法第二十六条第五号イからニまでのいずれかに該当する者

　ト　法人であって、法第二十六条各号のいずれかに該当するもの又はその役員のうちにイからホまでのいずれかに該当する者があるもの

　チ　イからトまでに掲げる者のほか、申請者又はその役員、職員若しくは構成員と社会生活において密接な関係を有すること、過去に技能実習に関して不正又は著しく不当な行為を行った者であることその他の事情により外部監査の公正が害されるおそれがあると認められる者

6　外部監査は、次に定めるところにより行うものとする。

　一　団体監理型実習実施者に対する監査その他の申請者の業務が適正に実施されているかどうかについて、第三項各号に掲げる方法により、監理事業を行う各事業所につき三月に一回以上の頻度で確認し、その結果を記載した書類を申請者に提出すること。

　二　団体監理型実習実施者に対する監査が適正に実施されているかどうかについて、申請者が行う第五十二条第一号の規定による監査に監理事業を行う各事業所につき一年に一回以上同行することにより確認し、その結果を記載した書類を申請者に提出すること。

（一般監理事業の許可に係る基準）

第三十一条　法第二十五条第一項第七号（法第三十二条第二項において準用する場合を含む。）の主務省令で定める基準は、次に掲げる事項を総合的に評価して、団体監理型技能実習の実施状況の監査その他の業務を遂行する能力につき高い水準を満たすと認められるものであることとする。

　一　団体監理型技能実習の実施状況の監査その他の業務を行う体制及び実施状況

　二　実習監理する団体監理型技能実習における技能等の修得等に係る実績

　三　出入国又は労働に関する法令への違反、団体監理型技能実習生の行方不明者の発生その他の問題の発生状況

　四　団体監理型技能実習生からの相談に応じることその他の団体監理型技能実習生に対する保護及び支援の体制及び実施状況

　五　団体監理型技能実習生と地域社会との共生に向けた取組の状況

（労働条件等の明示）

第三十二条　法第二十七条第二項の規定により読み替えて適用する職業安定法（昭和二十二年法律第百四十一号）第五条の三第三項の主務省令で定める場合は、次のとおりとする。

一　団体監理型技能実習生等に対して法第二十七条第二項の規定により読み替えて適用する職業安定法第五条の三第一項の規定により明示された従事すべき業務の内容及び賃金、労働時間その他の労働条件（以下「従事すべき業務の内容等」という。）の範囲内で従事すべき業務の内容等を特定する場合

二　団体監理型技能実習生等に対して法第二十七条第二項の規定により読み替えて適用する職業安定法第五条の三第一項の規定により明示された従事すべき業務の内容等を削除する場合

三　従事すべき業務の内容等を追加する場合

2　法第二十七条第二項の規定により読み替えて適用する職業安定法第五条の三第三項の主務省令で定める事項は、次のとおりとする。

一　前項第一号の場合において特定する従事すべき業務の内容等

二　前項第二号の場合において削除する従事すべき業務の内容等

三　前項第三号の場合において追加する従事すべき業務の内容等

3　法第二十七条第二項の規定により読み替えて適用する職業安定法第五条の三第四項の主務省令で定める事項は、次のとおりとする。

一　団体監理型技能実習生等が従事すべき業務の内容に関する事項

二　労働契約の期間に関する事項

三　就業の場所に関する事項

四　始業及び終業の時刻、所定労働時間を超える労働の有無、休憩時間及び休日に関する事項

五　賃金（臨時に支払われる賃金、賞与及び労働基準法施行規則（昭和二十二年厚生省令第二十三号）第八条各号に掲げる賃金を除く。）の額に関する事項

六　健康保険法（大正十一年法律第七十号）による健康保険、厚生年金保険法（昭和二十九年法律第百十五号）による厚生年金、労働者災害補償保険法による労働者災害補償保険及び雇用保険法（昭和四十九年法律第百十六

号）による雇用保険の適用に関する事項

七　団体監理型技能実習生等を雇用しようとする者の氏名又は名称に関する事項

4　法第二十七条第二項の規定により読み替えて適用する職業安定法第五条の三第四項の主務省令で定める方法は、前項各号に掲げる事項（以下この項及び次項において「明示事項」という。）が明らかとなる次のいずれかの方法とする。ただし、技能実習職業紹介（監理団体の実習監理を受ける団体監理型実習実施者等（団体監理型実習実施者又は団体監理型技能実習を行わせようとする者をいう。以下同じ。）のみを求人者とし、当該監理団体の実習監理に係る団体監理型技能実習生等のみを求職者とし、求人及び求職の申込みを受け、求人者と求職者との間における技能実習に係る雇用関係の成立をあっせんすることをいう。以下同じ。）の実施について緊急の必要があるためあらかじめこれらの方法によることができない場合において、明示事項をあらかじめこれらの方法以外の方法により明示したときは、この限りでない。

一　書面の交付の方法

二　次のいずれかの方法によることを書面被交付者（明示事項を前号の方法により明示する場合において、書面の交付を受けるべき者をいう。以下この条及び第三十五条第三項において同じ。）が希望した場合における当該方法

　　イ　ファクシミリを利用してする送信の方法

　　ロ　電子メールその他のその受信をする者を特定して情報を伝達するために用いられる電気通信（電気通信事業法（昭和五十九年法律第八十六号）第二条第一号に規定する電気通信をいう。以下「電子メール等」という。）の送信の方法（当該書面被交付者が当該電子メール等の記録を出力することにより書面を作成することができるものに限る。）

5　前項第二号イの方法により行われた明示事項の明示は、当該書面被交付者の使用に係るファクシミリ装置により受信した時に、同号ロの方法により行われた明示事項の明示は、当該書面被交付者の使用に係る通信端末機器に備えられたファイルに記録された時に、それぞれ当該書面被交付者に到達したものとみなす。

6　団体監理型実習実施者等は、団体監理型技能実習生等に対して法第二十七

条第二項の規定により読み替えて適用する職業安定法第五条の三第一項の規定により明示された従事すべき業務の内容等に関する記録を、当該明示に係る技能実習職業紹介が終了する日（当該明示に係る技能実習職業紹介が終了する日以降に当該明示に係る労働契約を締結しようとする者にあっては、当該明示に係る労働契約を締結する日）までの間保存しなければならない。

（求人の申込みを受理しない場合）

第三十三条　監理団体が、法第二十七条第二項の規定により読み替えて適用する職業安定法第五条の五ただし書の規定により技能実習職業紹介に関する求人の申込みを受理しないときは、団体監理型実習実施者等に対し、その理由を説明しなければならない。

（取扱職種の範囲等の届出等）

第三十四条　法第二十七条第二項の規定により読み替えて適用する職業安定法第三十二条の十二第一項（同法第三十三条第四項において準用する場合を含む。）の規定による届出は、法第二十三条第二項の申請又は法第三十二条第三項の規定による届出と併せて、別記様式第十一号又は別記様式第十七号により行うものとする。

2　法務大臣及び厚生労働大臣は、法第二十七条第二項の規定により読み替えて適用する職業安定法第三十二条の十二第三項（同法第三十三条第四項において準用する場合を含む。）の規定により、監理団体に対し、取扱職種の範囲等の変更を命ずるときは、別記様式第十三号により通知するものとする。

（取扱職種の範囲等の明示等）

第三十五条　法第二十七条第二項の規定により読み替えて適用する職業安定法第三十二条の十三（同法第三十三条第四項において準用する場合を含む。）の主務省令で定める事項は、団体監理型実習実施者等の情報（技能実習職業紹介に係るものに限る。）及び団体監理型技能実習生等の個人情報の取扱いに関する事項とする。

2　法第二十七条第二項の規定により読み替えて適用する職業安定法第三十二条の十三（同法第三十三条第四項において準用する場合を含む。）の規定による明示は、技能実習職業紹介に関する求人の申込み又は求職の申込みを受理した後、速やかに、第三十二条第四項各号のいずれかの方法により行わなければならない。ただし、技能実習職業紹介の実施について緊急の必要があ

るためあらかじめこれらの方法によることができない場合において、当該明示すべき事項（次項において「明示事項」という。）をあらかじめこれらの方法以外の方法により明示したときは、この限りでない。

3　第三十二条第四項第二号イの方法により行われた明示事項の明示は、当該書面被交付者の使用に係るファクシミリ装置により受信した時に、同号ロの方法により行われた明示事項の明示は、当該書面被交付者の使用に係る通信端末機器に備えられたファイルに記録された時に、それぞれ当該書面被交付者に到達したものとみなす。

（主務大臣の指導等）

第三十六条　法第二十七条第二項の規定により読み替えて適用する職業安定法第三十三条の六の規定により法務大臣及び厚生労働大臣が行う指導、助言及び勧告は、書面により行うものとする。

（監理費）

第三十七条　法第二十八条第二項の主務省令で定める適正な種類及び額は、次の表の上欄及び中欄のとおりとし、監理費の徴収方法は同表の上欄に掲げる種類に応じて同表の下欄に定めるとおりとする。

種類	職業紹介費	講習費（第一号監理型技能実習に限る）。	監査指導費	その他の経費
額	団体監理型実習実施者等と団体監理型技能実習生等との間における雇用関係の成立のあっせんに係る事務に要する費用（募集及び選抜に要する人件費、交通費、外国の送出機関へ支払う費用その他の実費に限る。）の額を超えない額	監理団体が実施する入国前講習及び入国後講習に要する費用（監理団体が支出する施設使用料、講師及び通訳人への謝金、教材費、第一号団体監理型技能実習生に支給する手当その他の実費に限る。）の額を超えない額	団体監理型技能実習の実施に関する監理に要する費用（団体監理型実習実施者に対する監査及び指導に要する人件費、交通費その他の実費に限る。）の額を超えない額	その他技能実習の適正な実施及び技能実習生の保護に資する費用（実費に限る。）の額を超えない額

徴収方法	団体監理型実習実施者等から求人の申込みを受理した時以降に当該団体監理型実習実施者等から徴収する	入国前講習に要する費用にあっては入国前講習の開始日以降に、入国後講習に要する費用にあっては入国後講習の開始日以降に、団体監理型実習実施者等から徴収する	団体監理型技能実習生が団体監理型実習実施者の事業所において業務に従事し始めた時以降一定期間ごとに当該団体監理型実習実施者から徴収する。	当該費用が必要となった時以降に団体監理型実習実施者等から徴収する。

（許可証）

第三十八条　法第二十九条第一項（法第三十一条第五項及び第三十二条第二項において準用する場合を含む。）の許可証（以下単に「許可証」という。）は、別記様式第十四号によるものとする。

2　法第二十九条第三項（法第三十一条第五項及び第三十二条第二項において準用する場合を含む。）の規定により許可証の再交付を受けようとする者は、別記様式第十五号による申請書の正本一部及び副本二部を提出しなければならない。

3　許可証の交付を受けた者は、次の各号のいずれかに該当することとなったときは、当該事実のあった日から十日以内に、第一号から第三号までの場合にあっては監理事業を行う全ての事業所に係る許可証、第四号の場合にあっては廃止した事業所に係る許可証、第五号の場合にあっては発見し、又は回復した許可証を返納しなければならない。

一　許可が取り消されたとき。

二　許可の有効期間が満了したとき。

三　監理事業を廃止したとき。

四　監理事業を行う事業所を廃止したとき。

五　許可証の再交付を受けた場合において、亡失した許可証を発見し、又は回復したとき。

4　許可証の交付を受けた者が合併により消滅したときは、合併後存続し、又は合併により設立された法人の代表者は、当該事実のあった日から十日以内に、監理事業を行う全ての事業所に係る許可証を返納しなければならない。

（長期の有効期間が認められる者）

第三十九条　外国人の技能実習の適正な実施及び技能実習生の保護に関する法律施行令（平成二十九年政令第百三十六号。以下「政令」という。）第二条第三号及び第五号の主務省令で定める基準は、従前の監理事業に係る許可の有効期間において法第三十六条第一項又は第三十七条第三項の規定による命令を受けていないこととする。

（許可の有効期間の更新の手数料）

第四十条　法第三十一条第四項の主務省令で定める額は、九百円に監理事業を行う事業所の数を乗じて得た額とする。

2　法第三十一条第五項において準用する法第二十四条第五項の主務省令で定める額は、一万七千百円に監理事業を行う事業所の数を乗じて得た額とする。

（許可の有効期間の更新の申請等）

第四十一条　法第三十一条第五項において準用する法第二十三条第二項の申請は、許可の有効期間が満了する日の三月前までに、別記様式第十一号による申請書の正本一部及び副本二部を提出して行わなければならない。

2　更新後の許可証の交付は、更新前の許可証と引換えに行うものとする。

（更新申請書の記載事項）

第四十二条　法第三十一条第五項において準用する法第二十三条第二項第七号の主務省令で定める事項は、次のとおりとする。

一　第二十六条各号（第七号を除く。）に掲げる事項

二　監理団体の許可年月日及び許可番号

（変更の許可の申請等）

第四十三条　法第三十二条第二項において準用する法第二十三条第二項の申請は、別記様式第十六号による申請書の正本一部及び副本二部を提出して行わなければならない。

2　変更後の許可証の交付は、変更前の許可証と引換えに行うものとする。

（事業区分変更許可申請書の記載事項）

第四十四条　法第三十二条第二項において準用する法第二十三条第二項第七号の主務省令で定める事項は、次のとおりとする。

一　第二十六条各号（第七号を除く。）に掲げる事項

二　監理団体の許可年月日及び許可番号

資料②

［技能実習法施行規則］

　三　特定監理事業から一般監理事業への事業の区分の変更に係るものにあっ
　　ては、一般監理事業を開始する予定日及び変更の理由

　四　一般監理事業から特定監理事業への事業の区分の変更に係るものにあっ
　　ては、一般監理事業を終える予定日及び変更の理由

（変更の許可の手数料）

第四十五条　法第三十二条第二項において準用する法第二十三条第七項の主務
　省令で定める額（一般監理事業への事業の区分の変更に係るものに限る。）
　は、二千五百円（監理事業を行う事業所の数が二以上の場合にあっては、
　九百円に当該事業所数から一を減じた数を乗じて得た額に二千五百円を加え
　た額）とする。

2　法第三十二条第二項において準用する法第二十四条第五項の主務省令で定
　める額（一般監理事業への事業の区分の変更に係るものに限る。）は、
　四万七千五百円（監理事業を行う事業所の数が二以上の場合にあっては、
　一万七千百円に当該事業所数から一を減じた数を乗じて得た額に
　四万七千五百円を加えた額）とする。

（軽微な変更）

第四十六条　法第三十二条第三項の主務省令で定めるものは、法第二十三条第
　二項各号（第四号を除く。）に掲げる事項のうち監理事業の実施に実質的な
　影響を与えない変更とする。

（変更の届出等）

第四十七条　法第三十二条第三項の規定による届出は、別記様式第十七号によ
　るものとする。

2　前項の規定にかかわらず、同項の届出に係る事項が許可証の記載事項に該
　当する場合にあっては、別記様式第十七号による申請書の正本一部及び副本
　二部を提出しなければならない。

3　法第三十二条第三項の主務省令で定める書類は、法第二十五条第一項各号
　に掲げる事項を証する書面及び第二十七条各号に掲げる書類のうち事業所の
　新設によって変更を生ずる事項に係るものとする。

4　法第三十二条第三項後段に規定する場合以外の場合には、第一項に規定す
　る届出書又は第二項に規定する申請書には、監理事業を行う事業所ごとの監
　理事業に係る事業計画書、法第二十五条第一項各号に掲げる事項を証する書

面及び第二十七条各号に掲げる書類のうち変更があった事項に係るものを添
付しなければならない。

（技能実習の実施が困難となった場合の届出等）

第四十八条　法第三十三条第一項の規定による届出は、別記様式第十八号によ
るものとする。

2　法第三十三条第一項の主務省令で定める事項は、次のとおりとする。

　一　届出者の許可番号、名称及び住所

　二　団体監理型技能実習の実施が困難となった団体監理型実習実施者の実習
　　実施者届出受理番号、氏名又は名称及び住所

　三　第二十一条第二項第二号から第五号までに規定する事項

　四　第二号に規定する団体監理型実習実施者による団体監理型技能実習の継
　　続のための措置

　五　届出者による団体監理型技能実習の継続のための措置

　六　法第十九条第二項の規定による通知を受けた場合にあっては、前各号に
　　掲げるもののほか、当該通知の年月日その他当該通知に係る事項

（休廃止の届出等）

第四十九条　法第三十四条第一項の規定による届出は、別記様式第十九号によ
るものとする。

2　法第三十四条第一項の主務省令で定める事項は、次のとおりとする。

　一　届出者の許可番号、許可年月日、名称及び住所

　二　監理事業を行う事業所の名称及び所在地

　三　廃止又は休止の予定日

　四　監理事業を休止しようとする場合にあっては、その範囲及び期間

　五　廃止又は休止の理由

　六　直近の監理事業に係る許可の有効期間において実習監理を行った団体監
　　理型技能実習に係る事項

　七　実習監理をする団体監理型技能実習が現に行われている場合にあって
　　は、届出者による当該団体監理型技能実習の継続のための措置

3　第一項の届出をして監理事業の全部又は一部を休止した者は、休止した監
理事業を再開しようとするときは、あらかじめ、機構を経由して、出入国在
留管理庁長官及び厚生労働大臣にその旨を届け出なければならない。

（職員の身分証明書）

第五十条　法第三十五条第二項において準用する法第十三条第二項の身分を示す証明書（法第百四条第一項に規定する報告徴収等のみを担当する職員の身分を示す証明書に限る。）は、別記様式第二十号によるものとする。

（事業の区分の職権変更）

第五十一条　法務大臣及び厚生労働大臣は、法第三十七条第二項の規定により職権で一般監理事業に係る監理許可を特定監理事業に係るものに変更するときは、別記様式第二十一号により、その旨を監理団体に通知するものとする。

2　前項の通知を受けた監理団体は、速やかに、許可証の書換えを受けなければならない。

（監理団体の業務の実施に関する基準）

第五十二条　法第三十九条第三項の主務省令で定める基準は、次のとおりとする。

一　団体監理型実習実施者が認定計画に従って団体監理型技能実習を行わせているか、出入国又は労働に関する法令に違反していないかどうかその他の団体監理型技能実習の適正な実施及び団体監理型技能実習生の保護に関する事項について、監理責任者の指揮の下に、次に掲げる方法（法務大臣及び厚生労働大臣が告示で定める特定の職種及び作業に係るものである場合にあっては、当該特定の職種及び作業に係る事業所管大臣が、法務大臣及び厚生労働大臣と協議の上、当該職種及び作業に特有の事情に鑑みて告示で定める方法、その他団体監理型技能実習生が従事する業務の性質上次に掲げる方法のうちにその方法によることが著しく困難なものがある場合にあっては、当該方法については、これに代えて他の適切な方法）により、団体監理型実習実施者に対し三月に一回以上の頻度で監査を適切に行うこと。

イ　団体監理型技能実習の実施状況について実地による確認を行うこと。

ロ　技能実習責任者及び技能実習指導員から報告を受けること。

ハ　団体監理型実習実施者が団体監理型技能実習を行わせている団体監理型技能実習生の四分の一以上（当該団体監理型技能実習生が二人以上四人以下の場合にあっては二人以上）と面談すること。

ニ　団体監理型実習実施者の事業所においてその設備を確認し、及び帳簿

書類その他の物件を閲覧すること。

ホ　団体監理型実習実施者が団体監理型技能実習を行わせている団体監理型技能実習生の宿泊施設その他の生活環境を確認すること。

二　団体監理型実習実施者が法第十六条第一項各号のいずれかに該当する疑いがあると認めたときは、監理責任者の指揮の下に、直ちに、前号に規定する監査を適切に行うこと。

三　第一号団体監理型技能実習にあっては、監理責任者の指揮の下に、一月に一回以上の頻度で、団体監理型実習実施者が認定計画に従って団体監理型技能実習を行わせているかについて実地による確認（団体監理型技能実習生が従事する業務の性質上当該方法によることが著しく困難な場合にあっては、他の適切な方法による確認）を行うとともに、団体監理型実習実施者に対し必要な指導を行うこと。

四　技能実習を労働力の需給の調整の手段と誤認させるような方法で、団体監理型実習実施者等の勧誘又は監理事業の紹介をしないこと。

五　外国の送出機関との間で団体監理型技能実習の申込みの取次ぎに係る契約を締結するときは、当該外国の送出機関が、団体監理型技能実習生等の本邦への送出に関連して、団体監理型技能実習生等又はその配偶者、直系若しくは同居の親族その他団体監理型技能実習生等と社会生活において密接な関係を有する者の金銭その他の財産を管理せず、かつ、団体監理型技能実習に係る契約の不履行について違約金を定める契約その他の不当に金銭その他の財産の移転を予定する契約をしないことを確認し、その旨を契約書に記載すること。

六　団体監理型技能実習の申込みの取次ぎを受ける場合にあっては、当該取次ぎが外国の送出機関からのものであること。

七　第一号団体監理型技能実習にあっては、認定計画に従って入国後講習を実施し、かつ、入国後講習の期間中は、団体監理型技能実習生を業務に従事させないこと。

八　法第八条第四項（法第十一条第二項において準用する場合を含む。）に規定する指導に当たっては、団体監理型技能実習を行わせる事業所及び団体監理型技能実習生の宿泊施設（法第十一条第二項において準用する場合にあっては、これらのうち変更しようとする事項に係るものに限る。）を

実地に確認するほか、次に掲げる観点から指導を行うこと。この場合において、ロに掲げる観点からの指導については、修得等をさせようとする技能等について一定の経験又は知識を有する役員又は職員にこれを担当させること。

　イ　技能実習計画を法第九条各号に掲げる基準及び出入国又は労働に関する法令に適合するものとする観点

　ロ　適切かつ効果的に技能等の修得等をさせる観点

　ハ　技能実習を行わせる環境を適切に整備する観点

九　その実習監理に係る団体監理型技能実習生の第十条第二項第三号トに規定する一時帰国に要する旅費及び団体監理型技能実習の終了後の帰国に要する旅費を負担するとともに、団体監理型技能実習の終了後の帰国が円滑になされるよう必要な措置を講ずること。

十　その実習監理に係る団体監理型技能実習生の人権を著しく侵害する行為を行わないこと。

十一　技能実習を行わせようとする者に不正に法第八条第一項若しくは第十一条第一項の認定を受けさせる目的、不正に法第二十三条第一項若しくは第三十二条第一項の許可若しくは法第三十一条第二項の更新を受ける目的、出入国若しくは労働に関する法令の規定に違反する事実を隠蔽する目的又はその事業活動に関し外国人に不正に入管法第三章第一節若しくは第二節の規定による証明書の交付、上陸許可の証印若しくは許可、同章第四節の規定による上陸の許可若しくは入管法第四章第一節若しくは第二節若しくは第五章第三節の規定による許可を受けさせる目的で、偽造若しくは変造された文書若しくは図画又は虚偽の文書若しくは図画を行使し、又は提供する行為を行わないこと。

十二　団体監理型技能実習生との間で認定計画と反する内容の取決めをしないこと。

十三　法第三十七条第一項各号のいずれかに該当するに至ったときは、直ちに、機構に当該事実を報告すること。

十四　その実習監理に係る団体監理型技能実習生からの相談に適切に応じるとともに、団体監理型実習実施者及び団体監理型技能実習生への助言、指導その他の必要な措置を講ずること。

十五　事業所内の一般の閲覧に便利な場所に、監理団体の業務の運営（監理費の徴収を含む。）に係る規程を掲示すること。

十六　前各号に掲げるもののほか、法務大臣及び厚生労働大臣が告示で定める特定の職種及び作業に係る団体監理型技能実習の実習監理を行うものにあっては、当該特定の職種及び作業に係る事業所管大臣が、法務大臣及び厚生労働大臣と協議の上、当該職種及び作業に特有の事情に鑑みて告示で定める基準に適合すること

（監理責任者）

第五十三条　法第四十条第一項の監理責任者は、監理事業を行う事業所ごとに、監理団体の常勤の役員又は職員の中から、当該事業所に所属する者であって監理責任者の業務を適正に遂行する能力を有するものを選任しなければならない。

2　監理責任者は、過去三年以内に監理責任者に対する講習として法務大臣及び厚生労働大臣が告示で定めるものを修了した者でなければならない。

3　監理事業を行う事業所において実習監理を行う団体監理型実習実施者と密接な関係を有する者として次に掲げる者が当該事業所の監理責任者となる場合にあっては、当該監理責任者は当該団体監理型実習実施者に対する実習監理に関与してはならず、当該事業所には、他に当該団体監理型実習実施者に対する実習監理に関与することができる監理責任者を置かなければならない。

一　当該事業所において実習監理を行う団体監理型実習実施者若しくはその役員若しくは職員であり、又は過去五年以内にこれらの者であった者

二　前号に規定する者の配偶者又は二親等以内の親族

三　前二号に掲げるもののほか、当該事業所において実習監理を行う団体監理型実習実施者と社会生活において密接な関係を有する者であって、実習監理の公正が害されるおそれがあると認められるもの

（帳簿書類）

第五十四条　法第四十一条の主務省令で定める帳簿書類は、次のとおりとする。

一　実習監理を行う団体監理型実習実施者及びその実習監理に係る団体監理型技能実習生の管理簿

二　監理費に係る管理簿

三　団体監理型技能実習に係る雇用関係の成立のあっせんに係る管理簿

四　第五十二条第一号及び第二号の規定による団体監理型技能実習の実施状況の監査に係る書類

五　入国前講習及び入国後講習の実施状況を記録した書類

六　第五十二条第三号の規定による指導の内容を記録した書類

七　団体監理型技能実習生から受けた相談の内容及び当該相談への対応を記録した書類

八　外部監査の措置を講じている監理団体にあっては第三十条第六項各号に規定する書類、外部監査の措置を講じていない監理団体にあっては同条第三項に規定する書類

九　前各号に掲げるもののほか、法務大臣及び厚生労働大臣が告示で定める特定の職種及び作業に係るものにあっては、当該特定の職種及び作業に係る事業所管大臣が、法務大臣及び厚生労働大臣と協議の上、当該職種及び作業に特有の事情に鑑みて告示で定める書類

2　法第四十一条の規定により前項の帳簿書類を監理事業を行う事業所に備えて置かなければならない期間は、団体監理型技能実習の終了の日から一年間とする。

（監査報告等）

第五十五条　法第四十二条第一項の監査報告書は、別記様式第二十二号によるものとする。

2　法第四十二条第二項の事業報告書は、技能実習事業年度ごとに、別記様式第二十三号により、監理事業の実施状況を記載し、翌技能実習事業年度の五月三十一日までに提出するものとする。

3　法第四十二条第二項の事業報告書には、次に掲げる書類を添付しなければならない。

一　直近の事業年度に係る監理団体の貸借対照表及び損益計算書又は収支計算書

二　前条第一項第六号に掲げる書類の写し

三　外部監査の措置を講じている監理団体にあっては、報告年度における第三十条第六項各号に規定する書類の写し

第三節　補則

（技能実習評価試験の基準等）

第五十六条　法第五十二条第二項に規定する主務省令で定める技能実習評価試験の基準は、次のとおりとする。

一　技能実習生が修得等をした技能等について公正に評価すること。

二　技能実習の区分に応じて、等級に区分して行うこと。

三　実技試験及び学科試験によって行うこと。

四　職員、設備、業務の実施方法その他の試験実施者の体制を、技能実習評価試験を適正かつ確実に実施するために適切なものとすること。

五　前各号に掲げるもののほか、公正な技能実習評価試験の実施のために必要な措置を講じること。

第三章　外国人技能実習機構

第一節　役員等

（理事の任命及び解任の認可申請）

第五十七条　機構の理事長は、法第七十一条第二項又は第七十四条第二項の規定による認可を受けようとするときは、申請書に次に掲げる事項を記載した書類を添付して、これを法務大臣及び厚生労働大臣に提出しなければならない。

一　任命し、又は解任しようとする理事の氏名、住所及び履歴

二　任命しようとする理事が次のいずれにも該当しないことの誓約

　イ　法第七十三条又は第七十五条本文に該当すること。

　ロ　破産手続開始の決定を受けて復権を得ない者に該当すること。

　ハ　禁錮以上の刑に処せられ、その執行を終わるまで又はその執行を受けることがなくなるまでの者に該当すること。

三　任命し、又は解任しようとする理由

（役員の兼職の承認申請）

第五十八条　役員は、法第七十五条ただし書の承認を受けようとするときは、次に掲げる事項を記載した申請書を法務大臣及び厚生労働大臣に提出しなければならない。

資料②

［技能実習法施行規則］

一　その役員となろうとする営利を目的とする団体の名称及び事業内容又は
　その従事しようとする営利事業の名称及び内容

二　兼職の期間並びに執務の場所及び方法

三　兼職を必要とする理由

第二節　評議員会

（評議員の任命及び解任の認可申請）

第五十九条　機構の理事長は、法第八十四条第一項又は第八十五条の規定によ
　る認可を受けようとするときは、申請書に次に掲げる事項を記載した書面を
　添付して、これを法務大臣及び厚生労働大臣に提出しなければならない。

一　任命し、又は解任しようとする評議員の氏名、住所及び履歴

二　任命しようとする評議員が第五十七条第二号ロ又はハに該当しないこと
　の誓約

三　任命し、又は解任しようとする理由

第三節　業務

（手数料を徴収しない業務）

第六十条　法第八十七条第六号の主務省令で定める業務は、同条第一号ロ及び
　ハに掲げる業務及びこれらに附帯する業務とする。

（業務の委託の認可申請）

第六十一条　機構は、法第八十八条第一項の規定による認可を受けようとする
　ときは、次に掲げる事項を記載した申請書を法務大臣及び厚生労働大臣に提
　出しなければならない。

一　委託しようとする相手方の氏名又は名称及び住所

二　委託しようとする業務の内容

三　委託することを必要とする理由

四　委託の条件

（業務方法書の変更の認可申請）

第六十二条　機構は、法第八十九条第一項後段の規定による認可を受けようと
　するときは、申請書に次に掲げる事項を記載した書類を添付して、これを法
　務大臣及び厚生労働大臣に提出しなければならない。

一　変更しようとする事項及び当該変更の内容

二　変更を必要とする理由

三　その他参考となるべき事項

（業務方法書の記載事項）

第六十三条　法第八十九条第二項に規定する主務省令で定める事項は、次に掲げる事項とする。

一　法第八十七条第一号に規定する技能実習に関し行う業務に関する事項

二　法第八十七条第二号に規定する技能実習生からの相談に応じ、必要な情報の提供、助言その他の援助を行う業務（次号に掲げる業務に該当するものを除く。）に関する事項

三　法第八十七条第三号に規定する技能実習を行うことが困難となった技能実習生であって引き続き技能実習を行うことを希望するものが技能実習を行うことができるよう、技能実習生からの相談に応じ、必要な情報の提供、助言その他の援助を行うとともに、実習実施者、監理団体その他関係者に対する必要な指導及び助言を行う業務に関する事項

四　法第八十七条第四号に規定する調査及び研究に関する事項

五　その他機構の業務の執行に関して必要な事項

第四節　補則

（検査職員の身分証明書）

第六十四条　法第百条第二項において準用する法第十三条第二項の身分を示す証明書は、別記様式第二十四号によるものとする。

（定款の変更の認可申請）

第六十五条　機構は、法第百一条の規定による認可を受けようとするときは、申請書に次に掲げる事項を記載した書類を添付して、これを法務大臣及び厚生労働大臣に提出しなければならない。

一　変更しようとする事項及び当該変更の内容

二　変更を必要とする理由

三　その他参考となるべき事項

第四章　雑則

（手数料の納付方法等）

第六十六条　法第二十三条第七項（法第三十二条第二項において準用する場合を含む。）又は第三十一条第四項に規定する手数料は、申請書にその申請に係る手数料の額に相当する額の収入印紙を貼って納付しなければならない。

2　法第八条第五項（法第十一条第二項において準用する場合を含む。）又は第二十四条第五項（法第三十一条第五項及び第三十二条第二項において準用する場合を含む。）に規定する手数料は、金融機関に設けられた機構の口座に払い込むことによって納付しなければならない。

3　前二項の規定により納付した手数料は、返還しない。

（権限の委任）

第六十七条　法第百四条第六項の規定により、政令第六条各号に掲げる出入国在留管理庁長官に委任された権限は、実習実施者等（法第十三条第一項に規定する実習実施者等をいう。以下この条において同じ。）又は監理団体等（法第十三条第一項に規定する監理団体等をいう。以下この条において同じ。）に係る事業所その他技能実習に関係のある場所の所在地を管轄する地方出入国在留管理局長に委任する。ただし、法第百四条第五項の規定により法務大臣の権限を委任された出入国在留管理庁長官が自らその権限を行うことを妨げない。

2　法第百四条第六項の規定により、法第十五条第一項に規定する出入国在留管理庁長官の権限は、実習実施者等又は監理団体等に係る事業所その他技能実習に関係のある場所の所在地を管轄する地方出入国在留管理局長に委任する。ただし、出入国在留管理庁長官が自らその権限を行うことを妨げない。

3　法第百四条第六項の規定により、次に掲げる厚生労働大臣の権限は、実習実施者等又は監理団体等に係る事業所その他技能実習に関係のある場所の所在地を管轄する都道府県労働局長に委任する。ただし、厚生労働大臣が自らその権限を行うことを妨げない。

一　法第十三条第一項の規定による報告徴収等

二　法第十五条第一項の規定による命令

三　法第三十五条第一項の規定による報告徴収等

四　法第三十六条第一項の規定による命令

五　法第三十七条第三項の規定による命令

（提出書類等の言語）

第六十八条　法又はこれに基づく命令の規定により法務大臣及び厚生労働大臣若しくは出入国在留管理庁長官及び厚生労働大臣又は機構に提出する資料が外国語により作成されているときは、その資料に日本語の翻訳文を添付しなければならない。

2　法又はこれに基づく命令の規定により法務大臣及び厚生労働大臣若しくは出入国在留管理庁長官及び厚生労働大臣又は機構に提出し、又は事業所に備えて置く日本語の書類に、技能実習生の署名を求める場合には、技能実習生が十分に理解できる言語も併記の上、署名を求めなければならない。

（添付書類の省略）

第六十九条　法又はこれに基づく命令の規定により同時に二以上の申請書その他の書類を提出する場合において、各申請書その他の書類に添付すべき書類の内容が同一であるときは、一の申請書その他の書類にこれを添付し、他の申請書その他の書類にはその旨を記載して、一の申請書その他の書類に添付した書類の添付を省略することができる。

2　前項に規定する場合のほか、法務大臣、出入国在留管理庁長官若しくは厚生労働大臣又は機構は、特に必要がないと認めるときは、この省令の規定により申請書その他の書類に添付することとされている書類の添付を省略させることができる。

附　則

（施行期日）

第一条　この省令は、公布の日から施行する。

（技能実習に関する経過措置）

第二条　法附則第三条第二項の主務省令で定めるものは、次のいずれかに該当するものとする。

一　法附則第十二条の規定による改正前の出入国管理及び難民認定法（以下「旧入管法」という。）別表第一の二の表の技能実習の在留資格（同表の技能実習の項の下欄　第一号イに係るものに限り、法附則第十三条第一項の

規定によりなお従前の例によることとされる場合におけるものを含む。）
をもって行う同表の技能実習の項の下欄第一号イに掲げる活動

　二　出入国管理及び難民認定法及び日本国との平和条約に基づき日本の国籍
　　を離脱した者等の出入国管理に関する特例法の一部を改正する等の法律
　　（平成二十一年法律第七十九号）第一条の規定による改正前の出入国管理
　　及び難民認定法（以下「平成二十一年改正前入管法」という。）別表第一
　　の四の表の研修の在留資格をもって行う同表の研修の項の下欄に掲げる活
　　動

2　法附則第三条第三項の主務省令で定めるものは、次のいずれかに該当する
　ものとする。

　一　旧入管法別表第一の二の表の技能実習の在留資格（同表の技能実習の項
　　の下欄第二号イに係るものに限り、法附則第十三条第一項の規定によりな
　　お従前の例によることとされる場合におけるものを含む。）をもって行う
　　同表の技能実習の項の下欄第二号イに掲げる活動

　二　平成二十一年改正前入管法別表第一の五の表の特定活動の在留資格（平
　　成二十一年改正前入管法別表第一の四の表の研修の在留資格の下で修得し
　　た技能等に習熟するため、本邦の公私の機関との雇用契約に基づき、当該
　　技能等に係る当該機関の業務に従事する活動（以下「技能実習特定活動」
　　という。）を指定されたものに限る。）をもって行う技能実習特定活動

3　法附則第三条第四項の主務省令で定めるものは、次のいずれかに該当する
　ものとする。

　一　旧入管法別表第一の二の表の技能実習の在留資格（同表の技能実習の項
　　の下欄第一号ロに係るものに限り、法附則第十三条第一項の規定によりな
　　お従前の例によることとされる場合におけるものを含む。）をもって行う
　　同表の技能実習の項の下欄第一号ロに掲げる活動

　二　平成二十一年改正前入管法別表第一の四の表の研修の在留資格をもって
　　行う同表の研修の項の下欄に掲げる活動

4　法附則第三条第五項の主務省令で定めるものは、次のいずれかに該当する
　ものとする。

　一　旧入管法別表第一の二の表の技能実習の在留資格（同表の技能実習の項
　　の下欄第二号ロに係るものに限り、法附則第十三条第一項の規定によりな

お従前の例によることとされる場合におけるものを含む。）をもって行う同表の技能実習の項の下欄第二号ロに掲げる活動

二　平成二十一年改正前入管法別表第一の五の表の特定活動の在留資格（技能実習特定活動を指定されたものに限る。）をもって行う技能実習特定活動

（相当技能実習計画）

第三条　法附則第四条の規定により読み替えて適用される法第九条第四号に規定する主務省令で定める計画は、旧技能実習在留資格者等（法附則第三条第二項に規定する旧技能実習在留資格者等をいう。）からの旧入管法別表第一の二の表の技能実習の在留資格に係る旧入管法第六条第二項、第七条の二第一項、第二十条第二項若しくは第二十一条第二項の申請又は平成二十一年改正前入管法別表第一の四の表の研修の在留資格若しくは平成二十一年改正前入管法別表第一の五の表の特定活動の在留資格に係る平成二十一年改正前入管法第六条第二項、第七条の二第一項、第二十条第二項若しくは第二十一条第二項の申請の際に地方入国管理局に提出された技能実習計画とする。

（特定就労活動の従事した者に関する特例）

第四条　特定就労活動（出入国在留管理庁長官及び厚生労働大臣が告示で定める活動をいう。）に従事した者（次条に規定する旧特定就労活動従事者を除く。以下「特定就労活動従事者」という。）を雇用する者又は雇用しようとする者が、当該特定就労活動従事者に係る技能実習計画（第三号技能実習に係るものに限る。）を作成し、法第八条第一項の認定の申請をした場合においては、第十条第二項第三号トの規定の適用については、当分の間、次の表の上欄に掲げる字句は、同表の下欄に掲げる字句とする。

ト　第三号技能実習に係るものである場合にあっては、次のいずれかに該当するものであること。 （1）第二号技能実習の終了後本国に一月以上一時帰国してから第三号技能実習を開始するものであること。	ト次のいずれかに該当すること。 （1）第二号技能実習若しくは第二号技能実習に相当するもの（法附則第三条第三項の主務省令で定めるもの及び同条第五項の主務省令で定めるものをいう。以下このトにおいて同じ。）の終了後本国に一月以上一年未満の期間一時帰国してから特定就労活

	動（出入国在留管理庁長官及び厚生労働大臣が告示で定める活動をいう。以下同じ。）を開始し又は第二号技能実習若しくは第二号技能実習に相当するものの終了後引き続き特定就労活動を開始してから一年以内に特定就労活動を休止して一月以上一年未満の期間一時帰国した後、休止している特定就労活動を再開し、かつ、当該特定就労活動の終了後本国に一年以上帰国してから第三号技能実習を開始するものであること。
（2）第二号技能実習の終了後引き続き第三号技能実習を開始してから一年以内に技能実習を休止して一月以上一年未満の期間一時帰国した後、休止している技能実習を再開するものであること。	（2）第二号技能実習又は第二号技能実習に相当するものの終了後本国に一年以上帰国してから特定就労活動を開始し、かつ、当該特定就労活動の終了後本国に一月以上一時帰国してから第三号技能実習を開始する又は当該特定就労活動の終了後引き続き第三号技能実習を開始してから一年以内に技能実習を休止して一月以上一年未満の期間一時帰国した後、休止している技能実習を再開するものであること。

（略）

（旧特定就労活動に従事した者に関する経過措置）

第五条 旧特定就労活動（出入国在留管理庁長官及び厚生労働大臣が告示で定める活動をいう。）に従事した者（以下「旧特定就労活動従事者」という。）を雇用する者又は雇用しようとする者が、当該旧特定就労活動従事者に係る技能実習計画（第三号技能実習に係るものに限る。）を作成し、法第八条第一項の認定の申請をした場合においては、第十条第二項第三号トの規定の適

用については、当分の間、次の表の上欄に掲げる字句は、同表の下欄に掲げる字句とする。

ト　第三号技能実習に係るものである場合にあっては、次のいずれかに該当するものであること。 　（1）第二号技能実習の終了後本国に一月以上一時帰国してから第三号技能実習を開始するものであること。 　（2）第二号技能実習の終了後引き続き第三号技能実習を開始してから一年以内に技能実習を休止して一月以上一年未満の期間一時帰国した後、休止している技能実習を再開するものであること。	ト　次のいずれかに該当すること。 　（1）旧特定就労活動（出入国在留管理庁長官及び厚生労働大臣が告示で定める活動をいう。以下同じ。）の終了後本国に一年以上帰国してから第三号技能実習を開始するものであること。 　（2）第二号技能実習に相当するもの（法附則第三条第三項の主務省令で定めるもの及び同条第五項の主務省令で定めるものをいう。）の終了後本国に一年以上帰国してから旧特定就労活動を開始し、かつ、当該旧特定就労活動の終了後本国に一月以上一時帰国してから第三号技能実習を開始する又は当該旧特定就労活動の終了後引き続き第三号技能実習を開始してから一年以内に技能実習を休止して一月以上一年未満の期間一時帰国した後、休止している技能実習を再開するものであること。

第六条　介護等特定活動（出入国在留管理庁長官及び厚生労働大臣が告示で定める活動をいう。）に従事した者（以下「介護等特定活動従事者」という。）を雇用する者又は雇用しようとする者が、当該介護等特定活動従事者に係る技能実習計画（介護職種に係るものに限る。）を作成し、当該技能実習計画について法第八条第一項の認定の申請をした場合においては、第十条第二項第三号トの規定の適用については、次の表の上欄に掲げる字句は、同表の下欄に掲げる字句とする。

| ト　第三号技能実習に係るものである場合にあっては、次のいずれかに該当するものであること。
（1）第二号技能実習の終了後本国に一月以上一時帰国してから第三号技能実習を開始するものであること。
（2）第二号技能実習の終了後引き続き第三号技能実習を開始してから一年以内に技能実習を休止して一月以上一年未満の期間一時帰国した後、休止している技能実習を再開するものであること。 | ト　第一号技能実習に係るものである場合にあっては、次の（1）又は（2）に該当するものであること、第三号技能実習に係るものである場合にあっては、次の（1）又は（2）及び（3）又は（4）に該当するものであること。
（1）介護等特定活動（出入国在留管理庁長官及び厚生労働大臣が告示で定める活動をいう。以下このトにおいて同じ。）をいう。）の終了後本国に一月以上一時帰国してから第一号技能実習を開始するものであること。
（2）介護等特定活動の終了後引き続き第一号技能実習を開始してから一年以内に技能実習を休止して一月以上一年未満の期間一時帰国した後、休止している技能実習を再開するものであること。
（3）第二号技能実習の終了後本国に一月以上一時帰国してから第三号技能実習を開始するものであること。
（4）第二号技能実習の終了後引き続き第三号技能実習を開始してから一年以内に技能実習を休止して一月以上一年未満の期間一時帰国した後、休止している技能実習を再開するものであること |

附　則

（平成二九年四月七日法務省・厚生労働省令第一号）

（施行期日）

第一条　この省令は、法の施行の日（平成二十九年十一月一日）から施行する。

（技能実習計画の記載事項に関する経過措置）

第二条　旧技能実習在留資格者等（法附則第三条第二項に規定する旧技能実習在留資格者等をいう。以下同じ。）を雇用する者又は雇用しようとする者が、当該旧技能実習在留資格者等に係る技能実習計画（第一号企業単独型技能実

習又は第一号団体監理型技能実習に係るものを除く。）を作成し、当該技能実習計画について法第八条第一項の認定の申請をした場合においては、この省令による改正後の外国人の技能実習の適正な実施及び技能実習生の保護に関する法律施行規則（以下「改正後規則」という。）第七条の規定の適用については、当分の間、同条第七号中「第二号技能実習」とあるのは「第二号技能実習に相当するもの（法附則第三条第三項の主務省令で定めるもの及び同条第五項の主務省令で定めるものをいう。次号において同じ。）」と、同条第八号中「第一号技能実習に係る技能実習計画」とあるのは「第一号技能実習に相当するもの（法附則第三条第二項の主務省令で定めるもの及び同条第四項の主務省令で定めるものをいう。）に係る相当技能実習計画（法附則第四条の規定により読み替えて適用される法第九条第四号に規定する相当技能実習計画をいう。以下この号において同じ。）」と、「第二号技能実習に係る技能実習計画」とあるのは「第二号技能実習に相当するものに係る相当技能実習計画」とする。

（技能実習計画の添付書類に関する経過措置）

第三条 旧技能実習在留資格者等を雇用する者又は雇用しようとする者が、当該旧技能実習在留資格者等に係る技能実習計画を作成し、当該技能実習計画について法第八条第一項の認定の申請をした場合においては、改正後規則第八条の規定の適用については、当分の間、同条第二十二号中「基礎級」とあるのは、「基礎級（職業能力開発促進法施行規則及び職業能力開発促進法第四十七条第一項に規定する指定試験機関の指定に関する省令の一部を改正する省令（平成二十九年厚生労働省令第五十七号）による改正前の基礎二級を含む。）」とする。

2 旧技能実習在留資格者等を雇用する者又は雇用しようとする者が、法第八条第一項の認定の申請をした場合においては、改正後規則第八条の規定の適用については、当分の間、同条第二十五号中「技能実習生」とあるのは、「技能実習生（技能実習に相当するもの（法附則第三条第二項の主務省令で定めるもの、同条第三項の主務省令で定めるもの、同条第四項の主務省令で定めるもの及び同条第五項の主務省令で定めるものをいう。）を行う同条第二項に規定する旧技能実習在留資格者等を含む。）」とする。

（技能実習の目標及び内容の基準に関する経過措置）

第四条 旧技能実習在留資格者等を雇用する者又は雇用しようとする者が、当該旧技能実習在留資格者等に係る技能実習計画を作成し、当該技能実習計画について法第八条第一項の認定の申請をした場合においては、改正後規則第十条の規定の適用については、当分の間、同条第二項第三号ト中「第二号技能実習」とあるのは「第二号技能実習に相当するもの（法附則第三条第三項の主務省令で定めるもの及び同条第五項の主務省令で定めるものをいう。）」と、同項第四号ロ中「に第一号技能実習」とあるのは「に第一号技能実習に相当するもの（法附則第三条第二項の主務省令で定めるもの及び同条第四項の主務省令で定めるものをいう。以下このロにおいて同じ。）」と、「第一号技能実習を行わせた者が」とあるのは「第一号技能実習に相当するものを行わせた者が」とする。

2　法附則第十二条の規定による改正前の出入国管理及び難民認定法別表第一の二の表の技能実習の在留資格（法附則第十三条第一項の規定によりなお従前の例によることとされる場合におけるものを含む。）又は出入国管理及び難民認定法及び日本国との平和条約に基づき日本の国籍を離脱した者等の出入国管理に関する特例法の一部を改正する等の法律（平成二十一年法律第七十九号）第一条の規定による改正前の出入国管理及び難民認定法（以下この項において「平成二十一年改正前入管法」という。）別表第一の四の表の研修の在留資格若しくは平成二十一年改正前入管法別表第一の五の表の特定活動の在留資格（平成二十一年改正前入管法別表第一の四の表の研修の在留資格の下で修得した技能等に習熟するため、本邦の公私の機関との雇用契約に基づき、当該技能等に係る当該機関の業務に従事する活動を指定されたものに限る。）をもって在留したことがある者を雇用する者又は雇用しようとする者が、法第八条第一項の認定の申請をした場合においては、改正後規則第十条の規定の適用については、当分の間、同条第二項第三号チ中「同じ技能実習」とあるのは「同じ技能実習（技能実習に相当するもの（法附則第三条第二項の主務省令で定めるもの、同条第三項の主務省令で定めるもの、同条第四項の主務省令で定めるもの及び同条第五項の主務省令で定めるものをいう。）を含む。以下このチにおいて同じ。）」と、「第一号技能実習」とあるのは「第一号技能実習（第一号技能実習に相当するもの（同条第二項の主務

省令で定めるもの及び同条第四項の主務省令で定めるものをいう。）を含む。）」と、「第二号技能実習」とあるのは「第二号技能実習（第二号技能実習に相当するもの（同条第三項の主務省令で定めるもの及び同条第五項の主務省令で定めるものをいう。）を含む。）」とする。

（技能実習を行わせる体制及び事業所の設備に関する経過措置）

第五条　旧技能実習在留資格者等を雇用する者又は雇用しようとする者が、法第八条第一項の認定の申請をした場合においては、改正後規則第十二条の規定の適用については、当分の間、同条第一項第六号中「第二号技能実習生が第二号技能実習」とあるのは、「第二号技能実習生（第二号技能実習に相当するもの（法附則第三条第三項の主務省令で定めるもの及び同条第五項の主務省令で定めるものをいう。以下この号において同じ。）を行う同条第二項に規定する旧技能実習在留資格者等を含む。）が第二号技能実習（第二号技能実習に相当するものを含む。）」とする。

（技能実習責任者の選任に関する経過措置）

第六条　平成三十二年三月三十一日までの間は、改正後規則第十三条中「あり、かつ、過去三年以内に技能実習責任者に対する講習として法務大臣及び厚生労働大臣が告示で定めるものを修了した者」とあるのは、「ある者」とする。

（技能実習生の数に関する経過措置）

第七条　旧技能実習在留資格者等を雇用する者又は雇用しようとする者が、法第八条第一項の認定の申請をした場合においては、改正後規則第十六条の規定の適用については、当分の間、同条第一項第一号中「第一号技能実習生」とあるのは「第一号技能実習生（第一号技能実習に相当するもの（法附則第三条第二項の主務省令で定めるもの及び同条第四項の主務省令で定めるものをいう。第四項において同じ。）を行う同条第二項に規定する旧技能実習在留資格者等を含む。以下この条において同じ。）」と、「技能実習生を」とあるのは「技能実習生（技能実習に相当するもの（法附則第三条第二項の主務省令で定めるもの、同条第三項の主務省令で定めるもの、同条第四項の主務省令で定めるもの及び同条第五項の主務省令で定めるものをいう。第四項において同じ。）を行う同条第二項に規定する旧技能実習在留資格者等を含む。以下この条において同じ。）を」と、「第二号技能実習生」とあるのは「第二

号技能実習生（第二号技能実習に相当するもの（法附則第三条第三項の主務省令で定めるもの及び同条第五項の主務省令で定めるものをいう。第四項において同じ。）を行う同条第二項に規定する旧技能実習在留資格者等を含む。以下この条において同じ。）」と、同項第二号中「企業単独型技能実習生」とあるのは「企業単独型技能実習生（企業単独型技能実習に相当するもの（法附則第三条第二項の主務省令で定めるもの及び同条第三項の主務省令で定めるものをいう。）を行う同条第二項に規定する旧技能実習在留資格者等を含む。）」と、同条第四項中「定める技能実習」とあるのは「定める技能実習（技能実習に相当するものを含む。以下この項において同じ。）」と、同項第一号中「第一号技能実習又は第二号技能実習」とあるのは「第一号技能実習（第一号技能実習に相当するものを含む。）又は第二号技能実習（第二号技能実習に相当するものを含む。以下この項において同じ。）」とする。

2 　特定旧技能実習在留資格者等（農業を営む機関（法人を除く。）又は漁業を営む機関（船上において行う漁業を営むものを除く。）であって常勤の職員の総数が一であるものに受け入れられている旧技能実習在留資格者等をいう。以下この項において同じ。）を雇用する者が、当該特定旧技能実習在留資格者等に係る技能実習計画を作成し、当該技能実習計画について法第八条第一項の認定の申請をした場合においては、改正後規則第十六条の規定の適用については、当分の間、同条第一項第二号中「次の表の上欄に掲げる申請者の常勤の職員の総数の区分に応じ同表の下欄に定める数（その数が申請者の常勤の職員の総数を超えるときは、当該常勤の職員の総数）」とあるのは「二」と、「同表の下欄に定める数に二を乗じて得た数（その数が申請者の常勤の職員の総数に二を乗じて得た数を超えるときは、当該常勤の職員の総数に二を乗じて得た数）」とあるのは「四」と、同条第二項第二号中「同表の下欄に定める数に二を乗じて得た数（その数が申請者の常勤の職員の総数を超えるときは、当該常勤の職員の総数）」とあるのは「二」と、「同表の下欄に定める数に四を乗じて得た数（その数が申請者の常勤の職員の総数に二を乗じて得た数を超えるときは、当該常勤の職員の総数に二を乗じて得た数）」とあるのは「四」とする。

（外部役員及び外部監査人に関する経過措置）

第八条　平成三十二年三月三十一日までの間は、改正後規則第三十条第二項第

一号及び第五項第一号の規定は、適用しない。

2　改正後規則第三十条の規定の適用については、当分の間、同条第二項第二号ヘ中「技能実習」とあるのは、「技能実習（技能実習に相当するもの（法附則第三条第二項の主務省令で定めるもの、同条第三項の主務省令で定めるもの、同条第四項の主務省令で定めるもの及び同条第五項の主務省令で定めるものをいう。）を含む。第五項第二号チにおいて同じ。）」とする。

（監理団体の業務の実施に関する基準に関する経過措置）

第九条　改正後規則第五十二条の規定の適用については、当分の間、同条第九号中「第二号団体監理型技能実習生が第二号団体監理型技能実習」とあるのは、「第二号団体監理型技能実習生（第二号団体監理型技能実習に相当するもの（法附則第三条第五項の主務省令で定めるものをいう。以下この号において同じ。）を行う同条第二項に規定する旧技能実習在留資格者等を含む。）が第二号団体監理型技能実習（第二号団体監理型技能実習に相当するものを含む。）」とする。

（監理責任者に関する経過措置）

第十条　平成三十二年三月三十一日までの間は、改正後規則第五十三条第二項の規定は、適用しない。

　　附　則　（平成三〇年七月六日法務省・厚生労働省令第二号）

（施行期日）

1　この省令は、働き方改革を推進するための関係法律の整備に関する法律（平成三十年法律第七十一号）附則第一条　第一号に掲げる規定の施行の日から施行する。

（経過措置）

2　この省令の施行の際現にあるこの省令による改正前の様式（次項において「旧様式」という。）により使用されている書類は、この省令による改正後の様式によるものとみなす。

3　この省令の施行の際現にある旧様式による用紙については、当分の間、これを取り繕って使用することができる。

　　附　則（平成三一年三月一五日法務省・厚生労働省令第一号）

（施行期日）

第一条　この省令は、平成三十一年四月一日から施行する。

（経過措置）

第二条　この省令の施行の際現に行われているこの省令による改正前の外国人の技能実習の適正な実施及び技能実習生の保護に関する法律施行規則（以下「旧規則」という。）に規定する様式による技能実習計画の認定の申請、監理団体の許可の申請及び監理団体の許可の有効期間の更新の申請は、それぞれこの省令による改正後の外国人の技能実習の適正な実施及び技能実習生の保護に関する法律施行規則（以下「新規則」という。）に規定する様式による技能実習計画の認定の申請、監理団体の許可の申請及び監理団体の許可の有効期間の更新の申請とみなす。

第三条　旧規則の規定による別記様式第１号及び別記様式第11号の申請書は、この省令の施行後においても当分の間、それぞれ新規則の規定による別記様式第１号及び別記様式第11号の申請書とみなす。

第四条　旧規則の規定による別記様式第６号及び別記様式第20号の立入検査証は、この省令の施行後においても当分の間、それぞれ新規則の規定による別記様式第６号及び別記様式第20号の立入検査証とみなす。

第五条　この省令の施行前に、旧規則の規定により交付された別記様式第６号及び別記様式第20号の立入検査証の効力については、なお従前の例による。

　附　　則（令和元年六月二八日法務省・厚生労働省令第三号）

（施行期日）

第一条　この省令は、令和元年七月一日から施行する。

（経過措置）

第二条　この省令の施行の際現に行われているこの省令による改正前の外国人の技能実習の適正な実施及び技能実習生の保護に関する法律施行規則（以下「旧省令」という。）に規定する様式による申請、届出その他の行為（以下この条において「申請等の行為」という。）は、この省令による改正後の外国人の技能実習の適正な実施及び技能実習生の保護に関する法律施行規則（以下「新省令」という。）に規定する相当様式による申請等の行為とみなす。

第三条　旧省令に規定する様式の書面は、この省令の施行後においても当分の間、新省令に規定する相当様式の書面とみなす。

第四条　この省令の施行前に、旧省令の規定により交付され又は作成された通知書、許可証その他の文書の効力については、なお従前の例による。

附　則（令和元年九月六日法務省・厚生労働省令第四号）

（施行期日）

第一条　この省令は、公布の日から施行する。

（経過措置）

第二条　この省令の施行の際現に行われているこの省令による改正前の外国人の技能実習の適正な実施及び技能実習生の保護に関する法律施行規則（以下「旧省令」という。）に規定する様式による申請及び報告（以下この条において「申請等の行為」という。）は、この省令による改正後の外国人の技能実習の適正な実施及び技能実習生の保護に関する法律施行規則（以下「新省令」という。）に規定する相当様式による申請等の行為とみなす。

第三条　旧省令に規定する様式の書面は、この省令の施行後においても当分の間、新省令に規定する相当様式の書面とみなす。

附　則　（令和元年九月一三日法務省・厚生労働省令第五号）

（施行期日）

1　この省令は、成年被後見人等の権利の制限に係る措置の適正化等を図るための関係法律の整備に関する法律（令和元年法律第三十七号）附則第一条本文に規定する日から施行する。

（経過措置）

2　この省令の施行の際現にあるこの省令による改正前の様式（次項において「旧様式」という。）により使用されている書類は、この省令による改正後の様式によるものとみなす。

3　この省令の施行の際現にある旧様式による用紙については、当分の間、これを取り繕って使用することができる。

施行規則別表第一

　一　農業関係（二職種六作業）

職種	作業	試験	試験実施者
耕種農業	施設園芸 畑作・野菜 果樹	農業技能評価試験	一般社団法人全国農業会議所

畜産農業	養豚	農業技能評価試験	一般社団法人全国農業会議所
	養鶏		
	酪農		

二　漁業関係（二職種十作業）

職種	作業	試験	試験実施者
漁船漁業	かつお一本釣り	漁業漁船漁業技能評価試験	一般社団法人大日本水産会
	延縄漁業		
	いか釣り漁業		
	まき網漁業		
	ひき網漁業		
	刺し網漁業		
	定置網漁業		
	かに・えびかご漁業		
	棒受網漁業		
養殖業	ほたてがい・まがき養殖	養殖業技能評価試験	一般社団法人大日本水産会

三　建設関係（一職種四作業）

職種	作業	試験	試験実施者
建設機械施工	押土・整地	建設機械施工技能評価試験	一般社団法人日本建設機械施工協会
	積込み		
	掘削		
	締固め		

四　食品製造関係（八職種十五作業）

職種	作業	試験	試験実施者
缶詰巻締	缶詰巻締	缶詰巻締技能評価試験	公益社団法人日本缶詰びん詰レトルト食品協会
食鳥処理加工業	食鳥処理加工業	食鳥処理加工業技能評価試験	一般社団法人日本食鳥協会

加熱性水産加工食品製造業	節類製造	水産加工食品製造業技能評価試験	全国水産加工業協同組合連合会
	加熱乾製品製造		
	調味加工品製造		
	くん製品製造		
非加熱性水産加工食品製造業	塩蔵品		
	乾製品		
	発酵食品製造		
	調理加工品製造		
	生食用加工品製造		
牛豚食肉処理加工業	牛豚部分肉製造	牛豚食肉処理加工業技能評価試験	公益社団法人全国食肉学校
そう菜製造業	そう菜加工	惣菜製造業技能評価試験	一般社団法人日本惣菜協会
農産物漬物製造業	農産物漬物製造	農産物漬物製造業技能実習評価試験	全日本漬物協同組合連合会
医療・福祉施設給食製造	医療・福祉施設給食製造	医療・福祉施設給食製造技能実習評公試験	益社団法人日本メディカル給食協会価

五　繊維・衣服関係（六職種十三作業）

職種	作業	試験	試験実施者
紡績運転	前紡工程	紡績運転技能評価試験	一般財団法人日本綿業技術・経済研究所
	精紡工程		
	巻糸工程		
	合ねん糸工程		
織布運転	準備工程	織布運転技能評価試験	
	製織工程		
	仕上工程		
たて編ニット生地製造	たて編ニット生地製造	たて編ニット生地製造技能評価試験	日本経編協会
下着類製造	下着類製造	下着類製造技能評価試験	一般団法人日本ボディファッショ協会

カーペット製造	織じゅうたん製造	カーペット製造技能評価試験	日本カーペット工業組合
	タフテッドカーペット製造		
	ニードルパンチカーペット製造		
座席シート縫製	自動車シート縫製	座席シート縫製技能評価試験	一般社団法人日本ソーイング技術研究所

六　その他（十一職種十七作業）

職種	作業	試験	試験実施者
溶接	手溶接溶	接技能評価試験	一般社団法人日本溶接協会
	半自動溶接		
陶磁器工業製品製造	機械ろくろ成形	陶磁器工業製品製造技能評価試験	一般財団法人日本陶業連盟
	圧力鋳込み成形		
	パッド印刷		
自動車整備	自動車整備	外国人自動車整備技能実習評価試験	一般社団法人日本自動車整備振興会連合会
介護	介護	介護実習評価試験	一般社団法人シルバーサービス振興会
リネンサプライ	リネンサプライ仕上げ	リネンサプライ技能実習評価試験	日本リネンサプライ協会
コンクリート製品製造	コンクリート製品製造	コンクリート製品製造技能実習評価試験	一般社団法人全国コンクリート製品協会
宿泊	接客・衛生管理	宿泊技能実習評価試験	一般社団法人宿泊業技能試験センター
印刷	グラビア印刷	グラビア印刷技能実習評価試験	全国グラビア協同組合連合会
ＲＰＦ製造	ＲＰＦ製造作業	ＲＰＦ製造技能実習評価試験	一般社団法人ＲＰＦ工業会
鉄道施設保守整備	軌道保守整備作業	軌道保守整備技能実習評価試験	一般社団法人日本鉄道施設協会
ゴム製品製造	成型加工作業	ゴム製品製造技能実習評価試験	一般社団法人日本ゴム工業会
	押出し加工作業		
	混練り圧延加工作業		
	複合積層加工作業		

七　前各号に掲げるもののほか、法務大臣及び厚生労働大臣が告示で定める
　　試験

施行規則別表第二
　一　農業関係（二職種六作業）

職種	作業
耕種農業	施設園芸
	畑作・野菜
	果樹
畜産農業	養豚
	養鶏
	酪農

　二　漁業関係（二職種十作業）

職種	作業
漁船漁業	
	かつお一本釣り
	延縄漁業
	いか釣り漁業
	まき網漁業
	ひき網漁業
	刺し網漁業
	定置網漁業
	かに・えびかご漁業
	棒受網漁業
養殖業	ほたてがい・まがき養殖

　三　建設関係建設関係（二十二職種三十三作業）

職種	作業
さく井	パーカッション式さく井工事
	ロータリー式さく井工事
建築板金	ダクト板金
	内外装板金
冷凍空気調和機器施工	冷凍空気調和機器施工

建具製作	木製建具手加工
建築大工	大工工事
型枠施工	型枠工事
鉄筋施工	鉄筋組立て
とび	とび
石材施工	石材加工
	石張り
タイル張り	タイル張り
かわらぶき	かわらぶき
左官	左官
配管	建築配管
	プラント配管
熱絶縁施工	保温保冷工事
内装仕上げ施工	プラスチック系床仕上げ工事
	カーペット系床仕上げ工事
	鋼製下地工事
	ボード仕上げ工事
	カーテン工事
サッシ施工	ビル用サッシ施工
防水施工	シーリング防水工事
コンクリート圧送施工	コンクリート圧送工事
ウェルポイント施工	ウェルポイント工事
表装	壁装
建設機械施工	押土・整地
	積込み
	掘削
	締固め
築炉	築炉

四　食品製造関係（十一職種十八作業）

職種	作業
缶詰巻締	缶詰巻締
食鳥処理加工業	食鳥処理加工業

加熱性水産加工食品製造業	節類製造
	加熱乾製品製造
	調味加工品製造
	くん製品製造
非加熱性水産加工食品製造業	塩蔵品
	乾製品
	発酵食品製造
	調理加工品製造
	生食用加工品製造
水産練り製品製造	かまぼこ製品製造
牛豚食肉処理加工業	牛豚部分肉製造
そう菜製造業	そう菜加工
ハム・ソーセージ・ベーコン製造	ハム・ソーセージ・ベーコン製造
パン製造業	パン製造
農産物漬物製造業	農産物漬物製造
医療・福祉施設給食製造	医療・福祉施設給食製造

五　繊維・衣服関係（（十三職種二十二作業）

職種	作業
紡績運転	前紡工程
	精紡工程
	巻糸工程
	合ねん糸工程
織布運転	準備工程
	製織工程
	仕上工程
染色	糸浸染
	織物・ニット浸染
ニット製品製造	靴下製造
	丸編みニット製造
たて編ニット生地製造	たて編ニット生地製造
婦人子供服製造	婦人子供既製服縫製
紳士服製造	紳士既製服製造
下着類製造	下着類製造

寝具製作	寝具製作
カーペット製造	織じゅうたん製造
	タフテッドカーペット製造
	ニードルパンチカーペット製造
布はく縫製	ワイシャツ製造
座席シート縫製	自動車シート縫製

六　機械・金属関係（十五職種二十九作業）

職種	作業
鋳造	鋳鉄鋳物鋳造
	非鉄金属鋳物鋳造
鍛造	ハンマ型鍛造
	プレス型鍛造
ダイカスト	ホットチャンバダイカスト
	コールドチャンバダイカスト
機械加工	旋盤
	フライス盤
	数値制御旋盤
	マシニングセンタ
金属プレス加工	金属プレス
鉄工	構造物鉄工
工場板金	機械板金
めっき	電気めっき
	溶融亜鉛めっき
アルミニウム陽極酸化処理	陽極酸化処理
仕上げ	治工具仕上げ
	金型仕上げ
	機械組立仕上げ
機械検査	機械検査
機械保全	機械系保全
電子機器組立て	電子機器組立て

電気機器組立て	回転電機組立て
	変圧器組立て
	配電盤・制御盤組立て
	開閉制御器具組立て
	回転電機巻線製作
プリント配線板製造	プリント配線板設計
	プリント配線板製造

七　その他（十九職種三十五作業）

職種	作業
家具製作	家具手加工
印刷	オフセット印刷
	グラビア印刷
製本	製本
プラスチック成形	圧縮成形
	射出成形
	インフレーション成形
	ブロー成形
強化プラスチック成形	手積み積層成形
塗装	建築塗装
	金属塗装
	鋼橋塗装
	噴霧塗装
溶接	手溶接溶
	半自動溶接
工業包装	工業包装
紙器・段ボール箱製造	印刷箱打抜き
	印刷箱製箱
	貼箱製造
	段ボール箱製造
陶磁器工業製品製造	機械ろくろ成形
	圧力鋳込み成形
	パッド印刷
自動車整備	自動車整備
介護	介護

ビルクリーニング	ビルクリーニング
リネンサプライ	リネンサプライ仕上げ
コンクリート製品製造	コンクリート製品製造
宿泊	接客・衛生管理
ＲＰＦ製造	ＲＰＦ製造
鉄道施設保守整備	軌道保守整備
ゴム製品製造	成型加工
	押出し加工
	混練り圧延加工
	複合積層加工

八　前各号に掲げるもののほか、法務大臣及び厚生労働大臣が告示で定める
　職種及び作業

（別記様式及び参考様式は省略）

○ 技能実習の適正な実施及び技能実習生の保護に関する基本方針（平成二九年四月七日法務省・厚生労働省告示第一号）

　法務大臣及び厚生労働大臣は、外国人の技能実習の適正な実施及び技能実習生の保護に関する法律（平成二十八年法律第八十九号。以下「技能実習法」という。）第七条第一項の規定に基づき、技能実習の適正な実施及び技能実習生の保護に関する基本方針（以下「基本方針」という。）を策定する。

　基本方針は、技能実習法に基づき政府全体で取り組む技能実習制度の見直しの趣旨を明らかにするとともに、技能実習の適正な実施と技能実習生の保護を達成するための基本的な考え方を示すものである。

第一　技能実習の適正な実施及び技能実習生の保護に関する基本的事項

1　技能実習制度の見直しの経緯

　技能実習制度は、我が国で培われた技能、技術又は知識（以下「技能等」という。）の開発途上地域等への移転を図り、当該開発途上地域等の経済発展を担う「人づくり」に寄与することを目的として創設された制度である。

　平成五年の制度創設以後、平成二十八年末までに延べ約百六十万人の開発途上地域等の外国人を受け入れ、我が国の国際貢献の制度として重要な役割を果たしてきた。同年末現在では、全国に約二十三万人の技能実習生が在留している。

　平成二十二年七月一日に施行された出入国管理及び難民認定法及び日本国との平和条約に基づき日本の国籍を離脱した者等の出入国管理に関する特例法の一部を改正する等の法律（平成二十一年法律第七十九号）において、新たな在留資格「技能実習」が創設され、在留の一年目から雇用関係

413

の下、労働関係法令が適用されることとなるなど、技能実習生の法的保護及びその法的地位の安定化を図るための措置が講じられてきた。しかしながら依然として入管法令や労働関係法令の違反が発生し、技能実習制度には厳しい批判が寄せられてきた。一方で、技能実習制度の活用を促進するため、技能実習制度の拡充を図ることも求められている状況にあった。

こうした状況に鑑み、「『日本再興戦略』改訂二〇一四」（平成二十六年六月二十四日閣議決定）において、国際貢献を目的とする趣旨を徹底するため、制度の適正化を図るとともに、実習期間の延長等の技能実習制度の抜本的な見直しを行うとの方針が示され、平成二十七年度中の新制度への移行を目指す等のスケジュールも示された。

法務省及び厚生労働省は、「技能実習制度の見直しに関する法務省・厚生労働省合同有識者懇談会」を平成二十六年十一月に設置し、同懇談会は平成二十七年一月に報告書を取りまとめた。

この報告書を踏まえ、法務省及び厚生労働省は技能実習法案を平成二十七年三月に国会に提出し、技能実習法案は、衆議院で一部修正された上、平成二十八年十一月十八日に成立し、同月二十八日に公布された。今後、衆参両法務委員会における附帯決議の内容にも留意しながら、技能実習法を円滑に施行するとともに、対象職種の拡大等の法律事項でない施策についても着実に実行していかなければならない。

2　技能実習法の概要

技能実習法は、技能実習の適正な実施及び技能実習生の保護を図るため、技能実習計画の認定、監理団体の許可等の制度を設け、これらに関する事務を行う外国人技能実習機構（以下「機構」という。）を設ける等の所要の措置を講ずるものである。その規定事項の概要は次のとおりである。

㈠　技能実習制度の適正化

①　技能実習の基本理念及び関係者の責務を定めるとともに、技能実習に関し基本方針を策定期間の延長等の技

②　技能実習生ごとに作成する技能実習計画について、認定制とし、技能実習生が修得等をした技能等に係る評価を行うことなどの認定の基準や認定の欠格事由等を定めるほか、出入国在留管理庁長官及び厚生

労働大臣の報告徴収、改善命令、認定の取消し等の権限を規定すること。

③　実習実施者について、届出制とすること。

④　監理団体について、許可制とし、許可の基準や許可の欠格事由等を定めるほか、遵守事項、出入国在留管理庁長官及び厚生労働大臣の報告徴収、改善命令、許可の取消し等の権限を規定すること。

⑤　技能実習生の保護に関する措置として、技能実習生に対する人権侵害行為等について、禁止規定を設け、違反に対する罰則を規定するとともに、技能実習生に対する相談対応や情報提供、技能実習生の転籍の連絡調整等を行うこと。

⑥　出入国在留管理庁長官及び厚生労働大臣の事業所管大臣に対する協力要請等について規定するとともに、地域ごとに関係行政機関等による地域協議会を設置できるものとすること。

⑦　機構を認可法人として新設し、技能実習計画の認定、実習実施者・監理団体へ報告を求め実地に検査する事務、実習実施者の届出の受理、監理団体の許可に関する調査等のほか、技能実習生に対する相談対応・援助等を行わせること。

㈡　**技能実習制度の拡充**

優良な実習実施者・監理団体に限定して、第三号技能実習生の受入れ（四年目及び五年目の技能実習の実施）を可能とすること。

㈢　**その他**

技能実習の在留資格を規定する出入国管理及び難民認定法（昭和二十六年政令第三百十九号。以下「入管法」という。）の改正を行うほか、所要の改正を行うこと。

3　技能実習の基本理念及び技能実習関係者の責務

開発途上地域等への技能等の移転による国際協力の推進という制度の趣旨・目的（以下単に「制度の趣旨・目的」という。）に反して、技能実習制度が国内の人手不足を補う安価な労働力の確保策として使われることのないよう、技能実習法は、基本理念として、技能実習が、① 技能等の適正な修得、習熟又は熟達（以下「修得等」という。）のために整備され、

かつ、技能実習生が技能実習に専念できるようにその保護を図る体制が確立された環境で行われなければならないこと、② 労働力の需給の調整の手段として行われてはならないことを定めている。

この技能実習法の基本理念を国、地方公共団体、実習実施者、監理団体、技能実習生等の技能実習の全ての関係者が共有し、その上で、それぞれ技能実習法に規定された責務を全うすることが必要である。

第二　技能実習の適正な実施及び技能実習生の保護を図るための施策に関する事項

1　技能実習計画

㈠　認定制の趣旨

制度の趣旨・目的に従って技能等の移転を図るためには、実習実施者において行われる技能実習が、技能実習生が適切に技能等を修得等することができるものである必要がある。

このため、技能実習法は、実習実施者に、技能実習生ごと、かつ、技能実習の段階ごとに、技能実習計画を作成させ、その目標、内容等が適切なものであるかについて認定を行う制度を設け、技能実習は、この認定された技能実習計画に基づいて行われなければならないものとしている。

㈡　技能実習計画に関し留意すべき事項

技能実習計画の記載事項や認定基準等については技能実習法及びその下位法令等で定められているが、技能実習計画を認定制とした趣旨から、特に次の事項について留意する必要がある。

①　効果的な技能実習計画の策定

技能実習計画は、技能実習生が効果的に技能等の修得等を行うための要であることから、その策定に当たっては、講習の内容、従事させる業務の内容、時間、指導体制等についての検討を行い、技能実習の目標を確実に達成することのできる計画を策定する必要がある。

②　技能実習生への技能実習計画の説明

実習実施者は、効果的な技能等の修得等を図る観点から、技能実習生に対して技能実習計画を説明し、技能実習生が行う実習の内容と修

得等をすべき技能等との関係についての理解を促しながら技能実習を行わせることが求められる。

③　**技能実習計画の進捗管理**

　　実習実施者には、認定を受けた技能実習計画に従って技能実習を行わせることが求められており、技能実習計画どおりに技能実習が進んでいるかを常に確認しながら技能実習を行わせる必要がある。

　　もとより、実習実施者や監理団体が技能実習計画の範囲外の業務を技能実習生に行わせるようなことがあってはならない。

④　**技能実習計画の終期までの実施**

　　実習実施者には認定を受けた技能実習計画に定める実習期間の終期まで技能実習を行わせる義務があり、団体監理型技能実習における監理団体には当該義務が適切に履行されるよう監理する義務がある。したがって、倒産等のやむを得ない場合を除いては、実習実施者や監理団体の一方的な都合により、技能実習生が実習期間の途中でその意に反して帰国させられることはあってはならない。万一、技能実習生が実習期間の途中で技能実習を中止して帰国せざるを得なくなった場合には、遅滞なく、原則として帰国前に、企業単独型技能実習にあっては、実習実施者は出入国在留管理庁長官及び厚生労働大臣に対し技能実習を行わせることが困難となった場合の届出をしなければならず、団体監理型技能実習にあっては、実習実施者は監理団体に対し技能実習を行わせることが困難となった場合の通知を、監理団体は出入国在留管理庁長官及び厚生労働大臣に対し技能実習の実施が困難となった場合の届出をしなければならない。

⑤　**技能等の修得等の確認**

　　技能実習の第一号から第三号までのいずれの段階についても、実習実施者は、技能実習生が当該段階において修得等をした技能等の評価を技能検定又は技能実習評価試験等により行うことで、指導内容、方法、体制等に改善すべき点がないか点検すべきである。

　　また、第二号技能実習（第二号企業単独型技能実習及び第二号団体監理型技能実習をいう。以下同じ。）又は第三号技能実習（第三号企業単独型技能実習及び第三号団体監理型技能実習をいう。以下同

じ。）へ移行する技能実習生は、それぞれ、第一号技能実習（第一号企業単独型技能実習及び第一号団体監理型技能実習をいう。以下同じ。）又は第二号技能実習において技能等の修得又は習熟を遂げ、目標として定めた技能検定又は技能実習評価試験に合格していることが前提となるので、実習実施者は技能実習生に効果的に技能等の修得等を行わせるほか、技能検定又は技能実習評価試験の受検が技能実習計画の認定の申請に間に合うように計画を立てる必要がある。

2　実習実施者

㈠　実施の届出

出入国在留管理庁長官及び厚生労働大臣が、全国に多数ある実習実施者を確実に把握するため、実習実施者が技能実習を開始したときは、遅滞なく届出を行うこととされている。

㈡　実習実施者が留意すべき事項

実習実施者には、技能実習を行わせる者としての責任のほか、技能実習生を雇用する者及び技能実習生の日本での生活を支援する者としての責任がある。実習実施者は、技能実習法のほか、入管法その他の出入国に関する法令及び労働基準法（昭和二十二年法律第四十九号）、労働安全衛生法（昭和四十七年法律第五十七号）その他の労働に関する法令等の関係法令を遵守する必要があることは当然であるが、特に次の事項について留意すべきである。

①　募集時の技能実習を行わせる条件の明示

技能実習生の募集に当たっては、自ら又は監理団体若しくは送出機関等を通して、技能実習生になろうとする者に対し、技能実習制度に係る関係法令について必要な説明を行うとともに、当該技能実習生になろうとする者の母国語によって作成した文書をもって、予定されている技能実習の内容、技能実習を行わせる期間における労働条件並びに第二号技能実習又は第三号技能実習への移行に当たり受検することが必要な技能検定又は技能実習評価試験及びこれまでの合格実績を明示するものとする。

特に、募集時に示した労働条件等と入国後の実態に乖離が生じると

トラブルの原因になるそごことから、賃金の決定、計算等の方法、食費・居住費等の賃金からの一部控除の取扱い、渡航費用の負担の有無等に関する条件の詳細についてあらかじめ明示することが必要である。

　また、第二号技能実習又は第三号技能実習への移行を予定しない場合にはその旨を、第二号技能実習又は第三号技能実習への移行を予定する場合には、いずれも目標として定めた技能検定又は技能実習評価試験に合格しなければ、第二号技能実習又は第三号技能実習への移行が認められず、帰国しなければならない旨を、明記するものとする。

② **適正な雇用契約の締結**

　実習実施者は、技能実習生との雇用契約を技能実習生の入国前に締結する必要がある。団体監理型技能実習の雇用契約の始期については、講習の終了後とすることが原則である。実習実施者は、技能実習生が雇用契約の内容を十分に理解できるようにするため、技能実習生の母国語によって作成した文書による雇用契約の締結その他必要な措置を講ずるものとする。

　技能実習生に支払う報酬については、日本人が従事する場合に支払われる報酬と同等額以上の報酬を支払う必要があり、技能実習計画の認定申請に際してはこの点についての説明をしなければならない。これに加え、第二号技能実習及び第三号技能実習の賃金が前段階の技能実習よりも上回るなど技能等の習熟度に応じた賃金の格付けを行う等、技能実習生が技能等の修得等をしようとする意欲の向上に資するようにすることが必要である。また、休日、休暇、宿泊施設等の技能実習生の待遇についても、日本人と不当に差別されることのないようにするなど、技能実習生の権利が確実に保護され適正な技能実習が行われるよう配慮する必要がある。

　さらに、実習実施者又は監理団体が負担すべき費用を監理費等の名目で技能実習生の報酬から控除することはできないことはもとより、食費、居住費等を報酬から控除する場合についても、労働関係法令にのっとった労使協定の締結が必要であり、実費を勘案して不当な額が報酬から控除されることにより技能実習生の生活に支障が生じることはあってはならない。

　なお、このように技能実習生と雇用契約を締結するものであること
から、あらかじめ、技能実習を行わせる事業場の労働組合等と技能実
習生の受入れについて協議を行うことが望ましい。

③　**技能実習を行わせる環境の整備**

　技能実習を行わせる環境を確保するため、技能実習生については、
適正に労働時間の管理を行う必要がある。技能実習の一環としてやむ
を得ず時間外労働や休日労働を技能実習生に行わせる場合には、労使
協定の締結、割増賃金の支払等の労働関係法令で定める手続にのっ
とって行い、違反が行われることがないようにする必要がある。この
場合においても、技能実習の適正な実施及び技能実習生の保護の観点
から、恒常的な長時間労働とならないようにすべきである。

　また、実習実施者は、技能実習を行わせる事業所における技能実習
生の安全と健康を確保するために、安全衛生教育の実施、就業制限規
定の遵守及び健康診断の実施等、労働安全衛生法に基づく必要な措置
を講ずる必要がある。団体監理型技能実習にあっては、監理団体と連
携して、技能実習生の安全と健康の確保に取り組むものとする。

　さらに、実習実施者は、技能実習生が健康で快適な実習生活を送れ
るようにするため、快適な住環境を確保するとともに、食生活、医療
等についての適切な助言及び援助を行うことができる体制を整備する
必要がある。このため、技能実習指導員及び生活指導員に対してその
能力育成に資するものとして出入国在留管理庁長官及び厚生労働大臣
に認められた講習を受講させることが望ましい。また、団体監理型技
能実習にあっては、監理団体と連携して、当該体制の整備に取り組む
ものとする。

　なお、技能実習生が限られた実習期間の中で、効率的・効果的に技
能等を修得等できるようにするため、実習実施者は、技能実習生を指
導する立場にある技能実習指導員や技能実習計画の策定に携わる者の
職業能力の更なる向上を図るべく、これらの者について技能検定その
他の試験の受検等を積極的に推奨していくことが望ましい。

④　**目標として定めた技能検定又は技能実習評価試験の適正な受検**

　技能実習の第一号から第三号までのいずれの段階についても、実習

実施者は、技能実習生が当該段階において修得等をした技能等の評価を技能検定又は技能実習評価試験等により行うことが必要である。技能検定又は技能実習評価試験の合格に係る目標を定めた場合にはその適正な受検が必要であり、その受検費用については、実習実施者又は監理団体が負担する必要がある。

　また、実習実施者が受け入れている技能実習生の確実な受検を図る観点から、実習実施者は、受検日時、受検会場、受検に必要な機材の確保等に関して技能検定又は技能実習評価試験の実施者から求めがあった場合には、必要な協力をしていくことが望ましい。

3　監理団体

㈠　許可制の趣旨

　監理団体は、団体監理型技能実習において、団体監理型実習実施者と団体監理型技能実習生との間の雇用関係の成立のあっせんを行い、その後の団体監理型技能実習の実施に関する監理を担う存在であり、団体監理型実習実施者や団体監理型技能実習生へ強い影響力を有している。

　そこで、技能実習法では、技能実習の適正な実施を図るため、監理事業を行おうとする者は、あらかじめ許可を受けなければならないこととされ、許可を受けた適正な監理団体のみが団体監理型技能実習に関与できる制度とされている。

㈡　監理団体が留意すべき事項

　技能実習法においては、制度の趣旨・目的を踏まえ、監理団体は、営利を目的としない法人とされており、営利を目的として監理事業を行うことは認められない。このため、監理事業に通常必要となる経費等を勘案して外国人の技能実習の適正な実施及び技能実習生の保護に関する法律施行規則（平成二十八年法務省・厚生労働省令第三号。以下「施行規則」という。）で定められた適正な種類及び額の監理費以外の金銭を受けることは認められていない。こうした技能実習法及びその下位法令等で定められている事項のほか、監理団体は、特に次の事項について留意すべきである。

① 団体監理型実習実施者及び送出機関との関係

　監理団体は、団体監理型実習実施者や送出機関へ強い影響力を有していることを踏まえ、制度の趣旨・目的をこれらの者に周知し、技能実習生を安価な労働力と考え、労働力の需給の調整の手段として用いようとしている者の技能実習制度への参入を防ぐ責任を有している。無論、監理団体自らが、労働力不足解消につながるなどと広告して団体監理型実習実施者を募集する等の行為は絶対にあってはならない。

　制度の趣旨・目的に沿った技能実習の実施のためには、技能実習制度を理解し、技能実習に対する意欲を持った団体監理型技能実習生を受け入れることが必要である。このため、監理団体自らが団体監理型技能実習生の受入れに実質的に関与することが必要であり、団体監理型実習実施者が事実上監理団体を関与させることなく送出機関から直接団体監理型技能実習生の受入れを行うようなことがあってはならない。団体監理型技能実習生の選抜方法、条件、受入れ方法等について、監理団体は、団体監理型実習実施者及び送出機関と綿密に連携することが求められる。

　また、監理団体は、団体監理型実習実施者と団体監理型技能実習生との間の労使関係に介入することにならないように留意しつつも、団体監理型実習実施者と適正な関係を構築し、技能実習計画の作成の指導、その後の団体監理型技能実習の実施の監理等を通じて団体監理型実習実施者を適正に監理することが求められる。

　特に定期的な監査に際しては、団体監理型実習実施者の担当者からの話だけでなく、通訳を同行させて団体監理型技能実習生から団体監理型技能実習の進捗状況や技能実習計画どおりに技能実習が行われているかを確認することが必要である。

② 取り扱う技能実習の職種及び作業の範囲

　監理団体は、技能実習計画の作成の指導、その後の団体監理型技能実習の実施の監理等を担うことから、取り扱う技能実習の職種及び作業について高い知見を有している必要があり、技能実習計画の作成の指導や団体監理型技能実習の実施の監理を十分に行う能力を有しない職種及び作業については、取り扱うことができない。また、取り扱う

技能実習の職種及び作業については、常日頃より研さんを深め、技能実習生が修得等をする技能等について高い知見を有し続ける必要がある。

4　優良な実習実施者及び監理団体

今般の技能実習制度の見直しによって、第三号技能実習の創設や受入れ人数枠の拡大がなされた。この拡充については、高い水準を有するものとして定められた要件に適合した優良な実習実施者及び監理団体についてのみ認められたものである。

これは、技能実習生に技能等を修得等させる能力が高く、かつ、法令遵守や技能実習生の保護にも手厚く配慮している者のみが、長期・多数の技能実習を行わせる資格があるという趣旨であることから、この趣旨を踏まえて、制度の拡充部分の適用を受けようとする優良な実習実施者及び監理団体は、技能実習法や主務省令等で定められた認定基準や許可基準を充足することはもとより、その受け入れる全ての技能実習生が制度の趣旨・目的に沿って技能実習を行うことができるようにより高い水準を目指すべきものである。

また、制度の拡充部分の適用を受けない実習実施者や監理団体であっても、技能実習法や主務省令等で定められた認定基準や許可基準以上のものを目指し、制度の趣旨・目的に沿って技能実習に資するよう努めることが求められる。

5　技能実習生の保護

技能実習法においては、技能実習生の保護のため、技能実習関係者が技能実習の強制、違約金の設定、旅券又は在留カードの保管等を行うことを禁止し、罰則をもってこれを担保している。

このほか、技能実習生の保護に資する施策として、法務省及び厚生労働省は、次の施策に機構と連携して取り組むこととする。

㈠　技能実習生からの通報・申告及び相談対応

技能実習法において、技能実習生は、実習実施者又は監理団体の技能実習法令違反があった場合には、当該事実を出入国在留管理庁長官及び

厚生労働大臣に通報・申告することができるものとされ、また、出入国
在留管理庁長官及び厚生労働大臣及び機構は技能実習生からの相談に応
じるものとされている。そこで、出入国在留管理庁長官及び厚生労働大
臣は、自ら又は機構によって技能実習生からの相談に応じる体制を整備
する必要がある。技能実習生からの相談には、できる限り技能実習生の
母国語で対応するものとする。

㈡　**技能実習継続のための支援**

　技能実習法において、機構の業務として、技能実習を行うことが困難
となった技能実習生であって引き続き技能実習を行うことを希望する者
が技能実習を行うことができるよう、技能実習生からの相談に応じ、必
要な情報の提供、助言その他の援助を行うとともに、実習実施者、監理
団体その他関係者に対する必要な指導及び助言を行うこととされている。

　そこで、機構は、技能実習制度の趣旨・目的を踏まえ、技能実習生が
実習実施者から人権侵害行為等を受けた場合はもとより、実習先の変更
を求めることについてやむを得ない事情があると認められる場合には、
技能実習生からの相談に丁寧に応じるとともに、他の実習実施者又は監
理団体の下で技能実習を行えるように調整する等の実習先変更支援を行
う。

㈢　**第三号技能実習への移行時における一時帰国及び実習先の選択**

　第三号技能実習を行う技能実習生については、母国の家族と離れてい
る期間が長期化するという問題もあることから、第二号技能実習を終了
した後又は第三号技能実習を開始してから一年以内に、原則一箇月以上
帰国しなければならないものとする。

　また、第二号技能実習から第三号技能実習に進む段階では、技能実習
生本人に異なる実習先を選択する機会を与えるものとする。

㈣　**その他**

　㈠㈢からまでのほか、法務省及び厚生労働省は機構と連携して、技能
実習生に対し、日常生活を送る上で知っておくべき知識等を記載した技
能実習生手帳の配布や、実習実施者及び監理団体へのメンタルヘルス上
の問題等に係る助言・指導、技能実習生の労災保険制度の適用に係る相
談等を行う。

6　国レベルでの取決め

　技能実習制度の見直し前においては、技能実習生の送出しを希望する国との間で国レベルでの取決めがなされていない状況であった。この状況の中、保証金の徴収等をしている不適正な送出機関や、制度の趣旨・目的を理解せず、技能実習を単なる出稼ぎと捉えて来日する技能実習生の存在がかねてより指摘されてきた。

　そこで、技能実習生の送出しを希望する国（地域を含む。以下この六において同じ。）との間で国レベルでの二国間取決めを順次作成し、それを公表することとする。この取決めを通じて、送出国政府と協力し、不適正な送出機関の排除や、制度の趣旨・目的を理解し真に技能等の修得等に努めようとしている技能実習生に絞った受入れを目指す。取決めをした国との間では、送出国政府から適正な送出機関として認定を受けた送出機関のみから技能実習生を受け入れることとし、二国間取決めに違反する行為が認められた場合は、当該送出機関に関して認定の取消し等厳格な対応を行うよう送出国政府に要請することとする。

第三　技能実習の適正な実施及び技能実習生の保護に際し配慮すべき事項

1　国の役割

　国は、技能実習法の基本理念に従って、技能実習の適正な実施及び技能実習生の保護を図るために必要な施策を総合的かつ効果的に推進する責務を有する。技能実習法に基づく技能実習計画の認定制や監理団体の許可制を適正に運用すること、特に、技能実習生の生活に支障が生じること　がないよう技能実習生の報酬及び報酬からの控除の実態把握に努めつつ、長時間労働に係る労働法令違反がないよう必要な措置を講ずるべく労働　時間についても調査を行うとともに、違法な時間外労働、技能実習生の意に反した実習期間の途中での帰国等の不正事案に対しては、報告徴収、改善命令、認定・許可の取消し等の監督権限を適時適切に行使する必要がある。

2　機構の役割及び業務

　技能実習法で定められた出入国在留管理庁長官及び厚生労働大臣の事務のうち、技能実習計画の認定、実習実施者・監理団体へ報告を求め実地に

検査する事務、実習実施者の届出の受理、監理団体の許可に関する調査等については、機構が、出入国在留管理庁長官及び厚生労働大臣の委託を受けて行うこととなる。

　また、機構は、出入国在留管理庁長官及び厚生労働大臣とあいまって技能実習生に対する相談対応・援助等を行うとされている。

　機構は、このように、出入国在留管理庁長官及び厚生労働大臣から委託された権限を包括的に行使し、また、出入国在留管理庁長官及び厚生労働大臣とあいまって技能実習生の保護に当たる主体として位置付けられることを踏まえ、業務を行うに当たっては、効率的で一貫した事務の実施　となるよう留意する必要がある。

　機構は、技能実習制度の担い手が、民間主体である実習実施者や監理団体であるため、その性質に鑑み、民間主体が発起人となり自主的に設立するとともに、設立に当たって国が関与を行う認可法人とされている。出入国在留管理庁長官及び厚生労働大臣は、機構に対し、役員の任命又は認可、毎事業年度の予算や事業計画の認可等の権限、交付金の支出、一般的監督命令等を通じ統制を行うこととなっており、出入国在留管理庁長官及び厚生労働大臣による強いガバナンスの下、機構は業務を遂行することとなる。

3　事業所管大臣等との連携

　技能実習は多種多様な職種や作業において行われるため、それぞれの業種において課題や修得等をすべき技能等は異なっている。このため、主務大臣が行う業種横断的な取組に加え、それぞれの職種や作業における特有の事情を勘案し、当該業種を所管する大臣（以下「事業所管大臣」という。）が中心となって、技能実習の適正な実施及び技能実習生の保護に資する取組を行うことが求められている。

　技能実習法においては、出入国在留管理庁長官及び厚生労働大臣は、事業所管大臣へ必要な協力を要請することができるものとされているほか、業種ごとに必要に応じ事業協議会を組織し、関係者間で有用な情報を共有し連携の緊密化を図るとともに、その業種の実情を踏まえた取組について協議を行うこととされている。

4 地域協議会

技能実習法の施行後は、機構に加え、各地域において、出入国管理機関、労働基準監督機関、職業安定機関、事業所管省庁の出先機関を始めとした国の機関や地方公共団体等様々な機関が相互に関係し合いながら技能実習に関与することとなる。こうした関係機関同士の連携を図り、問題　事案の情報共有等が円滑に行われる体制について、地域レベルで整備することが必要である。

このため、地域協議会を設立し、技能実習の適正な実施及び技能実習生の保護に資する地域での取組の協議、技能実習の現状などのデータ・制度運用上の留意点などの把握・共有、制度の適正化等に向けた地方公共団体等との密接な連携の確保・強化といった業務を担わせることとする。

5 対象職種

技能実習の対象となる技能等は、技能実習法、その下位法令等で技能実習生の本国において修得等が困難なものであることを始めとした要件が定められている。また、第二号技能実習及び第三号技能実習の対象となる職種及び作業については、当該職種及び作業に係る技能検定又は技能実習評価試験が整備されている必要があることに留意する必要がある。

6 技能実習評価試験

技能実習評価試験の実施基準については、施行規則等で定められている。当該基準に適合するか否か、また、技能実習制度の対象職種としてふさわしいか否かについては、有識者により構成される「技能実習評価試験の整備等に関する専門家会議」において、確認されることとなる。この会議の開催に際しては、厚生労働大臣はそれぞれの職種や作業における特有の事情を勘案するために事業所管大臣の意見を聴くこととする。

7 特定の職種に係る技能実習の適正な実施及び技能実習生の保護を図るための施策制度の趣旨・目的を適切に達成するために、特定の職種においては、他の職種では求められないその職種の特性に応じた固有要件の設定な

どの適切な対応策をとる必要が生じることがある。

　このような特定の職種に固有の付加的な要件については、当該職種の実情を良く把握している

　事業所管大臣が策定することが適当であり、その際には、出入国在留管理庁長官及び厚生労働大臣が事業所管大臣と協力して取り組むことが求められる。

　また、このような固有の付加的な要件の設定を行う必要性について検討するに当たって、事業所管大臣は、前述の事業協議会を組織し、事業協議会で協議を行うなど出入国在留管理庁長官及び厚生労働大臣に必要な協力を行うことが重要である。

　このように付加的な要件を定める職種として対象職種への追加が予定されている介護については、介護サービスの質を担保する等のため、① 移転対象となる適切な業務内容・範囲の明確化、② 必要なコミュニケーション能力の確保、③ 適切な評価システムの構築、④ 適切な実習実施機関の対象範囲の設定、⑤ 適切な実習体制の確保、⑥ 日本人との同等処遇の担保、⑦ 監理団体による監理の徹底などの事項について、事業所管大臣である厚生労働大臣が介護固有の要件を定めるこ第四技能等の移転を図るべき分野その他技能等の移転の推進に関する事項

㈠　技能等の移転を図るべき分野

　　制度の趣旨・目的に従い、それぞれの開発途上地域等の経済発展の度合い等を踏まえ、開発途上地域等のニーズに沿った技能等を移転することができるよう、技能実習に関与する者は、開発途上地域等のニーズを把握するよう努めるものとする。

㈡　技能等の移転の推進に係る調査の実施

　　制度の趣旨・目的に従って技能実習により技能等の移転がなされているか確認するため、出入国在留管理庁長官及び厚生労働大臣は、定期的に、技能実習生が帰国後に技能実習で修得等をした技能等を適切に活用しているか等について、帰国後の技能実習生に対し追跡調査を行うものとする。この追跡調査には、実習実施者や監理団体のほか、二国間取決めを作成した送出国政府や送出機関も含めた関係者の協力を求めるものとする。

㈢　技能等の移転に係る好事例収集・分析の実施

　　制度の趣旨・目的に従って技能実習により技能等の移転がなされている好事例を出入国在留管理庁長官及び厚生労働大臣が収集・分析して広く公表することにより、実習実施者や監理団体が、好事例を参考として技能実習を行うことができるようにするものとする。

㈣　修得等をした技能等の見える化の実施

　　技能実習を修了した者が技能実習により修得等をした技能等を外国語で記載する文書のひな形を厚生労働省が作成しその活用を促進すること等により、技能実習により修得等をした技能等が送出国において理解され、評価されるような取組を推進するものとする。

第五　その他

1　技能実習生の我が国における適正な在留の確保

　　実習実施者及び監理団体は、技能実習生が我が国に適正に在留するよう、送出機関とも連携して制度の趣旨を理解して技能実習を行おうとする者を選定し、入国後の講習等を通じて、入管法その他の出入国に関する法令に違反しないことはもとより、不法就労を行うなどした場合の入管法上の取扱いを技能実習生に教示すること等により、行方不明者を発生させないための取組を講ずる必要がある。

　　また、入管法その他の出入国に関する法令に違反する事実を発見した場合や、技能実習生が行方不明となった場合には、速やかに機構に届出（団体監理型実習実施者にあっては、監理団体を通じて機構に届出）をし、機構及び出入国管理機関からの指示を受ける必要がある。

2　地域社会との共生の推進

　　技能実習生は、技能実習が実施される地域に技能実習を行う期間中居住し、生活するものであることから、技能実習生がより円滑に我が国での生活環境に馴染めるようにすることは必要不可欠である。

　　こうした観点から、実習実施者や監理団体は、技能実習生と地域社会との共生のための取組に主体的に関与することが求められる。また、法務省及び厚生労働省は、こうした実習実施者や監理団体による取組について、

好事例の収集や分析、その周知広報等を通じて、推進を図ることとする。

3　関係機関との連携

　技能実習については、技能実習法による規制のほか、入管法令、労働関係法令等の様々な法令に基づき、出入国管理機関、労働基準監督機関、職業安定機関を始めとした国の機関が関与することとなり、外国人技能実習機構は、技能実習法を含め、入管法令又は労働関係法令に違反する事実を把握した場合には、これら国の機関に対し、通報、情報提供等を行うとともに、事案の重大性に応じ、告発を行うことも視野に、厳格な指導監督を行うこととなる。

　また、多くの監理団体の法人としての許認可権限を有する者であること、技能実習生が地域住民として生活すること等の理由から、地方公共団体も技能実習に関与することとなる。

　さらに、二国間取決めの作成については外務省、特定の職種については事業所管省庁の関与が必要である。

　制度の安定的で円滑な運営に向けて、これらの関係機関が適時適切に連携していくことが求められている。

　このため、国、地方公共団体及び機構は、技能実習が円滑に行われるよう、必要な情報交換を行い、相互の密接な連携の確保に努めることが求められる。

　附則

この告示は、技能実習法の施行の日（平成二十九年十一月一日）から適用する。

○厚生労働省告示第三百二十号

＊原文は縦書き

　介護職種について外国人の技能実習の適正な実施及び技能実習生の保護に関する法律施行規則に規定する特定の職種及び作業に特有の事情に鑑みて事業所管大臣が定める基準等を次のように定め、平成二十九年十一月一日から適用する。

　平成二十九年九月二十九日

厚生労働大臣　加藤勝信

　　介護職種について外国人の技能実習の適正な実施及び技能実習生の保護に関する法律施行規則に規定する特定の職種及び作業に特有の事情に鑑みて事業所管大臣が定める基準等

（技能実習の内容の基準）

第一条　介護職種に係る外国人の技能実習の適正な実施及び技能実習生の保護に関する法律施行規則（平成二十八年法務省・厚生労働省令第三号。以下「規則」という。）第十条第二項第八号に規定する告示で定める基準は、次のとおりとする。

　一　技能実習生が次のイ又はロに掲げる技能実習の区分に応じ、それぞれイ又はロに掲げる要件を満たす者であること。

　　イ　第一号技能実習　日本語能力試験（独立行政法人国際交流基金及び公益財団法人日本国際教育支援協会（昭和三十二年三月一日に財団法人日本国際教育協会として設立された法人をいう。）が実施する日本語能力試験をいう。ロにおいて同じ。）のN４に合格している者その他これと同等以上の能力を有すると認められる者

　　ロ　第二号技能実習及び第三号技能実習　日本語能力試験のN３に合格している者その他これと同等以上の能力を有すると認められる者

　二　入国後講習が次のいずれにも該当するものであること。

　　イ　規則第十条第二項第七号ロに掲げる科目（以下この号において「日本語科目」という。）の講義の総時間数が二百四十時間以上であり、かつ、別表第一の中欄に掲げる教育内容について、同表の下欄に掲げる時間を標準として講義が行われること。ただし、技能実習生が入国前講習（同

431

　　項第七号ハに規定する入国前講習をいう。以下この号において同じ。）
　　において日本語科目の講義を受講した場合にあっては、入国前講習にお
　　いて当該技能実習生が受講した日本語科目の講義の教育内容及び時間数
　　に応じて、入国後講習における日本語科目の講義の時間数の一部を免除
　　することができる。

ロ　イにかかわらず、前号ロに掲げる要件を満たす技能実習生に係る場合
　　にあっては、日本語科目の講義の総時間数が八十時間以上であり、かつ、
　　別表第二の中欄に掲げる教育内容について、同表の下欄に掲げる時間を
　　標準として講義が行われること。ただし、当該技能実習生が入国前講習
　　において日本語科目の講義を受講した場合にあっては、入国前講習にお
　　いて当該技能実習生が受講した日本語科目の講義の教育内容及び時間数
　　に応じて、入国後講習における日本語科目の講義の時間数の一部を免除
　　することができる。

ハ　日本語科目の講義が、学校教育法（昭和二十二年法律第二十六号）に
　　基づく大学（短期大学を除く。）又は大学院において日本語教育に関す
　　る課程を修めて当該大学を卒業し又は当該大学院の課程を修了した者そ
　　の他これと同等以上の能力を有すると認められる者により行われること。

ニ　規則第十条第二項第七号ロに掲げる科目（以下この号において「技能
　　等の修得等に資する(4)知識の科目」という。）の教育内容及び時間数が
　　別表第三に定めるもの以上であること。ただし、技能実習生が入国前講
　　習において技能等の修得等に資する知識の科目の講義を受講した場合に
　　あっては、入国前講習において当該技能実習生が受講した技能等の修得
　　等に資する知識の科目の講義の教育内容及び時間数に応じて、入国後講
　　習における技能等の修得等に資する知識の科目の講義の時間数の一部を
　　免除することができる。

ホ　技能等の修得等に資する知識の科目の講義が、社会福祉士及び介護福
　　祉士法（昭和六十二年法律第三十号）第四十条第二項第一号から第三号
　　までに規定する学校又は養成施設の教員として、社会福祉士介護福祉士
　　養成施設指定規則（昭和六十二年厚生省令第五十号）別表第四の介護の
　　領域に区分される教育内容に関して講義した経験を有する者その他これ
　　と同等以上の知識及び経験を有すると認められる者により行われること。

（技能実習を行わせる体制の基準）

第二条　介護職種に係る規則第十二条第一項第十四号に規定する告示で定める基準は、次のとおりとする。

　一　技能実習指導員（規則第七条第五号に規定する技能実習指導員をいう。次号において同じ。）のうち一名以上が、介護福祉士の資格を有する者その他これと同等以上の専門的知識及び技術を有すると認められる者であること。

　二　技能実習生五名につき一名以上の技能実習指導員を選任していること。

　三　技能実習を行わせる事業所が次のいずれにも該当するものであること。

　　イ　介護等の業務（利用者の居宅においてサービスを提供する業務を除く。）を行うもの　であること。

　　ロ　開設後三年以上経過しているものであること。

　四　技能実習生を、利用者の居宅においてサービスを提供する業務に従事させないこと。

　五　技能実習生に夜勤業務その他少人数の状況の下での業務又は緊急時の対応が求められる業務を行わせる場合にあっては、利用者の安全の確保等のために必要な措置を講ずることとしていること。

（技能実習生の数）

第三条　介護職種に係る規則第十六条第三項に規定する告示で定める数は、次の各号に掲げる技能実習の区分に応じ、当該各号に定めるとおりとする。ただし、技能実習を行わせる事業所（以下この条において単に「事業所」という。）の技能実習生の総数が、当該事業所の介護等を主たる業務として行う常勤の職員（以下この条において「常勤介護職員」という。）の総数を超えないものとする。

　一　企業単独型技能実習（次号に規定するものを除く。）第一号技能実習生について事業所の常勤介護職員の総数に二十分の一を乗じて得た数、第二号技能実習生について事業所の常勤介護職員の総数に十分の一を乗じて得た数

　二　企業単独型技能実習（規則第十六条第一項第二号に規定する企業単独型技能実習に限る。）又は団体監理型技能実習第一号技能実習生について次の表の上欄に掲げる事業所の常勤介護職員の総数の区分に応じ同表の下欄

に定める数、第二号技能実習生について同表の下欄に定める数に二を乗じ
て得た数

事業所の常勤介護職員の総数	技能実習生の数
三百一人以上	事業所の常勤介護職員の総数の二十分の一
二百一人以上三百人以下	十五人
百一人以上二百人以下	十人
五十一人以上百人以下	六人
四十一人以上五十人以下	五人
三十一人以上四十人以下	四人
二十一人以上三十人以下	三人
十一人以上二十人以下	二人
十人以下	一人

2　前項の規定にかかわらず、企業単独型技能実習にあっては申請者が規則第
　十五条の基準に適合する者である場合、団体監理型技能実習にあっては申請
　者が同条の基準に適合する者であり、かつ、監理団体が第五条第二号の基準
　に適合する者である場合には、介護職種に係る規則第十六条第三項に規定す
　る告示で定める数は、次の各号に掲げる技能実習の区分に応じ、当該各号に
　定めるとおりとする。ただし、事業所の技能実習生の総数が、当該事業所の
　常勤介護職員の総数を超えないものとする。
　一　前項第一号に規定する企業単独型技能実習第一号技能実習生について事
　　業所の常勤介護職員の総数に十分の一を乗じて得た数、第二号技能実習生
　　について事業所の常勤介護職員の総数に五分の一を乗じて得た数、第三号
　　技能実習生について事業所の常勤介護職員の総数に十分の三を乗じて得た
　　数
　二　前項第二号に掲げる技能実習同号の表の上欄に掲げる事業所の常勤介護
　　職員の総数の区分に応じ、第一号技能実習生について同表の下欄に定める
　　数に二を乗じて得た数、第二号技能実習生について同表の下欄に定める数
　　に四を乗じて得た数、第三号技能実習生について同表の下欄に定める数に
　　六を乗じて得た数
（本邦の営利を目的としない法人）
第四条　介護職種に係る規則第二十九条第二項に規定する告示で定める法人

は、次の各号のいずれかに該当する法人とする。

一　規則第二十九条第一項第一号から第四号まで、第七号又は第八号に規定
する法人であること。

二　当該法人の目的に介護、医療又は社会福祉の発展に寄与することが含ま
れる全国的な団体（その支部を含む。）であって、介護又は医療に従事す
る事業者により構成されるものであること。

（監理団体の業務の実施に関する基準）

第五条　介護職種に係る規則第五十二条第十六号に規定する告示で定める基準
は、次のとおりとする。

一　規則第五十二条第八号に規定する修得等をさせようとする技能等につい
て一定の経　験又は知識を有する役員又は職員が次のいずれかに該当する
者であること。

　　イ　五年以上介護等の業務に従事した経験を有する者であって、介護福祉
士の資格を　有するものであること。

　　ロ　イに掲げる者と同等以上の専門的知識及び技術を有すると認められる
者であること。

二　第三号技能実習の実習監理を行うものにあっては、規則第三十一条第一
号及び第二号に掲げる事項について、介護職種に係る実績等を総合的に評
価して、団体監理型技能実習の実施状況の監査その他の業務を遂行する能
力につき高い水準を満たすと認められるものであること。

別表第一（第一条第二号イ関係）

科　　　目	教 育 内 容	時　間　数
日本語	総合日本語	100
	聴解	20
	読解	13
	文字	27
	発音	7
	会話	27
	作文	6
	介護の日本語	40
合　　　計		240

別表第二（第一条第二号ロ関係）

科　　目	教 育 内 容	時 間 数
日本語	発音	7
	会話	27
	作文	6
	介護の日本語	40
合　　　計		80

別表第三（第一条第二号ニ関係）

科　　目	教 育 内 容	時 間 数
技能等の修得等に資する知識	介護の基本Ⅰ・Ⅱ	6
	コミュニケーション技術	6
	移動の介護	6
	食事の介護	6
	排泄の介護	6
	衣服の着脱の介護	6
	入浴・身体の清潔の介護	6
合　　　計		42

附則（平成31年厚生労働省告示第23号）

　第二号技能実習について、技能実習生が次の要件を満たす場合には、当分の間、当該技能実習生は第一条第一号ロに掲げる要件を満たすものとみなす。

一　介護の技能、技術又は知識（次号において「技能等」という。）の適切な習熟のために、日本語を継続的に学ぶ意思を表明していること。

二　技能実習を行わせる事業所のもとに、介護の技能等の適切な習熟のために必要な日本語を学ぶこと。

○農林水産省告示第九百三十七号

＊原文は縦書き

　漁船漁業職種及び養殖業職種に属する作業について外国人の技能実習の適正な実施及び技能実習生の保護に関する法律施行規則（平成二十八年法務省・厚生労働省令第三号）第十二条第一項第十四号、第十四条第五号、第十六条第三項、第二十九条第二項、第五十二条第一号及び第五十四条第一項第九号に規定する特定の職種及び作業に特有の事情に鑑みて事業所管大臣が定める基準等を次のように定める。

　平成二十九年六月七日

農林水産大臣　山本有二

　　　漁船漁業職種及び養殖業職種に属する作業について外国人の技能実習の適正な実施及び技能実習生の保護に関する法律施行規則に規定する特定の職種及び作業に特有の事情に鑑みて事業所管大臣が定める基準等

（漁船漁業職種に属する作業についての基準）

第一条　漁船漁業職種に属する作業（以下単に「漁船漁業職種・作業」という。）に係る外国人の技能実習の適正な実施及び技能実習生の保護に関する法律施行規則（以下「規則」という。）第十二条第一項第十四号に規定する告示で定める基準は、次のとおりとする。

　一　企業単独型技能実習に係るものである場合にあっては、企業単独型技能実習生が乗り組む漁船と申請者（規則第五条第一項に規定する申請者をいう。以下同じ。）又はその役員若しくは職員（技能実習生を除く。）であって漁船に乗り組んでいないものとの間で無線その他の通信手段が確保されていること。

　二　団体監理型技能実習に係るものである場合にあっては、団体監理型技能実習生が乗り組む漁船と監理団体との間で無線その他の通信手段が確保されていること。

第二条　漁船漁業職種・作業に係る規則第十四条第五号に規定する告示で定める基準は、企業単独型技能実習に係るものである場合にあっては申請者が、団体監理型技能実習に係るものである場合にあっては申請者及び監理団体

437

が、技能実習生の労働時間、休日、休憩その他の待遇（同条第一号から第四号までに規定するものを除く。第七条において同じ。）について、漁船漁業に係る事業協議会（外国人の技能実習の適正な実施及び技能実習生の保護に関する法律（平成二十八年法律第八十九号。以下「法」という。）第五十四条第一項に規定する事業協議会をいう。第七条において同じ。）において協議が調った措置を講じていることとする。

第三条　漁船漁業職種・作業に係る規則第十六条第三項に規定する告示で定める数は、技能実習生が乗り組む漁船一隻当たり、当該漁船に乗り組むこととしている申請者の乗組員（技能実習生を除く。）の人数の範囲内で、次の各号に掲げる技能実習の区分に応じ、当該各号に定めるとおりとする。

一　企業単独型技能実習（第三号に掲げる企業単独型技能実習を除く。）第一号技能実習生について二人、第二号技能実習生について四人

二　団体監理型技能実習（第四号に掲げる団体監理型技能実習を除く。）第一号技能実習生について二人、第二号技能実習生について四人

三　企業単独型技能実習（申請者が規則第十五条の基準に適合する者である場合に限る。）第一号技能実習生について四人、第二号技能実習生について八人、第三号技能実習生について十二人

四　団体監理型技能実習（申請者が規則第十五条の基準に適合する者であり、かつ、監理団体が一般監理事業に係る監理許可（法第二条第十項に規定する監理許可をいう。第八条第四号において同じ。）を受けた者である場合に限る。）第一号技能実習生について四人、第二号技能実習生について八人、第三号技能実習生について十二人

第四条　漁船漁業職種・作業に係る規則第二十九条第二項に規定する告示で定める法人は、漁業協同組合とする。

第五条　漁船漁業職種・作業に係る規則第五十二条第一号に規定する告示で定める方法は、同号イに掲げる方法にあっては、これに代えて次のとおりとする。

一　技能実習指導員から、毎日（団体監理型技能実習が船上において実施されない日を除く。）一回以上、各漁船における団体監理型技能実習の実施状況について無線その他の通信手段を用いて報告を受けること。

二　団体監理型技能実習生から、毎月（団体監理型技能実習が船上において

実施されない月を除く。）一回以上、団体監理型技能実習の実施状況に係る文書の提出を受けること。

第六条　漁船漁業職種・作業に係る規則第五十四条第一項第九号に規定する告示で定める書類は、次のとおりとする。

一　前条第一号の報告の内容について記録した書類

二　前条第二号の文書

（養殖業職種に属する作業についての基準）

第七条　養殖業職種に属する作業（以下単に「養殖業職種・作業」という。）に係る規則第十四条第五号に規定する告示で定める基準は、企業単独型技能実習に係るものである場合にあっては申請者が、団体監理型技能実習に係るものである場合にあっては申請者及び監理団体が、技能実習生の労働時間、休日、休憩その他の待遇について、養殖業に係る事業協議会において協議が調った措置を講じていることとする。

第八条　養殖業職種・作業に係る規則第十六条第三項に規定する告示で定める数は、申請者が法人でない場合（団体監理型技能実習に係るものである場合にあっては、申請者が法人でなく、監理団体が漁業協同組合である場合）にあっては、次の各号に掲げる技能実習の区分に応じ、当該各号に定めるとおりとする。

一　企業単独型技能実習（第三号に掲げる企業単独型技能実習を除く。）第一号技能実習生について二人、第二号技能実習生について四人

二　団体監理型技能実習（第四号に掲げる団体監理型技能実習を除く。）第一号技能実習生について二人、第二号技能実習生について四人

三　企業単独型技能実習（申請者が規則第十五条の基準に適合する者である場合に限る。）第一号技能実習生について四人、第二号技能実習生について八人、第三号技能実習生について十二人

四　団体監理型技能実習（申請者が規則第十五条の基準に適合する者であり、かつ、監理団体が一般監理事業に係る監理許可を受けた者である場合に限る。）第一号技能実習生について四人、第二号技能実習生について八人、第三号技能実習生について十二人

　　　附則

（適用期日）

1　この告示は、法の施行の日（平成二十九年十一月一日）から適用する。

（経過措置）

2　旧技能実習在留資格者等（法附則第三条第二項に規定する旧技能実習在留資格者等をいう。第四項及び第六項において同じ。）を雇用する者又は雇用しようとする者が、法第八条第一項の認定の申請をした場合における第一条の規定の適用については、当分の間、同条第一号中「技能実習生を」とあるのは、「技能実習生（技能実習に相当するもの（法附則第三条第二項の主務省令で定めるもの、同条第三項の主務省令で定めるもの、同条第四項の主務省令で定めるもの及び同条第五項の主務省令で定めるものをいう。）を行う法附則第三条第二項に規定する旧技能実習在留資格者等を含む。）を」とする。

3　法第八条第一項の認定の申請を漁船漁業に係る事業協議会において協議が調うまでの間にする場合における第二条の規定の適用については、同条中「漁船漁業に係る事業協議会（外国人の技能実習の適正な実施及び技能実習生の保護に関する法律（平成二十八年法律第八十九号。以下「法」という。）第五十四条第一項に規定する事業協議会をいう。第七条において同じ。）」とあるのは、「農林水産省、水産庁その他の関係行政機関及び漁船漁業に係る技能実習に相当するもの（外国人の技能実習の適正な実施及び技能実習生の保護に関する法律（平成二十八年法律第八十九号。以下「法」という。）附則第三条第二項の主務省令で定めるもの、同条第三項の主務省令で定めるもの、同条第四項の主務省令で定めるもの及び同条第五項の主務省令で定めるものをいう。）に関与する団体その他の関係者により構成される協議会であって、農林水産大臣が事業協議会（法第五十四条第一項に規定する事業協議会をいう。第七条において同じ。）に相当すると認めたもの」とする。

4　旧技能実習在留資格者等を雇用する者又は雇用しようとする者が法第八条第一項の認定の申請をした場合における第三条の規定の適用については、当分の間、同条中「技能実習生を」とあるのは「技能実習生（技能実習に相当するもの（法附則第三条第二項の主務省令で定めるもの、同条第三項の主務省令で定めるもの、同条第四項の主務省令で定めるもの及び同条第五項の主務省令で定めるものをいう。）を行う同条第二項に規定する旧技能実習在留

資格者等を含む。）を」と、同条第一号中「第一号技能実習生」とあるのは「第一号技能実習生（第一号技能実習に相当するもの（法附則第三条第二項の主務省令で定めるもの及び同条第四項の主務省令で定めるものをいう。）を行う同条第二項に規定する旧技能実習在留資格者等を含む。以下この条において同じ。）」と、「第二号技能実習生」とあるのは「第二号技能実習生（第二号技能実習に相当するもの（法附則第三条第三項の主務省令で定めるもの及び同条第五項の主務省令で定めるものをいう。）を行う法附則第三条第二項に規定する旧技能実習在留資格者等を含む。以下この条において同じ。）」とする。

5　法第八条第一項の認定の申請を養殖業に係る事業協議会において協議が調うまでの間にする場合における第七条の規定の適用については、同条中「養殖業に係る事業協議会」とあるのは、「農林水産省、水産庁その他の関係行政機関及び養殖業に係る技能実習に相当するもの（法附則第三条第二項の主務省令で定めるもの、同条第三項の主務省令で定めるもの、同条第四項の主務省令で定めるもの及び同条第五項の主務省令で定めるものをいう。）に関与する団体その他の関係者により構成される協議会であって、農林水産大臣が事業協議会に相当すると認めたもの」とする。

6　旧技能実習在留資格者等を雇用する者又は雇用しようとする者が法第八条第一項の認定の申請をした場合における第八条の適用については、当分の間、同条第一号中「第一号技能実習生」とあるのは「第一号技能実習生（第一号技能実習に相当するもの（法附則第三条第二項の主務省令で定めるもの及び同条第四項の主務省令で定めるものをいう。）を行う同条第二項に規定する旧技能実習在留資格者等を含む。以下この条において同じ。）」と、「第二号技能実習生」とあるのは「第二号技能実習生（第二号技能実習に相当するもの（法附則第三条第三項の主務省令で定めるもの及び同条第五項の主務省令で定めるものをいう。）を行う同条第二項に規定する旧技能実習在留資格者等を含む。以下この条において同じ。）」とする。

○国土交通省告示第三百八十六号

　自動車整備職種の自動車整備作業について外国人の技能実習の適正な実施及び技能実習生の保護に関する法律施行規則（平成二十八年法務省・厚生労働省令第三号）第十条第二項第八号、第十二条第一項第十四号及び第五十二条第十六号に規定する特定の職種及び作業に特有の事情に鑑みて事業所管大臣が告示で定める基準を次のように定める。

　平成二十九年四月二十八日

　　　　　　　　　　　　　　国土交通大臣　石井啓一

　　自動車整備職種の自動車整備作業について外国人の技能実習の適正な実施
　　及び技能実習生の保護に関する法律施行規則に規定する特定の職種及び作
　　業に特有の事情に鑑みて事業所管大臣が告示で定める基準を定める件

第一条　自動車整備職種の自動車整備作業（以下単に「自動車整備作業」とい
　　う。）に係る外国人の技能実習の適正な実施及び技能実習生の保護に関する
　　法律施行規則（以下「規則」という。）第十条第二項第八号に規定する告示
　　で定める基準は、第一号技能実習に係るものである場合にあっては、入国後
　　講習において、自動車整備作業に関する講習（国土交通大臣が指定する教材
　　を使用して、自動車整備作業に関する基礎的な知識を修得させるものに限
　　る。）を実施することとしていること（当該講習を同号ハに規定する入国前
　　講習において受けた技能実習生に係るものである場合を除く。）とする。

第二条　自動車整備作業に係る規則第十二条第一項第十四号に規定する告示で
　　定める基準は、次のとおりとする。

　一　第一号技能実習又は第二号技能実習に係るものである場合にあっては、
　　　技能実習指導員（規則第七条第五号に規定する技能実習指導員をいう。次
　　　号において同じ。）が、規則第十二条第一項第二号に規定する要件に該当
　　　するほか、次のいずれかに該当する者であること。

　　イ　一級又は二級の自動車整備士の技能検定（道路運送車両法（昭和
　　　　二十六年法律第百八十五号）第五十五条第一項の技能検定をいう。以下
　　　　同じ。）に合格した者

442

ロ　三級の自動車整備士の技能検定に合格した日から自動車整備作業に関し三年以上の実務の経験を有する者

二　第三号技能実習に係るものである場合にあっては、技能実習指導員が、規則第十二条第一項第二号に規定する要件に該当するほか、次のいずれかに該当する者であること。

イ　一級の自動車整備士の技能検定に合格した者

ロ　二級の自動車整備士の技能検定に合格した日から自動車整備作業に関し三年以上の実務の経験を有する者

三　技能実習を行わせる事業所が、道路運送車両法第七十八条第一項の規定に基づき地方運輸局長から自動車分解整備事業の認証（対象とする自動車の種類として二輪の小型自動車のみを指定されたもの及び対象とする業務の範囲を限定して行われたものを除く。）を受けた事業場であること。

第三条　自動車整備作業に係る規則第五十二条第十六号に規定する告示で定める基準は、同条第八号後段に規定する修得等をさせようとする技能等について一定の経験又は知識を有する役員又は職員が次の各号のいずれかに該当する者であることとする。

一　一級又は二級の自動車整備士の技能検定に合格した者

二　三級の自動車整備士の技能検定に合格した日から自動車整備作業に関し三年以上の実務の経験を有する者

三　指定自動車整備事業規則（昭和三十七年運輸省令第四十九号）第四条に規定する自動車検査員の要件を備える者

四　道路運送車両法第五十五条第三項に規定する自動車整備士の養成施設において五年以上の指導に係る実務の経験を有する者

　　　附則

この告示は、外国人の技能実習の適正な実施及び技能実習生の保護に関する法律（平成二十八年法律第八十九号）の施行の日（平成二十九年十一月一日）から適用する。

〔国土交通省告示第三百八十六号〕

○国土交通省告示第二百六十九号

＊原文は縦書き

　建設関係職種等に属する作業について外国人の技能実習の適正な実施及び技能実習生の保護に関する法律施行規則（平成二十八年法務省・厚生労働省令第三号）第十二条第一項第十四号、第十四条第五号及び第十六条第三項に規定する特定の職種及び作業に特有の事情に鑑みて事業所管大臣が定める基準等を次のように定める。

　令和元年七月五日

国土交通大臣　石井　啓一

　　　建設関係職種等に属する作業について外国人の技能実習の適正な実施及び
　　　技能実習生の保護に関する法律施行規則に規定する特定の職種及び作業に
　　　特有の事情に鑑みて事業所管大臣が定める基準等

（技能実習を行わせる体制の基準）

第一条　さく井職種、建築板金職種、冷凍空気調和機器施工職種、建具製作職種、建築大工職種、型枠施工職種、鉄筋施工職種、とび職種、石材施工職種、タイル張り職種、かわらぶき職種、左官職種、配管職種、熱絶縁施工職種、内装仕上げ施工職種、サッシ施工職種、防水施工職種、コンクリート圧送施工職種、ウェルポイント施工職種、表装職種、建設機械施工職種、築炉職種及び鉄工職種に属する作業、塗装職種の建築塗装作業及び鋼橋塗装作業並びに溶接職種に属する作業（以下「建設関係職種等に属する作業」という。）に係る外国人の技能実習の適正な実施及び技能実習生の保護に関する法律施行規則（以下「規則」という。）第十二条第一項第十四号に規定する告示で定める基準は、申請者（規則第五条第一項に規定する申請者をいう。以下同じ。）が規則別記様式第1号1欄の⑦において日本標準産業分類D—建設業を選択している場合に限り、次のとおりとする。

　一　申請者が建設業法（昭和二十四年法律第百号）第三条の許可を受けていること。

　二　申請者が建設キャリアアップシステム（一般財団法人建設業振興基金が提供するサービスであって、当該サービスを利用する工事現場における建

設工事の施工に従事する者や建設業を営む者に関する情報を登録し、又は蓄積し、これらの情報について当該サービスを利用する者の利用に供するものをいう。次号において同じ。）に登録していること。

三　技能実習生を建設キャリアアップシステムに登録すること。

（技能実習生の待遇の基準）

第二条　建設関係職種等に属する作業に係る規則第十四条第五号に規定する告示で定める基準は、申請者が規則別記様式第１号１欄の⑦において日本標準産業分類Ｄ—建設業を選択している場合に限り、技能実習生に対し、報酬を安定的に支払うこととする。

（技能実習生の数）

第三条　建設関係職種等に属する作業に係る規則第十六条第三項に規定する告示で定める数は、申請者が規則別記様式第１号１欄の⑦において日本標準産業分類Ｄ—建設業を選択している場合に限り、次の各号に掲げる技能実習の区分に応じ、当該各号に定めるとおりとする。ただし、技能実習生の総数が常勤の職員（外国にある事業所に所属する常勤の職員、技能実習生、外国人建設就労者（外国人建設就労者受入事業に関する告示（平成二十六年国土交通省告示第八百二十二号）第二の二に規定する外国人建設就労者をいう。）及び一号特定技能外国人（出入国管理及び難民認定法（昭和二十六年政令第三百十九号）別表第一の二の表の特定技能の在留資格（同表の特定技能の項の下欄第一号に係るものに限る。）をもって在留する外国人をいう。）を含まない。以下この条において同じ。）の総数を超えないものとする。

一　企業単独型技能実習（次号に規定するものを除く。）

　　第一号技能実習生について申請者の常勤の職員の総数に二十分の一を乗じて得た数、第二号技能実習生について申請者の常勤の職員の総数に十分の一を乗じて得た数

二　企業単独型技能実習（規則第十六条第一項第二号に規定する企業単独型技能実習に限る。）又は団体監理型技能実習

　　第一号技能実習生について次の表の上欄に掲げる申請者の常勤の職員の総数の区分に応じ同表の下欄に定める数、第二号技能実習生について同表の下欄に定める数に二を乗じて得た数

　　申請者の常勤の職員の総数　　　技能実習生の数

三百一人以上	申請者の常勤の職員の総数の二十分の一
二百一人以上三百人以下	十五人
百一人以上二百人以下	十人
五十一人以上百人以下	六人
四十一人以上五十人以下	五人
三十一人以上四十人以下	四人
三十人以下	三人

2　前項の規定にかかわらず、企業単独型技能実習にあっては申請者が規則第十五条の基準に適合する者である場合、団体監理型技能実習にあっては申請者が同条の基準に適合する者であり、かつ、監理団体が一般監理事業に係る監理許可（外国人の技能実習の適正な実施及び技能実習生の保護に関する法律（平成二十八年法律第八十九号）第二条第十項に規定する監理許可をいう。）を受けた者である場合には、建設関係職種等に属する作業に係る規則第十六条第三項に規定する告示で定める数は、次の各号に掲げる技能実習の区分に応じ、当該各号に定めるとおりとする。

一　前項第一号に規定する企業単独型技能実習

　　第一号技能実習生について申請者の常勤の職員の総数に十分の一を乗じて得た数、第二号技能実習生について申請者の常勤の職員の総数に五分の一を乗じて得た数、第三号技能実習生について申請者の常勤の職員の総数に十分の三を乗じて得た数

二　前項第二号に掲げる技能実習

　　同号の表の上欄に掲げる申請者の常勤の職員の総数の区分に応じ、第一号技能実習生について同表の下欄に定める数に二を乗じて得た数（その数が申請者の常勤の職員の総数を超えるときは、当該常勤の職員の総数）、第二号技能実習生について同表の下欄に定める数に四を乗じて得た数（その数が申請者の常勤の職員の総数に二を乗じて得た数を超えるときは、当該常勤の職員の総数に二を乗じて得た数）、第三号技能実習生について同表の下欄に定める数に六を乗じて得た数（その数が申請者の常勤の職員の総数に三を乗じて得た数を超えるときは、当該常勤の職員の総数に三を乗じて得た数）

外国人技能実習機構本部・地方事務所一覧

2021年3月現在

事務所	所在地	TEL・FAX	管轄
本部	〒108-0022 東京都港区海岸3-9-15 LOOP-X3階	TEL 03-6712-1523 FAX 03-6712-1975	
札幌	〒060-0034 北海道札幌市中央区北4条東2-8-2 マルイト北4条ビル5階	TEL 011-596-6470 FAX 011-596-6473	北海道
仙台	〒980-0803 宮城県仙台市青葉区国分町1-2-1 仙台フコク生命ビル6階	TEL 022-399-6326 FAX 022-399-6398	青森・岩手・ 宮城・秋田・ 山形・福島
東京	〒101-0041 東京都千代田区神田須田町2-7-2 NKビル4階及び7階	TEL 03-6433-9211 FAX 03-6433-9385	栃木・群馬・ 埼玉・千葉・ 東京・神奈川・ 山梨
水戸 (支所)	〒310-0062 茨城県水戸市大町1-2-40 朝日生命水戸ビル3階	TEL 029-350-8852 FAX 029-350-8854	茨城
長野 (支所)	〒380-0825 長野県長野市南長野末広町1361 ナカジマ会館ビル6階	TEL 026-217-3556 FAX 026-217-3567	新潟・長野
名古屋	〒460-0008 愛知県名古屋市中区栄4-15-32 日建・住生ビル5階	TEL 052-684-8402 FAX 052-684-8436	岐阜・静岡・ 愛知・三重
富山 (支所)	〒930-0004 富山県富山市桜橋通り5-13 富山興銀ビル12階	TEL 076-471-8564 FAX 076-471-8566	富山・石川・ 福井
大阪	〒541-0043 大阪府大阪市中央区高麗橋4-2-16 大阪朝日生命館33階	TEL 06-6210-3351 FAX 06-6210-3015	滋賀・京都・ 大阪・兵庫・ 奈良・和歌山
広島	〒730-0051 広島県広島市中区大手町3-1-9 広島鯉城通りビル3階	TEL 082-207-3123 FAX 082-207-3125	鳥取・島根・ 岡山・広島・ 山口
高松	〒760-0023 香川県高松市寿町2-2-10 高松寿町プライムビル7階	TEL 087-802-5850 FAX 087-802-5852	徳島・香川

資料⑧

［技能実習機構］

参考資料

事務所	所在地	TEL・FAX	管轄
松山 （支所）	〒790-0003 愛媛県松山市三番町7-1-21 ジブラルタ生命松山ビル2階	TEL 089-909-4110 FAX 089-909-4130	愛媛・高知
福岡	〒812-0029 福岡県福岡市博多区古門戸町1-1 日刊工業新聞社西部支社ビル7階	TEL 092-710-4070 FAX 092-710-4065	福岡・佐賀・ 長崎・大分・ 沖縄
熊本 （支所）	〒860-0806 熊本県熊本市中央区花畑町1-7 MY熊本ビル2階	TEL 096-223-5372 FAX 096-223-5308	熊本・宮崎・ 鹿児島

出入国在留管理官署一覧

2021年3月現在

■出入国在留管理庁・地方出入国在留管理局

事務所	所在地	TEL	管轄
本省 （本庁）	〒100-8977 東京都千代田区霞が関1-1-1	03-3580-4111	
札幌	〒060-0042 北海道札幌市中央区大通り西12丁目 札幌第三合同庁舎	011-261-7502	北海道
仙台	〒983-0842 宮城県仙台市宮城野区五輪1-3-20 仙台第二法務合同庁舎	022-256-6076	宮城・福島・山形・ 岩手・秋田・青森
東京	〒108-8255 東京都港区港南5-5-30	0570-034259 （IP電話）	東京・神奈川・ 埼玉・千葉・茨城・ 栃木・群馬・山梨・ 長野・新潟
名古屋	〒455-8601 愛知県名古屋市港区正保町5-18	052-559-2150	愛知・三重・静岡・ 岐阜・福井・富山・ 石川
大阪	〒559-0034 大阪府大阪市住之江区南港北1-29-53	06-4703-2100	大阪・京都・兵庫・ 奈良・滋賀・和歌山
広島	〒730-0012 広島県広島市中区上八丁堀2-31 広島法務総合庁舎	082-221-4411	広島・山口・岡山・ 鳥取・島根
高松	〒760-0033 香川県高松市丸の内1-1 高松法務合同庁舎	087-822-5852	香川・愛媛・徳島・ 高知
福岡	〒810-0073 福岡県福岡市中央区舞鶴3-5-25 福岡第一法務合同庁舎	092-717-5420	福岡・佐賀・長崎・ 大分・熊本・ 鹿児島・宮崎・沖縄

■支局

事務所	所在地	TEL	管轄
東京 横浜支局	〒236-0002 神奈川県横浜市金沢区鳥浜町 10-7	0570-045259 （IP電話）	神奈川

［出入国在留管理官署］

資料9

東京 成田空港支局	〒282-0004 千葉県成田市古込字古込 1 - 1 成田国際空港第 2 旅客ターミナ ルビル 6 階	0476-34-2222	成田国際空港区域内
東京 羽田空港支局	〒144-0041 東京都大田区羽田空港 2 - 6 - 4 羽田空港CIQ棟	03-5708-3202	東京国際空港区域内
名古屋 中部空港支局	〒479-0881 愛知県常滑市セントレア 1 丁目 1 番地CIQ棟 3 階	0569-38-7410	中部国際空港区域内
大阪 神戸支局	〒650-0024 兵庫県神戸市中央区海岸通り29 神戸地方合同庁舎	078-391-6377	兵庫
大阪 関西空港支局	〒549-0011 大阪府泉南郡田尻町泉州空港中 一番地	072-455-1453	関西国際空港区域内
福岡 那覇支局	〒900-0022 沖縄県那覇市桶川 1 -15-15 那覇第一地方合同庁舎	098-832-4185	沖縄県

■地方出入国在留管理局出張所及び支局出張所
札幌出入国在留管理局

名称	所在地	TEL
函館	〒040-0061 北海道函館市海岸町24- 4 函館港湾合同庁舎	0138-41-6922
旭川	〒078-8391 北海道旭川市宮前 1 条 3 - 3 -15旭川合同庁舎	0166-38-6755
釧路港	〒085-0022 北海道釧路市南浜町 5 - 9 釧路港湾合同庁舎	0154-22-2430
千歳苫小牧	〒066-0012 北海道千歳市美美新千歳空港国際線旅客ターミナルビル	0123-24-6439
千歳苫小牧 (苫小牧分室)	〒053-0004 北海道苫小牧市港町 1 - 6 -15苫小牧港湾合同庁舎 2 階	0144-32-9012
稚内港	〒097-0023 北海道稚内市開運 2 - 2 - 1 稚内港湾合同庁舎	0162-23-3269

仙台出入国在留管理局

名称	所在地	TEL
仙台空港	〒989-2401 宮城県名取市下増田字南原仙台空港旅客ターミナルビル	022-383-4545

郡山	〒963-8035 福島県郡山市希望ヶ丘31-26郡山第2法務総合庁舎1階	024-962-7221
酒田港	〒998-0036 山形県酒田市船場町2-5-43酒田港湾合同庁舎	0234-22-2746
秋田	〒010-0951 秋田県秋田市山王7-1-3秋田第一地方合同庁舎5階	018-895-5221
青森	〒030-0861 青森県青森市長島1-3-5青森第二合同庁舎	017-777-2939
盛岡	〒020-0045 岩手県盛岡市盛岡駅西通1-9-15盛岡第2合同庁舎6階	019-621-1206

東京出入国在留管理局

名称	所在地	Tᴇʟ
立川	〒186-0001 東京都国立市北3-31-2立川法務総合庁舎	042-528-7179
さいたま	〒338-0002 埼玉県さいたま市中央区下落合5-12-1 さいたま第2法務総合同庁舎1階	048-851-9671
千葉	〒260-0026 千葉県千葉市中央区千葉港2-1 千葉中央コミュニティーセンター内	043-242-6597
水戸	〒310-0061 茨城県水戸市北見町1-1水戸法務総合庁舎1階	029-300-3601
宇都宮	〒320-0036 栃木県宇都宮市小幡2-1-11宇都宮総合法務庁舎1階	028-600-7750
高崎	〒370-0829 群馬県高崎市高松町26-5高崎法務総合庁舎1階	027-328-1154
長野	〒380-0846 長野県長野市旭町1108長野第一合同庁舎3階	026-232-3317
新潟	〒950-0001 新潟県新潟市東区松浜町3710新潟空港ターミナルビル	025-275-4735
甲府	〒400-0031 山梨県甲府市丸の内1-1-18甲府合同庁舎9階	055-255-3350
川崎 （横浜支局）	〒215-0021 神奈川県川崎市麻生区上麻生1-3-14川崎西合同庁舎	044-965-0012

資料9

参考資料

名古屋出入国在留管理局

名称	所在地	TEL
豊橋港	〒441-8075 愛知県豊橋市神野ふ頭町3-11豊橋港湾合同庁舎	0532-32-6567
四日市港	〒510-0051 三重県四日市市千歳町5-1四日市港湾合同庁舎	059-352-5695
浜松	〒430-0929 静岡県浜松市中区中央1-12-4浜松合同庁舎1階	053-458-6496
静岡	〒420-0858 静岡県静岡市葵区伝馬町9-4一瀬センタービル6F	054-653-5571
福井	〒910-0019 福井県福井市春山1-1-54福井春山合同庁舎14階	0776-28-2101
富山	〒939-8252 富山県富山市秋ヶ島30番地 富山空港国内線ターミナルビル1階	076-495-1580
金沢	〒920-0024 石川県金沢市西念3-4-1金沢駅西合同庁舎	076-222-2450
岐阜	〒500-8812 岐阜県岐阜市美江寺町2-7-2岐阜法務総合庁舎別館4階	058-214-6168

大阪出入国在留管理局

名称	所在地	TEL
京都	〒606-8395 京都府京都市左京区丸太町川端東入ル東丸太町34-12 京都第二地方合同庁舎	075-752-5997
舞鶴港	〒624-0946 京都府舞鶴市字下福井901舞鶴港湾合同庁舎	0773-75-1149
奈良	〒630-8305 奈良県奈良市東紀寺町3-4-1奈良第二法務総合庁舎	0742-23-6501
和歌山	〒640-8287 和歌山県和歌山市築港6-22-2和歌山港湾合同庁舎	073-422-8778
大津	〒520-0044 滋賀県大津市京町3-1-1大津びわ湖合同庁舎6階	077-511-4231
姫路港 (神戸支局)	〒672-8063 兵庫県姫路市飾磨区須加294-1姫路港湾合同庁舎	079-235-4688

広島出入国在留管理局

名称	所在地	TEL
下関	〒750-0066 山口県下関市東大和町1-7-1下関港湾合同庁舎3階	083-261-1211
福山	〒720-0065 広島県福山市東桜町1-21エストパルク8階	084-973-8090
広島空港	〒729-0416 広島県三原市本郷町善入寺平岩64-31広島空港国際ターミナルビル1階	0848-86-8015
周南	〒745-0045 山口県周南市徳山港町6-35徳山港湾合同庁舎2階	0834-21-1329
岡山	〒700-0907 岡山県岡山市北区下石井1-4-1岡山第2合同庁舎11階	086-234-3531
境港	〒684-0055 鳥取県境港市佐斐神町1634番地米子空港ビル3階	0859-47-3600
松江	〒690-0841 島根県松江市向島町134-10松江地方合同庁舎内4階	0852-21-3834

高松出入国在留管理局

名称	所在地	TEL
松山	〒790-0066 愛媛県松山市宮田町188-6松山地方合同庁舎1階	089-932-0895
小松島港	〒773-0001 徳島県小松島市小松島町外開1-11小松島みなと合同庁舎	08853-2-1530
高知	〒780-0850 高知県高知市丸ノ内1-4-1高知法務総合庁舎1階	088-871-7030

福岡出入国在留管理局

名称	所在地	TEL
博多港	〒812-0031 福岡県福岡市博多区沖浜町8-1福岡港湾合同庁舎	092-262-2373
福岡空港	〒812-0851 福岡県福岡市博多区大字青木739福岡空港国際線ターミナルビル	092-477-0121
北九州	〒803-0813 福岡県北九州市小倉北区城内5-1小倉合同庁舎	093-582-6915
佐賀	〒840-0801 佐賀県佐賀市駅前中央3-3-20佐賀第2合同庁舎6階	0952-36-6262

長崎	〒850-0921 長崎県長崎市松が枝町7-29長崎港湾合同庁舎	095-822-5289
対馬	〒817-0016 長崎県対馬市厳原町東里341-42厳原地方合同庁舎4階	0920-52-0432
大分	〒870-8521 大分県大分市荷揚町7-5大分法務総合庁舎1階	097-536-5006
熊本	〒862-0971 熊本県熊本市中央区大江3-1-53熊本第二合同庁舎	096-362-1721
鹿児島	〒892-0812 鹿児島県鹿児島市浜町2-5-1鹿児島港湾合同庁舎3階	099-222-5658
宮崎	〒880-0802 宮崎県宮崎市別府町1番1号宮崎法務総合庁舎2階	0985-31-3580
那覇空港 (那覇支局)	〒901-0142 沖縄県那覇市字鏡水150那覇空港旅客ターミナルビル国際線エリア	098-857-0053
嘉手納 (那覇支局)	〒904-0203 沖縄県中頭郡嘉手納町字嘉手納290-9ロータリー1号館	098-957-5252
宮古島 (那覇支局)	〒906-0012 沖縄県宮古島市平良字西里7-21平良港湾合同庁舎	0980-72-3440
石垣港 (那覇支局)	〒907-0013 沖縄県石垣市浜崎町1-1-8石垣港湾合同庁舎	0980-82-2333

入国管理センター

名称	所在地	TEL
東日本入国管理センター	〒300-1288 茨城県牛久市久野町1766-1	029-875-1291
大村入国管理センター	〒856-0817 長崎県大村市古賀島町644-3	0957-52-2121

外国人在留総合インフォメーションセンター

名称	所在地	TEL
仙台	〒983-0842　宮城県仙台市宮城野区五輪 1 - 3 -20	
東京	〒108-8255　東京都港区港南 5 - 5 -30	
横浜	〒236-0002　神奈川県横浜市金沢区鳥浜町10- 7	
名古屋	〒455-8601　愛知県名古屋市港区正保町 5 -18	0570-013904
大阪	〒559-0034　大阪府大阪市住之江区南港北 1 -29-53	（IP、PHS
神戸	〒650-0024　兵庫県神戸市中央区海岸通29	海外　03-5796-7112)
広島	〒730-0012　広島県広島市中区上八丁堀 2 -31	
福岡	〒810-0073　福岡県福岡市中央区舞鶴 3 - 5 -25	

ワンストップ型相談センター

名称	所在地	TEL
外国人総合相談 支援センター	〒160-0021 東京都新宿区歌舞伎町 2 -44- 1 東京都健康センター「ハイジア」11階 しんじゅく多文化共生プラザ内	03-3202-5535 03-5155-4039
外国人総合相談 センター埼玉	〒330-0074 埼玉県さいたま市浦和区北浦和 5 - 6 - 5 埼玉県浦和合同庁舎 3 階	048-833-3296
浜松外国人総合 支援ワンストッ プセンター	〒430-0916 静岡県浜松市中区早馬町 2 - 1 クリエート浜松 4 階	053-458-1510

■外国人在留支援センター
〒160-0004
　東京都新宿区四谷 1 - 6 - 1　四谷タワー13階　0570-011000（IP電話）

［出入国在留管理官署］

資料⑨

JITCO本部・地方駐在事務所一覧

2021年3月現在

事務所	所在地	TEL・FAX	管轄
本部	〒108-0023 東京都港区芝浦2-11-5 五十嵐ビルディング11階	TEL 03-4306-1100㈹ FAX 03-4306-1112	－
札幌	〒060-0003 北海道札幌市中央区北3条西3-1 札幌北三条ビル6階	TEL 011-242-5820 FAX 011-207-6056	北海道
仙台	〒980-0811 宮城県仙台市青葉区一番町1-8-3 富士火災仙台ビル8階	TEL 022-263-8030 FAX 022-263-8032	青森、岩手、宮城、秋田、山形、福島
水戸	〒310-0021 茨城県水戸市南町3-4-57 水戸セントラルビル3階	TEL 029-233-2275 FAX 029-222-2668	茨城
東京	〒108-0023 東京都港区芝浦2-11-5 五十嵐ビルディング9・11・12階	TEL 03-4306-1190 FAX 03-4306-1117	東京、埼玉、神奈川、山梨、栃木、群馬、千葉
富山	〒930-0004 富山県富山市桜橋通り1-18 北日本桜橋ビル5階	TEL 076-442-1496 FAX 076-443-2731	富山、石川、福井
長野	〒380-0836 長野県長野市南県町1081 長野東京海上日動ビル2階	TEL 026-291-7811 FAX 026-291-8920	長野、新潟
名古屋	〒451-0045 愛知県名古屋市西区名駅2-27-8 名古屋プライムセントラルタワー9階	TEL 052-589-3087 052-589-3088 FAX 052-571-2100	岐阜、愛知、三重、静岡
大阪	〒530-0001 大阪府大阪市北区梅田1-3-1 大阪駅前第1ビル7階	TEL 06-6344-9521 FAX 06-6344-9523	兵庫、滋賀、京都、大阪、奈良、和歌山
広島	〒730-0012 広島県広島市中区上八丁堀8-2 広島清水ビル5階	TEL 082-224-0253 082-224-0263 FAX 082-502-3238	岡山、広島、山口、鳥取、島根
高松	〒760-0023 香川県高松市寿町2-3-11 高松丸田ビル6階	TEL 087-826-3748 FAX 087-811-7845	徳島、香川

松山	〒790-0005 愛媛県松山市花園町3-21 朝日生命松山南堀端ビル6階	TEL 089-931-1162 FAX 089-931-1163	愛媛・高知
福岡	〒812-0011 福岡県福岡市博多区博多駅前4-1-1 日本生命博多駅前第2ビル3階	TEL 092-414-1729 FAX 092-415-5548	福岡、佐賀、 長崎、大分、 沖縄、熊本、 宮崎、鹿児島

外国人技能実習生の受入れ Q&A

2017年 9 月　第 1 版
2018年 3 月　第 2 版
2021年 5 月　第 3 版

発行　公益財団法人 国際人材協力機構 教材センター
〒108-0023　東京都港区芝浦 2-11-5
五十嵐ビルディング11階
TEL：03-4306-1110
FAX：03-4306-1116
ホームページ　https://www.jitco.or.jp/
教材オンラインショップ　https://onlineshop.jitco.or.jp